心灵激荡

老俞对谈录

vol. 2

俞敏洪 著

前 言

我为什么做直播对谈？

2020 年到 2022 年这 3 年，也许会永远铭刻在中国人民心里。一场疫情，改变了很多人的生活，甚至改变了不少人的命运。就像我们无意中走进了一场沙尘暴，等到从里面走出来，已经满身烟尘。

这 3 年，我也经历了从事业到生活的剧烈改变，现在回顾起来，有恍如隔世之感，一切都如一场电影一样，只不过我不是旁观者，而是成了电影的主角。回头看，在种种千变万化的情景下，我还算是一个合格的演员，尽自己的努力，扮演一个正面形象的角色。

自 2020 年开始，由于疫情的影响，地面教学全面停止，在线教育轰轰烈烈地发展起来了。各种培训机构如八仙过海，各显神通，最终演变成了一场为了争夺学生，各种招生手段无所不用其极的武林争霸。紧接着，2021 年国家实施"双减"政策，让培训领域的硝烟戛然而止，几乎所有培训机构都只剩下了一地鸡毛。不少家长当初预交的不菲学费，如打了水漂一样，有去无回，他们哭天喊地，只能自认倒霉。

新东方算是做到了体面退场，把该退给家长的学费都退了，给该辞退的老师、员工结算了"N+1"的薪酬，把全国各地上千个教学区清退了，把不会再用的课桌、椅子全部捐献给了农村中小学。我和战友们一边在办公室里喝着酒，一边唉声叹气，不知道余生还能做些什么。回到家，整夜整夜睡不着，在星空下散步，一圈又一圈的，如丧家之犬一般。几十年一直和学生打交道，突然间人去楼空，好像自己的身体和灵魂都被抽空了。好在新东方人有一种无所谓、不放弃的精神，都能够背诵弗罗斯特的"我的前面有两条路，我选择了人迹更少的道路，因此生命迥然不同"的诗句。几十天的酒喝下来，大家灵光一现，决定用直播的方式做农产品带货。选择农产品，是因为觉得国家政策会一直支持；选择直播，不仅因为有很多先行者在前面做了示范，更因为我在新东方已经成为一个直播专家。后面的故事，大家都知道了，东方甄选在2022年突然爆火，成为中国一个现象级的事情。

我参与直播这件事情，部分意义上也是被疫情逼出来的。我的重要工作之一，就是对员工和学生演讲。原来是地面演讲，面对面，可以互动，热闹、开心。疫情的来临，让绝大部分人只能居家，公开的、聚集性的活动几乎完全不可能。坐以待毙不是我的个性，于是通过在线直播的方式和大家进行交流就成了我工作的一部分。最初，我同时用三个平台进行直播——抖音、快手、微博的一直播。和面对面讲座相比，我发现直播有很多好处：随时都可以开讲，没有什么成本，观众进出不影响情绪（地面讲座要是总有人进出，我就会很不爽），观众可以随时提问，和我交流，表达心情，而且每次直播还能够拿到赏钱。

本来以为疫情能够很快结束，新东方的教学和我的工作都会很快重新回到地面。结果，1年过去了没有结束，2年过去了没有结束，第三年，防控措施反而变得更加严格了。于是，直播就变成了我的常态，玩得越来越熟练。直播平台也从几家变成了抖音一家，没有别的原因，只是因为抖音上粉丝更多，而且给我打赏的人更多，看来我也是一个"见钱眼开"的人。其实，背后的原因很简单，就是抖音直播带货的系统更加完善。随着直播的深入，我开始推荐各种我喜欢的书籍，而大部分书籍在抖音上都有售卖链接。

最初的直播，我就是自说自话，自己定一个主题，自己打开设备就讲，但讲多了，思路就枯竭了。人的知识就像一口井，不断汲水而没有别的水源补充进来，最终就没有水了。这让我想起了刘润的故事。在上海封控期间，刘润也被封在了上海，于是，他和我一样开启了直播。他准备了30讲内容，觉得最多 30 天，上海就解封了，所以他还把自己的直播叫作"开封菜"。结果，30 天后，上海完全没有解封的迹象，他抓耳挠腮，才思枯竭，因为已经给听众许了愿，不解封不停播。情急之下，他突然想起来有那么多朋友可以利用，于是就到处发求救信，拉着朋友一起进行连麦直播，终于熬过了封控期，并且还有了很多意外的收获。我就是被他抓差的人之一，也成了他的一根救命稻草。

我的直播不是 3 个月，而是 3 年。我比刘润聪明一点，从来不承诺网友我会直播多长时间，会直播多少次。我这个人的本性充满了随意，说得好听点是喜欢自由，说得难听点是做事懒散，没有规划。我把自己的内容讲完了，半年过去了，疫情还没有结束，于是只能继续往下直播，开始介绍我读过的一些书籍，结果有些书籍就开始大卖，这让我喜出望外，因为卖书有佣金，算是物质刺激。更加有意思的是，有些出版社就找上门来，问我想不想和作者对谈。我想，和作者聊天是我求之不得的事情，一是可以增加直播的吸引力，二是可以交到新朋友，何乐而不为呢。

这样，我的直播对谈就开始了。一开始，我几乎不做任何准备，聊到哪里算哪里。聊天也不是为了卖书，书挂在小黄车里，有粉丝想买就买，不买拉倒。再后来，我开始用了一点心，既然是对谈，为什么直播完了什么都没留下呢？如果我认真准备一下，对谈的内容可以更加精彩，对谈完可以整理成文字，在我的公众号上再次传播。再继续想下去，文字多了还能够出版成书籍，这是一件多好的事情啊。许知远就把他《十三邀》的内容出版成了好几本书，充满成就感地送给了我；董卿也把《朗读者》的内容出版成了书，也郑重其事地送给了我。我也可以把"老俞闲话"的内容整理成书啊，也可以趾高气扬地送给他们，然后哼着鼻子说："看，你们做的，我也能做。"

有了这样的想法，我开始认真做起直播对谈的策划来。每次对谈嘉宾，都认真地准备案头工作——阅读作者的所有书籍，寻找有关作者的所有文字和视频资料，提前约作者一起共进午餐或者晚餐，一丝不苟地准备对谈提纲。于是，在短短的 1 年半时间里，我对谈了 60 多位知名人士和作者，和他们进行了愉快而有一定深度的交流，每期对谈都有几百万粉丝参与互动，前前后后参与的粉丝总数超过1亿。

在对谈的过程中，我自己也有巨大的收获。不仅是因为卖了作者的书，有佣金上的回报，更多的是一种思想上和发展上的收获。因为对谈，我翻阅了几百本书，也因此结交了很多珍贵的朋友，打开了自己的眼界，提升了自己的认知，真心理解了新时代新的传播方式，并且因为这一理解，带动了东方甄选的发展。

人很容易成为习惯性动物，以至于到去年12月底，封控解除后，疫情戛然而止，我居然有一丝惆怅，觉得回到地面，一旦忙碌起来，我肯定再也没有时间做这样深度的直播对谈了。事实也果真如此。进入2023年，所有被延误的工作如巨浪一般扑面而至，把我淹没其中，几乎喘不过气来，到现在我还没有做过一场认真准备的直播。好在现在至少有了阶段性的成果，这就是放在大家面前的四大本的"老俞对谈录"。

3年疫情已经过去，现在又到了春天，我在小区散步的时候，看着碧桃花、丁香花、迎春花、海棠花等争相斗艳，回想着过去3年既恍恍惚惚又清晰可见的时光，内心充满了一种说不出的感觉：低沉、迷离、叹息、悲壮、激昂、悲喜交集。我还记得有一个春天，只能在屋子周围徘徊，我看到一株野雏菊，哆哆嗦嗦地从屋角的水泥缝里钻出来，慢慢长大，最后终于在初夏的风里，开出了一簇美丽的黄色小花，如星星般照亮了周围的一切，也照亮了我的心灵，抚慰了我已然黯淡的心魂。

我们该如何对待自己的事业和生命？面对大环境，我们大部分情况下是没有能力去改变的。面对今天的国际局势，我们又能做些什么呢？很多人觉得自己好像只有随波逐流的宿命，于是心安理得地做一天和尚撞一天钟，过到哪儿算哪儿。似乎我们是一棵小草，只能随风飘荡。

我当然也明白，对于很多事情我们确实是无能为力的。但我始终认为，人是具备自由意志的，我们在很大程度上还是能够掌控自己的命运和生命轨迹的。我说过一句话："我听从命运的安排，但不服从命运的霸道！"我的人生态度是："在力所能及的范围内，宁战而死，不躺而生。"战，就是主动寻找出路，主动让自己的生命用更有尊严、更自主的方式努力绽放；躺，就是逆来顺受，习惯被笼子围困，放弃自己本来还有的希望。我坚信，即使身处无边的沙漠中，寻找方向，也比坐而等死让生命更有尊严和希望。因为在黑暗的夜空中，也会有北斗星闪耀，也许，那就是我们人生的方向。

回想起来，疫情这3年里，尽管我也有气馁的时候、有灰心丧气的时候、有绝望恸哭的时候，但更多的时候，我更像一个勇者，挥舞着双臂，迈开脚步，或者独自一人，或者带领新东方的伙伴，一起为了未来披荆斩棘，勇往直前，逢山开道，遇河架桥，即使遍体鳞伤，也没有想过自暴自弃。"自助者，天助之。"3年时光，不少人白白度过，新东方却在低谷奋起，有了东方甄选，更有了走向未来的信心；我个人阅读了几百本书，留下了百万字的各种笔记，出版了3本新书，直播了百场讲座，对谈了近百位各界优秀人士，留下了120多万条对谈实录。在这3年中，我度过了60岁的生日，和过去60年进行了一场充满仪式感的告别。但告别是为了更好地出发，不管我能够活多久，我相信，只要我的精气神还在，未来的岁月一定会更加精彩。

"宁移白首之心，不坠青云之志！"这就是我对自己的期许！在平凡的日子里，我不想让自己过得太平凡！

俞敏洪

2023年4月6日　星期四

目 录
Contents

第一部分 · 文化名人

对话 **张宏杰**　　真正的聪明人，都懂得暗下"笨功夫" - 003

对话 **赵　林**　　往讲台上一站，我就能找到自己 - 027

对话 **六神磊磊**　　心中有侠，世界就不会变得太坏 - 062

对话 **郭建龙**　　用热爱行走在世界大地 - 086

对话 **陈晓卿**　　做一只有文化的馋嘴猫 - 120

对话 **杜君立**　　人类的进步与自大 - 148

第二部分 · 创业先锋

对话 陈 磊　　幽默是一种人生态度 - 177

对话 石 嫣　　大地之上，新农理想 - 197

对话 古 典　　做有趣的人，过有趣的人生 - 217

对话 樊 登　　被读书改变的人生 - 242

对话 罗振宇　　阅读和学习是成长的最好途径 - 272

对话 **李国庆**	激荡的人生从不畏惧一无所有 - 312
对话 **刘　润**	商业是人类社会繁荣的发动机 - 338
对话 **韩　焱**	成长是一场拥有希望感的旅行 - 376
对话 **凯　叔**	为了孩子：凯叔创业的不易和坚守 - 408

后记　- 445

镜头内外的老俞

第一部分

文化名人

老俞对谈录

对话 **张宏杰**

真正的聪明人，都懂得暗下"笨功夫"

生命的任何一个阶段都是上天给你的礼物，而不是一个器物，所以一定要抓住人生的每一个阶段。

张宏杰 /

著名历史学者。1972年出生于辽宁建昌，复旦大学历史学博士、清华大学博士后，现为中国人民大学历史学院研究员。著有《饥饿的盛世》《曾国藩传》《曾国藩的正面与侧面》《大明王朝的七张面孔》《简读中国史》等。

俞敏洪： 大家好，今天我要跟著名历史作家张宏杰老师对谈一下有关"曾国藩"的话题。张宏杰老师写过很多有关曾国藩的书，对曾国藩有深刻研究。在中国，过去那么多年曾国藩的热度不减，从今天的角度来看，**我们从曾国藩身上到底能学到什么东西？曾国藩对我们到底有什么样的启示？他身上的东西对我们有什么借鉴意义？** 这是我们今天要谈的主题。

曾国藩识人看人的智慧，是他最厉害的一面。 左宗棠和李鸿章都是他培养出来的。一个厉害的领导能培养出一批领导，一个不厉害的领导会打压有才华的人。做企业或者做商业，一定要记住：别人强了，你才强。压人、管人和整人都是愚蠢的行为。

曾国藩和左宗棠是什么关系？左宗棠原是曾国藩的幕僚，因为左宗棠比较能干，经曾国藩推荐，到浙江去当巡抚。后来左宗棠"抢功劳"，得罪了曾国藩。左宗棠在西北讨伐的时候，进入新疆，曾国藩不计前嫌，给了左宗棠很多支持，比如后勤、后援，使左宗棠得以在开拓新疆、收复伊犁时取得了重大功劳，从这个角度来说，曾国藩是一个非常有气度的人。

曾国藩喜欢看什么书？ 据说曾国藩喜欢看各种各样的文献，通过看历朝历代的文献、文书，悟透了历朝历代的政治运营规则，也了解到功高震主可能会带来的伤害，所以在打完胜仗后就解散湘军，赢得慈禧太后等人的信任，得以保全，最后成为直隶总督、大学士，算是一个悟透中国政治之道的人。

曾国藩倒不算是近代外交家，因为他没怎么跟外国人打过交道，最多处理过天津教案。不过，在任两江总督时引进了很多国外制造技术。

李鸿章是曾国藩的弟子，一辈子都把曾国藩当老师。他们俩的性格、个性不太一样。**某种意义上，李鸿章就是曾国藩的接班人。**

——对谈环节——

俞敏洪： 张老师好，特别高兴今天在抖音跟你见面聊天。你写了这么多有知识、有智慧的历史书籍，真是笔耕不辍，而且还做过很多讲座，中国成千上万的历史爱好者都在听。今天，我们想听听你对有关曾国藩的历史研究、感悟和看法。在谈曾国藩之前，想先问两个关于你的问题，**第一个是，你本科是学财务的，怎么会对历史感兴趣呢？是当初选错了专业吗？**

1.《万历十五年》，张宏杰的入行启蒙

张宏杰： 我上大学的时候，历史非常冷门，财经比较热门。另外，我在中学阶段很讨厌历史，相信可能很多朋友跟我一样，讨厌历史是因为历史教科书非常枯燥、刻板。我不知道现在的历史教科书怎么样，估计也没有太大的改动。按照朝代顺序排下来，每个朝代、每个时代切成政治、经济、文化、科技几方面。我感觉历史学是一个考验人记忆力的学科，非常枯燥。所以，历史和政治是我成绩最不好的两门，自然也没有考历史专业，考了东北财经大学的投资经济管理专业。

俞敏洪： 你选管理专业当时是出于实用的目的，觉得未来能找一份好工作，还是随便选的？

张宏杰： 我们高考报志愿都是比较盲目的，当时也没有今天这么发达的网

络，有很多人从事报考志愿的指导，完全是凭直觉。之所以报投资，是因为觉得手里拿着钱到处去投资的感觉很爽。但到学校之后发现，投资系是新改的名，上一年叫基本建设系。什么叫基本建设系？研究盖一个楼要花多少钱，用多少块砖、多少钢筋、多少水泥，是一个非常枯燥的学科。它当时是为四大国有银行之一的建行培养人才的，到大学之后才发现选错了。

俞敏洪： 第二个问题，你是什么时候突然对历史感兴趣，最后进行深度研究的？

张宏杰： 大学虽然报了财经，但是我本身不喜欢财经，只是为了好就业，对自己的专业也不是很理解。我们那时候和你不一样，你上北大要求比较严，我们上了大学之后，因为将来能分配，所以没有压力，那时候大学"严进宽出"，大部分同学学习都不是很用功。

俞敏洪： 现在大学依然是严进宽出，中国大学的改革应该变成"宽进严出"。

张宏杰： 据我了解，今天的大学生可能学习任务比我们那时候要重，我们那时候同寝室一些同学每天最主要的事是打麻将，早晨起来就开始支上麻将桌打麻将，一直打到半夜。当然也有查寝，到半夜的时候不让打，我们就用被子把窗户盖上继续打。我对麻将不感兴趣，到现在我也不会打麻将。因为东北财经大学在大连，我就跑到大连市图书馆办了一个借书证，那是一个比较有历史的图书馆，有很多好书，我找到了一本书叫《万历十五年》。

在那之前我不看历史，所以我根本不知道万历是哪个皇帝的年号。我的特点是什么书都要看一看，翻开之后就发现这本历史书颠覆了我以前对历史书的印象。它是一种散文化的笔法，很多地方夹杂着小说的笔法，把整个明朝历史的政治特点、文化特点讲得非常透彻。这本书改变了我对历史的印象，所以从这本书开始，我又找到了几本历史方面写得比较好的书，像《草原帝国》，后来我在人大，看了对我帮助非常大的戴逸老师写的《乾隆帝及其时代》，这些书带领我越来越深地投入历史。

我大学 4 年 80% 的时间都处于逃课状态，跑到大连市图书馆去看书。看的书 80% 都是历史书，大学毕业的时候，我已经成了资深的历史爱好者，在那之后就开始了历史写作。

俞敏洪：这个故事对现在的大学生很有启示，因为现在不少大学生在大学也没有专业爱好。你对所分配的专业并不那么爱好，但却找到了一个对历史的爱好，并且深入下去，最终成为历史大家。

张宏杰：你说我最终成为历史大家，过奖了，不敢当。到现在为止，我对自己的定位还是一个资深的历史爱好者。我确实是幸运的，能够找到一个感兴趣且可以终身作为工作从事的事情，还是很幸福的。到现在为止，我认为历史是最能够调动激情的一个学科。这 20 多年的写作对我来讲是一个非常愉快的过程，从这个角度来讲，是上天对我的某种眷顾。**所以，能够找到终身的兴趣，并且把这个兴趣发展成工作，可能是很多人需要关注的一个课题。**

2. 特意研究曾国藩的缘由

俞敏洪：你现在的研究主题是明清历史和明清历史人物，是《万历十五年》对你的影响比较大，还是研究完中国历史后，才发现明清历史最值得研究？

张宏杰：《万历十五年》对我的影响是很大的，所以我早期出的所谓的代表作，或者大家比较认可的一本书叫《大明王朝的七张面孔》，它的结构想法跟《万历十五年》有点像。《万历十五年》写的是明朝六个人，我这本书写的是明朝七个人；《万历十五年》的六个人不完全是同一个时代的，我这七个人是从明朝的开始到明朝的结束，他们之间没有直接联系，但目的都是反映整个明朝文化特点和历史特点，所以关注明清史跟这本书是直接相关的。

俞敏洪：在清朝那么多人物中，为什么专门研究曾国藩呢？

张宏杰：我认为曾国藩是中国传统文化正面因素的一个典型代表。今天经常谈传统文化、国学，但传统文化也应该一分为二，没有什么是十全十美的。传统文化中正面因素很多，精华很多，但也有一些负面的东西，比如我感觉有两本书是典型的代表，一本是《厚黑学》，另一本是《罗织经》。

《厚黑学》认为一个人不够厚、不够黑就不可能成功。《罗织经》是讲如何罗织罪名把一个人送进监狱。有些人愿意关注这些负面的东西，因为这些可能会帮助他们成功。包括现在很多宫斗剧，以《甄嬛传》为代表反映后宫宫斗的激烈程度，比历史上真实发生的要激烈10倍，古人没有那么厚、那么黑。包括《弟子规》，我也不推荐给现在的小孩读。《弟子规》有很多好的东西，但也有不利于小孩成长的东西。

总而言之，传统文化中的正面因素最集中的一个人就是曾国藩。虽然我们经常把他当作一个成功学的代表，但实际上他应该是一个反成功学或厚黑学的人物。**他一生的所作所为跟"厚黑"两个字是恰恰相反的，曾国藩的人生哲学叫作"拙、诚"，"拙"是笨拙，"诚"是真诚。用这两个字去改变自己，去改变自己周围的世界，这两个字在今天这样一个浮躁的时代也是最稀缺的。**

中国需要进行现代化转型，需要向世界学习，但转型的基础是需要在文化传统中去寻找接口。**怎样与现代世界优秀文化对接？曾国藩这种笨拙和真诚的精神是最好的接口，所以我愿意源源不断地向大家介绍曾国藩，不停地写曾国藩。**到今天为止，我从事写作大概有25年，有至少1/3的时间是写曾国藩，一共出了6本关于曾国藩的书，这是我关注曾国藩最基本的一个出发点。

3. 曾国藩的人生哲学

俞敏洪： "拙"和"诚"这两点在曾国藩生命中、事业中是如何体现出来的？

张宏杰：曾国藩的人生哲学是"尚拙"，就是崇尚笨拙。曾国藩跟大部分人的人生哲学是相反的，我们今天这个时代都"尚窍"。原来有一句话叫"遇着绿灯赶快走，遇着红灯绕着走"，追求高效率。但是曾国藩说，做事要做笨事，做人要做笨人，用人也要用笨人，这个思路放到今天来讲也是很奇特的。

这一点可能跟曾国藩的个人资质有关。过去考秀才的难度是很大的，那个时候考中秀才的概率是1%～2%，大致跟今天考一个好本科的难度差不多。历史上能留下痕迹的人基本上都是伟人、天才，我们能查到绝大多数历史人物传记，考秀才基本上只考一次，最多两次，但曾国藩反复考了七次，这对曾国藩来讲当然是一种磨难。

但是考完秀才后，曾国藩考举人和考进士都很顺利。他考举人考了一次，又过了4年中了进士，然后就跑到北京当官。中了进士之后，曾国藩回头一看，他发现了一个很奇怪的现象。他是湖南湘乡人，在湘乡所有的同学当中，所有比曾国藩聪明的人都失败了，只有曾国藩这样一个最笨的人考科举成功，所以曾国藩就想：**为什么我这样一个笨人能成功？可能就是因为我比别人笨。**

于是，他总结笨可能也有些好处。

第一，笨鸟先飞，肯于付出。

第二，笨人做事比较踏实，不懂得投机取巧，所以基础打得比别人要好。 曾国藩虽然考了七回秀才，但这七回都没有白考，他把科举考试需要的所有基本知识点全打通了。他的积累比别人要厚，他的基础打得比别人要深。后来曾国藩总结了笨人做事或者做笨事有什么好处，你比别人要慢，但后期你就比别人快，而且越来越快。聪明人做事前期会很快，能很迅速做成事，还能迅速把这事做大，但是到后期，各种前期绕过去的问题、钻的空子都会找补回来，导致后期可能会走得很慢。

第三，笨人往往抗打击能力比较强。 最好把这个"笨"发扬到极致，说不定做事情会比别人好。这就形成了一个很独特的人生哲学，**我认为这是曾国藩人生的第一块基石。**

后来曾国藩创建湘军、镇压太平天国，一直沿着用笨人、做笨事的思路展开。比如，曾国藩带兵打仗，六个字："结硬寨，打呆仗"。"打呆仗"就是打笨仗，曾国藩打仗没用过任何一个奇谋妙计。镇压太平天国之后，他给皇帝写了道奏折，他总结说，我用兵的最大特点就是没有用过任何一计。他说我这个脑子也不是很灵光，用不了计，完全是靠稳扎稳打，用最笨拙的方式把太平天国给镇压下去。所以，从这一点来看，他是一个很有特点的人。

包括曾国藩用人也是要用笨人，曾国藩的原话是："**军营中宜用朴实少心窍之人。**"企业用人一般愿意用心眼多的人，看起来特别聪明、机灵的人，但是曾国藩喜欢用看起来笨的人。他的很多做事方式跟我们是完全相反的，这可能恰恰是他把事情做成，而且做得很大的一个原因。

俞敏洪： 从人的一辈子来说，不管笨还是聪明，有两个东西是特别重要的。**第一就是抗打击能力，人生中一定要有屡败屡战的精神。** 这种精神才是能够把人生和事业坚定不移继续下去，并且有可能再次辉煌的一个重要因素。

第二个，正常人不论笨还是聪明，都要坚持打好坚实基础。不能因为聪明而取巧，也不能因为笨而放弃。 最怕的就是聪明但是取巧，最后变得很浮躁、不踏实。要不就是认为自己不如别人就放弃，最后连机会也没有了。从曾国藩的人生经历来说，他不能算是真正的笨人，从他写的家书来看，每一封都充满了智慧。但他也确实不能算是顶级聪明的人，确实属于非常坚守、非常努力的人。

4. 曾国藩与王阳明

俞敏洪： 王阳明和曾国藩，年轻的时候都立志要变成圣人，他们俩的性格特点、发展特点、背景特点到底有什么不一样？

张宏杰： 现在有一种说法，中国历史上有"两个半"圣人。两个圣人，一个是孔子，另一个是王阳明，"半个"圣人是曾国藩。我也不太懂为什么曾国藩就只配当"半个"圣人，但是他跟王阳明确实有很多可以对比的地方。

首先，他们的出身背景不一样。 曾国藩是普通农民家庭，几百年、世世代代是在社会的底层——农民阶层，但王阳明的父亲是状元，他是官宦家庭出身，所以王阳明的成长环境比曾国藩要好太多。

第二点，智商不一样。 曾国藩绝对不是一个天才型的人。曾国藩是所谓的中人之资，他身上体现的更多的是普通人的特点。王阳明则是天才型人物，从小读书，读什么通什么，所以王阳明不光是读尽了儒家的书，他对佛家、道家也有很深的研究。

第三点，他们做事的特点也不一样。 曾国藩总是做笨事，但是王阳明一生做事效率都特别高，比如用兵打仗，王阳明用兵打仗那么多次，每一仗都会用心，每一仗都会用各种非常高明的计策。所以，这是这两人非常不一样的地方。

最根本的是，这两人治学做事的思路也完全不一样。曾国藩的治学思路是按照朱熹的"格物致知"，就是要把每一件事情研究透、讲透、融会贯通，掌握万事万物背后的根本真理。王阳明青年时代也曾经要"格物致知"，最后放弃了这个思路，开始向内求。这两个思维方式是完全相反的。

把这两人做对比挺有意思，他们俩是在两个极端上的人，成圣的终点一样，但道路完全不一样。

俞敏洪：我个人的感觉，现在的年轻人更加能够从曾国藩身上学到东西，因为王阳明有的时候有点神。但曾国藩很多东西是慢慢琢磨出来的，而且他琢磨的环境和场景如果抛开时代不同的特点，依然可以映照着来学。**那你觉得现在年轻人能从曾国藩身上，走向圣人、走向进步、走向发展的道路上，学到点什么东西呢？**

张宏杰：你对王阳明的感觉和我一致。我认为今天我们所知道的王阳明的形象，很多是虚构出来的。明朝有一本《王阳明年谱》，是王阳明去世后，他的好多弟子花了30年时间修成的一本年谱，这本年谱中有大量神化王阳明的地方。当然有的是王阳明活着的时候自己讲的，有的是他的弟子后来添上去的，所以王阳明的生平事迹有相当一部分是虚构的，有极大夸张的成分。所以，如果学王阳明掌握不好，很有可能会走火入魔。

从一个最基本的角度，看看王阳明和曾国藩这两个人家庭教育的成败，就能对王阳明的心学和曾国藩的思路具体效果做一个对比。曾国藩的家庭教育是非常成功的，曾国藩的两个儿子都成才了，曾国藩家族的第三代、第四代、第五代、第六代，代代人才辈出，而且曾氏家风一直非常正。我们过去说富不过三代，但是曾氏家族100多年能做到持续的兴旺发达，跟曾国藩树立的家风是直接相关的。

构成鲜明对比的是，王阳明也有两个儿子，但这两个儿子都没成才，在历史上默默无闻。这两个儿子有一个是王阳明亲生的，有一个是他收养的，虽然王阳明对这俩孩子也花了很多心血，也写了很多家书，但是在他死后，两个孩子因为争家产展开了长期的内部斗争。特别是后来明朝给王阳明复爵后，两个孩子的后代为了争名号开始打官司，相互指责对方不是王阳明的血统，这官司打了40多年，一直打到皇帝那儿，最后朝廷做出裁决，伯爵给了其中一支，失败一方就拿着刀跑到紫禁城门口挥刀自刎了，造成了一个轰动全国的巨大丑闻。所以，阳明心学或许可以教化全天下，却教化不了自己的子孙。从这一点来讲，我们学习王阳明更要当心。

但我们学习曾国藩可能就更放心些，因为曾国藩从来不谈过高之理，不谈任何非常玄妙的道理，讲的都是最基本的东西。所以，曾国藩可能更适合像我这样的普通人去学。如果认为自己是天才、超天才，就去学王阳明，这是我的理解。

5. 曾国藩人际关系及为官逻辑

俞敏洪：我发现曾国藩在人际关系方面也是从一个不开悟的状态，到了最后不光能够通达，还能培养那么多弟子、那么多政府栋梁之材的状态，这是如何转变过来的？现代人在人际关系方面从他身上能学到什么东西？

张宏杰：曾国藩作为一个笨人，一开始他在处理人际关系上也有很多短板。所以，他在官场上一开始是个"愣头青"，在咸丰上台的头几年，在职场上得罪了很多人。首先，他把最大的领导咸丰皇帝给得罪了，因为咸丰皇帝上台之后不久，曾国藩写了道奏折叫《敬陈圣德三端预防流弊疏》，翻译过来就是："皇上，我给你指出你性格当中有三个致命的缺点。"一听这名字就知道曾国藩不会当官，他给领导提意见提得太直。

其次，他还给皇帝上奏折，说现在满朝当中没有人才，所有的高级大臣都不对皇帝负责，没有人指出朝政存在哪些严重的问题。这样一来又把朝中的同僚给得罪了。那时候曾国藩是府第，所以朝中高级大臣见到曾国藩都不跟他打招呼，比如人家孩子婚礼，他看到有一桌有空位就坐下，结果他一坐下，这一桌的人全站起来走到别的桌去了。他在京城非常受冷落。

后来在北京待得很无聊，正好他母亲去世了，他就回老家，再后来又跑到长沙创办湘军。回到湖南官场，他又把湖南的大小官员全给得罪了，湖南所有的官员都抱团欺负他。他创办湘军的时候他们不给他提供各种资源，湘军创建成了之后，曾国藩又带领湘军到江西打仗，结果江西所有官员也抱团欺负曾国藩。

从咸丰上台一直到咸丰七年，曾国藩在官场是非常痛苦的，受中央到地方所有人的排挤。到了咸丰七年，由于各种原因，曾国藩又被罢官，当然这个罢官不是表面上的罢官，是咸丰皇帝让他在家给父亲守孝3年，剥夺了他的兵权，这对曾国藩是一个非常沉重的打击。曾国藩那年46岁，得了失眠症，在精神上非常痛苦。有一个叫曹静初的中医来给他看病，给曾国藩把一把脉，说"**岐黄之术可医身病，黄老可医心病**"，这个病不是身上的病，是心里的病，吃中药只能治身上的病，心病需要读黄老之术、读《道德经》。

于是曾国藩就开始一遍一遍地读《道德经》，一边读一边反思自己做官这么多年的经历，后来曾国藩就想明白了，官场排挤他，一方面有湘军体制上跟官场不吻合的一个原因；另一方面最主要的是曾国藩的个性。曾国藩从青年时代就要学做圣人，各方面对自己的要求非常严格，也确实忠心耿耿为大清王朝服务，心态上容易以圣贤自居。**用圣贤的标准去衡量别人，自然认为别人都是小人，对待别人有一种居高临下的道德优越感。**此外，他办事的手段都很简单粗暴，我是副部级，我到了湖南地方，我要求你配合我，某年某月你必须得给我提供什么东西，不给我提供就把你汇报到皇帝那儿去。这种办事方式跟地方官场的作风是完全不一样的，所以就受到各级官员的联合排挤。

读了《道德经》后，曾国藩认识到自己的问题在于做事太刚强、太强硬，所以他就开始结合《道德经》反思自己做官的方法。到了咸丰八年，他再次出山，就完全变了一个人，在官场上见到任何人都非常客气，主动向对方请教，要求对方指出自己为人行政有哪些问题，多提提建议。求人办事，先请人吃饭，吃饭不好使就送一点钱，或者替对方在湘军里安排一个亲信，打仗的时候这个亲信即使没参加，也会汇报他立了什么战功……这样他在官场上马上就如鱼得水，各方面的官员马上给他提供各种资源，帮助他很顺利地平定太平天国。所以，曾国藩在中年时代、在四十六七岁，对自己做了一个非常大的调整。

俞敏洪：不管在官场、商场，还是在企业、社会上，在不违反自己大原则的情况下，应该学会能屈能伸，或者说适当让步。适当的让步，为别人让步，也是为自己让步，走向未来的道路会更加顺畅一点。

张宏杰：一开始曾国藩想的比较单纯，他想向中国社会几千年积累下来的潜规则挑战，后来他发现这个挑战是不可能成功的。要是想办成事，就要适度地妥协和退让，但是曾国藩也会注意这个妥协、退让的度，所以终其一生，**他把握的度就是要做到外圆而内方，他内心很多原则是从来没有动摇的，只不过他做事的方法发生了改变。**比如，在经济上，他学会给别人送钱，在办事方面，有时候不得不去行贿。但是他把握住了一条，一生从来没把任何一文公款用于个人消费，所以他骨子里实际上是一个清官。这在当时是非常罕见的，要做到这一点也是非常不容易的。

俞敏洪：这就是你在书中所说的曾国藩的"清"和"浊"，"浊"是学会了"外圆内方"，但清的是他的底色。那在现在社会那么多诱惑的情况下，作为一个人，要对自己内心要求严格，不去犯那种突破底线的错误，怎样才能做到？

张宏杰：曾国藩经历了一个圣贤修炼的过程，他要学做圣贤，应该是在29岁、30岁时，立了一个志向。曾国藩人生的第一个目标叫作学做圣人，这个有点不太好理解，但在传统时代，很多读书人都是这个想法。因为传统时代程朱理学有一个基本思路，每个人都有圣人的资质，只要百分之百去努力，最后有可能达到圣贤境界。所以，从29岁、30岁开始，曾国藩开始写修身日记，给自己定了12条日课，有各方面的要求。比如，最简单的，要求自己每天静坐一个小时，每天都要写日记，用圣贤的标准反思自己前一天的所作所为。**曾国藩这段时间的圣贤修炼是非常痛苦，但也是非常深入的，给他提供了一个非常强大的精神动力，奠定了他后面一生做人做事的基础。**

跟他相比，我想今天大部分人没有这样一个脱胎换骨、学做圣贤的过程，我们可能在很多诱惑面前不像他表现得那么坚定。但从另外一个角度讲，我们对程朱理学往往有一种误解，认为程朱理学是一种非常僵化刻板的存天理、灭人欲的东西，实际上程朱理学对提高自我管理能力、时间规划能力，以及改变性格，很多地方还是很有效的。我们对传统文化很多时候要更加深入、一分为二地去看，不能标签化地去加以理解。

6. 何为圣人？

俞敏洪：中国古代，甚至到民国的时候，还有人希望做圣人。你能够简单明了地说一下，要做到哪几个点才能成为圣人吗？

张宏杰：什么叫圣人？按照过去民间的说法，圣人能做到前知五百年、后知五百载，就是无所不知，叫圣人。**用毛主席的话说，是掌握了大本大源的人。用过去的说法，叫"内圣而外王"，具体去研究每一件事，把所有事情背后的规律都研究透，最后就掌握了宇宙背后的根本真理。**做什么事都能找到最恰当的角度，做什么事都能把这个事做成。这当然是一种非常理想化的人格，我想在整个中国历史上没有人能够真正达到圣人境界，因为"他"不是凡人。

所以，曾国藩后来对圣人和小人有一个很精辟的说法，他说"人不可能终生做到圣人"，比如颜回能坚持一个月圣贤的标准就已经很不容易了。对大多数人来讲，可能一天当中，早晨起床的时候神志比较清醒，对自己的要求比较严，精神力量比较强，处理很多事情都能恰如其分，这个时候进入到了一种圣人的境界。但是到了下午，神志开始没有那么清楚了，各种私心杂念都上来了，可能有些事情处理得不是很得法，这时候有可能变成一个小人。**圣人和小人是一个动态的过程，如果这个人说他常做圣人，他做什么事都不会犯错误，这个人肯定就是一个骗子。**所以，我认为曾国藩这种对圣人的理解是更切实的。

中国人有一个问题，在文化心态上有一种圣人崇拜，我们相信会有圣人，我们特别崇拜那种没有缺点的人，但事实上这种人是不会存在的。

7. 张宏杰理解中的曾国藩

俞敏洪：《曾国藩传》写了曾国藩从小到大的成长历程，以及曾国藩之所以能够成为曾国藩的一些个性特征、家庭背景特征、自己的成长特征，是一本我读过的有关曾国藩的实实在在的历史书，它不是写了曾国藩日常做了什么事情的细枝末节，而是提纲挈领地把曾国藩之所以成为曾国藩给写了出来。

张宏杰：这是一本完整的曾国藩人物传记。**曾国藩一生做了两件大事，第一件是镇压太平天国，第二件是开启洋务运动。**第二件事实际上很多人的评价是比较复杂的，特别是因为曾国藩晚年处理过一个天津教案，说他顶了一个"卖国贼"的头衔，所以我这本书中还有一个重点是分析曾国藩为什么会被戴上"卖国贼"的帽子，这个帽子戴得合不合理，涉及曾国藩对外交往观念的一个转变。中国传统历史上对外交往有一个定式，但是曾国藩扭转了这个定式，这也是曾国藩在中国历史上做的一件大事，留下了非常大的文化痕迹。关于这一点，我的判断和大部分写曾国藩传记的作者是不一样的。

俞敏洪：我觉得写得很好，因为天津教案其实和后来的义和团运动是年代相隔、一脉相承的，一个是在接受外来文化时的不理解、误解，另一个是老百姓本身在两种文化交替时候的不理解，这些不理解和模棱两可的态度也带来了一种文化冲突，而这种冲突最后是以生命和国家为代价的。直到今天，这样的文化冲突都没有解决掉，依然有很多人对中国与世界文化交流产生误解，不能抱着心平气和的态度去看，也不能抱着心平气和的态度去分析中西方文化的优势，同时把两种文化优势聚合起来，让中国发展得更加迅速。所以这本书中，你最后对曾国藩天津教案态度的分析，其实给我们带来了一些启发和启示。

张宏杰：曾国藩活得比较短，61岁就去世了，如果能多活20多年，中国晚清史可能会有一些不同。

俞敏洪：是的，后来的李鸿章其实部分继承了曾国藩的一些理念和传统，但从气度上来说，可能李鸿章不如曾国藩。

张宏杰：李鸿章做事缺乏曾国藩尚拙的精神。李鸿章一生做事很多地方是投机取巧的，他把自己比方成一个裱糊匠，很多事情只是外表给装潢一下，但骨子里是没变的，他也认为不可能变。有一些具体表象，比如他办北洋水师时，虽然花了重金从西方引进了一支舰队，但是后续的训练、更新都没有跟上，有很多地方做得不扎实，最后在甲午海战中败北。我想如果让中年时代的曾国藩去创办北洋水师，最后结果可能会有所不同。

俞敏洪：《曾国藩的经济课》是你当初的博士论文吧？

张宏杰： 对，这本书其实是我博士论文和博士后论文的合集。说起来还有点传奇，我博士读的是复旦大学的历史地理专业，按理说我必须得在历史地理领域找一个话题写论文，但是找了一圈也没找到特别适合的话题。然后我向导师葛剑雄教授请示，我说有一个话题我挺感兴趣，就是曾国藩这个人，具体的古代官员是怎么处理经济收支问题的，他一生到底挣了多少钱，这对于中国社会史来讲是非常值得研究的，但这是传统社会史研究的一个空白，以前不光没有人研究曾国藩的经济收支，也没人研究传统官员的经济收支。葛老师说你要是感兴趣就可以尝试去写，因为只有你感兴趣才能把这个东西写好。你将来拿的博士学位叫历史学博士，并不叫历史地理学博士，所以我可以跟研究生院争取，看能不能让你写这个题目。后来争取成功了，所以我的博士论文就叫《曾国藩经官时期的经济收支》，之后在清华大学做博士后时，就继续以这个话题，写了《曾国藩湘军和总督时期的经济收支》，最后合成了这样一本《曾国藩的经济课》。

俞敏洪： 我读完这本书最大的感受就是当官真不容易，他们的俸禄加上边边角角的收入，从他们的应酬开支、个人生活来说，至少在清朝是完全不够花的。不过我也从这书中感觉到，尽管曾国藩的官位越来越大、花费越来越多，但他好像确实从来不把钱花到自己身上。包括他的弟弟镇压太平天国之后拿到了很多钱财，要为他在家乡造豪宅，他也一直坚决反对。从这个意义上来说，当代官员可以借鉴如何当官。

曾国藩家乡有个他弟弟为他建的藏书楼，他自己从来没有看到过，现在还在吗？

张宏杰： 现在叫"曾国藩故居富厚堂"，保存得很完整，也是一个很热门的旅游景点。富厚堂面积还是很大的，曾国藩毕竟是侯爵，所以是按侯府的规模来修建的。但是这个侯府修得非常有特点，是天下有史以来独一无二的一个侯府，里面很多主体建筑外表看着是用青砖修的，但里面是用土坯，千方百计地降低造价，只有富厚堂当中的藏书楼通体都是用青砖，而且柱子也都选用最好的木材，所以富厚堂花了很多钱。

曾国藩就很生气，责问自己弟弟，为什么花了这么多钱？不是让你简单修理一下吗？他弟弟说钱主要花在藏书楼上，藏书楼的造价是很高的。曾国藩一听就不再说什么了，因为曾国藩一生对藏书非常重视，他说我不会给子孙留银钱，但是我会给他们留很多书，所以曾国藩一生积累了30万卷藏书。虽然后来这30万卷藏书都没有了，但这座富厚堂却很幸运地保留了下来。

但这个富厚堂曾国藩并没有亲自去看过，因为本想将富厚堂作为他将来退休后养老的地方，但曾国藩没等到退休就去世了。

8. 曾国藩的人际之道

俞敏洪： 从你写的《曾国藩传》里看到，曾国藩的一生并没有碰到太多的贵人或者高人。**一个人在人生中，怎样能够遇到自己的贵人和高人？**

张宏杰： 曾国藩在他的生命历程中遇到了几个贵人，第一个叫穆彰阿。曾国藩刚进入官场头10年升迁很快，一个最主要的原因是当时的皇帝道光很欣赏他，但道光皇帝之所以欣赏曾国藩，是因为当时的首席大学士穆彰阿向道光推荐了曾国藩，他认为曾国藩是个人才。

第二个贵人叫肃顺，肃顺是咸丰时期的著名政治家，对于晚清史有了解的人都知道，他是咸丰时期的顾命八大臣之首，所以后来慈禧搞了政变，把肃顺杀了。肃顺愿意重用汉人，虽然他是一个满人，但是他认为当时满人已经不出人才，所以必须重用汉人，他极力向咸丰推荐曾国藩。咸丰对曾国藩是有成见的，曾国藩直言不讳地批评过他，因此他不想用曾国藩，但肃顺不停地向他力荐，最后咸丰任命曾国藩做了两江总督，这对曾国藩来讲当然也是一个贵人。

但是曾国藩对升迁路上的贵人态度不太一样，别人要是遇到所谓的贵人、帮助自己的人，肯定会马上和这个人建立一个非常亲密的个人关系，把个人的政治生命和贵人连接在一起。但是曾国藩没这样做，曾国藩跟这两个人都保持了一种有节制的个人往来，频率也没有很高，也没有太多的私人交往。

曾国藩为什么这样做？因为曾国藩的人生哲学是"尚拙"，他一生所有做事的思路都是瞄准最远大的目标，不在乎一城一地的得失。曾国藩很早就想清楚一个道理，在传统政治当中风险是很高的，尤其是大人物的政治风险，你跟这个人跟得特别紧，最后一旦他有了不好的结果，你可能也会受连累。他跟穆彰阿、肃顺都明智地保持了相当的距离，所以后来穆彰阿倒台后，曾国藩没有受到任何牵连；肃顺被慈禧抓起来后，从肃顺家里搜出几千封书信，都是各地地方官写给肃顺的表忠信，但是里面没有曾国藩的信，慈禧太后因此对曾国藩就更为信任。我想曾国藩这种"尚拙"的人生哲学在他人生的很多阶段都有体现。

俞敏洪： 曾国藩的为官之道很值得现在很多人学习，能让人赏识他，但是又没有发生互相勾结的关系，给自己留了很多余地。

同时在你的书中也能看到，曾国藩在自己功成名就之后，其实培养出了一大批中国政坛的优秀人物，这也对我们很有启发。**那你觉得，如果一个人已经功成名就，应当用怎样的心态去培养和成就他人？**

张宏杰： 曾国藩对人才培养是非常重视的，所以曾国藩带兵打仗时身边会有一个幕府。所谓幕府，就是将军的参谋本部，一般将军的幕府有20多人就够了，曾国藩的幕府却有400多人，其中绝大部分其实都是人才的半成品，是他准备培养的人才。曾国藩把自己的参谋本部变成了一个人才培养学校，校长就是曾国藩，不管打仗多么累、多么苦，战况多么复杂紧张，曾国藩都会定期给这些幕僚出题目，让他们就当前的形势和任务发表自己的观点，然后自己加以批改，提升他们处理问题的能力。而且曾国藩每天在吃饭时都会把他们聚到一起，讨论问题，曾国藩就具体的事情对每个人加一两句点拨，使他们成长得特别快。所以，曾国藩这个人最大的特点就是善于发现人才，又善于培训人才。

曾国藩之所以在人才培养上花这么大的精力，是因为他有一个根本的认识，**万事以人才为第一，什么事都要以人才为基础。**

俞敏洪：但是他培养的人才中，比如沈葆桢和左宗棠，或多或少在当上大官后有点忘恩负义。曾国藩在处理这两个事情的时候其实还算比较大度，我读到比较感动的地方就是左宗棠到了西北去讨伐，收复新疆伊犁的时候，缺乏钱粮和资源，曾国藩在背后源源不断地给他提供，并没有以此为契机来置左宗棠于死地，这种气度也是蛮难得的。正是因为这种气度，曾国藩去世以后依然被所有他培养出来的人才所敬重。

张宏杰：曾国藩作为一个领导者，身上最鲜明的特点是他是一个心胸非常宽阔的人，包括我们今天叫"奇葩"的人，他也能包容。曾国藩一生中给自己做的事经常总结各种口诀，到后来他在各种口诀中经常提到的一个词叫"恕"，宽恕的"恕"。**他说每个人都有自己的缺点和问题，天底下没有完全无缺之人才，也没有完全无缺之交谊。**意思就是天底下没有完美的人才，也没有不产生矛盾的人际关系，只要不是根本问题，不是君子小人的问题，都应该采取包容的态度，这样才能团结尽可能多的人一起做事业。

这一点在曾国藩和左宗棠身上体现得特别明显，左宗棠是一个非常有个性的人，一般人很难跟他相处，但曾国藩跟他相处得很好。曾国藩跟他相处主要的方法就是做减法，两个人有矛盾的时候曾国藩会先退一步，他不会去激化矛盾。后来在左宗棠去世后，**有人评价曾国藩和左宗棠，一般认为左宗棠做人属于豪杰那个层面，但曾国藩是圣贤这个层面，所以这两个人达到的人格境界是不一样的。**

俞敏洪：这个评价真的是非常到位，让人很形象地感觉到两个人都是很了不起，豪杰层面和圣贤层面确实是两个不同的境界，马上能感觉到这是大江和大海的关系。

9. 从曾国藩看中年危机

俞敏洪：现在有一个"大厂现象"，35岁以后就容易失业，35岁以后好像人生就走到尽头了。我个人读曾国藩，感觉他是一个一生不断在反思进取，甚至蜕变的过程，自己不断地走上新台阶。**你觉得人是能一辈子进步的吗？还是到了一定年龄以后，实际上就定格了，进步不了了？**

张宏杰：确实，很多人都有这样一个人生定式，特别是人到中年，很多人对自己放弃要求了，就变成了所谓的"油腻的中年人"。但曾国藩给我们提供了一个不同的看待问题的角度，**他给我们的启示是人在任何年龄段都有可能彻底调整自己、改变自己**。曾国藩在46岁那一年被皇帝剥夺了兵权，他就进行深入的自我反思，完成了人生最重大的一次调整，这件事发生在他快50岁这样一个似乎不可能有太大进步的时候。曾国藩后来也会以自己为例，经常跟自己的弟弟曾国荃说，**人到中年仍然有很多地方是可以改变的，从我的个人经验来看，天下无事不可变，关键在于想不想变。**

原来我想人到50岁应该是非常老了，我1972年出生，所以到今年4月份满50岁，但我现在感觉50岁之后的人生仍然是很宝贵的，仍然可以做很多事，包括身上很多地方想调整，仍然是有机会去调整和改变的。不管是什么时候都不能放低自己，**生命的任何一个阶段都是上天给你的礼物，而不是一个器物，所以一定要抓住人生的每一个阶段。**

俞敏洪：你说得特别对，其实年轻的时候很难想象中年是什么样，中年的时候很难想象中老年是什么样，中老年其实都很难想象老年是什么样，所以人生每一个阶段都有每一个阶段的活法。

有两点特别重要。**第一，不能放弃进步和学习。**一旦放弃进步和学习，你的知识结构会越来越差，离时代会越来越远。你抛弃时代的同时，这个时代也在抛弃你。**第二，不要放弃突破自己的勇气。**比如，有的人在一个公司干不好，但是拿的那份钱又舍不得放弃，放弃就会失业；有的人其实在某些岗位上非常无聊，每天浪费自己的时间和生命，也觉得很惭愧，但是也放弃不了那个岗位。

我觉得人不光是自己意念的产物，也是自己所处场景的产物，所以一方面在意念上要愿意突破自己，去做新的改变，尝试新的冒险，尝试新的业务。就像新东方业务要转型，我就开始做农业，很多人都劝我别做，但我觉得这么好的、这么大的一个领域，又符合国家的振兴政策，我为什么不去尝试呢？另一方面要改变场景，如果在一个场景中过得实在憋屈，那就应该改变。所以，在我看来，人的精彩跟年龄没关系，曾国藩一生都是自我要求不断精彩的过程。

10. 曾国藩对现代企业的启示

俞敏洪：最后一个问题，曾国藩不管是领军，还是管理政府，都体现了他的管理能力。非常朴素，但又非常有效的管理能力。你觉得**现代企业的管理者从曾国藩身上能学到几点最优秀的东西，可以应用到对现代企业的管理中？**

张宏杰：我感觉曾国藩对今天企业家的启示不会特别直接，因为古代的环境跟今天不完全一样，但有些地方还是共通的。

第一，曾国藩有尚拙的精神，做笨事、做慢事的精神，换句话说，在做事的过程中会把控风险，把风险放在第一。曾国藩带兵打仗的时候是六个字："结硬寨，打呆仗"。什么叫"结硬寨"？每天晚上安营扎寨花的时间和精力特别大，但这样可以有效防止敌人来偷营，提高湘军的生存能力。所以，他做事的特点是从每个环节去把控风险，把风险降到最低，而且把基础打得最扎实，这一点对于今天的企业管理，包括整个社会的发展都有启发意义。

我们曾经有一种比较浮躁的心态，觉得现在中国的经济在全世界最厉害，我们有新的四大发明——共享单车、移动支付等，但一旦有些国家制裁我们的芯片，才发现基础研究还差了一大块，现在还要在基础研究上补课。实际上曾国藩这种"尚拙"精神对我们永远是有启发的。包括做企业，如果注意各个环节都把控风险，那企业可能就会发展得好一点。曾国藩永远是把风险放在第一位的，这可能是他尚拙的一个体现。

第二，曾国藩在团队内部，对待下属有一个特点，不用权术，他的领导力

来源真的就是他自己所说的"诚"这个字。他给亲弟弟写信时,都是说掏心窝子的话,他说你记住永远对待下属不要用权术,永远用最直接的方式、最短的交往距离跟他们相处,说话不妨直一点,不要绕弯子,可以形成团队内部都实话实说的风气,降低交往成本,提高工作效率。

曾国藩晚年有一个秘书叫赵烈文,是从绿营到曾国藩的大营来的,他说第一个感受就是这个大营中每个人都特别实在,办事都办实事,没有任何一点虚套,但他感觉国家正规军90%都花在表面功夫上。所以,湘军能做成事,跟曾国藩这种尚诚、尚直、减少人际交往距离的做法是直接相关的。

第三,曾国藩永远把人才放在第一位。他懂得发现人才、培养人才。曾国藩对人才说过一句话,**"梦寐以求之,焚香以祷之"**,每天早晨我上香的时候都祈祷遇到一个人才,每天晚上睡觉的时候我经常梦到自己发现了一个人才。

第四,曾国藩会给人才提供一个比较高的经济待遇。这点可能古人能做到的比较少,因为过去古人做事往往都容易唱道德高调,尤其曾国藩是一个读书人,程朱理学的信徒,存天理、灭人欲。但曾国藩创建湘军的时候,把握住了最根本的一条,湘军的军饷是国家正规军的三到四倍,指士兵的工资是国家正规军的三到四倍,军官的工资是国家正规军的五到六倍。曾国藩说做事的根本是经济,首先要把经济问题解决好,在这个基础之上才能谈什么精神力量,所以这也是曾国藩做事"尚拙"的一个体现。

俞敏洪:大家都知道企业诚信的重要性、企业控制风险的重要性、企业人才的重要性、企业人才高薪养廉的重要性或者高薪激发创造力的重要性,但是往往落到实处的时候很多人都做不到。很多人经营企业也都知道诚恳的重要性,不要坑蒙拐骗,但遇到好的经济收入、好的利润时,这种底线往往就守不住。

11. 为什么要写《简读中国史》?

俞敏洪:其实我还有一本书想介绍,就是张老师的《简读中国史》,不光分析清楚了中国历史发生背后的原因,还将中西方文化中同一个时代不同的历史发展阶段、不同的背景和不同的发展方向都讲清楚了。

张宏杰：《简读中国史》的副标题叫"世界史坐标下的中国"。因为我这几年有一个很强烈的感觉，不少中国人对世界史不感兴趣，我们就喜欢看自己的历史。但现在我们面临着一个全球化的时代，我们已经可以接触到全世界的文化资源，因此我们必须对世界的格局、历史有一个基本了解。与此同时，要想准确了解我们自身的历史和文化，也得把它放到世界历史和文化背景下才能看得清楚。实际上我们中国人是因为"身在此山中"，所以可能"不识庐山真面目"，不会认识到我们的历史是很独特的。

举个例子，我们的历史课本讲了很多农民起义，但中国式的农民起义在世界上大部分国家是没有的。中国式农民起义的特点是为了改朝换代，所以从秦朝到清朝在不停地改朝换代，每隔一二百年就有一次大的农民起义，推翻旧的王朝建立一个新王朝。

但这种情况在世界历史上非常罕见。欧洲历史看起来非常混乱，几十个小国打来打去，王位也不停更迭，但是欧洲历史上从来没有一个农民或者一个农奴率领别人造反，把旧的国王推翻自己做国王，欧洲历史上所有的国王都是贵族出身。日本也这样，从有天皇的那一天一直到今天，天皇都是一个家族传下来的。所以，中国历史的很多特点在世界历史上是独一份的，这一点只有以世界历史文化为背景才能看得清楚，也只有做了对比之后才能够更有利于我们跟外界、跟世界其他国家进行交流。否则我们和人家谈事情的时候，他们对我们中国的很多事想不明白，我们对他们的很多事也想不明白，就妨碍我们跟外界进行真正的有效的沟通。这是我写这本书的一个动机。

俞敏洪：可以说我第一次读到这么犀利的对照，以及这么犀利地指出中国历史中的一些问题发生的根源，包括朝代更换，包括各种政体发生的原因，读完以后会让人有豁然开朗的感觉。到今天为止，中国要想从历史上学东西，确实应该站在更高的高度，站在世界的高度，站在历史哲学的高度来分析问题，这比纯粹写历史故事要重要多了，很多历史故事通过影视化改编已经变得扭曲，已经让人看不清真面目了。

12. 尾声

俞敏洪： 特别感谢你花了接近两个小时的时间来跟我聊曾国藩，张老师，你有什么东西要问我的吗？

张宏杰： 平时读书给你印象最深刻的两本书，你愿意向我推荐的两本书是什么？

俞敏洪： 最近读的一本就是《生命密码》，从现在科学、基因学、生物学的角度讲了人类成长的秘密，华大的尹烨写的。还有刘擎老师的一个西方现代思想史的课，讲得通俗易懂。如果说古代的书，我常常翻的还是《论语》和《老子》。

（对谈于 2022 年 1 月 24 日）

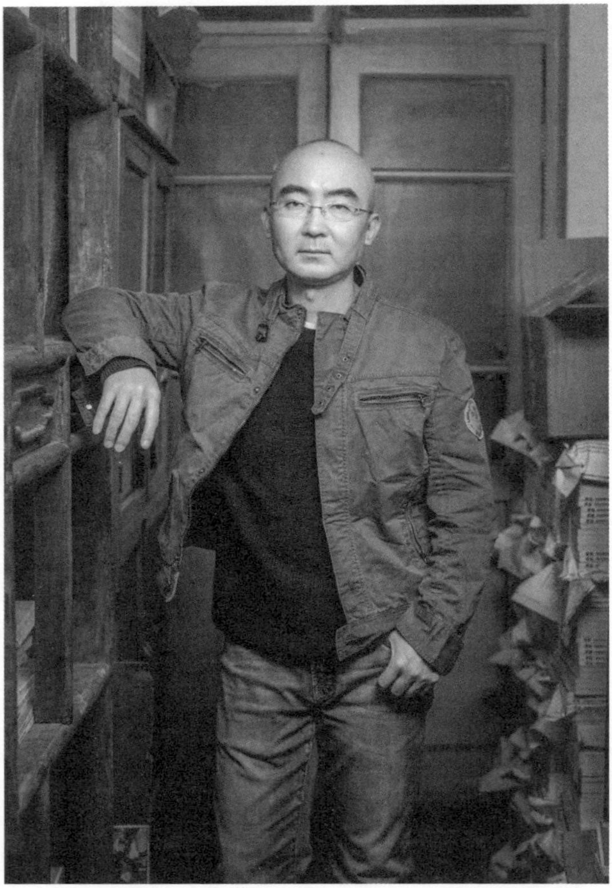

对话 **赵林**
往讲台上一站，我就能找到自己

哲学可以改变你，让你无论是在顺境还是在逆境，都能够有一种自嘲或者一种更高的观望，以一种更高的眼界来看待自己，这样人就会活得豁达一点。

赵林 /

知名人文学者。1954年出生于北京，武汉大学哲学博士。现任武汉大学哲学学院教授，主要从事西方哲学、西方文化方面的研究。著有《黑格尔的宗教哲学》《西方文化概论》《西方哲学史》《古希腊文明的光芒》等作品。

俞敏洪：各位朋友好，今天我邀请对谈的这位风度翩翩的老教授，是武汉大学著名教授赵林老师。赵林老师主讲哲学，但他非常风趣幽默，平易近人，如果大家看过《百家讲坛》，可能或多或少都听过赵林老师讲西方文化。赵林老师还特意去罗马、希腊拍过关于这两个文明的纪录片，在平台上播放后受到上千万人的追捧。

赵林：俞老师过奖了。

俞敏洪：邓晓芒老师什么时候出山？邓老师和你合作写过一本《西方哲学史》。

赵林：邓老师年龄比较大，他比我年长6岁，现在基本上在潜心做自己毕生的哲学思考，做一些总结性的事情，所以时间比较少。

俞敏洪：好像很多大学都把你们写的《西方哲学史》作为通用教学版本。

赵林：对，可能中国南方的一些大学用得比较多，当然这是以前。现在因为有很多国外的教材，每个大学可能选的教材不一样，加上现在又有了统一的教材，所以可能每个学校会受到一些规定的限制，就不见得完全选我们的书作为教材。

俞敏洪：现在大学讲哲学课是有指定的教材要求，还是说老师依然可以自己选择教材？

赵林：现在一般来说还是以指定教材为主，其他教材作为辅助。但我多年来一直在武大讲西方哲学，所以还是以邓晓芒和我写的教材为主，我们也会参考其他一些指定教材。我觉得可能每个人必须按照自己的风格讲哲学才比较合适，大家都讲同样的规定内容，可能有点滑稽。

俞敏洪：对，在40年前是这样的。你作为大学教授，有退休年龄吗？

赵林：我70岁退休，今年年底满68岁，还有3年。但现在课程相对少一些，主要我年龄大了，还是想做一些自己思想的总结，现在主要在做罗马那本书。

俞敏洪：70岁之后还打算被大学返聘继续讲课吗？

赵林：我觉得讲课的机会可能还会有很多，但是否要被返聘，就很难说了。

1. 浅谈不同时代的隔代教育

俞敏洪：在你的小学、中学阶段，谁对你的影响比较大？

赵林：从家人来说当然是我外祖父，从小我父母亲都在北京，我都是和外祖父、外祖母在武汉长大的。我外祖父是一个老式的旧知识分子，是从民国时期过来的，他做戏剧理论，也是比较著名的一位研究戏剧理论的专家，所以我从小受他的教育影响比较深，耳濡目染。

俞敏洪：他对你的影响主要是体现在哪些方面？现在大家都认为，对孩子来说，跟隔代的老年人一起长大并不太好，但从你身上或者从我们这一代人身上能看出，小时候跟老年人在一起好像反而受益比较多。比如我从小是跟我外婆在一起长大，我外公早就去世了，我外婆是一个特别慈爱慈祥的老奶奶，所以她的行为对我小时候的影响其实比较大。当然不是学问方面，因为我身边的亲戚大部分都不认字，而你外祖父却是个大学问家。

赵林：可能有两方面，一个是读书方面。我外祖父算是一个旧知识分子，从小就在不断地鼓励我多读书，特别是中国的一些典故。他主要研究中国戏剧，对西学可能没有太多的专门研究，所以当时他会带着我读很多中国古典书籍，特别是一些文言文的书，包括《古文观止》、四大名著等。

还有一个就是情怀方面。可能上一代和上两代之间的差别也蛮大的，这个代沟往往容易产生在父子或者母女、母子这样的两代人之间，相对来说，祖孙之间反而会超越这种所谓代沟，因为他们实际上在很大程度上又跟我们的父母那一辈是不同时代的人物。

我出生在 1954 年，像我这个年龄的人，我父母也算是在刚刚解放后才开始工作、成家，他们那一代人的思想和更老一代的我外祖父那一辈人当然是不一样的。外祖父作为一个旧式知识分子，有那个时代的很多情怀，那些情怀在某种意义上比较超越政治，更多还是一种比较浓郁的人文精神，再加上一种中国旧知识分子的传统道德、秉性和情怀，这些东西可能都是父辈这一代人很难比拟的。

当年恢复高考后，我们就感到，比我们高半辈或一辈的那一批知识分子，远远无法和比我们高两辈，也就是我们爷爷辈、外祖父辈的一些知识分子相提并论。

俞敏洪： 如果爷爷辈或者外祖父辈是知识分子，那他们就是真正的知识分子，因为他们一直既有旧学的功底，又都是在民国时期接受过教育的。

赵林： 是的，而且他们深受中国传统文化影响，这种影响不会因为政治原因而削弱。因为他们整个世界观、人生观、价值观，包括思想意识形态，都是在没有受到政治影响冲击的情况下，就已经奠定成形了。

俞敏洪： 一个人小时候如果遇到一个真正有学识、有知识的长辈或者老师，对这个人的一生非常重要。

赵林： 是的。确实童年受到的一些教养，耳濡目染的一些东西，对一个人的一生都会起到很重要的奠基作用。

俞敏洪： 是的。但隔代不是比较容易宠孩子吗？你小时候跟外祖父、外祖母一起长大，他们没有宠坏你？

赵林： 他们确实很宠我，外祖父、外祖母或者爷爷奶奶，他们更多是含饴弄孙，可能不像父母辈那样望子成龙或者有很强的责任感，他们相对来说超越了一些，反倒是更加宽容、更加自由、更加轻松，同时也更加宠爱孩子，所以我小时候还是受了很多他们的宠爱。

俞敏洪：现在老一代的人带孩子比较容易宠坏孩子，而我们那个时候的老一代人好像不太容易这样。

赵林：对，他们当时更多是用自己所受到的一种传统的道德秉性、知识模式来教育我们这一代人。我们现在说的宠爱，实际上在很大程度上已经形成了完全以孩子为中心、以下一代人的自我为中心的现状，特别是后来的独生子女，产生了一种唯我独尊的感觉，就像钱理群先生所说的那种精致的利己主义。而我们这种是宠归宠，但基本的德行、为人处世之道，包括知识的熏陶，老一辈还是会传授的，该严的时候严，该宠的时候宠，而不是一味地宠。这种宠爱是不一样的，那个时候毕竟不是独生子女时代，不会形成六个家长围绕一个孩子宠爱的状况。

俞敏洪：赵林老师有亲兄弟姐妹吗？

赵林：我有三个弟弟，他们都在北京。他们从小都跟父母亲在一起长大，只有我一个人从小被外祖父带到武汉，在武汉长大，就等于从小没跟他们在一起生活。

俞敏洪：反而给你带来了一个很好的影响。我觉得现在父母、老一代宠孩子，主要还是因为现在物质生活相对比较丰富，父母和老一辈都以物质为基础来宠孩子，比如给孩子买各种各样的吃的、用的，过分地让孩子在物质方面享受，这样的宠比较容易宠坏孩子。我们小时候，老一辈对我们的宠主要就是喜欢我们，但在行为、品行、道德、做人方面，对我们的要求还是挺严的。

赵林：对，他们是以他们的思想观念为中心来宠爱你、教育你。现在是反过来的，现在是教育者反过来以被教育者为中心进行宠爱，这个等于是无原则了。

2. 读书习惯的培养

俞敏洪：你小时候喜欢读书是被外祖父培养的，还是自己从小就比较喜欢读书？

赵林： 可能有两方面的原因，一个可能是家庭环境，从小就受这样一种教育，耳濡目染，自然而然地就可能比较爱读书；还有一个，可能自己本身也有这种天性，但这个很难说，因为我的兄弟们也并不都是这样。

可能环境还是一个非常主要的因素，环境培养兴趣，这实际上就形成了一种激荡，再加上后来上学的时候也碰到了一些比较好的老师和一些志同道合的同学。小学还很正常，到了中学开始"文化大革命"，大家基本就不读书了，天天闹革命，后来复课后再读书，大家都不爱读书。我记得上中学的时候数理化特别好，但那时候"文化大革命"，大家都不重视数理化，没有老三届、"文革"以前的"学好数理化，走遍天下都不怕"的观念，那时候觉得学啥都没用。

当时我们班主任是学政治学的，在我们这里当班主任也是教政治。他当时对我们影响还是蛮深的，他当时特别推崇我们看马克思、恩格斯的书，所以我在很年轻的时候，大概十几岁就开始读了很多马克思、恩格斯的著作。那时候我们也找不到书读，所以主要读两类书，哲学和西方小说，西方小说都是些被撕得残缺不齐的书。当时大家如饥似渴，互相之间排着队借着看，自己能拿到往往就要通宵看完。那时候阅读速度也快，不求甚解，反正囫囵吞枣就读完了，然后接着看下一本。当时同学之间就喜欢互相传书，很多人都这样，所以就读了很多这类小说。我记得我在中学的时候读了很多像《红与黑》《约翰·克利斯朵夫》这样的书，还有大量巴尔扎克、托尔斯泰、屠格涅夫的著作。

我上了高中以后就开始下农村，我记得当时高中两年里读托尔斯泰的《战争与和平》，那时候也读不太懂，因为《战争与和平》里面有很多夹叙夹议的地方，特别是其中有很多哲理思想、哲学思想，托尔斯泰经常会在描述故事情节、故事进展的过程中，突然跳出来做一番哲学议论。当时深受这种影响，少不更事，就开始模仿写这种小说，一口气写了一个20多万字的小说，后来不知道丢哪儿去了。那个时候既没有生活经历，也没有太多哲学思考，但就是喜欢托尔斯泰这种夹叙夹议，在陈述故事情节的过程中，同时再提升一些人生睿智、人生哲理的写作方法。

俞敏洪：一般中学生会读小说，最多再读点诗歌、散文或者历史书，很少有人会喜欢读哲学书，但你喜欢哲学这件事，好像从中学就开始了。

赵林：这确实有一个时代原因，那时候由于突出政治，再加上没什么书可读，包括当时我们互相借阅小说，实际上都有一种"雪夜闭门读禁书"的感觉。但马、恩、列、斯、毛的这些著作倒是摆放在各大新华书店，那个时候这些书可以公开，也倡导读，所以这种氛围使得那个时代的年轻人可能对哲学比较感兴趣。那时候好像有一种风气，大家都要学哲学。可能就是在这种普遍的氛围之下，由于比较漠视数理化，大家倒是对哲学、历史这些问题比较感兴趣。

我上高中就读了很多马克思的小册子，包括《共产党宣言》《哥达纲领批判》等，当时也翻了一下《德意志意识形态》，还有一些小册子。下农村的时候，我印象非常深，一下农村我就开始读《资本论》，所以我是在农村读的马克思《资本论》三卷。下农村的时候每天白天干活，晚上就点着煤油灯经常读到半夜。中间过年过节回武汉，就跑到图书馆开始看威廉·配第、李嘉图、亚当·斯密等人的一些政治经济学著作。因为受《资本论》影响，受马克思影响，所以回过头再来读这些古典经济学家的著作。

后来开始读哲学，当时还看不了原著，主要是看哲学史，了解康德、黑格尔这样的德国古典哲学人物的思想，作为马克思哲学的一个理论基础。实际上这一切都是由于那个时代突出政治，强调学哲学首先要从马克思主义哲学入手。读了马克思一些基本著作以后，就开始转过来追溯马克思之前的这些思想来源。是这样一步步读的。

俞敏洪：我觉得还是你天生比较聪慧，我在上中学的时候也能看到《资本论》这样的书，但我就读不下去。

赵林：实际上不一样，我 1954 年出生，比你大 8 岁，邓晓芒比我大 6 岁，郭齐勇老师比我大 7 岁，我们都在哲学院做同事，他们也都是在当年上中学或者下农村的时候就开始读大量的哲学著作。但到了 60 后可能就不一样了，毕竟你们开始到了一个理性充分发展的时代，到了你们十七八岁，理性开始逐渐成熟的时候，时代和你们可读的东西已经不一样了。比我们年长的人，如果爱看书，基本上大家的经历都差不多，都是读了很多哲学、历史方面的书。

3. 浅谈哲学二三

（a）哲学在于改变自我

俞敏洪： 好像比我再早几年出生的人，对哲学都有一种痴迷，因为当时大家都是用哲学指导一切，哲学指导农业、哲学指导工业、哲学指导大炼钢铁。

赵林： 对，这实际上是时代造成的。人人都学哲学的这种疯狂，比哲学的贫瘠更有害于这个社会，这是我后来认为的。

我素来认为哲学是无为之学，哲学不可能立竿见影地导致客观方面的巨大变化，哲学主要是改变自己、改变主观。哲学的意义不在于改变客观世界，而在于改变自我。 最近新版的《西方哲学史讲演录》出版，他们做了很多签名名片，让我题词，我就写了一句话，"**哲学的主要功能不在于改造世界，而在于改变自己**"。如果学了哲学就可以改变客观世界，可以多产钢铁、多产粮食，那完全是把它变成了狗皮膏药，哲学没有这个功能。我素来认为哲学没什么实际用处，哲学只能改变自身，不能改变世界。

俞敏洪： 现在那么多中国年轻人处在个人奋斗中，但西方哲学中那些思辨能力也好，抽象背后的本质也好，现象背后的本质也好，这种思考好像离中国年轻人的现实生活非常遥远。而且由于西方哲学的抽象和思辨的本质，导致大量的年轻人去读哲学书的时候，不管是读哲学史的书，还是去读原著，比如读一些柏拉图、亚里士多德、苏格拉底的著作，到后来再去读康德的三大批判，就越读越不懂。**这些学问对中国现在的年轻人还有什么用？对他们来说，懂不懂西方哲学对他们的生活有什么影响？是不是没什么影响？**

赵林： 一个人确实可以一辈子完全不读哲学书，他照样可以很好地生活，这不妨碍他的生活本身。但问题是，每个人都可以不读哲学书，但每个人不可能不考虑哲学问题。我总说，**人实际上是一种哲学动物**，不管你愿不愿意，主观有意还是无意，你实际上都要考虑哲学问题。**看哲学书在某种意义上能够使**

我们对自己有意无意考虑的那些哲学问题更加明晰，因为我们会知道，别人也同样面临着这样的问题，那些哲学史上的先贤也和我们一样，也对那些让我们心灵感到困惑的问题同样困惑。

追求智慧是每个人的天性，人不可能仅仅满足于常识。人生活在常识中，常识是我们的习惯，是我们生活的基本指导，但我们在遵循常识的过程中总是会进步，总要思考一些无用的问题，甚至是无聊的问题。这些问题只要是人，就不可能不思考。哪怕一个一辈子没走出过深山老林、大字不识的老农民，也会在茶余饭后偶尔想，这个世界从哪里来？我死了以后到哪里去？这些问题实际上都是哲学问题。

我在哔哩哔哩的《西方哲学史》讲演中，第一讲就讲的是看门大叔三问的哲学基本问题。一个看门大叔哪怕没有任何问题，有一个人来到单位，他也会把你拦下来，问三个问题，这三个问题实际上都是哲学问题：你是谁？你从哪里来？你到哪里去？这都是哲学问题，不思考无所谓，不思考这些问题，或者不有意地思考这些问题，丝毫也不会影响我们的生活质量。但如果在生活的同时能够有意识地、带有反思性地来思考一下这些问题，可能人生会变得更加自觉或者变得更明白一点。

大家不妨在生活中仍然按照惯性来发展，但是你心里是明白的，哲学的意义就在这儿，不能直接让你改变客观环境，但**它可以改变你自己，让你无论是在顺境还是在逆境，得意还是失意，你都能够有一种自嘲或者一种更高的观望，以一种更高的眼界来看待自己，甚至带有几分自我嘲讽的意味，这样人就会活得豁达一点**，我想可能无非就是这个意义。

（b）哲学永远没有答案

俞敏洪：哲学问题、哲学所追求的问题，不管是世界到底怎么来，到什么方向去，还是我个人到底是从什么地方来，到什么方向去，这些问题实际上是没有最终答案的。**当人陷入这种没有最终答案的问题的纠结时，我们到底在寻求一种什么东西？**

我们做数学题，最后是要把答案解出来，很多数学家终生追求的就是解决数学难题，他们的假设就是最终肯定能找到一个答案。物理学、化学、生物学就更不用说，都是科学知识，都是以最终的正确答案不能证伪来表达自己。但哲学的问题，不管是偏向于客观世界还是主观世界，不管是偏向外在世界还是内在世界，也不管是唯心的还是唯物的，找到最后，其实到今天为止也没有一个真正的最终答案。

赵林： 我素来在讲哲学的时候，特别强调哲学和科学之间的一个差异，这也是罗素在《西方哲学史》绪论里一开始就谈到的一个问题：哲学、神学和科学之间的异同在哪儿？科学一定是追求某种有确定性答案的问题，这种问题也许已经有了确定的答案，即使现在没有，将来也肯定会有，这一点大家都坚定不移地相信。比如，探索微观世界，我们可以不断地把基本粒子、基本元素进行分解，分解到某一种程度，我们以为到头了，但也许后来还可以分解。还有关于宏观世界、宇宙大爆炸、这个世界怎么来的问题，这些问题通过实验手段，通过科学技术不断的发展，我们可以获得某种终极性答案。

但有些问题本身就是没有终极性答案的，这些问题就属于哲学问题，它本身在很大程度上就超出了可能给出终极解的范围。所以，罗素认为，那些没有确定性、超出确定性知识范围的问题，往往都属于哲学问题。我非常认同这个观点。

当然，这些问题也属于神学问题，只不过和哲学不同的地方在于，神学会依着某种权威，比如《圣经》的权威、《古兰经》的权威，或是《般若经》等，以这些不同的经典或者某些权威人士、权威机构的观点来确定它的答案。但哲学不一样，**哲学只能诉诸理性**，而理性在这样一些终极性问题面前，往往会感到自己有点束手无策。

从这个意义上，哲学探讨的问题就是一些没有终极解的问题，因为人类必将会面临这些没有终极解的问题。我们面对的世界一部分可以说是已知的，或者是可以获得确定性知识的，但还有一部分，我们得承认，不管人类智慧发展到什么水平，我们都不可能给出终极答案。

（c）中国哲学与西方的差异

俞敏洪： 西方哲学更多偏向于形而上学和唯心的一面，偏向于如何解决这个世界整体上所面临的问题，而不是偏向于解决人实际上每天面临的问题，比如人活在世界上，到底怎么解决内在的纠结，即内心的灵魂，还有心灵上的纠结。从这个意义上来说，西方哲学走的路径和中国哲学走的路径好像完全不一样。

中国哲学，即孔子、老子、庄子的思想，基本都是以人为核心来看待我们如何在宇宙世界上、人类社会中生存。 西方哲学是到了近现代，才出现了尼采、叔本华这样更关注人生存状态和精神灵魂的思想家。像康德这样的人，解决的都是大问题，都是所谓宇宙的星空和我们内心的道德世界这样让人无比敬畏的问题。但中国从一开始，从2500年前出现孔子、老子开始，关注的就是人的生存问题，而不是那么关注宇宙客观世界到底从哪里来。尽管老子也说过"道可道，非常道"，但他更关注的是人如何生存得更好的问题。**那么，中国的哲学算是真正的哲学吗？**

赵林： 中国哲学当然可以算是真正的哲学，只不过它关注的核心、关注的中心问题可能不一样，这确实与中西方不同的历史背景、文化背景是相关的。

西方自希腊开始，人们是在一种小国寡民、分离主义的现实状况中生活，而且又都是面对着大海，所以希腊人往往对攻城略地、开疆拓土的兴趣不大。关于建设一个发达、繁荣昌盛的国度这件事，他们好像也觉得差不多就行了，所以他们可能在面对大海的时候，就更多地思考一些比较超越的问题。这里有一个发展脉络，我在《古希腊文明的兴衰》里讲到希腊这种感性的艺术，从雕塑、建筑、绘画发展到悲剧，最后从悲剧发展到哲学，它有一个逐渐抽象的过程，这种抽象和他们的生活背景有关系，因为**他们是个人的、自由的，每个个人面对着苍穹，每个个人面对着无限的世界，就很容易走向形而上的道路。**

中国不一样，中国从夏、商、周三代到春秋战国，看起来好像是西周的分裂导致了东周的春秋战国，实际上当年西周也只不过是天子制，周边的蛮夷、番邦只不过是对它称臣纳贡而已，后来就明显走向了一个分离，再后来走向战国、走向秦汉、走向统一,这个国家越来越大。所以,**现实的政治问题、生活问题、伦理问题成为了主要问题**,人们就开始关注人和人的关系,而不太关注那种超越的、形而上的东西,尤其不太关注人和神的关系。

俞敏洪: 也就是说,这和当时中国所面临的内外部环境有关。

赵林: 对,和政治环境和意识有关系。

俞敏洪: 比如,草原民族和农耕民族,即以中原为核心的汉民族之间的那种互相冲突的状态,导致人不得不时时去关注自己的生存,而不是关注生存之外抽象的东西。

赵林: 还有一个很重要的原因,中国这种自西周以后形成的根深蒂固的宗法社会,这种**宗法血缘关系使得所有人都成为整体中的分子,这个分子和整体相比微不足道**,所以人首先要考虑自己如何能与自己所处的伦理团体、伦理社会实现更好的和谐,从这个意义上讲,超越个人的信仰在某种程度上总会受到压抑。

相反,**希腊社会是一个公民社会,公民社会最大的特点就是人摆脱了血缘关系的纽带**,固然人也有血缘关系,但血缘关系对社会生活来说不会成为最重要的。最重要的是一种公民关系,是一个一个原子式的、单子式的个体以及相互之间的关系问题。这样一来,实际上每个人作为独立的人,会相对比较自由,可以摆脱一系列按照血缘关系形成的伦理纽带,可以自由地翱翔于天地之间,开始思考一些比较超越、抽象的问题,而不是考虑那些和现实紧密相关的伦理关系问题。

也正是因为如此,中国哲学产生于先秦,特别是罢黜百家,独尊儒术的时代。**儒家思想成为中国哲学主干的原因就在于,儒家更多关注伦理关系**,所以中国哲学走向了一条比较伦理化的道路。从孔孟时代开始,后来到两汉,再到魏晋,特别是后来到了唐宋,逐渐就形成了哲学的伦理化,或者说**伦理道德哲学成为了东方哲学的主要内容。**

但西方不一样,他们摆脱了血缘伦理关系的纽带,每个人都是独立的、孤立的,他们考虑天地问题,考虑某种人神关系的问题,尤其西方又有很浓郁的有神论背景。而中国自西周以后，宗法社会逐渐代替了这种尊神事鬼的殷商文化氛围。所以，西方人神的维度是一个非常重要的维度，天地不是表示一种伦理意义，更不是表示一种自然意义，而是更多代表一种人和超越人的更高力量之间的关系。如此一来，在这种有神论的背景下，就很容易把哲学思考上升到形而上，形而上学就成为了西方哲学的主要内容。

中国哲学是不是哲学？当然是哲学，但**中国哲学更注重伦理学的内容，而西方哲学更注重的是形而上学的内容**。而这种形而上学当然不在一个伦理关系中，看不见摸不着，又不是把自然作为一个近代意义上的自然对象来理解，所以很容易招致唯心主义这样的评价。

4. 专业选择背后的时代命运

俞敏洪：你当初上大学的时候，本科读的是历史，但你后来的研究更多还是在往哲学方向走，这是什么原因造成的？在大学读历史对你后来研究哲学有什么样的影响？

赵林：我其实本科、研究生都是学历史，这里面说起来有一个背景，有点阴差阳错。原来在"文革"期间，我们那批年轻人都喜欢读哲学，对哲学充满了兴趣，而且那时候能看到的主要都是马克思，后来才转向德国古典哲学或者英国古典政治经济学。到了1976年打倒"四人帮"后，1977年恢复高考，我是恢复高考的第一届，77级，我当时第一志愿是北大哲学系，第二志愿是武大哲学系，第三志愿是中山大学哲学系，第四志愿是武大历史系，结果当时武汉大学招生，武汉大学历史系先拿到了我的档案，那时候也根本不问我的志愿，他们就看我分数考得不错，一下就把我塞给历史了。那时候也没有什么转专业的说法，大多数人可能还是按照志愿来的，很少有人遇到我这种情况，也没有任何说理的地方，就只好到历史系。

这样一来，我就在历史系读了4年。这4年期间，基本上除了必须要完成的课程外，其他的时间我都在哲学系听课，基本上听完了他们的很多课程，我也跟当时哲学系 77 级、78 级的同学很熟悉，所以我虽然本科是在历史系，但我其实是在武汉大学哲学系。

后来考研究生我又考哲学，而且考的是西方哲学史，当时分数很好，无论是外语还是专业都考得好，由于此前在 1980 年我参加了《中国青年》的关于"潘晓"的人生观讨论，表达了一个强调人主观能动性的观点，结果我参与讨论那天写给出版社编辑部的信最后被登在了《中国青年》上，还起了个名字，"只有自我才是绝对的"。那时候哲学系还比较正统，所以当时那些还比较保守、正统的人士认为我是个主观唯心主义者，觉得我思想观念不正确，带有主观唯心主义之嫌，就不收我。所以，我虽然考上了，但并没有被录取。好在历史系还是比较喜欢我，毕竟我在历史系读了 4 年书，历史系的一些老师包括系领导都比较器重我，所以当时他们就把我塞到历史系接着再读美国史，这样我又读了 3 年美国史。所以，7 年的历史其实都是在我不太情愿的情况下读的，尤其是 3 年的研究生，是在完全不太情愿、违背我意志的情况下读的。后来一直到博士，我才上了哲学系，又如愿以偿地学了西方哲学。

现在回想起来，虽然那 7 年历史好像非我情愿，但那 7 年历史的奠基，对我后来的哲学研究非常重要，**在中国西方哲学界里面，我觉得我的哲学思想是最强调历史感和历史背景的。**

俞敏洪：我读过你好几本书，《古希腊文明的光芒》、"西学三书"系列我读过。读你的《西方哲学史讲演录》，我有一个很明显的感觉，你把历史作为一个主线贯穿到了你的写作中，使你书的脉络本身也显得非常清晰，让人感觉在时空上做了很好的布局。如果是纯粹做哲学的人写的书，读不出这种感觉，但你的书确实有这方面的感觉。

刚才你所说的专业选择的经历里，涉及了一个现代青年人的问题，现在大学生选专业，非常重要的参考因素就是未来毕业后能找到好工作，至于这个专业我本身喜不喜欢不重要，重要的是我学完这个专业，我能找到一份好工作。很难说这样的选择是错的，但也很难说这样的选择是对的。

我觉得一个人学一个专业就是对自己的一生负责，我学这个专业其实是为我一生所用的，一生所用的东西原则上就应该是我从心底喜欢的东西，而不是说这个专业能让我赚更多的钱我就去学。但现实世界也对年轻人提出了挑战，如果学出来以后不能赚钱，或者甚至找不到工作，那学这个专业干什么？当初你一心一意要学哲学专业，但现在，报历史、哲学等专业的学生越来越少，现在很多文史哲这三个领域的学生基本都是被调剂过去的，这些学生也不一定对文史哲真正感兴趣，就是没办法，被调剂过去了。

这就有两个问题，**第一，年轻人选专业到底应该怎么选，到底应该怎么对自己的一生负责？**我觉得这是我们老一代教授和老师应该给学生进行引导的问题，因为任何学问都离不开人生，不管哲学是探索多么高远的客观世界背后的起源，还是在探索其他，它归根到底也离不开一个人的人生。**第二，在这么一个功利的时代，年轻人面对自己的专业选择，面对文史哲这样人类思想精神的基础的东西，到底应该怎么办？**

赵林：我们那个时候选择专业和现在的大学生不太一样，我们那个时代有很强的自主性，那时候也没有很明确的利益引导。**今天的学生上大学选专业的时候，一方面可能受父母、老师及其他长辈影响；另一个方面也受自己所处的时代影响，所以他们肯定要选择有用的专业。**这种有用当然主要表现在将来可以找到好工作，能够找到一个好的饭碗。他们更多不是从兴趣考虑，而是从利益考虑；更多不是从自我主观动机考虑，而是从结果、效果考虑，再加上父母、老师的加权，这个作用就更放大了。现在哪个父母会让孩子去学文史哲？父母肯定会让孩子选择一个好专业。

我们在学校有时候会开一些面向全校的通识课，面对来自不同专业、不同学科的同学们，我每次都跟他们说，哲学有两个问题，一个问题是哲学是什么，还有一个问题是哲学有什么用。我的回答很简单，**哲学没用，只能改变主观，不能产生客观效果，不能立竿见影地觉得学了哲学就可以做好事、当好官、经好商、发大财。**哲学没有这个能力，也没有这个功能。

从这个意义上来说，**我们当年的选择是因为我们受了一个时代的影响，**那时候大家反倒对文史哲比较感兴趣，所以很多人选择这个专业。其实我以前数学和物理都非常好，如果没有"文化大革命"，我很可能就去学数学了，只不过"文革"改变了时代背景，我们开始对文史哲感兴趣了。

还有一点，西方到近代以后，读哲学的人大多数也都是家庭条件比较好，有点养尊处优，不为稻粱谋，他们就有一种闲情逸致，在很大程度上还有一点超越，所以他们喜欢选这些没用的东西。

我们这个时代比较强调功利，我在《西方哲学史讲演录》最新版的再版序言里专门提到，**我们这代人生活在两个主要时代，年轻的时候更多生活在一个政治引导的时代，那时候突出政治，等我们成年后，我们又更多地生活在一个经济引导的时代，我们追求利益，一切唯利是图。**我们这代人正好有幸是在这两个时代之间曾经有过一段算是青黄不接的时代，大家既对政治不太感兴趣，同时也都没有经济这根弦，没有经济引导的趋向，那个时候大家对发财致富好像一无所知，也不太感兴趣。

也就是**在 80 年代，正是我们这代人年轻的时候，正好经历了一个文化引导的时代。**那时候年轻人在一起，大家一见面就是高谈阔论，文学、历史、哲学、科学，那个时候可能是一个文化主导的时代，整个时代风气都是比较倾向于文化的。但今天已经完全不一样了，今天是个非常明显的利益引导的时代，所以很多人学的专业和兴趣是不相干的。

5. 文史哲不应该是某种专业

俞敏洪：从长远来说，文史哲对一个人考虑问题的全面性、纵深性、广阔性和更大格局的形成有巨大的好处，而这些东西必须先沉浸进去。比如从历史的角度看，知历史而知未来，如果一个人没学过历史，他怎么可以判断未来？如果一个人没有学过哲学智慧，他怎么可以用智慧来引导自己的人生？如果一个人不学文学，他怎么会有人生的美感和人生情感的丰富性？所以，从长远来说，我认为文史哲对于一个人人生的完善，甚至对这个人未来做大的事情，都有重大的意义。

在政治发展中有这么一个概念，技术统治和人文统治，也就是说，一般来说最初的时候都是学技术的人对国家最管用，越到后面越会由人文统治，这里是指政治结构。比如美国最初的总统有好多是学技术出身的，但是后来更多的总统是文史出身，包括法律等。原因是学这些学科的人，能够以更大的格局、更多的纵深概念来引导国家的发展。

从个人长久发展的角度来说，学技术性的学科，包括金融、财会，当然可以马上找到工作；学理工科，尤其是工程，也很容易找到工作。但从人一生的角度来说，对这个世界更加纵深的了解，包括对自己更加纵深的了解，哲学给人带来的智慧，历史给人带来知过去而知未来的能力，人文给人带来更丰富的情感和审美，我觉得从长远来说对一个人真的很重要。但现在的学生往往选择的是眼前，包括家长帮孩子选择的时候，往往也是选择眼前，而这种眼前就是所谓功名利禄，其实有可能会遮蔽这个学生一辈子更大的发展空间和发展潜力，这是我个人的感觉。

赵林：我的想法是这样，**我始终认为文史哲不一定要成为一个专业**。一个人一辈子不一定要去读历史、哲学或者文学专业，他照样可以大量阅读文史哲的著作，去思考文史哲的问题。文史哲现在的问题在哪里？我们在中学时代就比较欠缺这个方面真正的根基，我们中学时代一切东西都是题海战术，突出做题、考试，所以我觉得大家不一定都要读文史哲专业，这毕竟只是给少数人设置的。

我总说，**如果人人都学哲学，这个时代一定是个疯了的时代，疯了的时代比哲学贫乏的时代更可怕**。所以，哲学永远是属于少数人的，但这并不妨碍每个人都有一种哲学的情怀，或者有哲学的素质。人就是一种哲学动物，所以我们必须要思考哲学问题，而这种哲学问题你能够加以自觉，不管平时学什么，学自然科学也好，学技术也好，学社会科学也好，完全可以自己在文学、艺术、哲学、历史上进行更多的阅读、思考，即使这和专业并不相干。

这个时代是一个科学的时代，我也始终主张人文学不属于科学，把人文学等同于科学是人文学的堕落。我们不能用自然科学、社会科学的眼光来看人文学，**文史哲更多是培养主观，熏陶主观情怀，它不像自然科学去征服自然，社会科学去改变世界、改变社会，这是产生的客观效果。**主观的学问和任何客观的科学可以并行不悖，一个解决头顶的星空，另一个解决内心的道德和情怀，这是两码事。从这个意义上说，我从来不认为大家今天都要去学哲学，没必要，你照样可以从事你的专业，去学那些能够给你带来很多利益的学科，去发财致富，或者找到更好的工作，发展自己的才能。但**不管学什么专业，都需要经常自觉地涉猎哲学、历史、文学、艺术**，它的意义就在这儿。

俞敏洪：不管本科是理科还是工科都得学？

赵林：是的。我觉得大体上，**在年轻的时候，甚至在幼年、少年的时候，应该受到更多文学和艺术的熏陶**，这种熏陶是非常感性的熏陶，这种感性的熏陶培养人的情怀，培养人的审美，乃至从里面提升出一些道德的东西。**有了一定阅历后**，已经开始上大学，在学不同的专业，或者已经获得相当的专业知识以后，**历史可能会帮助我们开拓眼光**，了解这个世界，了解人类的来龙去脉，了解各个社会、各个国家不同的风土人情，以及它们的历史背景、传统，这样我们对世界就可以看得更清晰。

我总觉得**哲学是在最后**，就像黑格尔那句名言说的，"密涅瓦（Minerva）的猫头鹰只在黄昏时飞行"，密涅瓦就是雅典娜，智慧女神。智慧女神的猫头鹰就是智慧的象征，猫头鹰总是在黄昏才起飞，所以人到中年以后，可能哲学才可以真正地高高飞翔起来，而此前的哲学都隐蔽在艺术、文学、历史这些具体的知识背景后边。

本身艺术里边就有哲学，文学里边也有哲学，历史里边更有哲学，但无论是一个时代、一个人，还是一种文明，都要到了黄昏的时候，哲学才能真正高高飞翔。这是水到渠成的，因此我始终不认为，只有从事哲学专业的人才研究哲学或者才有资格谈哲学。很多研究哲学专业的人只是为了找口饭吃，有很多人甚至读到了博士，博士毕业以后，可能一辈子再也不读哲学了。**哲学更多是我们主观上的一种感悟，和人生体悟联系在一起。**

俞敏洪：一个人有没有哲学思维和高度，跟这个人有没有读过哲学的专业书籍其实没有必然的联系。

赵林：是的，我觉得确实是这样。所以，从西方的角度说，当然包括中国也是这样，在近代以前几乎所有的哲学家好像都不是专门从事哲学研究的人，他们是各行各业的。

6. 当今教育，成才而未成人

俞敏洪：刚才说中国学生对文史哲的学习应该在中学时期就开始，并且应该基本完成了，但是现在恰恰是中学时期的教科书或者内容，就已经消磨掉了学生对文史哲的兴趣。你在武汉大学重新激发了很多学生对文史哲的兴趣，从这个意义上来说，你为中国的大学生做了很多的事情。**在中国未来的中学课堂里，文史哲应该怎样改革才能让孩子们真正感兴趣，这跟老师的讲课水平有关，还是跟其他哪些东西有关？**

赵林：我一直在大学里教书，所以对中学现在的情况不太了解。但我总觉得，现在的中学教育更多是偏重于知识的灌输，一种客观教育，相对来说，情怀的培养、主观教育或者主观熏陶是比较弱的。

实际上，**像文学、艺术、历史的教学中，除了偏重于知识以外，更重要的应该是提升情怀。**孩子们的心灵是可塑的，这种可塑不仅表示他们可以吸收很多客观知识，更多在于他们在主观上可以进一步提升他们的审美品位，拓深他们的睿智，以及培养道德情怀。这些恰恰是现在中学教学太缺乏的东西，**我们太注重应试，太注重人才的培养，而不注重人的培养。**

我们在中学就要把一个人培养成人才，而不是首先把他塑造成一个人。他倒是成才了，但他并不是一个人，他不具有人的知情义，不具有人的品位，最后就成为了一个考试机器，对一切东西都根据知识理性来进行推断，没有任何道德情怀和审美眼光。这样的人实际上是一个冷冰冰的机器，一个理性的人就是一个计算机式的人。现在给了你初始的原因就必然有一定的结果，这中间没有变数，人就变成一个纯粹必然的东西，没有任何自由在里面，这就是现在最缺乏的。

蔡元培先生在"五四"运动的时候，引进西方的"德先生""赛先生"，引进科学，但是同样，像蔡元培先生这样一些中国最早的启蒙思想家，他们非常清楚地意识到，西方有一些东西是可以中和科学的，比如西方有它的宗教信仰等。西方毕竟是有神论宗教，中国人没有这种背景，**所以当时蔡元培先生提出来，以美育来取代宗教，形成美育和科学的互补，我觉得这个想法非常好。**

科学实际上是一个瘸腿魔鬼，既可以造福人类，同样也可以危害世界。这个时候一定需要一种情怀的、兴趣的、德行的东西来中和它，这些本来应该是在中学时期形成的，但现在确实有很多教学是应试的，而且带有很强的灌输性，包括一些利益引导，甚至带有某种政治引导，**所以现在的年轻人，不仅是人文学知识欠缺，更多是情怀缺失、德行缺失，这是中学教育最失败的地方。**

7. 今昔学风的背后

俞敏洪：你在武汉大学应该待了40多年了，为什么在这里待了这么久？

赵林：我在武汉大学待到现在已经40多年了，从1978年到现在，44年过去了，现在2022年了，等于45个年头了，真是人生的大半辈子都是在武汉大学度过的。我也曾经有过几次想离开武汉大学，但后来由于种种原因没走成，所以我觉得可能也是一种天意，可能武汉大学是我比较热爱的一个地方。

俞敏洪：武汉大学作为中国名牌大学之一，有哪些优势？对于未来想要上大学的学生，选择武汉大学的理由是什么？

赵林：武汉大学最主要的特点，我觉得用两个字概括："自由"，武汉大学素来就有这个传统。我当年还是个青年教师的时候，刚刚在武汉大学开始工作，有一次我到北大去做一个讲座，我开头就用了一句话，我说，北大是中国在文史哲方面毫无争议的 No.1，但在武大有一个说法，"北京大学要民主，武汉大学要自由"。这个差别在哪里？北大是以天下为己任，总要天下滔滔非我莫属，它有很强的家国情怀、天下情怀，所以它特别强调民主，强调政治上的一种领导作用。

而武汉大学是个依山傍水的地方，一进去就让人感觉像希腊一样，更多关注的不是一个整体，而是个人心性的充分发挥，所以我觉得武汉大学这个地方真是钟灵毓秀，当然也可以称为人杰地灵。在这个地方生活，就像希腊人在爱琴海畔生活一样，很容易就感到一种比较自由的氛围，这是自然的环境。再加上武大有一个人文传统，我们老校长刘道玉在这个方面功不可没，当年可以说他最早在武大开创了非常自由的氛围，所以当时在武汉大学，大家都能畅所欲言地谈论各种各样的学术问题，特别是后来老校长刘道玉执掌武汉大学教权的过程中。我觉得武汉大学这种自由氛围确实一直保存着，一直一脉相承，直到今天对我仍然还具有很深的影响，所以这就是我喜欢武汉大学的地方。

一个人一生有多少个 44 年、45 年，这个地方确实也可以说是我人生大半辈子，让我情之所系、生命之所在的地方，所以我确实对这里有很多说不尽道不完的热爱，可以说我这一辈子肯定不会再离开武汉大学了。我今年已经 68 岁了，还有 3 年就退休了，武汉大学的氛围让大家相处得非常融洽，同事们的关系也比较和谐，这是一个非常好的环境。

俞敏洪：20 年前你当哲学老师的时候遇到的学生，和今天你所碰到的学生有什么不同？一个 20 年的跨度足以使两代人对于学问的态度有所不同。

赵林：我大概只能朦朦胧胧、恍恍惚惚地感觉到，这里暂时不谈本科生，就谈我带的博士生、硕士生，今天和 20 年前确实有两点很明显的差别。首先，**20 年前的学生，不管是不是哲学专业，他们确实都有一种非常强烈的对哲学、文化的发自内心的喜爱，**所以那时候上课确实是门庭若市。

我记得我 20 年前在武汉大学上哲学课，那时候武汉大学最大的教室是教 3001，那个教室可以坐 300 多人，再加上走廊、门口挤一挤，大概可以容纳 500 人。当时在武汉大学讲西方哲学的课，我每次进教室都得挤进去，一直挤到讲台上，讲台上的石头台阶上都坐满了学生，一直坐到黑板跟前。所以，每次我挤进去，就已经满头大汗了，讲起来是淋漓尽致、酣畅淋漓，我觉得今天我很难再体会到了。

其次，今天的学生比较务实，教室只要没座位了，他们不会站在那儿听，一般他们掉头就走了。更重要的是现在有了网络，他们不一定非得在现场听你讲课，他们拿个手机，也可以看到你的课，所以现在就完全没有那种感觉了。我这个人讲课基本上不太受下面学生的数量影响，但毕竟人多了以后感觉还是不一样。

我也曾经对着空无一人的教室，就现在疫情期间上网课，我一个人在家里对着电脑讲，固然讲到情绪投入之时，我确实有点眉飞色舞，但总的来说一旦稍稍停息一下，我就觉得很没意思，面对的不是活人。我们讲人文课肯定要面对活人，当年那种场面确实令人振奋，所以这是一个差别。

今天的学生基本上不像当年那样有那么多的热情，那么多对人文学、对文史哲的热情。那个时候不仅是我，武汉大学有很多老师都是这样，包括易中天老师也是如此，很多人都这样，一旦讲课就是门庭若市，挤得水泄不通。我想今天在任何一个大学、任何一种课程中都很难再碰见这种场景了，他一看没位置了，掉头就走，而且即使在上课，他也拿着手机，可能一边听歌一边玩手机。这种情况确实没办法，是我们今天的教育导致的，他们更注重的是知识，而这种知识背后的情怀、睿智对他们来说不重要，所以他们不一定非得在现场感受氛围，只需要在上面看到那些文字，找出知识点，到时候考试交给老师就行了。

俞敏洪：我到西方一些大学去看他们这方面的课程，如果老师讲课很好，大教室里依然会人满为患，而且我在西方的课堂里，很少看到学生一边听课一边玩手机。

赵林：手机对中国的影响远远超过对西方的影响。现在手机对求知或者对大学教育的影响，说实话还不在于它多了一个窗口、手段、工具来了解讲课内容，更主要的是，由于大量沉迷在手机这种获取知识信息的方式之中，会导致我们获取知识的形式发生变化。手机更多只能提供知识，那些知识都是客观意义上的知识，丁是丁卯是卯，一、二、三、四列出来，但人文学本身是超越客观意义上的事，更多给我们的是一种主观启示，这种主观启示不是一、二、三、四就可以列出来的。客观题可以有ABCD的标准答案，但人文学是不一样的，更多是见仁见智。

所以，今天大家如果过分地受手机文化影响，其结果会导致思维方式发生变化。大家会认为我只需要一个标准答案，不会从这个标准答案之外再考虑里面涵盖的审美、情怀、睿智，或者拓展眼光的东西。也正是因为这样，现在大学里的学生有了手机后，觉得到不到现场听课都无所谓。

现在的学生跟当年的还有一点差别就是，由于太多地受到科学，尤其是自然科学这种学科分工的影响，以至于今天人文学的文史哲分裂得很厉害。 哲学系的学生，包括硕士生、博士生，可以说在历史学、文学方面，基本都处在非常欠缺的状态。所以，曾经我带博士生的时候，一进来就首先告诉他们，你们先去读10本经典名著，从《荷马史诗》《伊利亚特》《奥德修纪》开始读起，到《埃涅阿斯纪》《神曲》，然后到莎士比亚、托尔斯泰、维克多·雨果，先把这些书看了，再给我去学哲学。

俞敏洪： 学生现在不太愿意上文史哲的课程，是不是跟老师现在不敢随便说也有关系？

赵林： 这当然是一个方面，但我觉得主要还是他们获取知识的方式发生了变化，**再加上确实一个大学里可能文科的老师有很多，但能够真正把自己的生命体验融入自己所讲的东西里的人还是有限的。** 现在的学生，他们学习只是为了最后考试能得一个高分，最后能把标准答案还给老师，同样，现在很多老师站在讲台上，也就是因为他们干这行，要完成工作，要完成任务，没有一种痛快感。

坦率说，我今年已经68岁了，但这么多年，我只要往讲台上一站，就能找到一种感觉，那种感觉就是我始终离不开讲台的原因。我人生的座右铭喜欢用马丁·路德的那句话——"这就是我的立场，我只能站在这里"。当然他有他特定的宗教情怀，但我就喜欢用这句话，**这就是我的立场，我只能站在这里。** 为什么？因为我觉得，一个人在讲台上讲课的时候，如果首先不能感动自己，就很难感动学生。

所以，我讲哲学固然是要给大家传输很多有关睿智的学问，这个学问当然有情怀，但也确实有知识，我们要知道张三、李四、王五这些不同的哲学家，他们的哲学思想主要在说什么东西，至于情怀，是隐藏在背后的。但说实话，对我来说，一个方面是传播知识；另一个方面我总觉得在讲台上，当你处在一种出神入化、自己达到好像醍醐灌顶的状态时，你一定会把某些很深刻睿智的东西通过某种方式传给学生。所以，我觉得当我自己讲到情之所至的地方，讲到豁然洞开，自己突然会有一些感觉的时候，学生们一定也受益匪浅。

但是**现在很多老师，只不过就是为了对得起自己拿的这份工资**，反正把三个小时、三个课时照本宣科地讲完就行，讲课本身对他们来说只是要完成的一份工作，而不是他们生命的一种热爱。当然他们也就不会很好地影响学生，特别是人文学。人文学和科学不一样，自然科学一定要客观冷静、按部就班地把知识传过来，但人文学不是关于客观世界的知识，它是关于主观、情怀、睿智、审美这几方面的熏陶、素养。

俞敏洪： 这种老师的特点真可以说是感同身受！我们当时在北大的那些老师，他们经历了过去那么多年的被整治、被批判，但当他们站在讲台上的时候，依然是满腔热血，觉得传授知识、热爱知识就是一个天经地义的事。包括去年刚刚去世的我的老师，许渊冲老师，也包括当时我们的系主任李赋宁老师，都是在中国赫赫有名的，而且我们刚进北大的时候，朱光潜老师都还在讲台上。所以，我们还是看到了这些老一代老师的风范，这对我们这些人产生了比较大的影响。

坦率地说，今天我们也没有几个人能和老一代的这些老师相比，就像你的外祖父，那些老一代的民国时期出来的老师一样，**这些老师的风范对我们一辈子对待学问的态度、为人处世的态度、做人的态度，或多或少都是有影响的。**

今天之所以我成为我，包括赵林老师之所以成为赵林老师，我觉得受两个要素的影响，**第一，我们童年时期的生长环境**。我生长在朴实的农民家里，你生长在知识分子家庭，外祖父是这样的一个知识分子。**第二，我们上大学的时候的环境**。武汉大学的刘道玉校长，那真是我心目中最钦佩的大学校长，我把他和蔡元培齐头并进来比较的。

这些老师对我们的影响，当时80年代的大学氛围，在我们身上刻下了很好的烙印。今天的大学，这样的老师本身已经很少了，像你这样的老师，不管在武大还是在北大都已经凤毛麟角，学问功底好，为人处世做得好，讲课又讲得好，把传授知识当作自己的人生使命和热爱来对待，在大学老师中是比较少的。学生本身觉得老师的学问功底也不是很牢靠，而且老师本身的治学态度也不是很严谨，这种恶性循环的结果让学生感觉学问就是这么搞的，结果浮夸心理就非常明显。

今天不管是什么地方的大学，这种倾向都比较明显，学生的读书热情也在不断下降，所以如果一个大学有像你这样的老师或者说学生何其有幸能听到你讲课，我觉得真是一件特别了不起的事情。

赵林：谢谢俞老师，我本人也热爱讲课，也喜欢讲课。虽然我笔耕不辍，不断在写东西，但我在讲台上时会觉得"这就是我的立场，我只能站在这里"。往讲台上一站，我就能找到自己，我就能处在一种亢奋状态，我就觉得我活着非常有意义。尽管现在随着年龄增长，气力不济，每次讲完就像泄气的皮球一样，但在讲的时候，我是充分处在一种非常年轻、非常青春的状态，我总觉得这种状态很好，在这个时候我才能找到自己。

俞敏洪：你恰恰讲到了教育的关键点，教育是通过人来实现的，在知识和学生之间嫁接的最好的桥梁就是老师。老师就必须要有天生的对教育学生的、诲人不倦的热情，要有那种把自己内心知道的知识和智慧传播出来的热情，如果没有这样的热情，相当于既浪费学生的时间，也浪费学生的生命。

如果世界上没有这么一批人——比如从西方以传授和教导年轻人为自己天职的苏格拉底到中国的孔子——如果没有这样伟大的人物代代相传，对学问、知识和智慧的不懈追求，对真理、对社会进步和发展的不断追求，就会形成文化断裂，甚至会形成文明的衰退，所以我觉得像你这样的老师真的很了不起。非常可惜我没有在北大坚持下去，不过我要是在北大坚持下去，也成不了你这么好的老师。

赵林：也不一定，应该是一样的，我觉得俞老师是有情怀的人。

8. 哲学的学习及入门推荐

俞敏洪： 面向现代社会的中国人，如果西方和中国让你各推荐一个哲学家，推荐他们值得学习的一本书，你会推荐哪两位？

赵林： 还真不好说，因为不同时代的代表人物和代表作意境是不一样的，如果从开创文化源流的角度来说，西方当然是苏格拉底，苏格拉底述而不作，所以他的思想主要都沉淀在柏拉图的对话录里。中国当然就是孔子和孟子，这个毫无疑问。

如果从表现出的智慧来说，也不好说，比如中国的老子，比起他《道德经》里智慧的成分，可能《论语》《孟子》《大学》《中庸》这些儒家经典里安身立命的道德常识更能够发人深省，也离得更近。在西方也是这样，西方比苏格拉底更早的，比如毕达哥拉斯，写的都是一些长篇，表现了一种非常超越、充满智慧的思想，也发人深省。

如果要更多地从和我们今天生活更切近的角度来说，当然很可能就是后来的一些西方或者中国的先贤了，比如康德，还有近代的一些像洛克、休谟这样的思想家，他们的哲学思想里有很多东西是和我们现实生活直接相关的，无论是和科学还是民族，都和我们现在的生活情景是直接相关的，而不像苏格拉底、柏拉图的思想那么远。尽管古希腊的先贤思想是一切智慧的源头，后来的智慧都是在他们的基础之上发展的，但毕竟和我们生活更接近的还是近代的这些思想家。

俞敏洪： 有人提到《道德经》和《易经》，你对这两个怎么看？

赵林： 我没有专门研究过《易经》，但我觉得《道德经》代表了很高的智慧，但无论是《道德经》还是《易经》，它们都是中国的。从西方来说，像柏拉图的《理想国》、亚里士多德的形而上学，都是早先的一种奠基性思想，所以如果要说哪一个哲学家的哪一种思想对后世影响最大，确实不好说。**对现代来说，如果要在整个西方挑一位对现代人所面临处境影响最大的人物，我想应该还是康德，康德的三大批判，尤其是纯粹理性批判和实践理性批判。**

俞敏洪： 但想读懂康德的著作，真的需要翻译和讲解。

赵林： 对，而且康德的文本不好理解，因为在那个时候，哲学已经变得非常专业化，不同于柏拉图所记录的对话。柏拉图记录了很多和苏格拉底非常口语化的对话，但这些非常言简意赅的语言里包含了极深刻的一些哲学思想，表述了苏格拉底的思想，语言平实，且是在一种非常具有情趣的氛围之中产生的，对话都充满了情趣，所以大家都能够读懂。

但**哲学发展到近代后，越来越变成一种专门的学问，这也是哲学在古代那么盎然有趣，到了近代就变得索然无味的一个重要原因。**按照 20 世纪英国哲学家怀特海的观点，2000 多年的一部西方哲学史就是对柏拉图哲学的一个注释，但这个注释越做越复杂，做得浩若烟海，最后变得很专业，以至于大家反过来舍本逐末了，反过来去研究那些后来的注释。就像中国一样，无论是《道德经》，还是《论语》《中庸》《大学》《孟子》，都是很简单的东西，它里面包含了至深的思想，但后来，尤其是儒家，中国的经学传统把它变得浩若烟海，繁缛得一塌糊涂，乃至把它变成了刻板八股。西方也一样，所以到了像康德这些哲学家的时代，已经开始用非常专业化、学术化的语言来表示那种至深的思想，这时候如果没有一定的哲学背景，就很难读懂。

俞敏洪： 也就是说，这是一个学者写给学者看的文本，而不是学者写给普通人看的文本？

赵林： 有这么一个现实问题，**到了 18 世纪以后，哲学变得越来越学院化。**在康德以前，包括法国的一批启蒙思想家，他们很多人根本就不是大学里专业的学者，比如卢梭，他也是个哲学家，但卢梭从来没在大学里教过书；伏尔泰固然是个知识分子，但伏尔泰也不在大学，他一生自由，是个自由知识分子；包括英国的休谟，他虽然是个大哲学家，但他也并不是大学里著书立说的教授，还有很多很多人，在更早期就更不用说了。**但到了康德那个时代后，基本上所有的哲学家都是大学教授，一方面要传承发扬哲学思想；另一方面著书立说在某种程度上也成为了一个谋生的手段，**这样一来，就逐渐把哲学变得越来越专业化、越来越学术化、越来越学究化。可以说到了今天，哲学越来越读不懂，很大程度上就是因为这样。

而且哲学还有个特点，它就像数学一样，一环扣一环，如果不了解前面的哲学思想，很难上来就了解康德。我们现在带了一些博士生，有的上来就直接做非常现代的哲学，做海德格尔等，他们对前面的整个西方哲学并不了解，上来就搞。我有时候开玩笑说，这有点像我们看金庸小说，一个没什么功力的人上来就要学《易筋经》，学《葵花宝典》，最后搞得走火入魔。过去西方的康德也好，黑格尔也好，休谟也好，他们非常了解整个西方哲学的发展脉络，非常熟悉各种经典，不管他们是不是大学教授，但我们今天的人上来就直接读康德，肯定读得云里雾里。所以，从这个意义上来说，哲学就像数学，如果一点数学基础都没有，上来就搞微积分，肯定云里雾里。

俞敏洪：所以我们现在要读康德，康德确实是哲学的巅峰之一，但要先读懂西方哲学的来龙去脉，读康德才会有基础，否则就会变成空中楼阁。

赵林：我们都喜欢谈康德主义，确实博大精深，问题是博大精深的这种哲学是建立在前人的基础之上的。那些对哲学感兴趣，但又没有耐心沉下性子来梳理前面的哲学的人，往往就是一进康德哲学就云里雾里。哲学就像数学，一环扣一环，康德哲学解决什么问题？康德哲学实际上就是要解决经验和理性。在哲学领域里，经验和理性各自在我们的认识中起着什么作用？信仰和理性在我们整个人生过程中起到什么作用？道德和科学、信仰和理性，包括理性中思辨意义上的理智和经验又各自起什么作用？这些问题在前面有很多人讨论过，而且各自剑走偏锋，各执一端，所以康德才来解决这个问题。

我们在讲西方哲学史的时候总说，在西方，一直到现代哲学出现以前，有两位哲学家都具有这种承前启后的作用，不了解前面就没法了解它。**古代是亚里士多德，近代是康德，亚里士多德是要解决此前古希腊两派哲学之间的冲突、矛盾，康德是要解决此前经验论和唯理论这两种不同的知识论之间的冲突。**当然还有更深的，就涉及近代的理性和传统的信仰之间的关系问题，所以既有思维与存在的关系问题，又有理性和信仰的关系问题，这些问题都是在西方由来已久，已经发展了好几百年甚至上千年的传统议题。从这个意义上来说，上来就直接想把握一些深的东西，肯定会陷入一种困惑之中。

作为非哲学专业，大家如果对哲学感兴趣，想了解西方、了解哲学，不管是了解哪个哲学，都必须要从哲学史入手。我们素来强调哲学可能就是哲学史。我受黑格尔主义影响，武汉大学哲学系又是黑格尔的重镇，国内研究康德、黑格尔的重镇可以说都在武汉大学，包括邓晓芒老师以及我的导师杨祖陶先生、陈修斋先生，特别是杨祖陶先生，他们都是国内首屈一指的做德国古典主义的专家。从这个意义上来说，我们做西方哲学，就是在强调一种历史脉络。

现在大家可能看得比较多的两本西方哲学的书，**一个是罗素的《西方哲学史》，一个是黑格尔的《哲学史讲演录》**。这两本书各有千秋，我们给专业学生推荐的时候也要强调它们各自的特点。罗素《西方哲学史》的特点在于什么？罗素这个人不仅是个大哲学家，也是个大数学家，而且他是现代的，是20世纪的，他也精通现代科学的发展，更难能可贵的是，罗素具有很深厚的历史学、文化学的眼光，所以，罗素的《西方哲学史》把西方的科学、哲学乃至神学，甚至更广泛的历史文化全部融入一炉了，这种哲学史是接地气的，它实际上从古希腊开始一直讲到现在，每个哲学家都和他的时代背景、文化背景、历史发展的传统紧密相关。这本书翻译也很好，李约瑟先生、何兆武先生、马元德先生，李约瑟是英国人，何兆武、马元德是中国的老前辈，他们的文笔也很好，而且过去的这些翻译家中文底子非常好。

俞老师是做外语研究、外语教学的，你们知道为什么今天的翻译著作远远不能跟当年相比吗？关键就在于今天翻译外文的人中文底子太差，不像过去的老前辈，比如朱生豪先生、傅雷先生、柳鸣九先生、罗念生先生等，他们翻译英文、翻译法文、翻译希腊文，个个本身就是中文的大文豪。所以**罗素的《西方哲学史》的特点是，本身的内容非常博大精深，同时翻译得也很好。**

黑格尔《哲学史讲演录》的翻译是贺麟先生、王太庆先生，他们都是哲学界的老前辈，也是国学根底极好的人。黑格尔《哲学史讲演录》最大的特点是逻辑性特别强，更多是讲思想概念本身的逻辑发展。这个读起来就更难，因为它也是从东方哲学开始讲起，要多少了解这些跨越时间及空间、博大精深、上下几千年、纵横几万里的不同的思想源泉脉络，才能懂得它用抽象逻辑概念表述这样一种哲学思想史的发展过程，这个难度当然更大。

　　罗素毕竟还是把哲学直接接到文化、历史背景中，跟科学的发展、现代的思维比较对接。从这个意义上，这两本书各有它的特点，**黑格尔哲学史更专业、更精深，罗素哲学史的文化根基更宏观、更博大**。至于我的《西方哲学史讲演录》，毕竟我是中国人，我是写给中国人看的，我要让西方哲学史说中国话，我当然就得要按照黑格尔和罗素这两本哲学史，采其所长，实际上这也是黑格尔主义的一个方法论，叫"历史与逻辑相统一"。我这本书为什么在您看来好像还比较容易朗朗上口，比较好把握，实际上就是我力图把这样一种逻辑概念本身的发展和历史文化的演进融在一起。

　　俞敏洪：我个人的感觉，读完你这本书以后，原来大家比较难理解的，从西方最古代开始的一些哲学概念，你把它们的前因后果、相互关系讲得非常清楚，让大家感觉到西方哲学好像并不那么难理解。我觉得这是非常好的，既可以把它当作西方哲学入门书，又可以把它当作深入研究的敲门砖。

9. 西方文明的三条腿

　　俞敏洪：你对古希腊、罗马的文化、历史、文明特别感兴趣，还写了一本《古希腊文明的光芒》，这本书图文并茂，里面还有不少照片是你亲自去拍的。通常一说搞哲学，大家都认为是个学究，但实际上你对古代人类的文化生活，以及对现代人的文化生活都非常关注，而且你还亲自跑到希腊去拍了关于希腊的纪录片，又跑到罗马拍了关于罗马的纪录片，我觉得你内心还存在着一种对知识、对文明的向往或者热情。**你为什么对古希腊、罗马的文化和文明那么感兴趣？学这些东西对现代人到底有什么用处？**

　　赵林：无论是从西方还是从中国国学的角度，文史哲本身都是不能分家的，知情义这些东西本身也是融为一体的，同样，审美、睿智以及眼光，也是紧密融合的。**历史开拓眼光，文学艺术提升审美品位，哲学加深睿智，所以文史哲

是融为一体的。

我为什么会对希腊、罗马感兴趣，实际上是这样的，我做西方哲学，西方哲学形而上学的维度和他们有神论的背景是紧密相关的，所以西方哲学离不开一个赖以发展的重要背景，就是基督教文化背景。其实我后来更多的是做基督教思想史、基督教宗教哲学，所以我从纯粹的西方哲学史后来转向了基督教思想史的研究，然后由这个进一步再往前。毕竟西方在基督教之前还有宗教，还有希腊、罗马，所以我的研究兴趣可以说是顺藤摸瓜，自然而然就会从基督教思想史转向希腊、罗马，就一定要追根溯源。

西方整个发展源头都是从希腊文化来的，希腊更多提供的是一些务虚的文化形态，罗马更多提供的是一些务实的制度形态。所以，我就从对西方哲学史、基督教思想史的研究转向对希腊文化和罗马帝国的研究。《古希腊文明的光芒》也算是我多年来读万卷书行万里路的一个希腊文化研究结果。我这几年来一直都读罗马，大概今年年底或者明年年初会出一本比希腊的部头还大的罗马帝国兴衰史。加上我以前在商务印书馆已经出了《基督教与西方文化》，这样一来，希腊的、罗马的、基督教的，西方文化的三个根基就都有了。

西方文明发展到今天，包括哲学和各种文化形态在内，实际上是一个历史综合、历史发展的结果。**它有三条腿，一条是希腊，一条是罗马，一条就是基督教。**这三个东西，一个为西方现代提供了一套务虚的文化形态，文学、艺术、宗教、哲学、戏剧都是希腊人开创的；一个为后来的西方提供了一套务实的制度形态，比如法律、行政管理、国家制度、军队建设、行省分布、公共工程，这都是罗马人提供的；还有一个就是信仰和与信仰相关的一套价值观念，这个观念包括契约精神、诚信意识、家庭伦理，以及近代发展出的自由、民主、平等这样一些观念，都和基督教的背景有关系。正因如此，这三个东西共同构成了西方文化。

所以，从哲学到更深刻的文化背景，必须从古到今地打通了，才能在这个基础上更好地理解西方哲学。古希腊只是我做的一个方面，还有就是罗马，罗马对今天的西方制度影响太深太深了，将来等那本书出来以后，我再和俞老师具体谈谈罗马文明和罗马帝国的兴衰，对了解今天整个世界格局的重要意义在哪里。

俞敏洪：这也是我在期待的，因为我认为古希腊和古罗马的历史文化对今天的中国非常具备借鉴意义。

赵林：不光是对今天的中国、对世界，对我们今天看美国、看欧洲甚至整个世界，整个世界格局的变化，都极其富有启示意义。我现在是用中国人的角度来写一部关于罗马的兴衰，更多的是涉及一些我自己对罗马的理解。

我们谈罗马的时候往往有一句耳熟能详的话，"条条大路通罗马"，这句话大家都熟悉，但我在这本书里也特别讲了，"条条大路通罗马"一定不能仅仅从空间意义上理解，还必须从时间意义上理解。不仅在空间上罗马大道四通八达，拉直了整个8万公里，可以绕地球赤道两圈，更重要的是罗马那套制度，那套法律规范，一直穿越时间影响到今天。所以，"条条大路通罗马"还具有时间意义。就是因为罗马奠定了西方一直到今天仍然行之有效的一系列制度、法律、规范、公共工程基础，所以这个问题也是说不尽道不完的。

俞敏洪：我特别期待，你的每本书出来我都欣喜若狂，尤其罗马文明出来以后，我会更加开心，因为我本人对罗马比较感兴趣，罗马的历史、罗马的成长、罗马的制度，罗马的各种。尤其你写的文字比较通俗易懂，特别好。

由于时间关系，我们就要开始收尾了。很多朋友坚持了两个小时听你讲课，你最后想对这些网友说点什么？

赵林：非常感谢大家。我在《西方哲学史讲演录》修订版的再版序言里面说，我们曾经一度比较追名逐利，到了今天，好像中国人似乎又开始有一点躺平了，但当身体躺平的时候，精神可能就开始躁动起来了。在一个时代趋利的可能性开始受到种种限制以后，人们可能确实会越来越转向内心的丰富，转向对文学、历史、哲学这些无用之学感兴趣。

我觉得我们这个时代很可能处在一个转折的过程中，外在生活的喧嚣开始逐渐走向平息，而这个时候很可能我们的心灵开始越来越多地感到一种荒漠中的躁动，**这种躁动可能对我们提升主观品位大有裨益。所以，在这个时代，大家还是应该抽空多阅读一些经典著作**，从手机那种客观答案的获知方式里走出来，看一些纸质版著作，看一点经典著作，无论是文学、历史还是哲学。这和专业没关系，甚至和生活可能都没关系，但它对心灵、对睿智、对开拓我们的眼光及提高审美品位很有意义。

俞敏洪：说得特别好。现在很多人所过的日常生活，或者遇到的事情，确实给人带来一种躁动，或者给人带来一种心灵空虚。不管是打麻将聚会，还是去卡拉OK，表面快乐的背后，其实是一个人独处时的一声叹息，我觉得你给大家提供了一个很好的药方。某种意义上，我认为人可以忍受一定的贫困，但反而不能忍受心灵的空虚。如果我们天生就是要追求一种心灵充实的状态，现在这个躁动的社会带来的躁动人心，从某种意义上不是一件坏事，会让更多人意识到阅读、充实心灵的珍贵性。

我周围很多朋友也从原来热衷应酬、吃饭、喝酒变得慢慢地沉下心来，用更多时间在家里独处、阅读。有不少朋友跟我说，稍微调整一下以后觉得内心舒适了很多，他们把这个叫作内心舒适，其实就是一种心灵上开始感觉到丰富的表现。所以，特别感谢赵林老师为这么多学生，也为中国这么多的老百姓提供了这么好的精神食粮，从历史、哲学的角度，让人们了解整个世界以及世界的发展轨迹，甚至是心灵发展的轨迹，希望未来不久我们能够再次对谈罗马文明。

谢谢赵老师，我们今天就到这里了！

——对谈结束——

俞敏洪：各位朋友好，今天和武汉大学著名教授赵林老师一起对谈，人为什么要学哲学，以及他对这些方面的一些看法。也推荐一下他最近出的两本书，一本是《西方哲学史讲演录》，另一本是《古希腊文明的光芒》，我相信大家读完这两本书会非常有收获。

《西方哲学史讲演录》比较烧脑，需要用非常专注的能力去读、去理解。

但我觉得读书就是两种状态，第一种状态，读书就是为了轻松，读小说，读一些不用太动脑子的历史书等，甚至是漫画，都是相对比较轻松的阅读法；另一种状态就是，每过一个阶段读一两本有思想的比较严肃的书籍，对我们来说真的非常重要。

人的大脑需要不断地被激发出来，人的思考也需要不断地被激发出来，如果大脑不被激发，思考不被激发，到最后我们就会慢慢变笨。变笨不仅仅是指知识上的笨，而是在智慧上、见识上、见解上、看问题的判断力上，甚至是常识上，有的时候人也会变笨。

人只有从两个方面才能获取更高远的境界和眼光，第一，通过具体的实践，也就是在工作中实践，所谓的从战争中学习战争。但实践有它的局限性，因为实践离不开周边的环境，而环境本身就是有局限性的。所以，实践能够增加经验，但并不能增加我们真正突破性的格局，真正突破性的东西主要还是来自于第二个方面——阅读和听课，当然，能到遥远的地方去考察也是一个方法，但阅读和听课都是蛮不错的方法。

快过年了，刚才我出去散步，北京又下雪了。下雪挺好，过年下雪瑞雪兆丰年，预示 2022 年有一个美好的岁月，也祝福我们的网友，2022 年虎年大吉！

今天我们就到这儿，谢谢大家，各位再见。

（对谈于 2022 年 1 月 30 日）

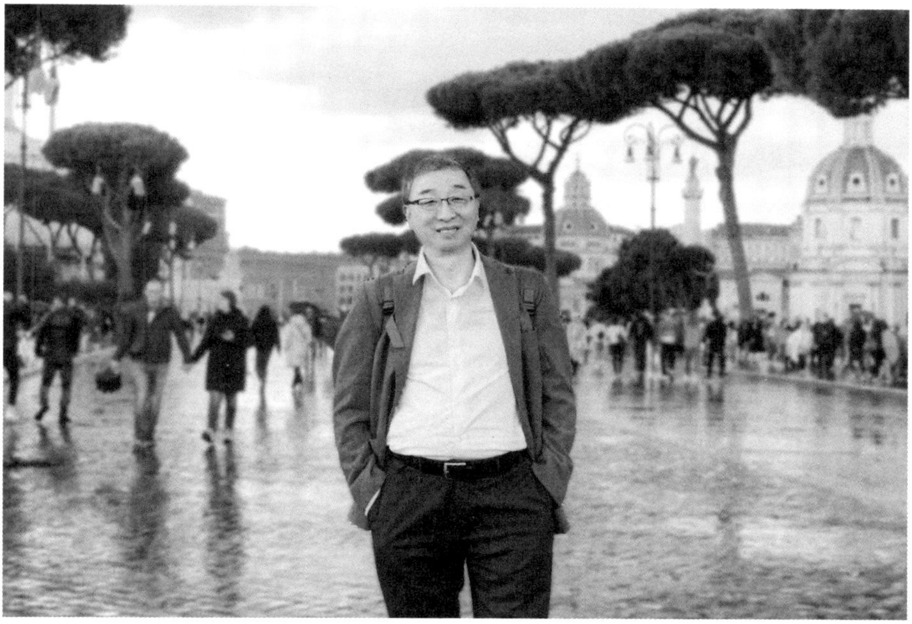

对话 六神磊磊

心中有侠，世界就不会变得太坏

唐诗本身是不美的，
唐诗和生命放在一起才美。

孩子可能用了 10 年时间背唐诗，但最后他会用一生的时间去忘掉唐诗。

六神磊磊 /

1984 年出生于江西，毕业于中国传媒大学。曾任新华社重庆分社记者。2013 年起开始写作，对唐诗和武侠小说进行解读，因为犀利、独到的视角而广受好评。著有《唐诗寒武纪》《给孩子的唐诗课》《六神磊磊读金庸》等。

俞敏洪： 朋友们好，今天我和六神磊磊一起聊聊他的读书体会、人生体会，以及他对金庸作品中家国情怀、爱国主义的体会。

——对谈环节——

1. 阅读习惯的培养

俞敏洪： 六神磊磊，你好，你在重庆吗？

六神磊磊： 俞老师好，我最近在重庆，发现了一批好吃的火锅，回头你一定要来尝尝。

俞敏洪： 好，我对麻辣食物非常感兴趣。你父母也在重庆吗？

六神磊磊： 是的，现在母亲在重庆，我把她接过来了。

俞敏洪： 你好像从小就特别喜欢阅读，是受父母影响还是你自己从小就喜欢阅读？

六神磊磊： 我小时候有一个"得天独厚"的条件。小时候有两年，我母亲在一个特别特殊的公司上班——废品公司，有朋友以为是拾荒的，其实它是个正经国有企业，属于供销社，效益还很好。当时有大量的废品是书，会有人把家里不要的书成捆成箱地拿来卖，而且是品相很好、很珍贵的书，我妈就会把里面品相好一点的书挑出来给我看。当然这种行为也算是"薅社会主义羊毛"，是不好的行为，但我也因此从小就有源源不绝的书。所有不爱看书的人，都无意中把书给了我。

俞敏洪：我小时候也会到废品收购站找书。我看的第一本不完整的、只有1/3页面的《水浒传》，就是从垃圾堆里翻出来的。你母亲怎么会有把书带回去给你看的意识？

六神磊磊：我父母虽然不是什么知识分子，学历也不高，但他们很尊重文化，他们天然觉得书是一个好东西，天然觉得书上印的那些字是值得尊重的，就会自觉不自觉地找书给我看。但有一点，我母亲坚决不准我看武侠小说，除了武侠小说都可以看。

俞敏洪：不让你看武侠小说，你反而因此产生了更大的好奇，现在变成了武侠小说研究专家。

六神磊磊：我母亲现在也不知道我在做什么工作。我以前在新华社工作，离开社里已经五六年了，她还不知道。她以为我还在社里上班，每天早上出门，晚上回来。我出差很多，她也很疑惑，说你们领导怎么对你这么好，可以到处出差、到处跑，我说我跟领导关系好。她一直都不知道，后来因为她生病在做康复，就更没精力关注这个了。

俞敏洪：她对你最大的作用就是培养了你特别良好的阅读习惯，让你喜欢看书，这件事情太重要了。

六神磊磊：是，我很感谢她。我母亲也喜欢写作，她当时总给《知音》投稿。我偷看过她写的小说，各种知音体小说，从来没被采用过，当时《知音》还给她退稿，每次退稿她都要消沉一两天。

俞敏洪：你母亲其实还是一个自己很喜欢阅读，而且还喜欢写东西的人，这样的母亲比较容易把孩子培养得喜欢读书。你这么熟悉唐诗，父母有从小要求你背诵吗？

六神磊磊：那倒没有，主要是我自己喜欢。我感觉 80 后，至少在我那个时候，看书、看武侠小说并不是一件特别稀奇的事。我们当时的娱乐很少、很有限，书就是很有意思的东西了。

俞敏洪：80 年代出生的人刚好卡在了读书上，像我们和 70 年代的人没有书可读，也没有任何娱乐，后来 90 后的娱乐则变成了打游戏、上网，读书已经不再是娱乐重点。你们这一代，虽然小时候也能打游戏，但当时也不是所有小孩子都能打游戏，所以读书便成了你们这代人成长过程中的必经之路，尤其是读武侠小说之类的，你们这代人应该是读金庸读得最多的。

六神磊磊：确实是这样，我当时拿到一本金庸小说，那种感觉是快乐的，而且是"犯罪"的快乐。今天，假如大家还在用心读书，大家可以给自己点赞，你肯定是一个特别能沉下心来的人。现在有太多东西让我们分心了，你喜欢打台球，现在奥沙利文就在打大师赛；你喜欢短视频，有无数的短视频可以刷；你喜欢指点江山，完全可以去微博指点江山，这一切都能满足大家各种各样的爱好。所以，如果此刻大家还在读书，我觉得是很厉害的。

俞敏洪：在现在这样浮躁的时代，有太多事情会分散一个人的注意力，如果还能静下心来，每个礼拜读 1～2 本书，而且读书还能专注，跟着书中的思想或故事一起走，恰恰是可能锻炼了其他人并不具备的专注能力，而这个能力跟我们未来做成事情又有比较大的联系。

六神磊磊：现在大家相亲，如果你的相亲对象能够踏踏实实读进一本书，我觉得大家多考虑考虑，对方应该是一个比较能够静下心来的人，是内心有东西的人。

俞敏洪：哈哈，这个建议好。现在你有孩子吗？未来会培养孩子的读书能力吗？

六神磊磊：我有小孩，她已经 3 岁了。我想可能会培养她，但我不太担心她看书，反而担心她会不会太喜欢关在房间里看书，不爱运动，我们现在都是在鼓励她运动。

有了孩子之后会发现，父母是永远担心不完的，如果她特别爱说话，你就担心她是不是太开朗、太活泼；她不爱说话，你觉得她是不是太内向……这是担心不完的，我现在体会到了。

俞敏洪： 在孩子身心健康的前提下，喜欢读书是一定不会错的。你是一个在阅读中成长起来的作家，或者说是一个读书有成的人。现在的孩子几乎不读金庸，或者读得很少，不是因为金庸不值得读。只要有孩子真的去读金庸，我相信一定也会像我们一样，沉醉于金庸书中的故事。但现在的孩子，第一，好像没时间也没兴趣去读金庸；第二，除了金庸以外，孩子们能够读的书也越来越多了。你觉得除了金庸，孩子们还应该再读一些什么书？

六神磊磊： 我们经常会有这种成年人的焦虑，感觉现在孩子读书不专注，但我感觉，比如我的孩子，比我同龄的时候知道的东西多太多，知识面也更广。俞老师曾经在演讲里说，看到年青一代展现出来的能力和能量，让我们觉得很惊喜，他们会以一种很好的方式成长。所以，我觉得他们读什么样的书不太需要我们操心，比较重要的是读书的专注程度。

为什么我们以前读武侠小说能读得那么投入，能记住每一个人物，读唐诗也能记住不少知识？我觉得有个原因是，当时没有这么多书。我们读武侠小说的时候，如果《天龙八部》五册中的一册落在我手上，就是挺值得珍惜的事，我这几天不读，别人就读了，所谓"书非借不能读"也是这个意思。我们没有太多选择，到我的手上就要抓紧时间看，我不看别人就要看。所以在没有选择的情况下，就会读得比较专注。

其实很多前辈、大师往往在他们年轻的时候，在书籍特别贫乏、匮乏的时候，得到一册书就拼命读。有个小说《象棋的故事》，讲的就是，一个人在完全没有娱乐只有象棋的时候，才会拼命钻研象棋。当时我有一本唐诗，我一天到晚都抱着它，我今天抱着它，明天抱着它，后天也抱着它。

现在选择变多了，人会没有耐心，包括我自己。我爱看网络小说，但我现在看网络小说的耐心大不如前，看了前两章就放弃的比比皆是，不管评分、点赞多高，不管推荐率多好。为什么？因为选择太多，有几十万册在那儿等着。我觉得现在孩子可能需要解决一个专注度的问题，能不能把自己喜欢的作者的一本书吃透，这个蛮重要。

俞敏洪：尽管这样也会带来一定知识面上的遗憾，但知识面上的遗憾可以长大以后再弥补，小时候更应该锻炼孩子学知识的专注能力。一个纵向，一个横向，中国古代主要以"四书五经"为主，不论是苏东坡还是欧阳修或者其他人，都能把"四书五经"背得滚瓜烂熟，但并不影响他们长大后对中国诗歌、散文的理解和发展，因为已经有功底了。我觉得你对于唐诗和金庸的理解，其实为你奠定了非常深刻的文字功底和人文功底，也就是说，你现在基本可以比较自由地发挥你所掌握的东西，并且也能给别人带来很好的教育。

2. 从金庸找到自己

俞敏洪：你是在北京广播学院上的大学，当时为什么选择去那里？

六神磊磊：我大学的专业叫广播电视新闻，后来也是为了偷懒，考了本校本系本专业的研究生，俞老师一听就知道，我就属于最不想努力的那种人。**人是设计不了自己的未来的**，我当时确实以为自己会在电视台当一位编导，但事实上并没有，想起来人生还是挺有意思的。

俞敏洪：你毕业以后为什么去当记者？而且相当于是一线记者，有点像新闻调查记者。

六神磊磊：当时我有一个机会到新华社重庆分社工作，就去那儿实习了一段时间，在此之前我从来没有到过重庆，以前也不了解、不熟悉这个城市。本来还有机会干别的工作，后来我还是觉得新华社的氛围比较好，大家都写稿子，比较尊重写作，鼓励大家用稿子说话，我喜欢这样的地方，所以就来了，想来也是非常幸运的事情。

俞敏洪：你当了差不多10年记者，在这些年中，作为记者你的收获是什么？对你现在思想的形成或者职业、事业的发展起到了什么作用？

六神磊磊：我其实还是比较推荐大家去一个单位、部门，包括去体制内了解感受一下，这能够锻炼我们一些能力。但待太久也没什么必要，除非你特别爱进步，立志当大官，为人民服务。不用待太久，但锻炼一下能力是很有必要的。它锻炼我们表达、与人接触的能力，还有一点很重要，它能让我们了解体制是如何运转的。有时候一些网友会对一些事情发表自己的观点、看法，如实说，在我看来大部分看法都不在点子上，他们并不太了解体制的运转方式，一个决策是怎么做出来的，可能会在什么事情上做出怎样的选择，在什么事情上可能做出相反的选择，等等。

当记者能锻炼什么能力呢？**一个人只会有一种职业、一种人生，但记者能够看到很多人、很多职业、很多人生，增长阅历。**比如，一个普通人，他可能不了解像俞老师这样的大佬在想什么、纠结什么、痛苦什么，也不了解街边的贴膜小哥。但记者可能能了解一些，既了解俞敏洪在琢磨什么，也了解手机贴膜的哥们儿在琢磨什么，这是人生财富。

俞敏洪：也就是说能通过记者的观察，对人类、社会、人性有更深刻的了解。

六神磊磊：是的。我觉得金庸先生要不是当了那么多年记者，他写不成那样的武侠小说，他写什么人就像什么人，写一个王爷就像王爷，写一个无赖就像无赖，这跟他当记者应该有关系。

俞敏洪：人生经历从来都不可能是浪费时间，在任何一种生命状态中，只要去体会观察就必然能学到东西，就看自己是不是个有心人了。

六神磊磊：概括得真好，人生从来不是浪费时间，就看自己是什么态度。

俞敏洪：你身上有两个标签，一个是读金庸，一个是读唐诗。可以说，不论是金庸还是唐诗，你都信手拈来，非常熟练。你大概从什么时候开始读金庸的？金庸的书里有什么东西打动了你，让你最后能不厌其烦地去研究？

六神磊磊：不敢当。我上中学的时候开始读金庸，但大家理解的中学可能和我说的不一样。我上中学比较早，10岁就上中学了，当时我们学校条件不好，厕所在一个台地上，蹲坑特别宽，我个子小，如果不是因为那个蹲坑很吓人，我父母可能4岁就把我送去读小学了。我上学的时候就有一种强烈的感觉，觉得金庸小说能给我自己代言，给我这么一个少年人代言。

那个时候，老师、家长都会给我们推荐各种各样的书，他们只考虑什么书好，但他们并不关心我们在想什么。我们当时也有很多被精心挑选出来的课文，当然都很好，但这些课文不是给少年人代言的。比如，我是一个少年人，在成长中，我孤独了、彷徨了、迷茫了，我觉得老师不喜欢我，我觉得和家长沟通失败，我爱上了一个人，我觉得同学在嘲笑我，没有人给我代言，但我觉得**金庸小说可以给少年人代言，金庸在写我的心声**。如果你是一个清高骄傲的孩子，你会觉得自己是杨过；如果你觉得自己是一个蠢蠢的、笨笨的孩子，你会觉得自己是郭靖。总之，在金庸的世界里，总有人能给你代言。

史航说过一句话，"**青春期的孤独，就在于我们孤独的时候不知道旁人也孤独着。**"后来他非说这句话是卢梭说的，我查卢梭的《忏悔录》，没找到这句话，也不知道是不是，但确实如此。金庸当时给我的感觉就是，他让我知道，我们迷茫的时候，别人也是这么迷茫着。

俞敏洪：你从金庸小说的人物身上能看到自己的影子或者部分状态，因为金庸小说都是在讲一个人物成长的过程，从出生到变成大英雄到最后落幕。能够看出来，你的人生走向其实也可以有这样的英雄气，对吗？

六神磊磊：它缓解了我的焦虑。比如，我爱上一个人，我不知道怎么办，我不知道该怎么让她知道，我陷在这种情绪里。但看了金庸之后，就知道不用焦虑，别人在爱上人的时候也是这样的，别人也这样患得患失、手足无措。所以，它缓解了我们很多焦虑，这都是课本不会告诉我们的东西。

我特别希望今天在给孩子选课文、推荐课文的时候，能够给孩子一些类似《少年维特之烦恼》的文章，能够为他们代言、说话，不要总是给成年人代言。我上学时，唯一让我感觉心灵互通的文章是鲁迅的《社戏》，一群孩子去看戏，觉得那个戏不好看，又回来吃了人家的豆，我觉得那个和我心里有共鸣，其他课文真的都是成年人的东西，很难引起我的共鸣。

俞敏洪：我觉得我们的语文课文比较关注教化、关注培养孩子的道德，似乎缺少了对青少年本身的情怀以及成长过程和兴趣的关注。这是值得改进的地方，但现在也不太容易调整。

金庸写小说有一个自我改变的过程，从他最初年轻的时候到后来的成熟时期。我记得你曾经说过，它是一个从描写武侠到主题不断升级的过程，直到最后"为国为民，侠之大者"，更多挖掘出了人性中的一些东西。金庸小说跟别的武侠小说相比，阅读时更加广泛、持久，你觉得主要原因是什么？

六神磊磊："为国为民，侠之大者"是金庸在小说里提出来的。在小说里有这么一个段落，郭靖要保卫襄阳，反抗侵略，他的对手忽必烈问他，郭叔父，你这么大一个英雄为什么要为赵宋的君臣卖命？郭靖给了他一个回答，郭靖说，郭某纵然不肖，岂能为昏君和奸臣所用？**郭某一腔热血是为了神州千万百姓而洒。**年少的时候，我看过去就看过去了，后来才理解郭靖对于他为什么参加这场战争，有着自己明确的答案，我一腔热血是为了神州千万百姓而洒。后来我才意识到，这已经超越了我们过去很多年以来的侠义小说。

可以想一想，之前历史上一流的著名侠义小说，那些英雄人物，他们也斗争、英勇、献身、流血，但有谁是纯粹地为了神州千万百姓而洒热血？没有。宋江，忠勇忠义，他的热血是为了神州千万百姓而洒吗？肯定不完全是。大英雄展昭，他的热血是为了神州千万百姓而洒吗？不完全是，他一半是为了包大人而洒，为了朝廷而洒，不是为了百姓而洒。所以，那时候我才意识到，**原来金庸的爱国主义里还有着人本主义、人道主义**，几者是结合的。**他的小说里有一种时代的光辉**，小时候我们意识不到，这是他小说里打动人的地方。

俞敏洪：金庸最初的武侠小说其实就是写武侠，到后来爱情变成了主线，再到后来在爱情背后还涉及了人身自由的主题，在其中融入了家国情怀，我们在读的过程中能够看到金庸在这个方面不断地升级和进步。你觉得他是不是有一个自我意识？这个不断提升自我格局的过程能从书中读出来吗？

六神磊磊：是的。恋爱是文学里一个永恒的、特别伟大的母题，但我们去看金庸成长的过程，他一开始写小说，他书中的恋爱完全就是一个添头和陪衬。金庸最开始写的小说，《书剑恩仇录》《碧血剑》等，把里面恋爱的部分拿掉，那个书也成立，不影响书的完整性，恋爱就是个陪衬。

后来金庸意识到，爱情是一个堂堂正正的文学母题，所以他接下来的小说，比如《射雕英雄传》，如果把郭靖、黄蓉的爱情拿掉，这本书就没法看了，没价值了。接着金庸开始探索，他做了个尝试，能不能把爱情当成一个英雄豪杰人生的最高价值。这在我们今天看来是不赞成的，我们会说"儿女情长，英雄气短"，但金庸做了这个尝试，在他后来的小说里，爱情的成功变成了人生成功的最高标准。杨过、小龙女追求什么？他们也为国为民、伸张正义、行侠仗义，但他们最后人生圆满是因为爱情而圆满，爱情在金庸小说里越来越重要。

接着金庸开始对自己做了一种突破，就是爱情很重要，**但还有比爱情更重要的，就是人的自我意志**。人不是为了爱情可以牺牲一切的，爱情不是人的终极目标，典型的就是令狐冲。令狐冲和任盈盈非常相爱，但他们遇到一个难题，有人提出来你们想在一起，那你们就加入魔教。令狐冲觉得我和任盈盈固然相爱，但如果让我加入魔教，牺牲掉我的个人意志，让我个人不得舒展，那我受不了，任盈盈也觉得如果让冲哥加入魔教，他们两个人不会得到幸福。在80年代特别流行一首裴多菲的诗，"生命诚可贵，爱情价更高。若为自由故，两者皆可抛"。令狐冲就是"若为自由故，两者皆可抛"的典范。

到金庸最后一本书《鹿鼎记》，金庸干脆做了一件事——不要爱情。《鹿鼎记》主人公韦小宝有爱情吗？我觉得他没有爱情。他有7个老婆，但哪个真心爱他？好像都要打个大问号。甚至金庸把爱情变成了嘲弄、调侃的对象，在小说里谁爱得深，谁就会被调侃，谁就步履维艰。金庸就是把自己最擅长的武器练好之后又抛掉了。

俞敏洪：我个人感觉，其实到了令狐冲的状态，真的是把人的爱情、对自由的追求、对责任的承担比较完美地结合起来做了一个陈述。那到了《鹿鼎记》的韦小宝，你觉得这是金庸思想上的一次飞跃、一次转变，还是一种退步呢？

六神磊磊：我觉得肯定谈不上退步，也说不上进步，他把爱情放到了世俗上，写出了爱情在世俗里的样子。人的一生里，爱情很难占到生命的80%、90%。

俞敏洪：对于一个长期为了某个事业或者为了人生更加完整的境界去努力的人来说，不管男女，可能最后爱情只能慢慢褪成背景颜色，而这个人对于自己心中认为更有价值、更崇高的事业的追求，会慢慢变成主色调。

六神磊磊：我觉得爱情的本质还是让自己更完善。我在另一半的身上发现了可以让我更完善的东西，比如我没有耐心，可我遇到她之后我变得有耐心了；比如我不会共情，遇到她之后我学会了共情，所以爱情还是会让自己更完善。但让人完善的方式有很多种，所以《鹿鼎记》中，金庸只是把爱情写回了生活本身的样子。

俞敏洪：金庸年纪大了之后，试图对他的小说进行一些修改，你觉得这是什么心理因素导致的？

六神磊磊：第一，小说里确实有一些bug。因为小说是连载的，会有一些时间线、故事情节对不上的地方，老先生想完美。第二，跟他的性格有关。有一次他碰见几个青城山的人，青城山的人就说，你怎么把我们青城派写得这么坏，金庸先生道歉说不该把你们写那么坏，就想改。倪匡就说，凭什么改呢？难道青城山就没坏人吗？所以也和他性格有关系，他希望得到好的评价。第三，我觉得金庸先生渴望能够提升自己文学的地位，他希望他的文学有意义。意义是很害人的，他想给他的文学加上"价值补丁"，比如我觉得这个小说里好像不够正能量，我给它贴个价值补丁，可能这几个动机导致他在晚年不停地去修改。

俞敏洪：现在出版的金庸小说是被他改过的，还是没改过的？

六神磊磊：现在改过的和没改过的都在同步并行，现在代理金庸小说的，内地只有朗声图书一家。朗声图书有修改版，考虑到市场也出了旧版、怀旧版，大家买的时候注意一下。

3. 侠客的本质是同情

俞敏洪：武侠以侠为主，在中国，从荆轲刺秦王开始，实际上就已经有了侠客的故事和对侠客的描述。**你认为在中国过去的历史中，侠客对中国的文化、历史起到了什么作用？**

六神磊磊：虽然侠的文化有几千年，但古时候的侠跟我们今天讲的侠不是

一个意思，就像大家都说我追求正义、信奉正义，但现在大家都能发现，在网络世界，你讲的正义和他讲的正义不是一个正义。我也说热爱和平，他也说热爱和平，可是你讲的和平和他讲的和平不是一个和平。侠也如此，古时候的侠，它的精神、本质是一种忠诚，主人对我好，给我钱，我这条命就是你的，我不需要认同主人的理念，我也不需要对主人的事业有什么思考。俞老师对我好，我的命就是俞老师的，俞老师看谁不爽我就把他干掉。这就是古时候的侠，比如荆轲、聂政、专诸。**金庸的侠不一样，他的侠为国为民。**

但我觉得侠对文化产生了一个效果，我们的侠和诗歌联系到了一起，共生，我们的诗人往往带有侠气。大家都愿意相信李白是个击剑高手，其实他不是，他不会武功，我严重怀疑他吹牛，但我愿意信。我有一次碰到一个小男孩，他是当地背诗的小达人，给我们讲了好多好多诗，我就私底下问他最喜欢哪首唐诗，他给我的答案是《侠客行》。那么小一个小男孩，都有这种侠的精神情结，这个有意思。

俞敏洪：你刚才说的侠是金庸小说中的侠，在现实生活中，中国人也有很多有关侠的描述，侠义、侠气、仗剑行侠等，这让人觉得中国老百姓其实对侠有一种痴迷，因为他们总觉得，**侠，第一代表了自由，第二代表了帮助老百姓获取社会公平的英雄人物。**如果侠在中国老百姓心目中是这样一个形象，实际上老百姓在追求的是社会的公正和公平，希望有人帮他们仗义执言。今天的社会已经是法治社会，不需要"行侠"或者非正规地去做这样的事，那现在的人还能从仗剑天涯的侠客身上学到什么东西？

六神磊磊：我觉得**今天侠客的本质就是同情。**侠客为什么"路见不平，拔刀相助"，根本就是同情别人，把别人的痛苦当成自己的痛苦。

俞敏洪：所以，现在敢于用笔对社会不公平现象仗义执言的作者，也可以归入到侠客一类？

六神磊磊：只要我们心里怀抱一份同情，我觉得一切就不会是最坏的，一切就还有希望。比如，我的课桌不要了，我劈掉也是劈掉，扔掉也是扔掉，但我可以花点钱运给乡村孩子，就像俞老师做的这种事。

俞敏洪：我跟你有一样的感觉。这两天有点像吃了苍蝇一样，某地正在发生战争，结果有好多人还在进行各种无聊的调侃，我觉得这是严重缺乏悲悯心理和侠义精神的表现。

六神磊磊：所以才说，**如果大家帮不上忙，或者不能为之做什么的时候，至少要心怀一份同情。如果心里有这个东西，世界不会变得太坏。**世界坏有时候不在于挑头的人坏，而在于附和的人多，挑头的人永远有，附和的人多，事情就不可收拾，没有人附和，那再挑头也就那样，所以我们应该心怀一份同情。

我刚刚看到一个评论说，真理永远只在大炮的射程之内。我觉得需要解释一下，如果真理在大炮射程之内，如果世界就是这么简单，请问我们还在这儿干什么？我也不要读金庸，俞老师也不要搞教育，大家都造大炮不就好了吗？大家今天晚上为什么要来看我们两个人聊？去看大炮不就好了吗，聊什么读书呢！我们今天之所以在这个地方讲读书、讲金庸、讲唐诗，正是因为真理未必只在大炮的射程之内，**这个世界除了大炮之外，还有很多其他东西。**

俞敏洪：我觉得真理从来没在大炮射程之内过。**也许有时候强权可以暂时威慑世界的文明，但世界文明的发展永远是因为人与人之间的合作、仁慈、同情。**就像刚才说的，这是侠义精神起到的最重要的作用。

六神磊磊：真理如果只在大炮射程之内，我们的国家如何建设？中华人民共和国建立的时候，我们的大炮并不是最大的，我们为什么建立了新中国，还把国家建设得这么好？这就说明真理有时候并不完全在大炮的射程之内。

人有的时候懂了一点点利害，就以为自己掌握了宇宙终极真理，就反复跟你讲利害，他不相信人类除了利害之外还有别的东西。我觉得懂利害没什么了不起，谁不懂利害呢？**我们在这里正是因为我们追求利害之外的其他东西。**

俞敏洪：我觉得一个民族的发展或社会的发展，包括个人的发展，是一个**认知水平发展的问题**，如果认知水平达不到，怎么说对方都不一定能明白。当人只执着于自己所坚持的那点东西，不愿意放手，并且认为别人所有的东西都是错误的，他永远会觉得自己是对的。当整体上一个人或者一个社会的认知水平能够得到提升，能站在一个更宏观、更广阔的视角，能站在人类发展史的文明角度看问题，很多问题才能迎刃而解。

我领导着新东方不少人，有时候和某些人讲一个观点，怎么讲他都不明白。当然，对我们来说，我们也存在认知水平的局限，所以，也需要不断提升自己。

4. 《六神磊磊读金庸》

俞敏洪：你在什么时候开始想分析金庸小说的故事和人物，并且这个分析又很能对现实生活和现实工作起到借鉴作用？坦率地说，我个人对武侠小说并不是那么感兴趣，读过了就读过了，也不会再去想，我们那个年代是这样的。等到我们要开始读书了，我已经在北京大学了，在大学的时候，北京大学的人肯定不会读武侠小说，大家都在比赛谁读了康德的三大批判，谁读了卢梭的《西方哲学史》，谁读了弗洛伊德《梦的解析》，再回来把那些观点鹦鹉学舌地在宿舍关灯以后重复一下，觉得自己特牛，没有人会再讲武侠小说。所以我尽管也读过武侠小说，但没有像你这样深入地理解分析。

我也在想，有什么好讲的？不就是几本武侠小说嘛！因为刚好跟你认识了，所以我就想看看你是怎么分析金庸的，结果我几乎一口气读完了《六神磊磊读金庸》。这本书最主要的是你把金庸里的故事和我们的日常生活、现实世界做了某种巧妙的结合，借古说今也好，借书说今也好，做得非常贴切、到位，对我来说是一个挺大的收获。但你怎么会想起来用金庸小说中的人物故事一篇一篇地写，而且到今天还在写？

六神磊磊：真理不会只是一个面目，它是一个猴子，有时候会七十二变。**真理和智慧，会以不同的面貌出现**，比如有时候它是以康德、弗洛伊德、培根、罗素的面貌出现，有时候也以金庸这种面貌出现。

金庸小说里有智慧。金庸是在多方面都做到成功的人，今天人们很厌恶"成功"这个词，但他真的是这样，既能做记者，又能做编剧，能够做导演，也能创业、办报社，还能写小说……我觉得他是把多方面的人生智慧写在了小说里，所以很多智慧是在笔下流出来的，也能经得起像我们这样喜欢金庸小说的人年复一年地去里边扒东西、找食物。**庄子有句话叫"夫水之积也不厚，则其负大舟也无力"**，如果水不厚，船放下去就搁浅了，所以主要还是因为金庸经得起大家去淘、去扒。

俞敏洪： 金庸本身的阅历和功底非常深厚，所以写出来的人物和故事本身就很有厚度、很多样化，并且贴近人性。因为他对现实的了解，所以他写的东西并不是空穴来风。在某种意义上，金庸把他对现实世界的理解投射到了武侠小说中，你则把武侠小说中的故事和人物又投射到了现实生活中，是这么一个循环。

六神磊磊： 我之前写了一篇文章《全真派搞创新》，有一个门派，全真派，想把自己的武功变得更强，他们也去搞创新，但最后搞了一个假创新，它不像少林派搞的真创新，全真派没有创新。写完之后很有意思的是，各行各业的朋友都说，你写的是我们单位吧？他们是不同的单位，体制内的、体制外的，这个行业、那个行业，都说你写的是我们单位吧？

我觉得有时候小说家只是写出了人的普遍性，实际上现实是反映在每个人心中的。 你想到的是 A，他想到的是 B，是因为小说家写出了普遍性。**小说家能写出好的小说，历史家能写出好的历史，都是基于一个共同的前提，就是人类永远重复自己的错误，人类会一代又一代继承他们的毛病。** 如果人类总能戒掉错误，小说家金庸写的东西后人看着就不会有共鸣了，我觉得根源还是在这里。其实有时候我未必影射了什么现实，而是那个现实本来就已经在你脑子里了。

俞敏洪： 特别对，人类永远会重复犯同样的错误，每一代人可以学会前一代或者历史中的一些东西，但不可能全部学会。人只有在实践过程和成长过程中，才能体会到哪些东西对这个社会或者对个人有用，在这个过程中错误的重复是必然的。

就像刚才说的，当一件事落到别人身上的时候，大家可能会像看猴子表演一样看别人表演，但如果落到了自己身上，就会发现自己为什么这么痛苦、这么沉重。同样地，当大家看到炮弹打到别处时，你可以毫无同理心，只当作自己在看热闹，但当炮弹落到了自己的家门口，就不会是那种心态了。

六神磊磊：为什么我们喜欢诗歌，尤其是唐诗？艺术有一个终极的使命，就是消除人们的孤独感，艺术家燃烧自己的生命，消除你的孤独感。比如，我失恋很痛苦，但我会想起来在某年某月，有一个比我更敏感、更深刻的灵魂，他也像我一样经历了失恋的痛苦，这个时候，我可能就没那么孤独，我觉得可能有人在陪伴着我。有个人在说"相见时难别亦难，东风无力百花残"，我会发现原来不只我一个人这样痛苦，千千万万比我更敏感的生命也这样痛苦，这可能也是我们喜欢诗的原因。

5.《给孩子的唐诗课》

俞敏洪：我几乎一口气读完了你的《给孩子的唐诗课》，我觉得你很有意思，能够用对孩子讲话的口吻来介绍唐诗中的诗人故事和人生道路，而且你好像还在写第二本。你当时写这本书的目的是什么？

六神磊磊：戴建业老师也挺喜欢这本书，他说他本来不太确定，因为给孩子讲其实不好讲，后来他看了书里的篇目，就觉得还不错。

很多语文老师自己对唐诗就不够热爱，也不够了解，不是说他们水平不行，而是他们要讲的东西太多了。但如果你对这个东西不热爱，小孩是能够感觉到的，你自己都不热爱，你自己都不感动，又如何能打动他们呢？我回想了一下，我想让我的孩子学很多东西，但现在她学得最溜的，就是拿一个键盘放在腿上说要写稿子，她就爱干这事。后来回想为什么，可能是孩子觉得老爸说喜欢运动、喜欢打球都是假的，但老爸喜欢写稿子是真的。所以，我希望把自己对唐诗的喜爱，把自己读唐诗的感动分享给孩子，孩子能感觉到你是不是真的喜欢。

俞敏洪：如果中国的语文老师在给孩子讲唐诗宋词的时候，都能像你一样，用孩子能够理解的，甚至带着幽默色彩的语言，把诗人和词人背后的故事，包括他们的人生故事、相互之间的关系给讲出来，没有一个孩子会不喜欢唐诗宋词。唐诗宋词本身表达的情感、风景已经足够吸引人了，孩子之所以害怕，是因为语文老师上来就让孩子背唐诗宋词，结果背了半天，孩子也根本不知道唐诗宋词背后的故事。

六神磊磊：一个孩子坐在我面前，我上来就跟他讲，杜甫，男，唐朝人，伟大的现实主义诗人，代表作有"三吏三别"，"三吏"是《潼关吏》《新安吏》《石壕吏》，"三别"是《新婚别》《垂老别》《无家别》，他肯定会跑。得有什么样的耐性，得如何坐得住，孩子才会在你面前听这些东西？这和我有什么关系呢？杜甫这个人可爱吗？杜甫这个人是个好人吗？杜甫是什么性格？是什么长相？为什么他伟大？你都没有告诉我。所以，我觉得应该改变一下方式。

就像语言，**我觉得语言本身是不美的，语言本身有什么美呢？语言不美，语言只有和生活放在一起，才特别美。**比如，我和我女儿相处的时候，我强行给她灌输英文，她从来不开心，从来不会笑。什么时候才笑，比如我给她唱英文歌的时候，她就特别开心。为什么？这是佩奇唱的歌，她想到佩奇就会想到开心、快乐、爸爸妈妈，语言和生活在一起就美。

同样，唐诗本身是不美的，唐诗和生命放在一起才美。"大漠沙如雪，燕山月似钩"，孩子没见过大漠，没去过燕山，她是理解不了的，你哪怕抓一把沙子撒在她面前告诉她，这就是大漠，拿个纸团个山，说这是燕山，然后一匹马在上面跑，爸爸带着你去跑，她可能都觉得美。就好像我觉得情诗是不美的，情诗美是因为爱情美；我觉得慈母手中线是不美的，慈母手中线之所以美是因为亲情美。让孩子能从唐诗里感知美，不用填鸭，不用灌输，他们自己就会喜欢。

俞敏洪：有朋友问，《给孩子的唐诗课》和《六神磊磊读唐诗》有什么区别？

六神磊磊：我比较建议成年人或者高中生阅读《六神磊磊读唐诗》，《给孩子的唐诗课》是专门给孩子看的，但是大家注意，学龄期的孩子可以自己读，但学龄前的孩子，最好父母先看再给孩子讲故事。

俞敏洪：我都读过，我第一次发现唐诗和唐诗背后的故事可以这么讲，这也是当时我联系你的一个重要原因。我读完以后觉得很感动，原来还能让那么多人知道每一个诗人背后的个性和他们所发生的故事，以及他们的个性和诗歌的关系。像宋之问的故事也是从你的书中读到的。

六神磊磊：传言宋之问对武则天有所企图，当然这都是传言，有点故事可以让大家对唐诗了解得更立体。现在很多人都知道怎么讲唐诗的知识点，我知道《登鹳雀楼》，我知道《静夜思》，我知道"两个黄鹂鸣翠柳"，我知道"相见时难别亦难"，但我不知道为什么在那个年代出现了李白和杜甫，我不知道为什么偏偏在唐朝出现了诗的高峰，我不知道李白影响了谁，我不知道杜甫这一身才华从何而来。所以，我希望能给大家稍微讲清楚这些东西。知识点是没有用的，体系是有用的，我们需要的是体系。

俞敏洪：中国以知识点为核心，让大家记住知识点的教学方法其实恰恰起到了一个相反的作用，让孩子们对大量的知识失去了兴趣。理工科背各种各样的公式定律，文科背各种各样的历史事实、诗歌、古文、散文，最后大家对学习反而失去了兴趣。

中国的老师或教育体系确实应该有所改变，更加体系化、故事化，在知识的背景渲染方面要更加丰富，这也要中国的老师全面进行教学方法上的改革，这真的是特别任重道远的一件事。

六神磊磊：就像俞老师说的，如果孩子背了几首诗，知道了点知识点，长到十几二十几岁很快就会遗忘，可能他用了10年的时间背唐诗，但最后他会用一生的时间去忘掉唐诗。

俞敏洪：我们小学中学背的唐诗宋词，到了大学就全忘了。

六神磊磊：记住知识点没有用，知识点是会被忘记的，但如果有个知识框架，就可以不停地往上面加东西。如果一个孩子知道了李白，知道了杜甫，但居然一直不知道李白和杜甫是好朋友，试问知道那些知识点有什么用呢？

6. 如何面对恶评

俞敏洪：我最近看你的公众号，发现你写作非常勤快，你现在的写作肯定不仅仅是为了生计，你表达了很多清爽明了的观点。是什么在支撑你写作？是一种习惯，还是说你实际上带有某种社会进步的责任感和使命感在写这些东西？

六神磊磊： 俞老师管理着这么大的企业，但你仍然可以做那么多的事，现在还和我对谈，所以我的意思是，我其实并没有比大家更忙，每个人生活里当然都有琐碎的东西，我肯定也不比别人更琐碎。

俞敏洪： 你在网上写东西，也有人在网络上骂你，你对这些骂你的声音有什么态度？

六神磊磊： 郭德纲说过一段话，你挣的钱有一半是挨骂的钱。我不知道俞老师有没有这样的感受，你知道他们为什么生气，也理解他们是怎么考虑问题的，只是他们不理解你而已。说一句可能比较骄傲的话，就像程序一样，有4个字叫"向下兼容"，升级的程序可以兼容过去的旧程序，但过去的程序兼容不了已经升级的程序。

我知道你为什么生气，但你不知道我为什么这么表达，所以很难沟通。江湖相见，很多事情并不重要，放下成见，聊不到一起就不要聊了。我跟生活中很多朋友的很多观点也不一致，但我不会和朋友辩论起来或者掐起来，放松一点，聊聊火锅总能聊到一起去。

俞敏洪： 想要所有人都赞扬是不可能的，甚至在家里，夫妻两人的观点和意见也可能不一致。如果想要在同一个社会、同一个家庭中生活下去，互相就得多谦让一点，多多包涵，不要针锋相对，也没必要不给人留余地。网络上的不理解和谩骂，我个人觉得很正常，我用一种非常坦然，甚至是喜悦的心态来对待这些东西，因为我知道他们在表达自己的思想。允许他人表达自己的观点本身就是一件好事，我也知道它不可能会伤害到我，甚至有时候我从他们的表达中还能学到东西，也许我下次换一种方式说话，就能更好地得到别人的理解。

从这个意义上来说，网络上对我表达的不管是什么评论，我都抱着一种容纳的态度来对待，就像你说的，抱着一种兼容的态度来对待。而且它对我来说没形成伤害，因为他们并没有拿着刀子或者拿着棍子守在我家门口，一个不爽就一棍子把我打死。我也不会因为表达了观点，就会带来人身的不安全，毕竟现在是一个在法律上保护所有人人身安全的社会。说得高尚一点，就像伏尔泰说的，我不同意你的观点，但我誓死捍卫你说话的权利。

你也有在文章里写，自己人近中年，日常生活中有各种各样琐碎的烦恼，你如何对抗这些烦恼？

六神磊磊： 有时候做事遇到一点挫折，遇到一点不顺利，或者生活里的东西总打乱自己的计划、节奏，我觉得有三个挺有用的办法。**第一个说起来很俗，给自己一点仪式感。** 以前我不大信这些东西，现在我觉得有用，我起来给自己泡杯茶，弄一杯可乐，有时候就会让我感觉有一点点回血。**第二个，想办法告诉自己一些能够振作士气的东西。** 像我会告诉自己，你做的事业是你很喜欢的事情，你喜欢金庸、唐诗，你现在做的工作恰好就是金庸和唐诗，所以不要矫情。**第三个，有时候要放得下。** 比如，我今天没完成我给自己订的写作计划，没完成就没完成，没完成明天继续写就好了。

俞敏洪： 在你生活中，最能让你产生感觉的仪式感有哪些？

六神磊磊： 吃火锅，看电影。很多采访会问我平时最大的爱好是什么，我也不大敢说别的，我就说看看书。事实上我最大的爱好是看房子，不是买房子，而是看房子。我们周围的同事朋友，只要说要去看房子，我绝对愿意跟着去，户型图拿给我，我能研究半天，然后给他说你要这么弄、那么弄。这是爱好，很庸俗，但能缓解压力。

俞敏洪： 我有时候会去逛五金商店、电器商店。

六神磊磊： 理解，很减压。以后采访问我爱干什么，如果我说我爱读书，那就是面子话；如果我说爱看房子，那说明这场聊天很轻松。

俞敏洪： 爱读书也很好，你我都很爱读书，所以别人问我平时干什么，我就说散步、读书，但我更喜欢的是美食，如果什么地方有好吃的，或者我从来没吃过的东西，我一定会去吃。

六神磊磊： 我也喜欢美食。韩田鹿教授讲过一段话，他说**食欲是很诱惑人的，但食欲有一个致命缺陷，没有深度。** 美食总是第一口最好吃，然后一口不如一口，比如火锅，第一口毛肚最好吃，然后一口不如一口。

俞敏洪： 其实不在于有没有深度，而在于你用味觉去体会不同的感觉。不是说非要去吃奢侈的东西、贵的东西，我到了一个地方以后喜欢吃那个地方的小吃，并且会想为什么这个地方的人这么喜欢这个小吃，我一定要去尝一尝，这样就会深度地感受当地的一种生活方式。

六神磊磊：我有个发现，回忆起自己印象最深刻的美食或某顿饭，总是会想起一起吃饭的人。杜甫写的美食，"夜雨剪春韭"，晚上去剪韭菜，韭菜并不美，美的是当时和朋友在一起。多年之后老友相见，我觉得美的是人，这才是美的原因。当我们想到一顿美食的时候，一定会想到一个人。

俞敏洪：对我来说，饮食文化第一是能让我想到人，和谁在一起吃过什么饭，这其实很容易记忆犹新；第二个想到的是场景，我特别不愿意闷在房间里吃饭，不管有多好吃，我喜欢在开阔的地方吃饭。比如我喜欢成都和重庆的一个主要的原因就是不少饭馆的饭桌是露天的，你可以边看风景，边看周围的人，边吃饭。所以，我说的饮食文化不是去米其林餐厅，而是把乡土文化和人情文化混在一起的感觉。当我想起来的时候，我曾经在某条河边吃过饭，在某座山上吃过饭，在某个树林里吃过饭，就变成了我的美好回忆。

7. 关于未来：学海无涯

俞敏洪：最后再推荐一下你的三本书，第一本是《给孩子的唐诗课》，第二本是给高中及以上的人群写的《六神磊磊读唐诗》，另外还有一本《六神磊磊读金庸》。之所以向大家推荐第三本书，是因为它讲的不仅仅是对金庸的分析或者对金庸小说中故事或人物的分析，而且能够把现实的生活状态和小说中的故事相对应，写出了启发思考的东西，并且能让我们对现实看得更明白。所以，我向大家推荐不仅是为了让大家读金庸，而是读六神磊磊对我们当今社会现实的曲笔分析，借故事来表达对今天一些事情的看法、分析。而且六神磊磊的文笔轻松愉快，读起来不会有任何负担。

六神磊磊：感谢俞老师，没想到当年给新东方交的学费有朝一日能以这种方式挣回来，感谢俞老师。

俞敏洪：你现在在写《红楼梦》，是不是也会出一个《六神磊磊读红楼梦》？

六神磊磊：是的，没想到俞老师连这都掌握了。我最近在和一批网友同读《红楼梦》，我很意外的是，大家特别热情。以前有朋友觉得《红楼梦》特别可怕，经典名著大部头，高高在上，后来我跟大家一起做了解读，大家就觉得《红楼梦》挺有意思的，而且《红楼梦》里的诗词也并不是那么可怕，拆开来讲也挺有意思的，所以我觉得正好可以把《红楼梦》这部分内容也带给大家。我希望让大家觉得，特别让孩子们觉得《红楼梦》并不可怕，《红楼梦》很好，《红楼梦》跟我们的生活都有关系。

俞敏洪：真的很期待，我觉得从你的视角来讲《红楼梦》，应该会有比较特别的感受，大家读起来也会更轻松一点。到目前为止，解读《红楼梦》的书中，我读的最好的是蒋勋写的《蒋勋说红楼梦》，但他是从一个学者的角度来解读的，我觉得你更能从一个现实角度去解读，会产生不同的感觉。

六神磊磊：读《红楼梦》特别容易产生分歧，因为读《红楼梦》会是三观上的剧烈碰撞，比如薛宝钗说了一句话，有人认为是无心的，有人认为是刻意的，这其实就是你怎么理解看待这个世界的问题，这里面会有三观的剧烈碰撞。我也有自己的理解，我希望把这个带给大家，肯定视角会不一样，加上我自己喜欢诗歌，所以对《红楼梦》里的诗歌会有一些自己的阐述，希望能跟别人的解说会有不一样的地方。

俞敏洪：最后一个问题，未来 10 年你对自己有什么安排？

六神磊磊：其实我们对自己是安排不了的，我觉得还得看组织，看组织能不能让我们写作，能不能让我们表达。如果自己有幸还可以继续写作，主要还是想先把唐诗的事情做好，现在我在写一个唐诗的上、中、下三册，我希望能把这个做好。

进入唐诗这个领域，就会感觉到"学海无涯"，越往里学越会觉得惶恐，越觉得自己无知。有时候我面对读者聊唐诗，我心里知道他们有一千、一万种办法能问住我，只是他们没有问而已。所以，希望自己慢慢来，把这部分做好。剩下的工作，像解读《红楼梦》也在一点点推进，希望能够克服自己的惰性，克服自己的畏惧，把事情做好。

俞敏洪： 最后对大家还有什么要说的？

六神磊磊： 特别开心有这个机会能够跟俞老师一起对话，对我来说这是一个特别难忘的经历，也希望大家继续关注俞老师的其他节目。

俞敏洪： 下次见就一起在重庆吃火锅了。

六神磊磊： 期待，俞老师再见。

（对谈于 2022 年 2 月 27 日）

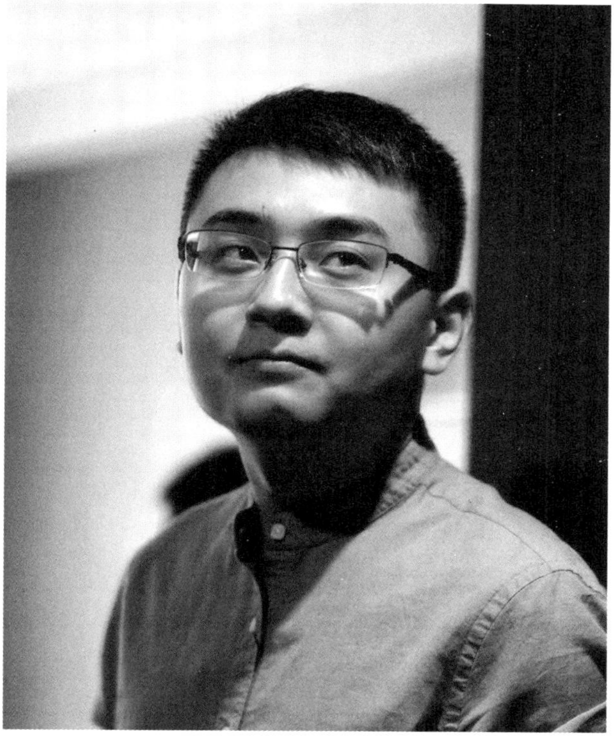

对话 **郭建龙**
用热爱行走在世界大地

不要在乎那些世俗的东西，
也不要过分在乎所谓的人际关系。

我们需要更警醒、更警惕，
千万不要让闭锁的心态沉渣泛起。

郭建龙 /

自由作家，社会观察家。主要研究方向为中国古代史、世界近代史。已出版历史畅销书《丝绸之路大历史》《汴京之围》，历史游记《穿越非洲两百年》《穿越百年中东》等。

俞敏洪：各位朋友好，今天我邀请了郭建龙老师一起对话，他是我难得看到的，能把行走和历史叙事结合得非常完美的一个人。

郭建龙老师很年轻，已经出了差不多十几本书，不少书都是大部头著作。他的书我几乎都读过，很感兴趣，也很感动。比如《穿越百年中东》和《三千佛塔烟云下》，我去东南亚旅行的时候，书包里就带着他的《三千佛塔烟云下》。

很少有人会亲历历史现场，但他会一路沿着成吉思汗的道路骑行蒙古，他还亲自跑到非洲实地考察，把非洲近 200 年的历史、变革、民情、风俗、状态给写出来，最近出版了《穿越非洲两百年》。

《汴京之围》也非常不错，如此繁华的北宋为什么在短短 3 年内就走向了灭亡，这些历史对我们也有一定借鉴作用，所以今天晚上会是一场非常生动的历史旅行课。

今天刚好是母亲节，也借这个机会问候所有当母亲的女性，祝你们母亲节快乐。我母亲在 2020 年 12 月去世了，现在我的书房里依然放着母亲的照片。所以，今天母亲还健在的朋友，一定要和母亲问候一下，当真正失去了母亲，我们才会发现身边好像突然少了什么。所谓有父母在背后，我们依然有依靠，没有父母在背后，我们只能孤独地行走人间。

——对谈环节——

1. 两条人生指南

俞敏洪：建龙你好，大家都在感叹，没有想到你这么年轻，看上去好像刚大学毕业没几年。

郭建龙：没有，我是1977年的，现在45岁了。

俞敏洪：我是1962年的，比你老了15岁。你现在还算青年状态，行走世界对你来说是充满活力、充满诱惑的一件事情。由于你比较低调，尽管出了那么多的书，大家其实还不是很了解你，感觉你稍微有点神秘，神龙见首不见尾的感觉。你先给大家介绍下自己吧，介绍下你的家庭成长环境。

郭建龙：我先跟俞老师道个谢，我确实没什么名气。我一直对俞老师心怀感激，其实在我刚开始写书的时候，写了几本，销量都很小，也没什么人看。我太太一直关注你的"老俞闲话"，突然有一天她打开一看，看到你在文章里居然提到我了，她说你出名了，俞老师都写你了。后来我发现，你不止写了一篇，而是一直写了好几篇，你在里面说得非常清楚，说不认识郭建龙，以前也没听说过，但你就这样一本接一本地读，完全不在乎我有没有名气。可以说，你是最早发现我写这些书的人，所以你是我的伯乐，我一直记得这个事情，记得非常清楚。

俞敏洪：其实发现你的主要原因是我个人也喜欢旅行和历史，从这个意义上说，我跟你的喜好有点相同。而且我还有个喜好，我会带着我两个孩子去历史地点考察，除了两河流域没去过，文明古国都去过，比如印度、埃及、希腊、罗马，我会带着他们去考察、研究。但我从来没有像你一样，通过行走，把历史和对历史的分析系统性地写出来。

我读完你的书后觉得很感动。第一，你的文笔相当不错；第二，你亲自实地考察，包括你骑行横穿蒙古考察成吉思汗西征之路的这种经历等。你把过去发生的历史和当今的历史走向进行对比，让我读完以后备受启示，尤其我去印度的时候，你的《印度，漂浮的次大陆》就变成了我的旅行指南。我想问问你，行走和历史的兴趣是怎么来的？

郭建龙： 我就顺着刚才的问题简单介绍一下自己。我是山东人，但我9岁之前是跟着爷爷奶奶在云南长大的，9岁之后回到山东，后来又在湖南上过学，所以我整体对家乡的观念比较淡，对我来说，只要这个地方比较好，我就会觉得，把这个地方当成家乡也挺好的。比如，我觉得云南挺好的，最后我就又回到了云南。

刚才提到个人成长环境和家庭成员的影响，其实现在想起来，我一直对爷爷奶奶非常感激。当时我爷爷在云南工作，我跟着他们在云南生活，从小受他们影响比较大。我的爷爷奶奶，特别是我爷爷，从小就告诉我，**不要在乎那些世俗的东西，也不要过分在乎所谓的人际关系**。因为我们陷入人际关系里的每一分钟都要付出代价，我本来并不需要和这个人聊天，道不同，志不合，跟他聊一个小时，我就失去了一个小时看书的时间，或者失去了做正事的时间。所以，不要费心维护人际关系，不要过于世俗。

此外，他还会教育我**不要为了钱活着**。钱是一种副产品，当我们通过努力做了自己感兴趣的事时，钱自然会来一部分，虽然可能并不算多，但能满足我们正常的需求就足够了。他教会我的这两点，我觉得非常重要，也一直非常感谢他们。

当然这也带来了一些负面影响，我在人际交往上确实比较一般。后来名气慢慢变大，就有人跟我说，要不要给你和俞敏洪老师搭个线？我说我非常感谢俞老师，我也很想认识俞老师，但我觉得能在更自然的场合去认识俞老师会更好，所以一直到现在才联系上。其实我和俞老师的这次对谈，才算是真正地认识了。

俞敏洪： 在联系你之前，我还有点犹豫，因为在我心目中，你已经是一个大作家了。尤其我后来看了你的"中央帝国密码三部曲"（《财政密码》《哲学密码》《军事密码》）和《丝绸之路大历史：当古代中国遭遇世界》之后，我觉得你的知识结构、眼光、对某个东西发展的观点、看待问题的角度都比较独特，而且写东西也越来越严谨。在我心中，如果我觉得一个作家比较有分量，那就真的是很有分量了，尽管你看上去年纪比较轻，比我年轻 15 岁，但你的学识比我丰富太多了。

你刚才说到爷爷奶奶的两个教导：一是尽可能不要去钻营人际关系，二是尽可能不要把钱看得太重。我觉得你今天取得的成就和这两条教导有比较密切的关系。因为你不看重人际关系，就不会把大量时间消耗在人际关系上。当然，不看重人际关系并不是不要人际关系，更不是天天和人起冲突，而是说不陷入人际关系的纠缠中。而关于金钱，不少人一生都在追求金钱，即使生活已经达到了水平线之上，也还会拼命追求金钱，这其实是以损耗精神和生活的丰富性为代价的。

从这个意义上说，这两条教导真的特别到位。我在想，**你的爷爷奶奶怎么会有这么高的境界，能够从小在这两条上对你进行培养？**

郭建龙： 我觉得女性确实在家庭教育中承担了非常关键的角色，比如我奶奶，她除了培养我之外，还把我父亲培养成了村里第一个大学生。

俞敏洪： 你奶奶是老师吗？

郭建龙： 她不识字。

俞敏洪： 居然还能培养出大学生。

郭建龙： 我父亲在村里的时候，我奶奶就说，你其他的事情都不要做，好好学习就行，你可以通过其他事情来讨好别人，但你不能通过其他事情讨好我。因为学习是有难度的，有时候孩子就会逃避，觉得自己扫个地或者做一些简单的家务能让父母高兴。所以，虽然我觉得这样可能过于严厉，但我个人觉得还是很有必要。

俞敏洪： 尽管你奶奶不识字，但对你父亲和隔代的你，在学习和文化的追求上都有这样的要求。那在成长过程中，你父母对你又产生了什么影响呢？

郭建龙： 我觉得我父母对我最大的影响就是信任和放手。我小时候是跟爷爷奶奶长大的，父母一直都是非常信任我的状态。我母亲性格非常认真，这一点我继承了她，她在工厂里当过工人，一直是全工厂做得最好、最细致的那个，手工非常好。我父亲比较达观，他是医生，他就喜欢看病，不管是顺境、逆境，都不在乎，钱也不在乎，只要有病人让他看就很满意。他现在已经七十六七岁了，还一直被返聘，他说他并不为那个钱，只是觉得看病是他一生的理想，所以就非常达观地做下去了。

这一点，我觉得你和我父亲非常像。今天我说我要和俞敏洪老师对谈，我周围的朋友都叫我带个好，一个说他旅行途中碰见过俞敏洪老师，还拍了合照；另一个是现在比较优秀的建筑师，他也是不坐飞机地环游世界，写了一本"建筑观察"相关的书，他一定要让我把话转达到。他说他上学的时候，俞敏洪老师刚好在他们那里开讲座，你当时说了一句话"地球是迄今为止人类发现的最美的星球，我要用更多的时间去领略它"，他就记得非常清楚，那时候你就鼓励他们，一方面要行走；另一方面要读书。他觉得这是让自己受益终身的一句话，所以他现在真的在行走，而且成就还不错，到时候我让他给你送书。

其实你真正的感染力就在于，别人可能用几年时间做一件事，做完之后就松懈了，你是在用一辈子，无论顺境、逆境，都无法改变你态度的一种达观精神往前走。

俞敏洪：你父亲一生热爱做医生，他认可做医生的意义，个性也比较达观，这样有一生热爱的人生是很好的，因为他不仅能帮助到别人，自己遇到各种困难或者波折的时候，都不会太在意，保持心态上的乐观。

我现在其实有点改变了，原来有比较浓厚的济世救民的情怀，现在偏向于想过闲云野鹤的生活，所以我不是跟你开玩笑嘛，你再去旅行的时候，我帮你拎包。

2. 文理科的缺陷与平衡

俞敏洪：大家都知道，一个孩子读课外读物并且产生兴趣持续往前读，是一个孩子未来成长的重要标志，**你自己是从什么时候开始读书的呢？**

郭建龙： 大概是在初中的时候。一开始读凡尔纳，国内的读《西游记》《三国演义》，上高中的时候就读"前四史"：《史记》《汉书》《后汉书》《三国志》。但说实话，让一个高中生无师自通全读懂是不可能的。

俞敏洪： 那时候就已经显示出了对历史的兴趣？

郭建龙： 是的，我发现我喜欢这个领域，很有兴趣读下去。**我觉得能找到一个自己喜欢的兴趣点是非常重要的，要排除杂念。**

俞敏洪： 现在很多高中生说没有时间读课外读物，你那时候也面临高考，但你依然在读历史，你觉得时间是怎么挤出来的？

郭建龙： 有时候时间就是挤出来的。比如高中的时候，提前一个月考大学还是推后一个月考大学其实意义不大，即便多给一个月，也只是不停地做题、做题、做题，做了这么多题，也不见得能提高一分。所以很大程度上，时间是有弹性的，有时候能学会换换脑子，比如我看几个小时书再回来看看题，也不是坏事，当然我没有鼓励高中生不学习的意思。

俞敏洪： 我在高考前的最后一个月也不怎么学习，反而更放松了，在高考前心态放松，比紧张地应对高考更加有利。

你大学的时候学的是理工科，后来怎么就转向了对历史的研究？我之前也对谈过张宏杰，我们对谈了一场有关曾国藩的话题，他研究历史，但他也是理工科，而且他说他在高中的时候对历史都不感兴趣，是到了大学才突然觉得历史很有意思。我北大师弟、《十三邀》许知远，也是北大计算机系。据他自己说，他计算机学得也不差，但他居然就变成了一个人文作家，现在做着《十三邀》，更偏向于人文。

我发现中国有一批人是理工科背景，但后来把文科做得非常好。而且因为是理工科背景，他们写人文作品的时候，逻辑思维和条理比我这样文科出身的人强很多，我们写到哪儿算哪儿，比如我读你的书就非常强烈地感觉到文笔非常美好，但美好文笔背后所具有的实证精神、逻辑能力，比我们这样文科出身的人强很多。所以，**你当初怎么从理工科转向了历史研究和行走？**

郭建龙： 我一直比较喜欢人文，我高中的时候就开始看"前四史"，当时也只看了列传，没看本纪，纪都是编年史，比较枯燥，其他的更别提了。其实当时也并不能完全理解，但我还是比较喜欢，如果顺着那条路走下去，从兴趣来说，我还是会选人文。但当时山东有一个明显的现象，重理轻文，所谓"学好数理化，走遍天下都不怕"，所以山东所有学习好的都是理科生，只有学习不好的学生，老师才建议去选文科，我当时数理化也不差，所以就读了理科。但其实这是非常大的误导，其他省还好一点，但在山东这是非常明显的。

俞敏洪：可能到今天还是这样。

郭建龙：关于理工科和文科，我是跨界的，所以我觉得我还是有资格说两句。我以前也比较强调理工科的优势，可能汉语本身就是逻辑性稍微差一点的语言，比如说英语的时候，我们就会发现英语里有从句这样的东西一环套一环，句式逻辑非常强，所以可能说英语的人，本身的逻辑性就已经得到了一定训练。但汉语本身逻辑性差一些，意味着学文科的人最好能再学一个逻辑学，这样才能比较完整地去考虑一些事物。很多时候我们看到文科生写的书籍会有一个问题，就是散，说着说着就不知道跑哪儿去了，再回来的时候已经换了一个话题。

但现在我反而觉得，文科生也有好处，理科生也有缺陷。**理科生的缺陷往往就是过于遵从一个机械链条**，把一个社会现象当作机器一样的机械链条来看待，认为编程就是编出了一个纯粹的逻辑单元，做机器也都是耦合性的，按一个开关就会有什么样的反应，是机械性的。国内的纯理工科教育容易使人形成机械式思维，往往运用到社会上，会认为一个社会也是一个完全可控的状态。但人文学科的人往往知道一个社会不是一个纯机械式的可控状态，而是一个自发性、分布式的状态，每个人都是一个CPU，而绝不是整个社会只有一个CPU。

俞敏洪：也就是说，文科在社会问题方面，以经济为例，并不是像自然科学一样每一个环节都可以咬合，从头到尾逻辑都可以说得通，有时候加入一点新的元素或者因素，就会引起全面的改变，这就是计划经济永远做不好的重要原因。

郭建龙：所以只有学了人文，才能理解这样的社会复杂性，才能去尊重每一个人的权利，而这一点是我们理工科往往缺乏的。理工科对控制系统过于自信，我现在反而觉得，**不论是人文还是理工，都有缺陷，真正综合性的教育才能达到平衡状态。**

俞敏洪：有个比较极端的说法，无论是机械论还是系统论，其实推导到最后，即使在自然科学中，它们也不能解释现在世界上所有的事情。到现在为止，人类其实并没有研究清楚真正的显性科学原理和系统化背后起到主导作用的东西。

郭建龙：对，所以我们必须学会尊重他人，尊重社会的自发性状态。我们不能保证我们替别人做的选择就是好的，有可能别人自己做的选择更好。其实文科有非常大的价值，特别是能让我们对未来的事情看得越来越清楚。

俞敏洪：对，**尽管科学推动了世界最大的发展，但如果没有人文作为基础，科学有时候是无所依凭的，在某种意义上会导致人们信念、精神、灵魂的无所依托。**

3. 朝代兴衰交替下的普适规律

俞敏洪：《汴京之围》讲了北宋最后 3 年时光,被金国打得落花流水的故事，某种意义上相当于灭国了。超级繁华的汴京瞬间如梦幻泡影。我读完之后还挺有感悟的，一个当时如此繁荣富强的帝国，在金国的攻击下，不到 3 年就断送了自己的前程。你当时为什么要写这本书？写作的目的是什么？

郭建龙：其实在一开始，我写的是"中央帝国密码三部曲"里的《军事密码》，然后突然发现这一段史料比较丰富，3 年前大家都在讨论的一个盛世状态，3 年后这个国家就消失了，极富戏剧性，所以我就想把这 3 年单独写出来。

在这些故事中，能看到**一个非常重要的、中国历史上历代王朝都可能存在的因素，即所谓政治结构造成的一种信息不通畅的问题。**别的不谈，今天只谈信息不通畅的问题。我们在看《汴京之围》的时候，明显可以注意到，那时候宋徽宗完全不知道，也不了解金国是什么样的状态，而且任何途径都无法将信息送达。

俞敏洪：信息被阻断了，或者有信息偏差，因为失去了信息来源或者得到了不真实的信息，一个最高决策者，最后在决策的时候产生了重大决策错误。

郭建龙：宋朝是非常繁华的朝代，即便到最后，民间还是非常繁华，有一套自治系统存在，但当紊乱的决策向下压的时候，民间就已经无力组织自救了。如果有一个通畅的信息流存在，就既能帮宋徽宗做出决策，同时让民间可以方便地组织起来自救。**但中国历史上历代王朝都有这样一个问题——单线式的结构**，一旦大脑失去了有效组织的能力，拿不到足够的信息，就会很容易造成社会的失衡现象，而这种社会失衡的现象在遇到非常强烈冲击的时候，不是一般的强烈，就会产生让系统迅速崩塌的现象。不论是女真还是后来的蒙古，这样的冲击都是以前游牧民族达不到的冲击力度。

我现在的思考反而更偏重于强调**信息失衡造成的不稳定状态，不仅没办法做出有效决策，还会妨碍本来已经形成了自救规则的社会秩序。**《汴京之围》里，我们可以看到很多这样稀奇古怪的现象，但又感觉无能为力。每个人，包括我们自己空降到北宋，**我们甚至能看清楚这个社会在怎么发展，事态会走到哪一步，但每个人的无力感都会非常强烈。**

俞敏洪：对，从书中都能读出来。几个月前我听了大宇茶馆的《话说宋朝》，里面的细节描述也是惊心动魄，在最后汴京之围时，他着重强调了宋徽宗的艺术家气质对宋朝的命运产生了决定性影响。宋徽宗在某种意义上是中国的顶级艺术家之一，你觉得**宋徽宗作为一个具有艺术家气质的皇帝，对国运带来了什么影响？**

郭建龙：宋徽宗肯定加速了北宋的崩塌，我在其他书里也提到过，但他只是一个方面。一个正常的中国帝国兴衰周期往往是200多年，不到300年，清代和明代比较标准，该完蛋的完蛋，该崛起的崛起。宋代其实没有达到这个期限，从这个角度来讲，宋徽宗加速了北宋的灭亡。

但从另一个方面来讲，**北宋本身的官僚制度对民间经济的抽空作用也是存在的**，而且从宋仁宗之后就已经看到，官僚阶层过于庞大。打个不太恰当的比方，就相当于北宋的公务员，大家都想当公务员，但公务员太多了，工资发不起。

俞敏洪： 而且北宋还分成了荣誉性公务员和实操性公务员两种公务员体系。

郭建龙： 所以，一旦发不起公务员工资的时候，就必须从民间收更多税，民间收税过多以后就经济衰落，一旦经济衰落，大家就更愿意考公务员，公务员群体就更庞大。**一方面公务员指数式增长；另一方面经济断崖式下跌，这在每个朝代的末尾都可以看得非常清楚。**

北宋其实还没有走到那一步，但这时候宋神宗与王安石变法又来了一个加速。**宋神宗做的改革就是收权改革，对市场化的力量不敢过于相信，还是认为自己手里掌握的权力多一点好，市场听话一点好，但市场听话以后，就没有人敢投资。**好在宋神宗和王安石之后有一个反弹的机会，但反弹的机会又被宋徽宗打掉了。这是一个连续的过程，所以我们既要看到宋徽宗艺术家气质造成的影响，也要看到他的继承性，他继承了宋神宗时期非常理想化的计划经济思维。

俞敏洪： 是的。财政、军事，包括大一统的哲学态度，以及中国帝位继承体系和官僚选拔体系，或多或少都造成了**中国大一统来来往往的治乱结合、治乱交替的状态。**我想问问，你觉得在这 2000 多年的历史中，造成这样的最主要的原因到底是什么？

郭建龙： 还是有一些规律，不仅是中国古代的规律，也是世界性规律。有两条可以套在任何一个国家身上的规律，一个国家成立所做的事就两个：**第一是建立一个官僚系统**，不论是公务员也好，还是民选也好，总之要建立一个精英系统，精英系统控制社会不乱套，所有的政权都有这个目的，这是绝对的。**第二是如何从民间收取足够的税收养活精英阶层。**从人类有史以来，所有国家都主要做这两个事情。

俞敏洪： 治理体系和经济发展的结合。

郭建龙： 对，第一我要建立一个治理体系，第二我要从民间抽出足够的税收养活这个体系。但这里要有一个平衡存在，不能把民间抽过了，抽过了就不稳定，但抽不过也不行，抽不过治理体系本身就建立不起很好的稳定架构，也没有办法控制。所以，就是这样两个目的的结合和循环，哪个国家做得更好，哪个国家存在的时间就更长。当然还有外来冲击，如果仅考虑封闭性系统，就这两个目的。

俞敏洪：但中国的大一统封闭王朝中常常出现一个现象，刚开始朝代建立的时候，都比较廉洁、清正，人员也少，但随着公务员系统、官僚系统的不断增加，吃官饭的人越来越多，滚啊滚，最后自身滚成了巨大的利益体。在这个利益体滚动过程中，为了养活自己，需要不断吸取更大的营养甚至带来过分的贪欲，会从民间不断吸取财富和利益。但农业社会中，民间能创造的财富和利益是有限的，所以到最后，官僚体系本身的重量也把一个社会给压垮了。

郭建龙：对，这都是免不了的，西方社会也免不了。**我一直强调一个概念，中国人很值得骄傲的一点是，我们的系统是一个非常稳定、非常能维持的一个系统。** 在古代，其他国家的系统都做不到维持这么久，但中国一旦建立起一个系统，只要没出其他乱七八糟的事，一般能够维持 200 多年，这已经是非常长的时间了。大家都觉得明朝不好，很压抑，但明朝的系统非常稳定，一代一代的，很多人都绝望了，但依然可以一直维持下去。最后 200 多年、快 300 年，终于承受不起重压，被压垮了，但清代又可以重复。所以，**从古代的角度来说，中国有一个非常先进的系统。**

俞敏洪：我个人认为明朝之所以时间比较长，是因为明朝后面几十年到 100 年，放松了对民间的管制，就像中学课本里讲的一样，那时候产生了资本主义的萌芽，民间产生了一定的活力，这个活力带来了更多的财富积累，使体制的运营有了更好的收入。

郭建龙：其实我在《丝绸之路大历史》中对明代跟清代做了一个比较。**明代对社会的控制力和清代是完全没法比的，明代相对来说还是有一定操作空间的，清代就完全没有。** 比如利玛窦（中国天主教开拓者），他如果想真正渗透进明代的社会，他是能做到的，作为一个外国人，他通过各种各样的手段就能跑到肇庆，后来又去了南京、北京。虽然过程比较缓慢，但总会有人接受他，而且地方官还有一定空间和权力，利玛窦要来一个地方住，地方官说可以基本就可以了。但到了清代，这个操作空间就完全没有了，清代任何命令都是从皇帝这儿发出的，如果一个外国人要到中国任何一个地方住，肯定要上报给雍正。从这个角度讲，明朝的集权还是不能和清朝比，我完全赞同你说的这一点。包括隆庆开关，给海外贸易商人开了一个口子，当然很多人也会讨论隆庆开关能不能称为一次明朝的改革开放，后来也发现，达不到这个级别。

俞敏洪：只是放松了一点而已，如果要说是改革开放，应该会有很多政策，甚至是体系上的改变，这在明朝其实没有做到，如果能做到就不会出现后来的李自成。

我觉得这和明朝的出身是农民有一点关系。到今天为止，我也还是认为，我作为农民出身对我的眼光是有限制的，因为从小到长大的过程中，我们对一个世界的看法，不管未来怎么进步，都有一定的根在那儿。

我一直认为我的农民思想救了我，也限制了我。我作为一个农民，家里无粮内心就慌，我就会在新东方储存一定的现金，这个钱存在账上，从经济学的角度来说是无效的，只有把它花出去变成生产力才有效，所以这其实限制了新东方的发展，也导致很多培训机构以很快的速度在追赶甚至超越新东方。但也因为我储存现金，这一次就救了新东方。

郭建龙：这一点非常有意思。我个人还是习惯手里必须有一些现金，包括我的生活上，比如我绝不会借贷消费，不去贷款，这是我的一个原则。当然我是从一个自由的角度来考虑的，当我没有贷款的时候，才可以四处跑，一旦有了贷款压力，就必然受一些限制。

俞敏洪：我现在对大学生的第一个最重要的建议就是，严禁贷款消费。不管多穷，可以向同学稍微借点钱，我们上大学的时候，同学之间也互相借钱，但一旦进入高利贷贷款消费，或者网络贷款，最后就会把自己陷进去，一旦陷进去，不少人就会进入一种困境。这不是反对大学生消费，我觉得大学生要理性消费，根据自己的财力消费，不要出现高利贷或者借款不能还的情况。

郭建龙：我也会给所有朋友的孩子建议，不要碰网络贷款，我不是说网络贷款没有价值，但我至少对熟人的建议是不要碰网络贷款。

俞敏洪：网络贷款可能用作帮助家庭比较好一点，工作以后，如果有时候短暂缺一点钱，夫妻之间向朋友借钱比较为难，动用一下网络贷款也可以。如果大学生过分动用网络贷款，原则上他们本身没有经济来源，都是在靠父母，甚至有时候父母也不一定能还这个钱，就会让自己陷入困境，这就不是特别好。

郭建龙：不要在刚得到自由的时候就戴上枷锁。

4. 从丝绸之路看对外开放

俞敏洪：《丝绸之路大历史》是你写历史事实写得最详尽、最详细的一本书，包括在丝绸之路上，这 2000 年每一个国家的生死存亡，甚至其中很多国家已经不存在了，大家也不知道它们跟中国的关系，但你都写得非常清晰，而且图文并茂，这么多历史资料，没有一两年应该写不出来。**你当时写这本书的动力是什么？是不是希望中国人民了解过去丝绸之路的繁荣和发展，给现在的发展带来一些启示，尤其是跟世界打交道的启发和启示？**

郭建龙：我走的地方其实不比俞老师多，我还是在走现代和历史两条线，主要是在丝绸之路和海上丝绸之路的范围内走，还没有超出这个范围，现在因为赶上疫情，又要等几年了。

一开始，我也想写相对发达的国家，但发现写发达国家的人太多了。我一开始对罗马感兴趣得一塌糊涂，在还没有机会去罗马的时候，就已经能背下来罗马地图了，等我有机会去的时候，我就想，去干吗呢？地图已经在我脑子里了，那就往后放一放吧，先去这些不熟的地方。这样就形成了一个阴差阳错的局面。

在写作的过程中，我把它们的历史都查出来，而且历史上的很多场景、景点我都去过，包括一些很小的地方，我都会去走一下、看一下。在这个情况之下，正好可以写《丝绸之路大历史》这样一本书，这本书其实要和我前面那几本行走的书籍有一个结合。一个是写现代的，一个是写古代的。写古代其实有一个问题，我们会过于在乎一些点，但丧失了面，我们所有人都会背玄奘等几个人物的故事，但当时是怎么回事，当时整个形势是什么样的，中国是什么样的，这些东西我们一概不了解。这也许是历史教育的问题，只要背下来那些点就能有分，了解了那些面也不会有加分，所以会产生这样的情况。

俞敏洪：对，中国孩子学历史或者中国人了解历史都是通过教科书，教科书上讲丝绸之路的时候都在赞扬中国人的伟大，但真正的丝绸之路是一个与世界连接的面，通过丝绸之路把东西方文明、文化做了强大的连接，而且通过互相的贸易支持，带来了两边的繁荣，尤其是唐朝的繁荣和丝绸之路有很大的关系，唐朝的开放也跟丝绸之路有绝对的关系。

郭建龙：对。一方面我想有一个比较全面的书写，让大家看一个整体；另一方面也想提醒大家，其实那时候的很多人有一定的闭锁心态，当然可能是地理的原因。比如，我在开篇的时候会强调，盛唐时期是最伟大的王朝，但实际上唐朝崛起的时候，正好也是阿拉伯帝国崛起的时候，如果要以唐朝的眼光来看待唐朝，你会觉得它很伟大，但如果放在世界的谱系去看，你会惊奇地发现，阿拉伯帝国的扩张比唐朝快得多、迅速得多，影响大得多。

所以，我在开篇的时候就把玄奘去印度的这段时间内的国际形势列出来了，中国和印度刚取得联系，玄奘加强了中国和印度之间的联系，但在中国和印度刚取得联系、有所发展的时候，吐蕃族被带进了整个体系。就在这时候，阿拉伯从无到有，突然变成一个大帝国，当它控制中亚后，唐代就已经失去了扩张的能力。这样比较起来就会发现，原来我们认为的盛唐，和世界扩张能力第一流的帝国比起来，还是有一定差距。

我们需要更警醒、更警惕，千万不要让我们闭锁的心态沉渣泛起，因为我们现在正走在一条正确的道路上。在党的领导下，这 40 年我们走了一条非常正确的道路，我们应该有自信心继续走下去，直到完成真正的改革开放和复兴。

俞敏洪：一段时间之内，唐朝跟阿拉伯是接壤的，这边是唐朝，那边就是阿拉伯。而且阿拉伯人比较善于做生意，某种意义上阿拉伯人当时的开放或者做生意的能力部分地带来了唐朝和西方更加繁荣的交流。我们来假想一下历史，**假如当初唐朝兴起时，阿拉伯国家并没有兴起，你觉得唐朝对往西走的地区的文化影响会更大吗？还是已经到了极致？**

郭建龙： 这有点不好假设。在唐代之前，这种可能性可以讨论，不管大小都可以讨论，但是唐代之后，这种可能性连讨论的余地都没有了。最重要的原因是什么呢？就是当时中亚地区的人已经信奉了阿拉伯文化，中华文化就失去了影响那个地方的可能性。

在此之前，中华文明如果到了那里形成统治，把中华影响带过去，在这种情况之下，有一些当地的人已经信奉了中华文化，那这种可能性是有的。有点像河西走廊。魏晋之后乱世的时期，实际上河西走廊已经不属于中华圈了，但为什么河西走廊被保留在中华圈里面？是因为几个像梁这样的小政权信奉的是中华文化，把这一脉的文化保留了下来，隋唐才可以再到那里重新继承下去。

俞敏洪： 这特别重要，**文化的一致性才是统一或是互相能够容纳的大前提。**

郭建龙： 对。唐代的时候，如果有这样一个哪怕和中华隔离了一段时间，但仍然信奉中华文化的政权存在，未来就有可能性，到了明朝或者清朝再拿回来也名正言顺。但现在人家已经信奉另一个完全跟你不一样的东西了，就丧失了这种可能性。

俞敏洪： 到今天为止，世界无法达成共识或者达成共识有困难的主要原因，也是文化差异。

5. 轻商的深层次原因

俞敏洪： 中国历史上有两个比较繁荣的时代，一个是唐朝的鼎盛时期，一个是北宋的鼎盛时期，都跟商贸有重大的关系。实际上这两个鼎盛时期已经证明了做贸易、做商贸对一个国家的繁荣和财政收入有重大影响，但为什么这么好的案例放在这里，中国后面依然要闭关锁国？比如，明朝的朱元璋一上来就把大家固定在土地上，不允许做生意等。中国在历史上也一直坚持士农工商，把商排在最后，有时候甚至商都没法排在最后，**为什么会有这样对商业或者商人的打压倾向？这是什么文化原因造成的？**

郭建龙： 其实之前已经有很多分析了，比如，汉代之后建立的儒教系统，建立在农业基础之上等，这些大家分析得比较多了，但我想让大家注意一个节点，就是大蒙古国。

我一直认为大蒙古国带给东西方所谓的遗产是完全相反的。他们建立了一个所谓蒙古人的和平，虽然杀戮很多，但杀戮完成后，他们就在如此庞大的疆域内建立了非常庞大的帝国，一直到东欧、西亚、中亚等。而且蒙古人非常重商，受阿拉伯的影响，蒙古人建立了非常重商主义的传统性政治。建立之后，对欧洲的影响是非常正面的，不管是法国还是意大利，都派出了使者直接穿越亚欧大陆，到蒙古帝国首都哈拉和林，甚至到元大都。

有一大批人都沿着这条路过来了，包括马可·波罗。他们以前根本就没有这样的眼界，中国对他们来说就是传说，都是在斯特拉博或者一些古罗马作家的书里面才写到的地方。但**蒙古人的扩张突然就带来了某种程度上的开放，他们可以一直走到最东部，甚至元大都都有传教士驻扎，已经到了这样的程度。**开了眼界之后，他们对东方的财富、文化都产生了非常强烈的觊觎。虽然之后又经历了一段时间的闭锁，但最后他们就是要冲破出来，所以这对他们思想的冲击力是非常大的。这是对西方非常正面的一个影响，但对东方的影响却正好相反。

宋代时候，北宋相对开明，但北宋加上南宋的两次灭国后，他们反思的结果恰巧是相反的，**他们认为一定要驱除鞑虏，一定要守好地盘，把那些人驱除出去，然后封闭起来。**所以，这是一个真正的大分野时代，一方面开了眼；另一方面要闭上眼。再加上朱元璋是以"驱除鞑虏、赶走鞑子"的旗号来完成统一的，所以他必须坚持这样的国策，进而造成了明朝闭锁的状态。

俞敏洪：我去过嘉峪关，嘉峪关是陆上丝绸之路的咽喉之地，在明朝的时候，最西边就到嘉峪关，嘉峪关之外事实上已经被其他人占领了。我当时看《河西走廊》的电视片，里面说到当时还有丝绸之路陆路上来的商队，进入明朝非常困难，很多商队到了嘉峪关就被赶回去了，即使能进入明朝的地盘，也不允许做生意。

某种意义上，陆上丝绸之路真正的断绝，一方面跟海上丝绸之路的兴旺有关系；另一方面也是因为明朝禁止贸易。这就是为什么在当时中国跟世界贸易的断绝中，明朝产生了比较大的影响。

郭建龙：是，明朝发展了一种所谓的朝贡式贸易，这是一种非常奇怪的东西。在以前，贸易就是民间来做，但是明朝建立的这种朝贡式贸易，一方面不准民间做贸易；另一方面因为大家有贸易需求，特别是海外，所以就把贸易伪装成一种朝贡形式。

比如，一个暹罗使团要来中国，中国说我给你70个朝贡团的名额，暹罗国王派出的真正使节就一个正使、一个副使，一共两个人，剩下68个名额，就卖给68个商人，这些商人都带着货到中国来，到了广州海关后，选出8个大商人跟着两个真正的使节去北京，这些大商人把货物带上，献给皇帝，他献的值100块钱，皇帝就返给他500块、1000块，这就看皇帝的意思了，总之皇帝返还的价值比他们朝贡的要高不知多少倍。这帮人是最赚钱的，而且一路上还要管他们的吃喝接待，他们进到中国就不再花钱了。剩下那60个商人，就可以在广州卖东西。所以，小商人赚一倍的钱，大商人赚几倍的钱，回去的时候明史上就会记上一条，暹罗使团来朝，送了什么什么东西，但他们不会写，我们其实赔本了。

明朝形成的这样奇怪的制度，贸易变成了赔本买卖，只是面子上有光，对外援助花费了很多，但并没有起到真正的作用，浪费了很多民间资本，所以明朝把贸易变成了没有利润的贸易形式。

俞敏洪：实际上不是真正的贸易，它没有贸易的本质。

郭建龙：但海外使团很愿意来，来了就有钱，虽然会限制他们的活动。

俞敏洪：有便宜谁不来呢？有便宜我也愿意去。我想问，原则上郑和下西洋是中国跟世界建立连接的大好机会，根据当时中国和西方的历史记载，郑和下西洋的船队和航海能力远远比世界上任何一个国家都厉害，**为什么一个国家这么强的航海能力，却在非常短的时间之内转成了明朝"片帆不得下海"的国策呢？**

郭建龙：这个可以稍微延展一下。首先，中国的航海在很长时间内是落后的，到唐代的时候都还落后，那时候南亚人、波斯人、印度人的船都比中国领先。但是因为唐、宋、元这几个非常开放的朝代，中国的造船业突然就崛起了，到元代的时候就领先世界了。到了明朝，虽然郑和造了世界上最大的舰队和最好的船，但**他用的技术都是前面唐、宋、元已经积累了几百年的民间技术，本身并没有开发出更好的技术。**

最大的问题在于，他可以用当时积累的技术建立起非常好的船队，但他的舰队本身并不以贸易为目的，他没办法产生利润，只是把舰队带出去，打了场大仗，抓了几个人，带了一些奇珍异兽回来。到明成祖之后，政府就养不起这样一个先进的舰队了，如果当时能有贸易，可能就能养起来，但当时政府养不起来。所以，郑和舰队裁撤掉的时候，大部分明朝官员投了赞成票，其中有人就写三保太监下西洋没有什么作用，花费很大，不如停了吧。

明朝初年，洪武时期和永乐时期都有对外用兵的积极时期，所以才会产生出郑和这样的团队和组织，但因为没有利润，朱棣死了之后，明朝政府就决定不养了。同时，朱棣永乐时期已经禁绝民间造舰队，政府要做的事民间不能做，因为这是最先进的生产力和最先进的武器系统，必须由政府掌握。政府不去做，民间又不能做，很快就会完蛋。所以，几百年积累下来的强大的、领先世界的造船技术，短短几十年之内就垮塌式地消失了。

6. 地理环境下的保守心态

俞敏洪：中国历史上有一个很怪的现象，本来应该引导往好的方面发展的一种取向，往往突然之间就被限制了，消失了，到后来西方打开清朝大门要求做贸易的时候，中国才终于发现西方的枪炮比我们厉害。这是不是和中国的文化思维有比较大的关系？

郭建龙：我觉得还是和地理有很大的关系。地理上来说，中国太适合形成一个独立的经济体了，或者可以说这是一个自然的诅咒，因为它太幸运了，除了现在的美国之外，**在新大陆发现之前，再没有任何一个地方比中国更得天**

独厚。

欧洲是支离破碎的，印度中间高两边低，非洲更不用说了。真正能形成这么大一片低地且非常适合人类居住的地方，没有其他国家或地区了。而且这片低地又被一圈高山和沙漠保护得严严实实，这种得天独厚的环境，只要占有这块地方，保持和平自然，就能发展到全世界领先水平。同时，这又不利于对外扩张，容易产生一种保守心态。如果地球变成了一个国家，可能我们的儒家思想更适合这样的地球国。

俞敏洪：有道理，**地理环境可能给我们带来了更愿意自给自足、自我经济独立的思维模式。**

郭建龙：对。我个人觉得汉代时期，因为已经基本占领了平原区域，就非常适合发展出一种控制一切的宗教形式，即儒教体系。

俞敏洪：这是从思想上的统一，你在《哲学密码》中说道，儒教思想变成中国的主导思想，一方面是为了从皇帝到老百姓有一个统一的管理架构、统一的思想；另一方面儒家创造的天人合一的概念实际上也是为了统治上的一体性和稳定性。

郭建龙：对，也解决了血统问题。刘邦本来没有皇家血统，他必须找到合法继承的理论才可以，所以他有找理论的过程。

俞敏洪：在这个过程中，最初汉文帝、汉景帝是黄老之术占了优势，后来到了汉武帝，就罢黜百家，独尊儒术，后来佛教也来到中国，成了社会层面的信仰。**但是中国 2500 多年的统治状态，最终还是选择了儒学**，没有选择道教或者是佛教的原因是这两种体系不利于国家大一统的状态，也不利于对老百姓更好的管理，对吧？

郭建龙：对，可以明显地看到，中国在思想上其实有两次反叛，但都失败了。从汉代建立儒教之后有过两次反叛，一个是魏晋时期，从国家层面到个人内心的反叛，通过内心寻求一种正义感和平安感，寻求一种思辨性，寻求一种逻辑，寻求变迁黑白的能力，从内心去寻找，来对抗外在的压迫，然后到魏晋的玄学，慢慢佛教进来和玄学结合起来进行了一次反叛，这次反叛基本到宋代的时候就结束了。到宋元之后，明代这样铁板一块的儒学状态，到了王阳明时期又产生了第二次反叛，也是用自己的内心来反叛外在的压迫。可以看到这样两次明确的反叛周期，但最后都没有成功。

俞敏洪： 我觉得没有成功的原因很简单，所有的主流思想一定要有利于国家的统一或者方便国家管理，要被最高统治者认可后才能成立。刚才说的玄学、心学，某种意义上是对正统思想无奈的反抗，算是一种民间力量，这其实成不了气候。

郭建龙： 但是到后来也谋求被收编，最后还是觉得儒学更好用一些。事实上当你已经决定要投靠、要被收编的时候，就已经失去了价值。所以，很多时候你是一只兔子，就不要指望变成一只狗，也许做一只兔子是最自由、最好的状态。

7. 行走世界的冒险

俞敏洪： 你的另外两本书：《穿越非洲两百年》和《穿越百年中东》，我读完以后有惊心动魄的感觉，不是因为你描述了这两个地区的历史沿革、历史变革，最主要原因是你亲自深入到这两个地方，而这两个地方在大家看来，至少在我看来，是比较危险的地方。

非洲我也去过，不过我去的都是相对安全的地方，比如南非、津巴布韦、肯尼亚、摩洛哥、埃及等，都是去旅游，不像你是去考察。我读到你在尼日尔河得了疟疾，差点丢了命，幸亏碰到一个同一个船舱里的黑人朋友，他有点药救了你，否则今天可能就见不到你了。还有那些恐怖活动，包括你去中东的时候也不那么安宁，看到你和不同地方来的人住在一起交流沟通，我对你这种勇气比较佩服。**为什么你会冒着这么大的风险去这两个地区考察，并且写了有关的书？**

郭建龙： 其实我在阿富汗还有一次经历，我写在《穿越劫后中亚》里，目前还没出版。当时在阿富汗被砍得头破血流，东西丢得一塌糊涂。但即便在那种状态下，也不是感觉到完全的混乱，当时我们去喀布尔城边上，就是为了看一下喀布尔的全景，就从边上一个堡垒过去，上那个堡垒的时候，有人拦住我们，说别上了，太危险，我们往下走的时候，就有几个人把我给劫了。可能一开始想把我拉走，但是拉不动，旁边就有人出来了，把我的东西都抢走了。那时候头上被砍了几个口子，所有东西都丢光了，什么都没有了，护照、手机、相机都没有了。

这本来是一个很悲伤的故事，但就在那种情况下，我们到警察局报警，警察局竟然神奇地把除了钱之外的所有东西都找回来了。我也有点小骄傲的感觉。当初那个侦察员带我回那个堡垒，旁边有一个贫民窟，他们问贫民窟里的人，你们知道是谁干的吗？问了半天，人家也非常肯定地说不知道，那个侦察员就带我回去了。他会说英语，他带我回去的时候，我到车门口就没进去，我跟侦察员说，你去替我跟他们说一句话，说我喜欢阿富汗人，我喜欢阿富汗，你就跟他们说一句这样的话，别留下不好的印象。

结果那个侦察员说，你怎么回事啊？他们把你的东西都抢走了，你人都差点没命了，血才刚止住，头还昏昏沉沉的，发了好几天烧，在这种情况下你要说这种话？我说很多事情你们是没的选择，谁都不想这样，更多的人不是这样的。具体的话记不清楚了，大概是这个意思。他就让我先上车，然后回去跟那些人说了这些话，说完回来后，他就告诉我，他们问出来一个，因为是三个人一起干的，有一个人他们已经知道了。所以我就想，是不是我说这些话起到了作用，比如一开始村里人不愿意说，但是这样和他们交流后，他们就告诉实情了。

所以我觉得**在任何一个混乱的地方，背后都有一定的"秩序"存在，能够让当地人可以生活**。包括在非洲也好，在中东也好，哪怕在阿富汗。那时是2016年，美国已经控制不住形势了，下面比较乱，我差点被绑的前两天，有一个美国教授在学校门口直接被绑走，几年之后才被放回来，放回来之后还一个劲儿说塔利班太好了，就是一种斯德哥尔摩现象。

某种程度上，我就是想了解，那个地方现在是什么样子，对当地人来说意味着什么？对中国人来说意味着什么？对世界来说意味着什么？放在历史里到底是什么样的状态？是如何变成了现在的样子？我就是想了解这些东西。最重要的是，了解这些以后，才能对整个世界有一个全面的了解。

俞敏洪：这真需要勇气。我对历史也感兴趣，我对你写的所有历史都感兴趣，非洲、中东、阿富汗，我也很想去，但我不敢去。可是你背着包就去了，你有没有想过，万一出了大事，比如把你砍没了，你心中认为的这一切意义其实立刻就不存在了，**为什么非要去冒这个险呢？你内心到底有什么样的情怀？**

郭建龙：其实我后来也很小心，去非洲我也很小心。而且当时有妻子了，有她之后，我的责任感让我能收一步就收一步，包括那天晚上被砍，我回到宿舍借别人手机第一时间和她沟通了一下，我被砍了，但人没死也没事，你别担心，报了一下平安。

另外，人们总有一种好奇心。这两天我们聊起来一个叫刘拓的人，是个青年考古学者，去年年底出了意外去世了，应该是在四川考察古迹的时候，从悬崖上掉下去摔死了。他到现在只留下了一本《阿富汗考古笔记》，我当时就觉得非常可惜，如果他能多活几年，可能会做出更好的作品，但他死了之后，就只留下了这样一本书，而很多人可能一本书都留不下来。

俞敏洪：对于个人来说，能留下一本两本书很重要，生命长一点也很重要。从历史长河来说，个人的命运，尤其像我们这样的人的命运，对于历史的发展是微不足道的，从这个意义上来说，我觉得在实现自己的理想，表达对社会关注的同时，更多关注自己的存在或者自己的生命质量，其实反而是挺重要的一件事情。

郭建龙：我比较赞成的一点是，一个人有努力的成分，也有天选的成分，哪怕遇不到像刘拓这样的意外，但人还是会有生老病死。有些有才华的人年纪轻轻就死了，有些人活很大年纪也没有作为，什么情况都有。**做人必须接受一定的天选成分在里面，正因如此，更要注重当下，注重每一天，把每一天用在自己的兴趣上，而不是浪费在其他的应酬中。**我觉得这种天选更要督促我们做这些事情，而不是害怕这些事情。

俞敏洪：我在想，比如玄奘去印度取真经，来来往往差不多有 20 年的时间，如果他取了真经回来，半路上病故了或者出现了意外，我们今天既不可能读到他取回的真经，也不可能读到玄奘西游记。但不管怎样，我相信玄奘去西天取经的时候，已经做好了不一定能回来的准备，尤其在当时那样的情况下。包括徐霞客在全国旅行，最后走废了双脚，我觉得这还是比较幸运的，要是走到什么地方掉下去了，再也回不来了，也是有可能的。

但人和动物的不同之处在于，人不会守着自己的山头从此满足，**人的内心有对世界的探索，有对自我的寻求，对外的探索和对内的寻求是人不可克制的渴望**。尽管知道是某种冒险，但总觉得这种冒险是对自己的一种交代，并且是值得的。现在登山的人，已经到了"14 + 7 + 2"的地步，14 座 8000 米以上的最高峰，加上七大洲的最高峰，再加上南北两极。中国有句话"明知山有虎，偏向虎山行"，其实某种意义上就是为了满足一种内心的追寻。

8. 印度飞速发展的必然性

俞敏洪： 未来你还会计划去什么地方？

郭建龙： 接下来我一直规划的就是南美。过去我们一直都比较关注北美，关注美国，因为他们的政治制度相对比较稳定，但我们往往会忽略一点，美国是完全隔离、驱赶了当地的原住民，在那片空白的土地上建立了新政权，所以他们可以把欧洲制度带过去。

但南美和印度有一个特点，他们是在原来原住民的基础上进行了制度移植。虽然这样的制度看上去没有那么高大上和完备，但从另一个角度来讲，它保留了原住民的血统。比如，中国人不可能指望把历史扫进垃圾堆，然后重建一个跟我们无关的制度，我们肯定也是传承的。在这种情况下，南美和印度的经验是有价值的。南美有很多国家，有的很可笑，有的也不错，所以要看这中间的差异，以及他们怎么样在原住民和殖民者混杂的基础上，重新构建制度，这是我比较感兴趣的。

俞敏洪： 提到印度，你写的《印度，漂浮的次大陆》成了我很好的旅行指南手册。**当初你去考察印度，是不是想把它和中国的发展从历史到现实的角度进行对照，从中找到中国发展的优势，或者中国是不是可以避免一些在印度发生的问题？**

郭建龙：肯定有这样的目的。我比较骄傲的一点是，我是国内比较早关注印度的人。我当时去的时候，国内对印度的看法基本还是又落后又脏，但我去观察后，得出的结论就是，印度可能是下一个增长极。我应该算是比较早地看出来这个问题的。

所以，你说的那些目的我都有，但我今天想特别强调一点，我当初在印度的观察，非常有感触的一个地方就是社会的柔性。我们都知道，印度80年代、90年代、00年代都非常乱，乱到什么程度？两个总理被刺杀。2002年古吉拉特邦的宗教派别互相厮杀，又死了很多人，非常恐怖。在我们看来，印度已经非常乱、非常糟糕了，但等事情结束之后，整个社会一切照旧，完全是柔性的状态，没有增加任何社会控制力和刚性成本，没有建立任何铁丝网，没有建立任何关卡，没有建立各种各样社会硬性的、软性的屏障。

所以，这样一种柔性，通过选举、通过看上去低效所带来的社会柔性，是它增长的一个源泉。**一旦一个事件形成了冲击，越能保持社会的柔性，未来的发展空间就越大。**

俞敏洪：印度发展速度比较快，这不仅仅是指经济上的，他们的人口总数已经赶上了中国，土地面积又比中国小很多，表面上看上去乱糟糟的。**你觉得面向未来的发展，印度可能遇到的最大挑战是什么？**

郭建龙：还是官僚化的问题。印度在成长过程中，一直带着计划经济的色彩，一方面它是一个缺乏整合的国家，在英国人殖民之前，印度一直是分裂状态，哪怕是再强大的王朝也没有统一过全印度，所以它从几百个国家变成一个国家的过程，是比其他国家痛苦得多的一个过程。

这方面到现在已经完成得不错，形成了比较特殊的情况，通过一定的选举，各个层面的互相制约产生出来的、大家斗而不破的局面已经形成了。但另一方面，这种"斗"带来的官僚成本和低效还没有去除。所以，**莫迪（第14**

任印度总理）想做一个事情，但印度太分权了，他想提一下、收一下，但再怎么收，相对来说还是分权的。

俞敏洪：印度的种姓制度比较根深蒂固，从社会层面来说，**你觉得印度的种姓制度对社会的发展、对普通人公平性的影响还明显吗？**

郭建龙：影响肯定还有，但弱化的速度比我们想象的快得多。其实我们这一代人都可以感受到，一直到90年代末，中国的婚姻观念也还是相对保守的，但2000年之后，所有传统的一切就已经不是主流了。为什么能这么快被打破呢？其实就是因为互联网，因为QQ。当大家用QQ，发现原来世界这么小，我可以坐着汽车到另外一个城市找网友。更多人从老家到东南地区打工，在广州就要遵守广州的规矩，青年男女就是自由恋爱。这时候只要脱离原来农村的环境，就不再受那一套传统的束缚，哪怕最后这个人再回老家，他也是一个新人。

通过这样一种人口转移，再加上通信工具的便利性，技术和经济已经彻底把旧的观念击得粉身碎骨了。我去的时候发现印度恰好处于这个时期，一方面火车上、城际汽车上全都是年轻人，他们是去打工的，男男女女成双成对，男青年呵护女青年，女青年依偎在男青年身上，他们已经是这样了，再让他们遵循原来的规矩，怎么可能呢？另一方面就是大量网友开始通过手机互联网，比如Facebook等连接起来了，这样就会破得非常快速。

俞敏洪：也就是说，**社交媒体的兴起，不管在哪个国家，对年轻人的沟通和阶层的打破、互相理解都起到了比较大的作用。**

郭建龙：对。但从另一个层面来说，肯定会有一些根深蒂固的东西长期存在，比如我们很多地方现在也有门当户对，收几十万、几百万彩礼等各种各样的情况存在，但整体来说，都已经慢慢被打破了。所以我看到的就是这样一个已经处于被打破边缘的社会，再拿以前的东西去套，肯定是过时的。

我们去的时候看到，人们虽然也拜神，但一切都以经济为主，他们跟我谈论的都是我要挣多少Lakh，1 Lakh就是10万卢比，甚至各种各样的传销团体也起来了。传销团体是经济初步繁荣的标志，一个地方经济有了初步繁荣，肯定就会有传销团体，这样一个标志也出现了。所有这些现象会让我产生一个判断，这已经是一个向"钱"看的社会了，已经不是我们想象的传统社会了。

9. 追逐自由的灵魂，拥有放手的勇气

俞敏洪： 你在一篇后记中讲述了你和妻子的关系，尽管是短短的两页，但读了以后感觉特别温馨。在我看来，你们俩都有点理想主义者的感觉，从你的描述中，她在大理开了一个小小的画室和一个小商店，你去帮着打工、洗碗，在那儿写作，你们先失去联系一段时间，后来又重新联系上，就走到了一起，这是个特别美好的爱情故事。我想问，当初为什么选择去大理？当初为什么要去洗碗？是不是因为你已经看上她了？

郭建龙： 其实我来好几年了，当然我妻子是一个例外，除了她之外，我觉得大理只是一个我写作的地方而已，北京、上海太喧嚣了，大理正好有这样的写作环境。但最近发生的事，让我觉得自己做出的选择还是很对的，不管是上海还是北京，大家每天都焦虑，至少在大理的生活还是比较正常的，可以不断思考、写作、翻译，还可以静下心来做事。经过这些事以后，我反而更喜欢大理了。第一，它是一个南方城市，南方城市一般不会实施极端性措施，虽然压力来了也没办法，但是会好一些。第二，它本身带有一定的繁荣和舒适，俞老师去过东南亚，东南亚有一个比较好的文化，非常宽容、舒适，不见得多么美丽，但很舒适。

俞敏洪： 选择大理，跟你小时候在云南待过是不是有一定的关系？

郭建龙： 没有直接关系，但也许在内心深层也有一点影响，我也说不清楚。但一开始选择的时候，就是想找一个写作的地方。

2013年，我刚开始想要写第一本"帝国密码"，当时还不会写，而且资料也不够，第一稿是在大理一个客栈里写的，花了三个月时间，写完发现完全不行，就废掉了。当时正好我妻子在洱海边开了一个小饭馆，她那里环境很温馨，所以那段时间我心情郁闷或者写作想不通的时候，我就到那里帮她刷碗，做点事情。其实那时候我完全没有名气，也看不到未来。

她的经历也很有意思。她以前是云南的一个老师，一开始在小学，后来在中学，也有一个比较稳定的饭碗，云南老师的工资水平在全国来说也是不错的，比不了深圳、上海，但比起河南、江西这类二线省份来说，不算差。她待了一段时间，不喜欢，因为喜欢画画和写作，也不大喜欢被管，就辞职了。一开始比较有理想，开了一个咖啡馆，然后发现根本养不活自己，被迫转型成饭店，也是比较有特色的饭店。我老想让她往网红饭馆转型，但她觉得太累了，不想做。

那时候我刚起步，也出版了《告别香巴拉》，但对一个新人来说，那个小说能带来的收益实在少得可怜，那时候比较感动我的一句话就是，她说，如果你喜欢，你就一直写下去，我养你就行。

俞敏洪：你妻子跟你说的吗？

郭建龙：我以前一直没有考虑找一个女朋友，但从那之后我就开始考虑了，也许时机刚好到了。

俞敏洪：冥冥之中老天自有安排。

郭建龙：冥冥之中也不对，因为根本想不到两个这么遥远的人能走到一起，而且两个人并不着急，也并不是一定要有不可，但突然间就看上了，就自然而然发生了。

俞敏洪：其实美好的灵魂必然相遇，我感觉**你和你妻子内心都有一种追求自由的灵魂**。比如，你妻子本来在学校当老师，收入非常稳定，但却因为自己喜欢画画选择了辞职，而且到大理洱海边开一个饭店养活自己，坚持自己的爱好。你本人身上也有一种追求自由的灵魂，你喜欢行走、写作，你不屑于做任何朝九晚五的工作，也对稳定的铁饭碗没有啥兴趣，所以你俩本质上是很像的。

其实中国有不少人有这样的灵魂，之前河南那个留下一句"世界那么大，我想去看看"便出去旅行的女孩，也给大家做了一个示范。如果真的很讨厌朝九晚五的生活，真的不喜欢现在的生活状态，其实可以把它扔掉，坚持自己的爱好，人原则上并不会被饿死，而这个爱好本身也会给我们带来新的机会。那个"世界那么大，我想去看看"的女孩，据说在旅行的时候不只走了半个世界，还找到了自己心爱的男人，后来还结婚了。所以，我觉得，你跟你妻子的相遇是两个自由灵魂的相遇，这就是所谓的冥冥之中老天自有安排，我觉得特别美好。

郭建龙：对于做出这样选择的人，我还是有一个提醒。做出这个选择的时候，一般来说会有两到三年的适应期，必须做好有三年左右吃苦的心理准备，才会看到初步成果。但成果迟早会来，不要担心不会来，最重要的是，首先要有自己的兴趣，知道自己的兴趣在哪儿，知道自己自由以后想干什么，才能坚持下去。最怕的是没有兴趣，所以孩子从小一定要培养一个自己的兴趣，这非常重要。

俞敏洪：你刚才说两到三年，这个时间还蛮对的。我当时从北大辞职出来，觉得自己马上就能适应，因为觉得自己可以在外面教英语，后来发现离开了北大，一是离开了北大美丽的校园环境，二是离开了北大的铁饭碗，虽然那时候我觉得我已经很成熟了，但出来做新东方依然适应了很长一段时间。我1990年年底从北大出来，真正成立新东方已经是1993年了，这中间几年就是在摸索，有时候给别的培训机构上课，完全不会和社会打交道，比如跟相关部门喝酒，喝到后来到医院里抢救五六个小时等，最后慢慢才适应了。

有自己的热爱和爱好很重要，我确实没有像你那样有明确的写作爱好，还有你妻子那样有绘画的爱好，但我在北大待了六七年后，也发现了一个不明显的爱好，我喜欢给人上课，喜欢教书。就是因为喜欢教书，才慢慢引导我做了新东方学校，一直坚持到今天。刚才说的两到三年适应期，就像是一根藤靠着树往上长的时候，突然把依靠撤掉以后，它一定会有一个完全不适应的状态，它需要时间去适应。

我调查过情感方面的问题，比如现在离婚的人比较多，离婚以后，尤其是依赖的那一方立刻感觉到精神压力等各种压力，但过了一两年以后，他们会觉得自己获得了原来意想不到的自由和独立能力。当然我不是鼓励大家离婚，而是说人应该要有自己的独立追求，不管是事业上、工作上还是生活上，要有追求自由、追求独立的勇气，因为这种勇气能让我们看到一个更大的世界，也能让我们调动自己原来从未发现过的潜能。

郭建龙：对，就是一开始松手的勇气，跳伞的时候那个松手的勇气。

俞敏洪：我还真跳过伞，结果把我吓得半死。你走了那么多的国家和地区，进行了那么深入的研究，**面对中国的现状，你对中国老百姓未来的发展会有什么建议？**

郭建龙：因为我个人就是如此，所以我还是**更建议大家要有自己的爱好，一定要选择自由地思考，坚持自己喜欢的事情，这是对抗威权最好的方式。**一个社会中，只有大家都有了自己的兴趣，不再过分地关注某些事件，这个时候才会有希望。如果所有人的兴趣都被单一的事件牵着走，一旦这个事件过于放大，所有人都被浪费在这儿了。

比如这3年，我相信很多人会感觉自己的精力已经被疫情消磨，当然这是我们都在关注也需要关注的事情，但实际上，在这3年里，我写了《丝绸之路大历史》《盛世的崩塌》和《被遗弃的世界》，还翻译了5本书。**当我们有兴趣在，就能转移注意力，就不再去考虑没有结果的东西，而是尽量去考虑更有价值的事情。**对成年人来说，最重要的就是坚持自己的兴趣；对于年轻人的父母来说，一定要教会孩子，让他们有真正的爱好，而不是纯粹地跟着高考的指挥棒转，哪怕有一个爱好也好。最怕的就是一个人成年之后完全没有自己的兴趣，那就没办法了。

俞敏洪：你的创作能力真的很强，写书的速度也比较快，而且都是要查阅大量资料才能写的书，包括你还做翻译等，要做这么多工作，**除了热爱以外，还有别的什么原因吗？**

郭建龙：没有，**我觉得就是热爱。**我费了九牛二虎之力才转到我真正热爱的行业里，这时候就会特别珍惜这样的机会。如果你觉得非常珍惜现在的机会，就证明你找到了自己的爱好。

俞敏洪：今天我刚好发了一篇对话稿，用了一个标题，是北大毕业，在敦煌研究一生的樊锦诗老师写的"热爱能抵岁月漫长"，我特别喜欢这句话，我觉得可以用在你身上。虽然你现在还比较年轻，但是热爱能抵岁月漫长，你在这条路上走下去，能为中国文化的吸纳、文化的借鉴以及中国人眼界的开阔带来特别好的影响。

我还有一个问题,中国的周边,东南亚、印度、蒙古、中东、非洲你都走了,刚才你还说未来要去北美、南美走一走,但好像没听到你提日本、韩国,包括俄罗斯,这些地方未来会有行走计划吗?

郭建龙: 都有行走计划,但不好写。其实我看了很多日本和韩国的资料,特别是日本,我绝对看得非常多了,但我觉得写的人太多了,我写不出新意来,我能推荐很多写得很好的,我不认为我能写得更好了。包括欧洲和美国,比如美国,我就很受林达(美籍华人作家夫妇)影响。

俞敏洪: 我也是抱着林达的《西班牙旅行笔记》在西班牙走了一圈,林达的书我也很喜欢,看来我们有很多共同喜欢的作者,都是用行走来丰富思考或者用思考佐证行走的状态,我还是挺喜欢你这样的写作。为什么林达会给你带来这么大的影响?

郭建龙: 我觉得这对林达来说是非常好的事,但对大家来说是有点悲哀的。20多年了,大家要了解西班牙,要了解美国,其实最好的作品还是林达的,到现在为止,没有人能超过他们,但这也是一种经典的价值所在。我相信那个时代的大学生很多都受林达影响。那个时代有两种启蒙,一种是你们在做的,教会大家英语,把大家送出去;还有一种就是林达做的,亲自出去看一下,把外面的消息带进来。我觉得他们也是启蒙者之一,所以受他们影响并不奇怪,也不丢人。

俞敏洪: 是的,一部优秀的作品,过了10年、20年哪怕50年,还有人读,还有人从中得到启发,就算是经典作品了。你写了这么多书,你觉得哪些作品会变成这样一种经典的作品?

郭建龙: 这我没法评价,从来不评价自己的作品。

俞敏洪: 那我个人感觉,你有不少书在10年、20年后,依然会有人读。我特别希望你这些书尽快印出来,因为这些书真的让人大开眼界,读完以后突然就发现周围的世界可能不像我们想的那么简单,但也不像我们想的那么灰暗。总而言之,你的文笔特点在于,你在探索一个世界复杂性的同时,也在探索这个世界的光明和希望。现在时间不早了,你最后还想对大家说些什么吗?

郭建龙: 坚持独立思考,多读一点历史,因为历史首先教会你的是什么不能做,一个人一定要先学会什么不能做,然后再考虑什么能做。

俞敏洪: 太好了,谢谢!希望你在行走、思考、写作的路上一直走下去,给大家带来新的视野和远见。建龙再见!

——对谈结束——

各位朋友好,非常开心今天和郭建龙进行了两个半小时的对谈。刚才推荐了几本郭建龙写的书,他其实挺年轻的,比我小 15 岁,今年才 45 岁,但已经著作等身,而且每一本都写得非常好。人生有热爱的人,真的很了不起,就像我刚才提到的樊锦诗,曾是敦煌研究院的院长,写下了"热爱能抵岁月漫长"。

我再重新推荐一下郭建龙的《汴京之围》,写了北宋灭亡的历史阶段,灭亡的原因,我觉得从历史学的角度,从经验教训借鉴的角度,都值得大家一读,尤其是有公务员背景的朋友,买了看一看应该非常好。

第二本是《丝绸之路大历史》,大家对丝绸之路非常熟悉,书中讲了丝绸之路的成因,路上发生了什么,路上这些国家的政治结构又是如何,和中国的关系如何,中国在丝绸之路中得到了怎样的发展,文化的交流、文明的传承到底如何等。这么厚的一本书,图文并茂,读起来有些地方有点枯燥,但有些地方又妙趣横生,总而言之,这本书读起来需要花点时间,大家如果对这本书感兴趣,也可以看一看。

第三本就是《穿越非洲两百年》,这本书是郭建龙在非洲实地考察,差点丢了命,用性命去冒险写作的一本书。非洲对我们来说有点远,但在今天的世界,大家都是连在一起的,非洲跟中国的发展已经有了紧密的关系。非洲是怎么样的?在 200 年西方社会的影响下又有什么样的变革?非洲在混乱中是如何走出来的等,书中都有讲述。对非洲感兴趣的朋友,或者在非洲工作的朋友,都可以读一读。

  他还有很多其他书,"中央帝国密码三部曲"(《财政密码》《哲学密码》《军事密码》)和《穿越百年中东》《印度,漂浮的次大陆》《三千佛塔烟云下》等,都已经没有库存了。

  特别感谢朋友们参与我们今天的对谈,他是中国最有前景、最有思想意识的青年作者,用行走来加深自己的思考,用行走来了解世界。我也希望朋友们能够从他身上学到点东西,尤其是这两个能让我们人生走向更好或者更加完善的重要能力:一是独立思考,二是独立自由地根据自己的爱好和兴趣去安排自己的命运和未来。

  由于时间关系,今天的分享到此为止,感谢大家,晚安,再见!

(对谈于 2022 年 5 月 8 日)

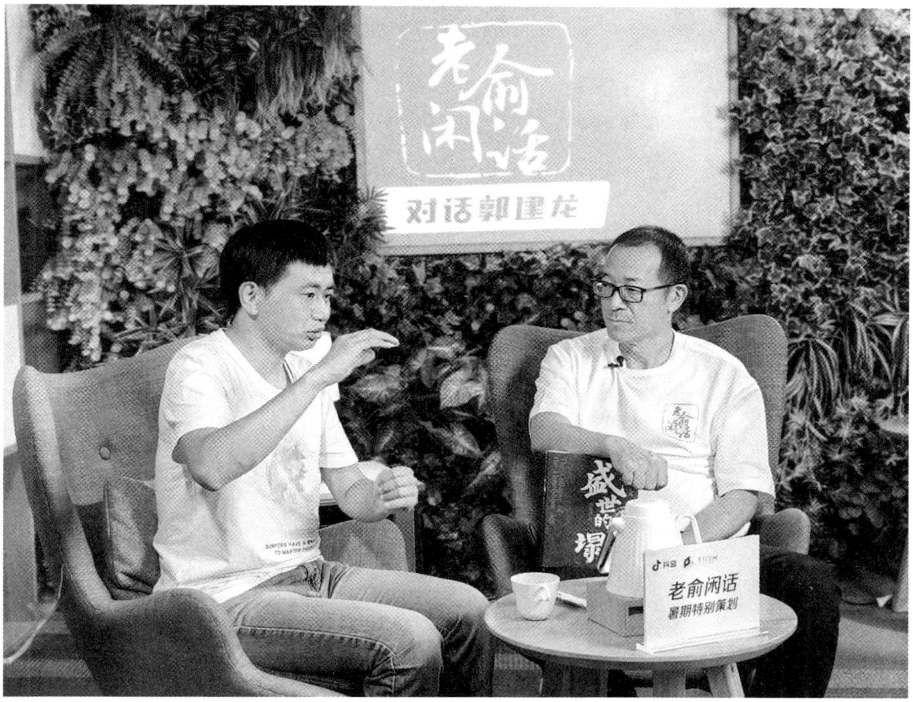
老俞闲话
对话郭建龙
老俞闲话
暑期特别策划

对话 **陈晓卿**
做一只有文化的馋嘴猫

什么叫锅气？就是刚做好的、扑面而来的，它是活的，还在烹饪过程里没结束。

外卖是什么？是木乃伊，已经冷藏过了，到你面前是做遗体告别。

陈晓卿 /

知名纪录片导演。1965 年生于安徽宿州，中国传媒大学电视系摄影专业硕士。1989 年进入中央电视台工作，先后执导拍摄历史纪录片《百年中国》、自然纪录片《森林之歌》、美食文化纪录片《舌尖上的中国》等。2017 年从央视离职，2018 年执导拍摄美食纪录片《风味人间》。

俞敏洪： 各位朋友，大家好！今天我邀请了陈晓卿老师一起对谈。陈晓卿老师大家都比较熟悉，是《舌尖上的中国》和《风味人间》的导演，很多人都看过这两档美食节目，在享受视觉盛宴的时候垂涎欲滴，这样的节目把中国和世界的美食带给了中国人民，当然中国人民本身就是美食民族。

陈晓卿老师出了一本书《至味在人间》，不知道大家有没有读过。人生不能总是天天谈理想、谈严肃的事情，人类最重要的事情实际是吃喝玩乐，《孟子·告子上》里也说过"食色，性也"。性，就是人之本性；食，就是吃饭，让自己的生命得以延续，并且在能吃饱的前提下，把美食变成一种文化，在美食中寻找某种愉悦、某种认同、某种满足和对人间值得的一种信念和向往。尽管我们通常不会吃太奢侈的东西，但任何一种美食放在桌上，对大部分人来说，都是不会拒绝的。

——对谈环节——

1. 至味在乡愁

俞敏洪： 晓卿你好，今天开了一天会吗？

陈晓卿： 俞老师好，今天都在上课，学习"管理"。

俞敏洪： 活到老学到老，不过大家对你的印象不是学习，而是美食。你把全世界、全中国的美食都带到了中国人民眼前，也带到了大家心中。你对美食的爱好是从小就有吗，还是后来由于某一个机缘，激发了你对美食的爱好？

陈晓卿： 我们这个年龄的人，从小物资相对比较匮乏，可能勉勉强强吃饱，但能吃到美味的时候特别特别少。我就比较馋，有时候大人会说这个孩子怎么那么好（hào）吃？每次一听到这个说法我就觉得是在说我。

俞敏洪： 我看你回忆小时候吃父母做的各种饭，在家里比如腌皮蛋、腌咸鸭蛋，感觉我们小时候都经历了差不多相同的人间岁月，包括你在《至味在人间》中写到汤泡饭，把饭拌到菜汤、肉汤里吃，这是我从小吃的。书中还提到猪油、油渣拌饭，我小时候家里没有太多好吃的东西，所以我母亲为了让我们能长胖，就会买肥肉回来炼成油，每天吃饭的时候挖一小勺拌在饭里，那时候猪油拌饭就成了我的最爱。到今天为止，我也最喜欢吃猪油拌饭，蛋炒饭我也一般会用猪油来炒，最后再加一把生蒜拌一下，就会变得又有猪油香味，又有蒜香味，特别好吃。这都是小时候吃饭留下来的习惯，你有没有这样的习惯？

陈晓卿： 一模一样。有时候条件好一点，可以加半勺酱油，猪油米饭一定要配酱油。

俞敏洪： 小时候我妈为了吸引我吃饭，就设计了一句口号："猪油、酱油、糖拌拌，就是最好吃的饭。"

你的家乡是安徽灵璧县，其实跟我家乡江阴几乎是在同一个纬度上，只不过一个在江南、一个在江北。你有没有去过江阴，吃过江阴美食？

陈晓卿： 吃了很多，蟛蜞豆腐就是在江阴吃的。我在《风味人间》里专门讲过蟛蜞豆腐，就是在江阴拍的。

俞敏洪： 估计很多朋友都不知道蟛蜞是什么，蟛蜞是长江或者长江支流的芦苇荡里，像小螃蟹那样的东西，其实没什么肉。

陈晓卿： 南方人会把它的汁儿榨出来做豆腐。

俞敏洪： 我们家乡还有另一种吃法，蟛蜞的螯比较大，把它两个螯摘下来当下酒菜，剩下的部分继续放回江里或者河里，蟛蜞的螯是再生性的，再过几个月两个螯又会长出来。到今天为止，江阴依然有一道名菜叫蟛蜞螯下酒菜。

我算是走了中国很多地方，对吃饭本身不挑剔，我也喜欢不同地方的不同食物，但我相信即使吃过很多地方的食物，很多人仍然会认为自己家乡的美食最好吃。为什么呢？一个根本的原因就是我们从小在那里长大，家乡的味道就是家的味道，就是妈妈做的饭的味道。根据心理学，这种味道是刻骨铭心的，**我们从小到大吃过的饭菜是值得我们终生回忆的。**

古代有些当官的人，包括陶渊明，因为怀念家里的饭，宁愿辞官回家享受人生中自己认为的美食。可以说没有什么可以抵挡得了家乡饭菜对我们的诱惑，就像没有什么能比得上我们对家乡的深情厚谊。即使到今天我回到我的家乡，那个村庄前后左右的面貌已经完全不是我记忆中小时候的模样了，但家乡的那些美食，仍然可以把小时候的回忆真切地搬到眼前来。

小时候我家背后有一条很干净的小河，河水是从山上流下来的溪水。每到清明前后，螺蛳会沿着河岸的石头爬上来吸在石头上，或者吸在南方特有的水生蔬菜植物茭白的根上，我们就会赤脚到河里，一把一把地将螺蛳从石头上及茭白叶子上、根上捋下来放在清水里，往清水里滴上一两滴香油，螺蛳就会把吃掉的泥吐出来，我们再拿一把大剪刀，把螺蛳屁股给剪掉，再养一两个小时，就可以放上油、葱、姜、料酒炒一下，一盘鲜美的螺蛳就连汤带汁上了饭桌。

这是我们小时候吃的完全无成本的饭菜，我小时候的主要任务之一就是到河里摸螺蛳，慢慢地，也会自己做螺蛳。到今天为止，我每到清明前后，依然会让我家乡的人给我寄一袋新鲜的螺蛳，满足我对家乡的思念。其实北大未名湖里的螺蛳被吃，是从我开始的。那时候我还是北大的学生，当时还没人会想要吃螺蛳，我就带着宿舍的同学到未名湖边摸螺蛳放宿舍里养，最后用电炉子煮了吃。

你小时候是在县城长大的，应该吃的是商品粮，比我们要稍微好一点是吧？

陈晓卿： 对，我父母在一个中学里教书，所以都在县城里。家里有粮本，一毛四分三（籼米）和一毛六分五（粳米）的两种米，我都买过。

俞敏洪： 我们比城里人稍微好一点的地方就是每年有一到两季可以吃到新鲜的米，城里人吃的一般都是过了一年的米。

陈晓卿： 对，我小时候有一次去"学农"帮助农民收稻子，结果镰刀割到了自己小腿的迎面骨，流了很多血，老师比较担心，就让我到老乡家里去。老乡家里蒸米饭，底下有锅巴，还烧了肥肉片，我觉得太好吃了，这个米怎么可以这么好吃？其实就是小时候没吃过。

俞敏洪： 我们小时候吃米饭吃得最多的时候，是到了秋天，中国的粳米，也就是单季稻刚上来的时候，那个米拿回来做饭，香到无法形容。

陈晓卿： 中国是最典型的谷物民族，对小麦、谷子的依恋特别重。

2. 谷物民族与宗族特性

俞敏洪： 你小时候物资不那么丰富，很多饭菜都是父母在家里做的。你好像还有两个妹妹，你父母是怎么打理你们的饮食的？

陈晓卿： 我们家三个孩子，就刚刚够吃。我家里亲戚也比较多，像我伯伯、小姨、姑姑的孩子等，几乎都是在我家长大的，包括我小叔和大姑姑都是在我家高中毕业的。所以我家里一直人很多，除了要养我们三兄妹，还要保证亲戚们的成长。

俞敏洪： 实际上是一个大家庭。中国的大家庭在我们这一代还是个传统，比如我小时候，我妈妈有六个哥哥、一个姐姐，大部分都生了孩子，我有二十多个表哥表姐，全家在一起常常就形成了一个特别热闹的家庭。我家有三个孩子，我上面还有一个哥哥，但4岁的时候，哥哥得了肺炎，当时没来得及去看，就去世了，去世以后我家就只有我和一个姐姐。尽管在我出生的时候，我爷爷奶奶已经去世了，只剩我爸妈、我姐和我四个人，在村里已经是最小的家庭了，但在大的范围上依然是一个大家庭，七大姑八大姨坐到一起吃顿饭，要两三桌才能坐得下，我们小时候就享受这种大家庭的快乐。你小时候享受的大家庭氛围，对你后来的个性和性格，有什么样的影响吗？

陈晓卿：我觉得肯定有，尤其后来读了一些学术的书，就会知道源头在哪里。对我个人来说，我家和我爷爷家都在宿州市，但中间有 50 多公里的路程，因为我爷爷成分不好，可能是"历史问题"，我妈妈就不太愿意让我跟他们有特别多的往来。所以，在我爷爷在世的时候，是不太能感受到这个大家庭的，爷爷过世之后，家庭走动才开始比较多。我是特别愿意走亲戚的人，我母亲是安徽大别山区六安人，她一生都吃不惯我出生地的各种饭菜，她会对她老家有非常多合理的想象。而且我父母饮食习惯也不太一样，我爸爸永远吃馒头，我妈妈永远吃米饭，所以从小在我家就是"一家两制"。

俞敏洪：妈妈偏南方，爸爸更偏北方？

陈晓卿：对，做的菜也是这样。但我更喜欢和亲戚在一起，我家里家教太严了，我父亲特别严厉，只有去亲戚家的时候，才能过摸螺蛳、捉螃蟹、抓老鳖的那种生活，所以我特别乐意走亲戚。后来我工作了，有孩子了，每年清明再回家祭扫的时候，就能感受到这个家庭到底有多大。七八十个人，每次合影都要拉到广场上才能合影，餐厅一类的根本站不下。

过去的中国人，把天、地、君、亲、师放在首位，对姓氏、血缘关系的认知非常深刻。同时对宗族会有一个认知，这是我们自己的人，没有是非，认人不认理。再远一点就是同乡，我就记得我小时候走动得最多的几个叔叔伯伯，都是我妈妈的同乡。后来我发现，可能稍微落后一点的地区都会有这种现象，农耕文明的基因还保留在身体里。我在北京读书的时候就有安徽同乡会，但没有江苏同乡会，江苏太发达了，再加上江苏是散装大省，就没有同乡会。

俞敏洪：我有啊，在北京有江阴同乡会。

陈晓卿：比如到了国外，安徽同乡会也能起到特别多作用，因为大家会认这个，这个群体意识会作用到我们身上，可能在我读书、成长，包括工作的前半部分，对我的影响都特别大。

俞敏洪：我小时候，我父亲这边的亲戚和我母亲这边的亲戚通常不会坐在一起吃饭，除非是婚丧大事，两家人才会坐在一起吃饭。我母亲是家里比较强势的人，我小时候跟我母亲那边的亲戚、朋友交往得比较多，当时我姥姥还在，爷爷奶奶和姥爷在我出生之前就已经去世了，姥姥就变成我心目中在血缘关系上跟我联系、连接最亲密的人，没事的时候我就会跑到姥姥家住。我妈那边的亲戚刚好跟姥姥在同一个村，那些表哥表姐比我大几岁，像我的哥哥姐姐一样，玩得特别开心。我爸爸这边的亲戚在我们村，但总体来说我爸爸比较老实，是很闷的老农民，所以他不会有那种把亲戚、朋友组织起来一起热闹的愿望。我现在就喜欢动不动把亲戚、朋友，包括新东方的人聚在一起吃饭，甚至是几十个人一起，我才感觉到满足和热闹，这就是被我妈以前喜欢热闹，喜欢把亲戚、朋友组织起来吃饭影响形成的。

陈晓卿：有一本书叫《雪团》，写人类学的，涉及中国的宗族。我们常说宗族更多会赋予精神力量，其实不完全是这样的，比如日常生活中，要种水稻，会有用水的问题，这个村子、宗族里只有一个人可以决定这个事情。**所以，往往谷物类民族，即以吃谷物为主的民族，集体性、组织性、结构性就会比较强，中国、越南、日本都是这样的。**以肉、蛋、奶为主的民族则相对自由奔放，个性也会更强一些。

你姥姥愿意主事，这个性格很完整地传给了你，你也从姥姥那里很好地传承了这个基因，而且你是非常好的话事人，你能把大家召集起来，这其实需要一定的组织能力。现在在西南山地还能找到这样的村落，可能那里有村委会主任，村里面也有支书，但真正做主的还是寨佬。

俞敏洪：我们小时候村上就是这样的，小时候其实已经改成生产队了，生产队的人每天早上一起集合下地劳动，晚上一起回家。我母亲在村上是妇女队长，其实生产队还有一个大队长，但整个村上的邻里纠纷事务，大队长说话不算数，必须我母亲出面才行，我母亲在村上是比较有主见的妇女，慢慢就感觉变成了我们村的话事人。

后来我在北京已经做出了比较好的事业，我把母亲接到北京来住，但她每年一定会做两件事情：第一，她一定要把我给她的钱攒下一部分，回到农村帮助孤寡老人、贫困家庭；第二，她要回农村帮助解决一年来村庄积累下来的各种各样的矛盾。我们村上有一个规矩，两家打了架都不用解决，等老太太回去，老太太回去说什么就是什么。老太太说你们两家半年都没讲过话，在一起吃个饭和好一下，两家就真和好了。但背后是因为老太太在北京相对有钱了，大家都知道如果跟老太太杠上了，老太太就不给他们钱了。

陈晓卿：这个故事好。这里面有责任，也有权力意识，很多中国家庭都有。有时候我和我妹妹特别看不惯，比如我妹夫是记者，他可能去某地采访，带回来点吃的送给我妈妈，我妈妈肯定分出来另外两份，一份给我小妹妹，一份给我。等我每次带东西过去的时候，她就都要分，她一定要显示她的公平，这个非常有意思，只有大家庭才有。

3. 阴错阳差结缘摄影

俞敏洪：我看在《至味在人间》里，你母亲在家里更多是主事和做饭，是吧？

陈晓卿：我妈妈非常强势，我爸爸是唯唯诺诺的那种。他当校长之后，去做一些基层领导的工作什么的，也都是我妈妈找她的同学、领导促成的，强势的人永远强势。

俞敏洪：如果在农村家庭里，母亲强势并且明事理，一般子女都比较有出息，你有没有这样的感觉？

陈晓卿：我可能没有太多感受，我觉得我们院里的孩子都挺有出息的。那时候没别的选择，只能读书，好像没读大学的非常少。当然我父母非常自豪，因为我们都是应届考到北京的。

俞敏洪：不过你们院里的孩子，他们的父母基本上都是老师，那相对来说学习环境和氛围是不太一样的。你和我应该差不多时间上的大学，我是1980年18岁上的大学，你是17岁，1982年。当时每100个考大学的学生中只录取四五个，能考上大学的都算是顶级的孩子。你当时直接就上了中国传媒大学？

陈晓卿：对，当时叫北京广播学院，上的电视系摄影专业。

俞敏洪：你小时候在一个县城长大，怎么会对摄影、电视感兴趣？

陈晓卿：就是阴错阳差，我报考的志愿是文艺编辑还有新闻编采，恰好摄影专业的要求视力得 1.5 以上，个子一米七以上，扛着摄像机能越过普通身高的人的头顶，我都符合，他们就通知我去合肥面试。当时我爸爸在邻县，我妈妈就陪着我坐卡车到宿州，我爸爸从邻县赶来一块儿陪我去合肥。当时我还在想要面试什么呢？不会让我考播音吧？我还练了练朗诵。结果他们问我愿意学摄影吗？我说我没摸过相机，他说你画个画给我看吧。我小时候学过两年画画，我就画了一点线描，老师说很好，没问题，你想一想要不要上摄影专业。我爸爸在旁边说，要上，就替我答应了。实际上我从合肥回去才第一次摸到了相机，上海双镜头海鸥相机，县照相馆的赵老师教我的。

俞敏洪： 你进了大学才知道摄像机是怎么回事？

陈晓卿： 我上大学的时候都没有摄影机，我们那时候是胶片机，第三年才像宝贝一样拿出一台美国进口的单管摄像机，是一个基金会赞助的。那时候中国还造不了摄像机，用的都是日本和美国的。

4. 专业的力量与新媒体的挑战

俞敏洪： 北大当时计算机系有一个计算机房，装扮得特别神圣，所有人走进去都要穿白大褂，实际上里面就两台特别古老的计算机，一台占半个房间。那是 1981 年、1982 年，离现在也就 40 多年，我们现在用的手机都比当时的计算机运算速度快上几万倍，所以现在谁都能用手机搞摄像，没事就拍一段短视频发一发。**现在是人人都能当摄像的短视频时代，对你们专业摄像有多大冲击？**

陈晓卿： 短视频时代显然已经到来了，而且从 2019 年 11 月 27 日短视频在量级上完全与长视频持平开始，这个趋势就没变过，现在短视频还在增加，还在积累，这是一个趋势，也没办法改变。但长视频也没办法被替代，短视频的运营逻辑是聚合了海量的 UGC（用户生成内容），长视频则以 PGC（专业生产内容）为支撑，有些东西还是需要专业的，有些人没有受过训练，或者没有在这个行业里摸爬滚打，他就达不到相应的水准。

上海抗疫这么久，网上有无数照片，有一张是一个人和居委会争取之后走出来的照片，我一看就说，这应该是雍和老师拍的，是上海一位我特别钦佩的摄影家。即使过去 10 年，这张照片也肯定很有代表性，这就是专业摄影师的能力。就像 1984 年天安门广场的国庆庆典，留下唯一的一张有典型记忆的照片就是"小平您好"，现在已经过去多少年了，我们看到的照片还是贺延光老师拍的那个角度，那一瞬间是最经典的。**这就是专业的力量，PGC 的力量。**所以我不怎么担心，肯定有我一口饭吃。

俞敏洪：从平台的角度来说，原来专业的人拍的东西都希望寻找正规大平台播出，比如央视、各地卫视，大家都会认为那种平台才高大上。现在不管短视频还是长视频，大家开始更多地寻求在新媒体平台播出，腾讯、优酷、爱奇艺等，人们更愿意在手机上看短视频，随便打开视频号就会有各种各样好玩的东西，相对来说，大家更习惯用电脑或者投屏看长视频。你是从传统媒体出来的，你觉得**未来传统媒体平台还有优势吗？会不会被新媒体平台取代？**

陈晓卿：中国社会的发展可能不具备代表性。如果看美国，当年电视出现的时候大家都说要和电影再见，但今天电影依然非常好。短视频出来的时候，大家都跟传统媒体说再见，但同时 Discovery（探索）这样的频道依然生存得很好。其实**人类的需求是可以被细分的，不同的内容也能针对性地散发其特有的、不同的魅力。**当年我母亲的一个学生，从中国人民大学毕业后面临一个选择，一个是去报社，但没有好报纸了，只能去健康报；另一个是去中央人民广播电台或中央电视台。他想了想，征求了大家的意见，觉得报纸才是做新闻的正根儿，什么广播、电视都不行，最后他就去了报纸。我不知道他后来怎么想，但这是当时的实情。

1985 年、1986 年，我读研的时候，参加过皖南一家市级广播电台会议，电台领导对员工说，你们都好好表现，你们谁表现不好，就"发配"去电视台。那时候电视台更多意味着在市里面工作三天，还要到山顶发射台工作三天。我算是一个幸运儿，在毕业的时候赶上了中国电视最黄金的 10 年，可以说我做电视的时候，电视恰好是一个新媒体。所以当我后来离开电视台，别人跟我说新媒体，我就没觉得去的是新媒体，我只是想迎接一下新的挑战。

俞敏洪： 从你加入新媒体到现在，这六七年的发展过程是一个怎样的路径？这对你现在做《风味人间》有什么推动和好处？

陈晓卿： 现在传统媒体的层级化管理基本都建立起来了，版权归版权，广告归广告，选题归选题，设备归设备，完全固化的状态。我虽然没有赶上网络媒体最黄金、最野蛮生长的时代，但它的规则是清楚的，你的节目能不能在话语不逾界的前提下，带来社会影响或者经济效益？只要能做到这两点中的一个就可以，这是让我有动力的原因。

俞敏洪： 和新媒体合作后，你觉得相较之下，你现在做事的风格、自由度、做作品时思考的角度，是不是会有很大的不同？现在是否更容易和新媒体平台平等对话，可以更多地提出一些自己的意见、观点和想法，并且落实到作品中？

陈晓卿： 还是很难的，比如我内心特别想拍的片子，可能拍不起，时间成本和金钱成本都做不到。如果将来有机会，我们会树立一个奖项，鼓励更年轻的孩子们能够圆梦。现在我实际上担负着要出头部作品的责任，而且每年都得出，所以我就没有那么自由。

俞敏洪： 我也和腾讯合作过，之前做了一个企业家访谈节目《酌见》。我当时觉得，这么多企业家都在老去，如果不把他们的企业思想留下来，其实挺可惜的。后来我和腾讯一拍即合，合作方式也比较简单，我联系企业家，他们派团队跟着我们拍，他们找赞助商。后来他们找了五粮液赞助这个节目，说产生的利益跟我进行共同分配，我就跟他们说，别跟我分配了，你一分配得亏本，干脆你们给我一个固定的回报，我把这个节目做了就行，算是一个松散的合作模式。

5. 用美食记录人类文明

俞敏洪： 你是一个超有情怀的人。你说过，只要让你拍片子，哪怕一分钱都赚不到，哪怕让你亏本，你也愿意拍你心中想拍的片子。那从你心里来说，《风味人间》和《风味原产地》真的是你全力以赴去拍的片子吗，还是说你心里还有其他特别想拍的片子？

陈晓卿：2014年，央视派我去丹佛大学学习的时候，我在那里参观了一个美国著名的实验室——Cable Labs（有线电视实验室）——美国很多节目都在那儿做孵化，当时我就特别想有一个自己的实验室。离开了体制到腾讯以后，我发现我们很多愿望都不是特别实际，没有谁敢说我在后面支持你，你来做纪录片的产品实验，一般人也不太敢拿出试错的勇气，所以"稻来"成立的时候，我更多是把它当作实验室来看待的，包括后来做的《风味人间》《风味原产地》《风味实验室》以及"寻味"系列，更多是在做实验，在锻炼队伍。

剩下的节目，在策划过程中要做两件事：一是大家已经认知了"风味"的IP，要让它变一个样子可能要冒很大的风险，到第五季要不要变？我们到现在都还在犹豫，还在做单集推演。另一个是我自己还想做其他和美食相关的纪录片，现在也在打腹稿，在做各种各样的实验。能够有精力拍片的时间并不多，所以还是想抓紧这几年，给观众带来一些新东西，包括历史的、美食的。

俞敏洪：现在一个影视工作室要生存下去，除了考虑内容，还要考虑市场，必须有人看才能把商业和内容结合起来，这带有一定的风险性，像《你好，李焕英》这样投入非常小的电影，谁也没想到能那么成功。在电视片中，尤其是纪录片，拍出来有没有人看，有多少人看，有时候也不一定好预料。

你年轻的时候拍的片子都比较偏社会责任感的方向，比如《远在北京的家》《龙脊》《百年中国》《森林之歌》，这些片子其实是在充分跟进中国底层社会的发展和进步。今天再回去看这些片子，依然有充分的社会意义，它们记录了中国改革开放发展过程中的痕迹。从我对一个人情怀的角度来了解，我觉得你内心也喜欢、认可这样的片子，为什么后来不坚持在这条路上走下去？**为什么后来走向拍美食这条路，是不是做出了某些妥协和让步？**

陈晓卿：拍社会类题材其实风险比较大，如果不拍这一类节目，剩下的选择只有历史类和自然类，而全世界自然类的片子几乎都亏本。

俞敏洪：BBC《蓝色星球》那类？

陈晓卿：对，BBC 是另一个体制，国民收视费，所以能这么做。Discovery 挣过几年钱，但现在挣的钱肯定不是真正自然类的节目，而是真人秀外观的冒险节目。真正拍一个自然类节目肯定亏本，历史类也一样。同时，历史类也存在话语空间不大、和主流历史观吻不吻合等问题，所以我只能在生活方式里找一找话题，好就好在我们拍摄美食的过程中，对自己来说也是一个很好的学习过程。

美食肯定不是那么简单的事情。好多美食我们吃到嘴里只吃到了味道，甚至连味道都没吃到，只是填饱了肚子。**但这些食物背后往往充满了故事，可能是穿越了 1000 年甚至 2000 年的时光来到你身边，甚至可能是从地球的另一端历尽艰险来到你面前。**而且每个地方的人为什么会吃这种东西，原因都是不一样的，里面有可能关联到各种巧合、阴谋、权术、战争。所以，**我们说拍片子更多是关照自己的内心，让自己觉得生活在这个世界上有点意义。**我觉得在目前的时代，去呈现对美食的观察、对美食的探索和它背后的离奇故事，是一个相对来说不算差的选择。

俞敏洪：假如现在不考虑成本，并且有足够的钱支持你，你在纪录片这条路上，未来最想做的主题和内容是什么？还会是美食吗？

陈晓卿：可能还会是美食，但我希望它是全球视野的。

俞敏洪：这是找到了美食背后更加深层次的意义和内涵？或者对你个人来说能带来某种精神上的满足？这些满足、意义和内涵都体现在什么方面？

陈晓卿：首先我觉得过去我们把美食想的比较简单，觉得就是吃，其实除了温饱、美味之外，美食可能和时代、自然地理、经济，甚至战争、政治、宗教都有一定的关联。举个最简单的例子，俞老师，你应该记得你小时候吃的河豚吧？

俞敏洪：我小时候吃，现在也吃，小时候家乡每年都会有人因为吃河豚把命丢掉。

陈晓卿：就以河豚为例，我们就能看到一些时代变化的影子。江阴河豚文化很出名，河豚也很常见，但在其他地方，如果想吃河豚可能就得去特别高级的餐厅或酒楼。

很多我们以为的情况，实际往前翻一些历史就会发现真不是这样，比如有人总说民国时代吃得多好多好，但我们仔细研究过一些类似的配料笔记，分析了一些锅灶，发现他们其实并没有我们今天的普通吃货吃得好，这其实都跟时代有关。**我觉得这些东西是人类文明的一种记录，是非常有意义的事情**，就像你觉得这些企业家都老了，希望把他们的精神留下来，实际上我们也希望能够把先人生活的世相图、百味人生留下来。

比如在过去，中国家庭都是一大家子人坐在一起吃饭，我母亲就是。前几天我去看她，她就说今年春节不想到外面吃饭，说自己买了个大桌子，可以坐15个人，想大家一起在家里吃。我算了算，大概我们全家再加上走动得比较近的亲戚一起，差不多15个人。我说必须在家吃吗？她就说必须在家吃，但我和我两个妹妹都表示想到外面吃，不然收拾起来太累了。你看，这就是时代在发生变化。所以，我们可以从不同的角度看我们的生活。

俞敏洪：通过美食、食品可以看出历史发展的方向和逻辑、人民生活水平的发展和逻辑，甚至可以看出世界文化交流的逻辑、世界历史交融的逻辑。比如我们今天吃的大量食物，多半是原来中国土地上没有的。

陈晓卿：这个可以分享一个故事。我给儿子做菜，我喜欢先用芡粉抓一抓梅花肉，再炒个淮山药溜一下，我自己觉得非常美味。我儿子就说，为什么要放芡粉抓一抓？为什么这个肉吃下去这么滑？而且做完饭了，你的手很长时间都有味道，这是他的想法。但如果从古代的视角去看我们为什么用芡粉抓肉，其实是因为我们是谷物民族，我们在汉代之前很少用石磨，尽管山西丁村的石磨考古已经有1万年了，但当时我们的祖先也很少用石磨。我们吃的都是颗粒，大米的颗粒、小麦的颗粒、谷子的颗粒，尤其是小麦，过去都不能当主粮。

虽然都是颗粒，我们也得吃，但我们吃下去的时候又会很难受，会感觉划拉嗓子，我们就会找到一些植物，比如葵菜，里面有黏液；比如木耳菜、莼菜，里面有淀粉，把这些菜和小麦、谷子煮在一起，就成了糁。孔夫子在陈、蔡之间受困，叫"孔子穷于蔡陈之间"，很多天吃不着饭，叫"藜羹不糁"。我们老家有一种汤，里面会放大麦粒，就叫糁（sá）汤，徐州、鲁西南，都吃这种东西。

包括浙江的敲肉羹，都是用淀粉做的，都是我们 2000 年前的先民一直吃到今天的东西，已经深入我们的基因、深入我们的骨髓了，所以我觉得它不是一个简单的事情。

6. 饮食文化特点的形成因素

俞敏洪： 全世界很多地方的美食我都吃过，西方国家我个人认为吃得相对简单一点。法餐、意大利餐也非常丰富，但要讲吃的种类、花样，吃的各种各样千奇百怪的东西，我觉得毫无疑问中国应该排在世界首位，你觉得呢？

陈晓卿： 我们去吃法餐就相当于外国人到中国吃钓鱼台。我觉得各国的饮食都很丰富，法国也多到吃不完，法国不同的地方都有不同的味道，倒腾起来也特别麻烦。

俞敏洪： 我第一次到北京的时候，发现大家在水稻地里抓蚂蚱，拿回去就放在油锅里炸着吃，但在南方我们是不吃这个的，后来我强迫自己吃了几个，发现很好吃。我们吃这些稀奇古怪的东西，会不会和过去的饥荒有一定的关系？

陈晓卿： 有一定的关系，因为中国太大了。中国幅员辽阔，民族太多，确实有很多奇奇怪怪的吃的东西，但全世界其实有三分之一的人吃昆虫，想不到吧？

俞敏洪： 我到柬埔寨的时候，发现他们的消夜是油炸大蜘蛛。据说印度尼西亚夏天的消夜炸的最多的东西是蝙蝠。

陈晓卿： 哺乳类动物就不说了，昆虫方面比如小蜜蜂、蚂蚁，吃的人口基数非常大。我在 2016 年参加过教科文组织的一次活动，号召大家多吃昆虫，第一因为它是优质蛋白，第二吃它对大气层的破坏比吃肉要少。

俞敏洪： 那像中国人特别喜欢吃油腻或者油脂类食品，是否跟中国古代到现代阶段性的各种饥荒有关？据说在中国大地上，历史上人吃人的现象比较多。

陈晓卿： 其实中国一直强调多子多福，在生育方面、人口膨胀方面没有太多节制，和印度有点像。历史学家邓拓先生写了一本《中国救荒史》，里面有一个数据分析，说每 50 年到 70 年会有一次全国性的饥荒，但中国恰恰又是一个吃谷物的民族，不是吃肉的民族。吃肉可以快速转化成能量，但谷物转化成能量的流程要复杂得多，比如吃了大米饭之后，要先转化成糖，然后变成脂肪，最后在饥饿的时候提供能量，这强调的是一个长效机制。所以，我们吃碳水的概率就会高得多。

吃碳水还有两个好处：一是可以和喝酒一样，让我们分泌多巴胺，让我们开心，毕竟它是淀粉类食物；二是比较适应中国人的肠胃，我们祖先都是这样一代一代吃过来的，我们肠道里的菌群很能分解这类东西。像我父母这代人，给他们吃肉、蛋、奶，他们就会长吁短叹，觉得肉吃多了真的消化不了，就是吃点碳水能消化，吃点鱼能消化。饮食确实能够改变我们很多，包括谷物吃得多，我们吃的盐也会变多，俞老师知道这个吗？

俞敏洪：不知道，我只知道谷物吃多了，尤其米面吃多了，血糖会迅速增加。我这两年血糖已经高起来了，虽然没到糖尿病的程度，但医生建议我尽量少吃米面，如果吃了就要迅速做运动，消耗米面中的糖分，所以近两年我反而肉吃得比原来多。为什么谷物吃多了盐也会吃多？

陈晓卿：这要推到更远的 5000 年到 1 万年前我们开始谷物种植的时候。过去我们过的是狩猎生活，可以喝动物的血，血里面有很多盐分，能保持我们的活力，后来土耳其、伊朗这块土地上的人发生了改变，他们开始种植谷物。我读过日本人写的一本饮食史里面说，人类吃了谷物之后，身体里的钾代谢不出去，就需要靠吃盐来帮助钾离子代谢，于是盐从那以后成为了商品，成为了国家控制的东西。这和农耕有巨大的关系。刚才提到灾荒，其实只要是谷物的种植，人口的增加、天气的变化，都会导致灾荒，加上战乱，饥荒的比例会更高。

7. 美食的生命力与工业化

俞敏洪：当人们讲到文化的时候，一般会讲传统文化、儒家文化、道家文化，现在大家会谈饮食文化，你觉得饮食文化是什么概念？中国饮食文化给中国人民的个性以及日常生活带来了什么样的影响?

陈晓卿： 2001年，我去美国，见到我一个朋友的孩子，才9岁，小学三年级，他说他们的作业就是回家数窗户，我说中国三年级的小朋友已经开始学鸡兔同笼了，你们这个太轻松了。然后他说他还要写一篇论文，这就把我吓到了，我说三年级写什么论文？他说写"论文化"，我说你打算怎么写？他说老师给了一个提示，**文化是由人类创造并由人们享用的一切。如果从这个角度来说，饮食本身就是文化。**

过去我们理解的文化是识字，或者有一个系统叫文化。但其实没有系统的也是文化，时尚是文化，一日三餐也是文化，所以我不认可中国饮食只是色香味，它是世界饮食文化乃至世界文明一个非常重要的部分。

过去我很长时间都懒得说我是研究美食的。我开始写美食专栏的时候，那时的风气就两种：一种是复古的，所有的东西都跟名人有关系，运河系的归乾隆，运河再往南一点就归苏东坡，都特别离奇。我去看过清代的膳谱，从今人的角度看真的不算好吃，那些说自己家里有宫廷御厨的，大多是吹牛。另一种就是崇洋，左岸、右岸、哪个酒庄的酒，生蚝是吉拉多几号（法国生蚝产地），特别让人头疼。但在中国人眼里，占比不小的人会认为美食如果不下饭就不应该叫美食，信不信？

俞敏洪： 现在大家一聊就说要回到宋朝，觉得宋朝发达，人文环境好，吃得好，现在还有人专门做宋朝御宴这样的饭菜。但其实在宋朝的时候，很多现在的调味品都还没有出现。

陈晓卿： 完全没有，土豆都没有，宋朝也没有现在这样好吃的橙子，只有瓯柑，很苦，所以我们今天才是幸福的。

俞敏洪：《至味在人间》中很多文章都是2010年左右开始写的，那时候你还没有做美食节目，所以你在做节目之前就非常关注美食了吗？而且**我发现你和我有个一样的习惯，喜欢去路边摊寻找美食。**

陈晓卿： 为什么会是路边摊？首先北京好吃的东西也不多，一些国营餐厅也把自己做坏了，比较陈腐，没有活力。只要形成了规制，吃的东西大多没有活力，八大菜系也一样，因为它是官府菜，一个厨师练就了一身的功夫，却要用恒定的标准做东西。**我特别渴望有一种生长的力量，所以我更愿意相信老师傅的经验，他都不用靠味觉，光靠经验就可以配好一桌菜，就像聋了的贝多芬还可以写交响乐一样。**

我刚开始写美食专栏的时候，还希望有奇迹，希望高手在民间，希望能在美食里看到那种生长的、野性的力量。但现在我发现，在城市里找这种力量的可能性真的太小了。现在我们更多去山野里，去一些大家可能意想不到的地方找吃的东西，有时候在渔船上，有时候在牧场，突然就发现一个新的东西，就会感觉特别有意思。

俞敏洪：我发现《风味人间》有一个从正规餐饮往普通老百姓家走的趋势，这个趋势是你对美食认知的一种突破？还是说其实你真正意识到了民间美食的力量和丰富？

陈晓卿：民间永远是最丰富的，这是毫无疑问的，因为数量种类太多了，而且它有变量。比如我们去看酱油，酱油就分非常多流派，这种变量我觉得特别有魅力，就像法国人对 Cheese（奶酪）的这种偏执一样，他会觉得那一家的不行，我的是最好的，这就是生命力。如果所有的徒弟、师傅做的菜都一样，我觉得这是最无聊的。

俞敏洪：我发现中国人吃饭的变量是无穷无尽的，尽管我不做饭，但有时候也不得不自己动手，我会把冰箱里各种各样的东西混在一起炒个菜，这是不是也算一个变量？

按理来说应该会有一定的规范，比如去西餐厅，加起来就十几个菜，做饭也大致相当，为什么中国各个饭店会自己去寻找这种变量？这和中国人的个性有关系吗？为什么中国人在其他方面，比如思想、科技方面的探索精神相比对美食的探索就差得好远？感觉中国人在餐饮方面的探索好像没有尽头。

陈晓卿：外国其实也有变量。我几乎都不去明星餐厅，我喜欢吃的那几家，我就会特别喜欢，他们都有变量，无论是在法国还是在英国。很多人都说英国食物不好吃，但我很喜欢英国，我在那里都能找到这种变量，这就是要看民间的力量。英国有一个厨师上过 BBC 的节目，是一个结巴，他就是自己在院子里摘什么就烧什么，也非常好吃。

中国的变量之所以让人感觉这么复杂，一是因为我们可以去的地方太多了；二是因为工业化程度不够。国外工业化程度很高的餐厅非常多，比如非常高级的法国布雷斯鸡，大都是一个农场养出来的，处理得非常标准化，脂肪率多少，血红蛋白多少，非常科学，只是厨师做起来会加上自己的想法，但鸡的香味已经在那儿了。所以，是我们的工业化不够，就像我们从冰箱里随便拿一点东西就可以做出来一个味道，**但对我们来说，或者对餐厅来说，一个重要的标准是可重复的，这可以降低成本，让它们生存下去。**

8. 食物马斯洛需求

俞敏洪：西方出现了麦当劳、肯德基、汉堡王这样的大型餐饮连锁店，甚至开到了全世界，而且在全世界各个地方吃，味道大体都差不多。中国现在也出现了一些连锁餐饮店，比如海底捞、全聚德，但总体来说，中国并没有做成真正的大型餐饮连锁店，即使同一家连锁店，在不同的地方吃，味道也有差距，比如大董烤鸭，在北京不同的店吃，味道就会有所不同。

所以提到餐饮工业化，我觉得中国的餐饮文化好像就是没法工业化、标准化，而且一旦工业化、标准化以后就会失去中国餐饮的特色。从这个意义来说，**你认为中国的餐饮有必要工业化、标准化吗？**比如北京的川菜远远不如四川的川菜好吃，那有必要全国一体化吗？我个人感觉没必要，而且这会降低人们到不同地方吃不同美食的欲望，如果我在北京能吃到地道的重庆火锅，我就可以不去重庆吃了。对此你是什么看法？

陈晓卿：这是纯粹的商业化话题，我研究得不是特别多。大家如果看我们的节目，能够特别清晰地感觉到我是一个反商业的人，我骨子里希望多样化是我们的目标。

食物对我们来说有三点作用：**第一是语言，它就像方言一样，能够知道我**

们是哪儿的人；第二是风景，我能知道这个地方的人是什么样的人；第三是桥梁，它会弥合特别多的东西，我们会发现全世界的烹饪智慧有太多相通的东西。就像以色列人在成都留学，他们就用煮烂的豌豆当作胡姆斯酱（一种中东特有的豆酱），在英国留学的四川人做不了豌杂面，就在英国超市直接买胡姆斯酱，也能做小面，所以食物是一个桥梁。

如果我们真的能把食物摆在这样的位置，它既多样化，又能让更多的人接受，这就真的非常牛。那些在国内开连锁店的餐厅，如果能在国外开连锁店，能开到国内的十分之一，我觉得就是真正的成功，而且这是真正的需求。像麦当劳、肯德基、汉堡王是最基础的需求，是果腹用的，比较适合工业化、标准化，我没有时间，我吃一下。你真正让我用两个小时慢慢享用，食物都一模一样，还都是半成品，我吃饱了撑的啊？我一定要吃不一样的东西。

我经常说，**食物里也有一个马斯洛需求金字塔，底层是温饱**。麦当劳、肯德基很少与美味关联，它就是解决温饱，跟肉夹馍是一个道理，肉夹馍如果能做到在全世界开连锁店，我觉得就很棒。我们没有时间，吃这个又能满足营养又能满足胃口，就很好。**温饱的层级之上就是美味**，我要吃到有意思的东西，能让我感觉馋的东西，一想就受不了的东西。而且一些精巧的搭配、奇异的香料能够唤醒我们身体里的机能，这是第二层。**再往上就是真正的美食**，这里面可能和创意与烹饪艺术有关系，这个厨师跟那个厨师不一样，这里面有乡愁的味道，那是我妈妈曾经做过的一个东西，等等。**再高级的就是文化沉淀**，或者说它可能代表了时代，它可能是一个有意义的东西，甚至它不怎么好吃，但它对地球特别友好。总之，在这个食物马斯洛需求金字塔中，越往上走，能够体会的人就越少。但吃饱这个层级是最适合工业化的，因为需要的人真的很多。

俞敏洪：越往上越艺术化，越往上文化的味道越浓厚。现在的年轻人更喜欢点外卖，你对这种外卖文化，大家坐在办公室里吃东西的现象有什么看法？

陈晓卿：外卖就是解决温饱，大家没有时间。

俞敏洪：现在外卖文化越来越丰富了，原来我点盒饭，就是一个盒子，里面又是饭又是菜。现在我点的盒饭，菜、汤、米饭是分开放的，感觉越来越高级了。

但同样的饭菜，我们依然吃不出在饭店里吃出来的味道，类似于你在文章里提到的锅气？

陈晓卿：对，热乎劲儿。作家阿城去饭馆吃饭，一定要选离灶台最近的位置。什么叫锅气？就是刚做好的、扑面而来的，它是活的，还在烹饪过程里没结束。**外卖是什么？是木乃伊，已经冷藏过了，到你面前是做遗体告别。**我手机里一个外卖软件都没有，这几天不许堂食，我都是自己骑着车去外面的饭店站在门口现点的。

俞敏洪：我已经吃了两个月外卖了。这是不是也是农家乐比城里的饭店更加好吃的原因？尽管农家乐做饭的手段和调料其实比城里的饭店少，但我们每次到农家乐吃饭，都感觉农家乐的饭菜特别新鲜，炖个鸡汤也比大饭店的更鲜美，是不是因为你说的食材的新鲜导致的？

陈晓卿：举个最简单的例子，你在北京吃不到活鸡，但在农家乐吃的是现杀的鸡，动物体内有一种分解酶，死了之后4个小时开始释放。尼亚加拉瀑布有很多三文鱼越过瀑布到上游产卵，产完卵就死了，几天之后连骨头都找不到，就是因为身体里的分解酶在起作用，把尸体全分解掉了。死的鱼连熊都不吃，就是因为分解酶分泌得比较快。猪肉也是如此，为什么在广州会有夜粥摊？就是等着现杀的猪杂，它是甜的、香的。

拍《风味人间1》的时候，我去东北一个村子里吃杀猪菜，我说这猪肉怎么那么好吃？我之前吃过差不多20次杀猪菜,怎么没这个味道？后来我明白了，我都是在城里吃的杀猪菜，城里不杀猪，农村的才是真正的杀猪菜。

俞敏洪：我有同样的体会，在家乡的村里，一头猪杀掉以后，当场用大锅煮，做成红烧肉、猪骨汤大家一起吃，那是最好吃的，我们在城里根本吃不到那种味道的猪肉。现在中国的老百姓，尤其城里人，到商场买的肉，有的时候放了半个月甚至一个月再拿出来做着吃，那个冰冻的肉不光味道不好，对身体也不好。

陈晓卿：是这样的，如果允许杀活鸡，会给公共卫生带来很高的成本，这是社会进步的代价，所以这是没办法的。另外，猪肉在杀了之后的5小时到72

小时之间是最难吃的,比如你在廊坊杀了一头猪,下午带回来,那个肉就不好吃,要经过排酸、处理,在低温中等酶的分解过程全部结束以后才能给你吃,这叫排酸肉,这是对的。排酸肉尽管没有刚杀的猪好吃,但比杀完带到城里的要好吃。

俞敏洪: 也就是说在常温下肉不能放太久,不管是鸡还是鱼,常温下超过几个小时,虽然肉没有臭,但都不如冷冻的好吃?

陈晓卿: 要靠它自身的重量排酸。有个航空公司邀请我去吃他们的航空餐,说是最厉害的航空餐,我就在他们的头等舱菜单里选择了一个东坡肘子,这个肘子品相无敌,外面的虎皮炸得非常好,拿筷子戳都是焦酥的,但我吃着肉感觉不好。我问为什么这个肉没那么新鲜?他说因为能够上飞机的活肉需要冰冻,这已经是最新鲜的了,是三个月前的。我才知道所有飞机餐的细菌标准都制定得特别高,有一点点细菌都不行,所以飞机餐都是需要特别低的温度,做完再冰冻一次,肯定就不好吃了。

俞敏洪: 就是为了防止病毒、细菌上飞机?

陈晓卿: 飞机餐和大宾馆的餐一样,好吃不是第一位的,安全是第一位。

俞敏洪: 你有没有偏向中国哪个地区的美食?

陈晓卿: 真没有,我觉得每个地方的都好吃。我们现在正在拍一个片子,可能要去河南,他们说河南有什么好吃的?河南当然有好吃的,荆芥拌皮蛋就很好吃,有点像柠檬草的味道,非常细腻,很好闻。不过我更喜欢河南人的吃法,把皮蛋切好,抓一把荆芥搓一搓放在那儿,吃的时候周围都是香气,时浓时淡的,美好极了。世界上有很多不好吃的地方,但中国不好吃的地方我觉得特别少,我都想不出来哪儿的不好吃。

9. 如果可以,一直拍下去

俞敏洪: 你的《风味人间》用形象的方式、优美的语言把中国各个地方的美食描述了出来,给大家带来了对美好生活的向往,把到全国各地去吃美食的愿望带给了大家,也让大家产生了人间值得的心态,当然人间值得的前提是要能吃到那些美食。现在也有不少媒体公司在做美食节目，有些看起来有点像在模仿《风味人间》的风格，你对这些美食节目有什么看法？

陈晓卿：有人会说美食节目很内卷，现在美食节目太多。我不这么认为，我觉得越多越好，多了大家才会找出路，多了说明它的商业黏合度比较高。现在去评判一个片子不仅仅要看有多少观众，也要去看有多少商家扶持它。我自己特别欢迎越来越多的人做美食类纪录片，真的非常练手，做完这个挣钱之后也可以做一些自己喜爱的纪录片题材。

俞敏洪：你的《风味人间》也好，其他节目也好，文稿都写得非常好，有文化韵味、有情调，给人带来很美好的向往，有时候还有哲学高度。这些文稿你参与创作吗？是不是有固定的调子？

陈晓卿：整个稿子都是团队写的，最后的润色会花点工夫。

俞敏洪：大家不光会看画面上的美食，从语言解说词上也看出了文化的博大精深。你自己也说，一生为了把这个事情做成功，历经了很多艰苦，有时候为了拍一个好纪录片，成夜不睡觉。现在到了这个年龄，你后面大概会怎么安排自己的工作或者事业？

陈晓卿：我觉得是这样，拍纪录片劳心劳力，但同时我们不可以忽略的是，拍纪录片让我们和团队的同事完成了养家糊口的事情，说挣了特别多的钱倒也没有，但养家糊口肯定没有太多问题。**最重要的是在拍纪录片的过程中，能够带来那种欢欣、安详与开怀，这真的不是钱能换来的。**

有个导演叫雅克·贝汉，拍过《迁徙的鸟》，关于他，我曾经好像还复述过他的一个段子，说一个导演拍纪录片拍成了千万富翁，原来他是亿万富翁，后来这个段子在业内传得还挺广。但同时我也说了另一个故事，拍完《迁徙的鸟》那年，他们去荷兰度假，他们拍过的鸟认出了他们，那些雪雁就飞到他们帐篷四周，一片雪白。他说这是多少钱也买不来的，我特别相信他说的这个话。

我是一个从小就有作家梦的人，后来学了摄影，阴错阳差地在读研究生的时候学了纪录片，就跟纪录片伴随了一生。如果允许，我希望我能够像让·鲁什那样。稍微科普一下，让·鲁什是一个法国纪录片大师，他在20世纪50年代引领了纪录片风潮——真实电影，今天在法国埃菲尔铁塔对面的人类学电影节就叫真实电影节，这是他创办的。他最早用有声录音设备去拍非洲土著这样一系列带有殖民色彩的纪录片，后来在87岁那一年，也就是2004年，他在西非拍片子的时候遇到车祸去世了，这对于拍纪录片的人来说，我认为是一个善终。

另一个故事就是大卫·爱登堡的故事，他是BBC最厉害的博物学家，英国王室授予他爵士，足以说明他在爱护环境方面做得有多好。我有一个朋友叫迈克尔·冈顿，他是《地球脉动2》《王朝》的制片人，他在进入BBC的那一年，大卫·爱登堡退休，爱登堡对他说，我马上要退休了，BBC的地球部将来就是你们这些年轻人的。迈克尔·冈顿跟我说这个事的时候，我正好在上海出席白玉兰的活动，他也刚刚在BBC办了退休手续，但那个时候，大卫·爱登堡还在镜头前给大家讲《绿色星球》，讲那些神奇植物的故事。我想他们可能都是我的榜样，**如果有一点气力，我想我可以一直拍片子。**

俞敏洪：现在大卫·爱登堡已经96岁了，他还在讲解《绿色星球》，我觉得他白发飘逸，思维依然那么敏捷，真是让人非常敬佩。在所有纪录片大师中，大卫·爱登堡算不算你的榜样之一？你还有别的榜样吗？

陈晓卿：我的榜样还蛮多的，我挺喜欢一个日本导演，叫横山，他指导过《我的留学生活》，他是我非常敬佩的非常棒的日本导演。但日本有太多的好导演，像牛山纯一（代表作《1978，上海的新风》）、小川绅介（代表作《青年之海——四名函授大学生》，"三里冢"系列）等。

苏联的纪录片导演也特别棒，英美的就更不用说，让人敬仰的导演非常多，像大卫这样的导演都像神一样，我们都接近不了。我们能够接近的、能够一起工作的导演，比如拍《喜马拉雅大淘金》的法国导演埃里克·瓦力，他是一个非常好的摄影师，又是非常好的导演，我特别喜欢。还有英国导演菲尔·阿格兰德，拍过《云之南》，我们也是非常好的朋友。

俞敏洪：从有影视开始，纪录片对于人类的记录和推动其实起到了非常大的作用，我本人就很喜欢看纪录片。

你说过一句话，**所有的机缘巧合都有可能是命中注定**。我也不知道是不是你原创的，但这句话给我带来了冲击感。你生命中有没有机缘巧合，比如做纪录片、学摄影、学编导算不算机缘巧合？现在做美食节目，是不是你命中注定的？

陈晓卿：我的前半生实际上充满了各种各样的巧合和机缘。后来，尤其是我认识了老六他们之后，我变了一个人，也没有那么自大了。我是他们那个圈子里唯一一个电视台的，他们都是文化人，每次我就是他们奚落的对象，我的心态也非常好。恰恰是认识了他们，认识了这些奇奇怪怪的人之后，我的人生观发生了非常多的变化。现在我在职业、生活的选择上更多会量入为出，不像以前那样非常玩命，现在会感觉有一些游刃有余。**如果现在我们还能有条件继续做纪录片，我觉得那可能就是命中注定。**

俞敏洪：常常有人问我，俞老师，如果你不做新东方了，你还会做什么？我想，我想做的可能就是读书、旅行、记录，并且到全中国乃至全世界去品尝美食。**如果现在不让你做纪录片了，你会怎么打理自己的生命和生活？**

陈晓卿：其实我还欠出版社一本书，我是从来没有太多计划的人，签合同都签了差不多10年了。我会把我童年时代一些记忆重新打捞一下，其实我现在每天有空都还会重新积累，主要我觉得之前写得不好，不愿意拿来出版。

俞敏洪：但有一点应该是肯定的，即使什么也不做，你依然会到全球、全国品尝你希望品尝到的各种美食吧？

陈晓卿：肯定的。不管疫情多严重，我在任何地方可能都能找到吃饭的朋友。我觉得吃是一个特别好的桥梁，老六有一个粉丝是银川的，他是一个老师，而且有点残疾，他自己做了一件特别厉害的事，他把辣椒和西红柿嫁接在一起，长出来的西红柿椒或者辣椒番茄做成酱特别美味。我就是没有时间，我要是有时间，就想到这样的地方去。这个酱我也吃过，他们给我邮寄了，非常非常美味，但我还是想真正过去，在他旁边看一天，看他是怎么生活的，我觉得这才是最奢侈的。其实每个人不管爱吃也好，不爱吃也好，**我希望大家能多尝一点，多点好奇心，多点让我们吃了以后能感觉到的温饱，少一点争吵和战争。**

俞敏洪：我内心一直有一个感觉，人之所以为人，其实是因为人创造了美食，或者说美食倒过来把人和茹毛饮血的动物区分开来。你做的这些片子其实是把美好带给了人们，也把对于美好生活的向往带给了人们，我觉得这就是你为中国人民做出的最大贡献。因为人内心只有存有对未来的期待和美好，对现实美好的体察，才能真正幸福地生活在这个世界上。

今天时间也不早了，我们就聊到这里吧。什么时候我们约吃饭吧？你挑一个饭馆，我出钱。

陈晓卿：好，还有这种设置，没问题。

俞敏洪：谢谢晓卿，今天就到这里了。

陈晓卿：感谢！

——对谈结束——

刚才和我对话的是陈晓卿，我最大的感受是，晓卿最重要的特质就是对生活的热爱，他也因为对生活的热爱产生了对美食的热爱、对美食的研究。他本身是做纪录片的，用纪录片记录人类包括中国人民的美食历程及其和文化的关系。现在他已经把传播美食文化当作自己的使命来对待，也因为他的这种使命，让我们得以足不出户就能通过《风味人间》等各种各样的纪录片来了解全国各地的美食与文化。

其实美食背后透露的主要是两个核心概念：第一个是家，**有家才有美食，**我们对于童年的记忆，更多是和父母相关的，他们做的饭菜的记忆，所以家就意味着背后有温馨，意味着有人间烟火，意味着人间值得；第二个是文化，**一个民族、一个国家、一个地区之所以能联结在一起，最重要的是对于彼此饮食的接受和探索，**它背后是每一个地区的人民生活的风俗习惯以及文化上的交流。

俗话说，人永远是肠胃的奴隶，因为人是被肠胃控制的，所以当我们环游世界刚吃了几天西餐的时候，就想找唐人街的中餐厅来一顿中餐。倒过来说，我们寻找美食的历程，也彰显了我们对于生活的热爱。所以，我相信不管我们平时遇到多少烦恼、多少挫折、多少不顺，只要口袋里还有几个钱，能让我们去吃一碗热气腾腾的兰州拉面，能让我们在饥饿的时候买两个带有小时候记忆的包子，我们就觉得生活有一定的美好。

所以，尽管我们不是为了口腹之欲而活着，但当我们在口腹之欲的满足中品尝到了生而为人的美好，品尝到了人间生活的美好，我们会更加愿意付出努力让自己的生活变得更好，让生活能力变得更强，让自己有更多余钱去购买更好的美食，能走向中国不同的地方品尝更多的美食。可以说，这是我们来到这个世界最好的理由之一。

由于时间关系，今天就到这里，祝大家周末愉快，多吃点好吃的，再见！

（对谈于 2022 年 5 月 28 日）

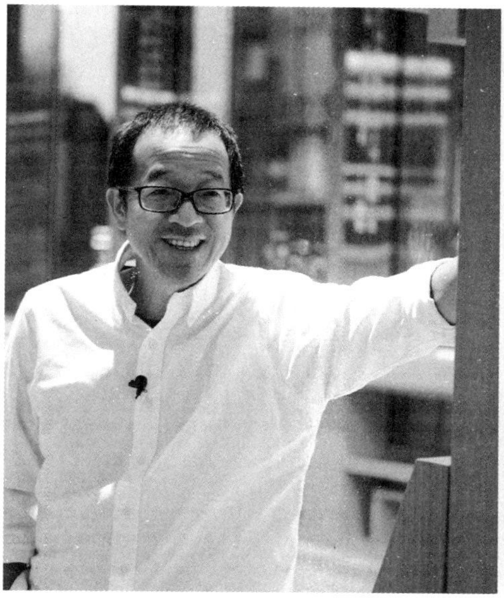

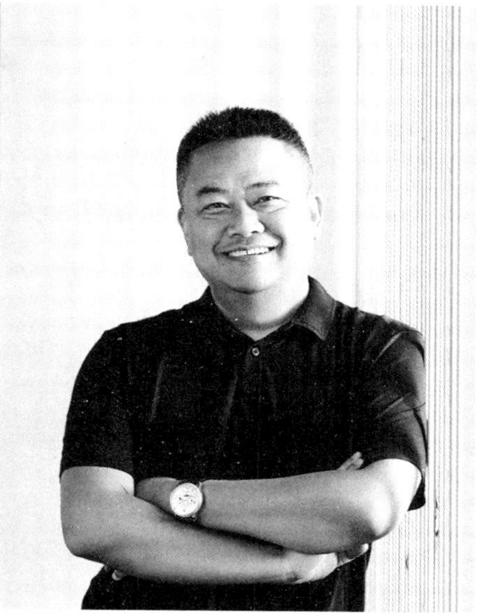

对话 **杜君立**
人类的进步与自大

人类历史和文明的进程，有时候不是帝王将相决定的，而是人民的一些发明决定的。

机器的出现、工业革命的出现，把人变成了螺丝钉，把人的意义感消解掉了，到今天为止也没有停止。

杜君立 /

通识历史写作者，陕西关中人。主要作品包括：《现代的历程》《新食货志》《历史的慰藉》《历史的细节》（五卷本）等。其中《现代的历程》是"第十二届文津图书奖"推荐图书。

俞敏洪：各位好，今天邀请杜君立老师聊一聊《历史的细节》。我们都知道，很多历史文字都是胜利者写的，一般都会过分强调胜利者在历史中起到的重大作用。但实际上，历史的进步是由无数因素推动的。杜君立老师认为，推动历史的主要要素是人类各种各样小的发明，比如像马镫这样一个小小的发明。在杜君立老师上来之前，我先回答大家的一些问题。

最近新东方以及东方甄选比较热闹，有人说我们坚守初心，努力在扛，我觉得做事情主要在于乐趣，比如我觉得做直播和大家交流，对我来说就是挺有乐趣的事情。

下一步创业是什么？你想把我累死啊，我现在都已经60岁了，能把东方甄选做好，把新东方现有教育业务做好就不错了！

——— 对谈环节 ———

1. 对历史的兴趣

俞敏洪：杜老师好，最近一直在读你的书，感觉你真的是靠自己努力闯出了一片天。

杜君立： 俞老师好，谢谢支持。

俞敏洪： 我们的父母都是农民，没上过学，对学习也没什么概念，所以全靠我们自己奋斗。

杜君立： 也谈不上奋斗。当时养孩子压力很大，都说养孩子不如养头猪，养头猪还能吃个肉，养孩子还得每天给他吃饭，家里也打不上粮食。当时孩子很多，也没什么收成，打点小麦都交公粮了，一年到头吃的都是红薯、玉米、高粱。我在高中之前整天吃不饱，个子特别小，老师也骂我，说我学习不好就是因为红薯、玉米吃多了，再后来上了中专以后，我才吃饱饭了。

那一代人生存压力太大，我们过得不好，爹娘其实过得更不好，那一代人过得都很难。我和一起长大的小伙伴后来一聊，发现当时我们家应该是村里最难的，本来我们村在周边就算是最穷的，我们家还是村里最穷的一户人家。当时整个社会都不富，但是在很不富的家庭里也有一些最穷的，所以当时就是穷，穿衣吃饭都成问题。

俞敏洪： 在那样的环境中你有喜欢读的书吗？

杜君立： 那时候就读课本，每次开学课本发下来，一个月我就把所有课本都看完了。

俞敏洪： 别的书没怎么读过吗？

杜君立： 也看过一些。我整个上学阶段，都是在家里吃、住，从来没在学校生活过，没住过校，上完课就回家干农活，所以和同学接触少，借不到书，阅读很少，受同学影响也很少，反倒因为每天和父母在一起干活，受父母影响很大。

当时读不到什么东西，我记得对我影响最大的是我上小学的时候，一个窑洞塌了——那是我们学校图书馆，其中有一套《十万个为什么》，窑洞塌了以后，我们就像挖藏宝图一样把那套书挖出来了，放在那里晒，晒的过程中我每天没事翻一翻，后来就拿回去几本，看完以后再找老师借。《十万个为什么》对我影响很大，我每天看，最后发现太阳比地球大，地球绕着太阳转，我就觉得这个很有意思,见了谁都给他讲这个。

后来我的写作其实也还是《十万个为什么》的写法。有人说第一本书对一个人的影响很大,我认识的很多同龄人里,特别是学文科的,他们就说《金光大道》对他们的影响很大,后来就学了文科,走上了写作的道路。路遥就是这样。

俞敏洪:《金光大道》我们都读过,你中专的时候应该也读过这样的书?

杜君立: 没有。我记得那时候跟同学借了《水浒传》,拿回家以后,我爹虽然不怎么看书,但一看那东西很厚,就知道不是课本,直接塞到炕里烧了。我在家里是不允许拿出书、作业本这些东西的,家里绝对不允许,回到家里就是干活。

俞敏洪: 你在中专毕业以前没怎么读过书,但我从你的几本历史著作里发现,你对历史事实的了解和分析达到了深入浅出的状态,让我读完后第一个就想起了许倬云老师。许老师在抗日战争时期也没上过什么大学,最后变成了著名历史学家,去美国进修了;沈从文先生也没怎么上过学,先是跟着土匪,后来跟着军队,最后也成了中国著名小说家和研究家,研究古代文物,尤其研究故宫的文物;钱穆没上过大学,也是自学,但他对中国历史的研究非常深刻。你作为一个中专毕业生,对历史能有这么深刻的研究,纵是上下五千年,横是世界各国历史对照,真的非常厉害。**我想问,你对读书的兴趣,尤其是对历史的兴趣,到底是从什么时候开始的?**

杜君立: 小学时期我看过《上下五千年》,当时是当故事书看的,印象很深刻。中专的时候看过《三国演义》,再以后就看文学书比较多。80 年代文学热非常厉害,我当时看了很多文学书,文学书就是长篇小说,所以那时候看了很多长篇小说。那时候还写了很多很多诗,我们这一代人中很多人都是诗人,我现在经常遇到一些人说自己是诗人,我说,你有啥了不起?我们一个村没有不是诗人的,我们一个班全是诗人,那时候每天没事就写一大堆诗,当然,诗有好坏之分。80 年代非常狂热的文学热对我的影响就是,我不知道要读历史,印象里没有历史。中学时候的历史就是背一些历史概念,地理也是背一些概念,整个教育方式都是背诵性的,类似现在的硬盘教育,所以我作为学生对历史没有一点兴趣。

俞敏洪：你上的是中专，中专毕业以后又到工厂工作，后来自己还开过公司。在这个过程中，你周围原则上没有任何读书的氛围，你是怎么坚持读书的？读小说作为消遣还说得过去，但你居然慢慢进入了读严肃历史著作、研究历史的状态，这是怎么发生的？

杜君立：那时候主要是看电影，大概1991年、1992年，天天泡录像厅。当时没有互联网，要想看好莱坞大片或者好莱坞文艺片只能去录像厅。那时候每天看，看了好几年录像厅，后来有了VCD、DVD，就开始买VCD、DVD，再后来又有了美剧。我看了10年电影，看到最后没有电影可看。电影对我影响很大，电影的思想、叙事、音乐、美术是一种综合载体，是一个工业制品，但它有文学性、思想性、哲学性。很多文艺片都非常优秀，哲学性非常强，这给我带来了很全面的训练。当时还看了比较多杂志，90年代看《南方周末》，每期必看，还有《南风窗》《三联周刊》，但基本上读书没有电影在我生活中占的时间多。所以，我最初主要是看电影，后来看美剧，当时抱着娱乐的心态。

最大的改变是我去深圳和北京后，发现周围人都有文化生活、艺术生活，他们都在读书，读书在他们生活里占了挺大的分量，每个人都在读书。我印象最深刻的就是，公司保洁阿姨都在读书。所以，一线城市跟一般的小地方差异还挺大的，我在小地方，就是个小老板、小包工头，但到了大地方后发现，他们生活里哪怕再穷，家里都要养一盆花。这对我影响很大，这时候我才发现，**财富要分成两块：一个是物质财富，一个是精神财富。**

一般情况下，小城市包括县城，和大城市没什么区别，都是电梯房，穿的用的都差不多，但精神这一块还是差很多。我当时要不是在北京和深圳生活了很多年，后来可能也不会读书。我当时在深圳一个公司，书城就在公司隔壁，每天没事就去书城看书，而且当时手头比较宽绰，就买了很多书、很多碟片，回来看电影、看书，那段经历对我影响非常大，也是从那时候开始看一些严肃的书。

俞敏洪：你在深圳、北京每天工作的时间应该不会太短，在工作之余，怎么还有那么多时间看电影、看书？

杜君立： 当时我在一个央企，管理比较宽松，也不用打卡，我当时的业绩也是公司最好的，做一些成套设备的销售和安装。我当时开拓的是华北市场，所以经常会去北京、河北、山西这些北方地区出差。当时我在北京也有办公室，所以半年时间在北京，没人管我。而且因为绩效考核做得好，也不用打卡，我也不用告诉谁我去哪儿了，所以当时比较自由，时间自由、金钱自由，每天有大量时间，没事儿就跑到潘家园、报国寺那边晃悠，去看电影，去观察人家过日子，看不同的生活方式、不同的人生态度。

我觉得从农村出来后，看电影对我影响最大的就是看到了不同的人生。要是在农村，家家户户都差不多，跟驴一样每天起来就是干活、干活、干活，累死累活地干活，一身臭汗地干活，也来不及思考，因为吃饭都成问题，还想什么想！也不用考虑地球跟太阳谁大的问题，吃饭要紧。出来以后，我发现不一样，人们每天都在想太阳和地球哪个大，这是个正经、严肃的问题，这是电影告诉我的。

2.《历史的细节》

俞敏洪： 有无数人喜欢看电影，但很少有人通过看电影把眼界看开了，最后还能往严肃历史的思考方向去走。有没有一个契机触动你，让你从看电影、读小说开始往历史的方向走？

杜君立： 我当时想写哲学、思想一类的，还写过一本小说。我 18 岁之前都没想过进城，稀里糊涂就出来了。当时我想，那么多写农村小说的作家都没种过地，他们也就在农村待过，我才是正儿八经的农民，所以我就想写个小说。写完后发现我的文笔真不行，叙述也不行，慢慢就把这码事忘了。后来我想干脆写社会批判，结果也不知道从哪儿下手。再后来，看了一些历史畅销书，觉得也不怎么样，这种东西我也能写啊。但我那时候对历史不通，就开始一边看历史一边写，扶着墙学走路，所以我的书没什么故事性，有一些知识，但主要还是想表达一些自己的思想，想表达一些常识性的东西。人应该换一个眼光来看一些东西，这恰恰是我没事瞎琢磨的一些事，这样 10 年下来写了十几本书，也形成了自己的风格，基本就是若有所思、若有所想。

俞敏洪： 很有意思的风格，你虽然没有经过科班训练，但我发现你对历史事实的引用、其他人的评价和评估，还有一些观点的对照，在体例上都做得非常到位，这是你潜移默化琢磨出来的吗？

杜君立： 这是被骂出来的。10 年前我的第一本书《历史的细节》出版，出版以后比较火，北京地铁口卖的都有盗版书。我那时候第一次写作，也不懂历史，当时初生牛犊不畏虎，不知道天高地厚，所以里面错误非常多。出版后就被人骂，说你连脚注都没有，我说，什么叫脚注？所以该补的课早晚都要补。

后来我差不多用了 10 年时间一直在改那本书。那本书实际也是我给自己找的一个麻烦，书卖得不好没关系，比如书卖不动，那就出版社赔本好了，就被人诟病。后来我和批评我的读者成为了朋友，他们大都是大学历史科班的。

俞敏洪： 大家以为你是个大学教授？

杜君立： 对。然后人家就教我这个怎么做、那个怎么做，所以我后来用了 10 年时间，把这个课补上了，本科、研究生，现在感觉博士也差不多了，反正这 10 年一直在读历史。

俞敏洪： 从真实水平来说应该超过博士了，因为从体例、对历史事实的考据和严谨性来说，一般的博士写不出你这样又好读又对历史事实编排得这么好，同时能把自己的观点和思想融入其中，还能变得畅销的书，一般的博士写不出来。

杜君立： 我就是反复改，一本书改好几年，一个字一个字地改，反复找错误。而且这本书出版以后，我和北师大一个历史博士还成了好朋友，我给他送过去，让他找错误、找问题，我再改。这样反复校对下来，现在错误率非常低，再加上现在出版社对书的质量把关也非常严，不像早几年我那种存在不少错误的书也能出版。当然那时候我也是幸运，我现在要想再出这样的书，应该没有任何机会了。人这一辈子机遇很重要，我当时纯属尝试了一下，结果就成了，走了狗屎运，但那成为了一个契机，我后来就慢慢修改。《历史的细节》现在已经是第四版了，我到现在，10年就写了一套《历史的细节》。

俞敏洪：《历史的细节》一共有5本，每一本刚好是一个主题，分别是讲帆船、轮子、马镫、火药、弓箭对人类社会发展的影响。我认真读了这5本书，后来我琢磨出来，你的书内涵比较简单，就是**人类历史和文明的进程，有时候不是帝王将相决定的，而是人民的一些发明决定的**。这些发明刚开始看上去不起眼，尤其是你说到的马镫，这在很多人心目中甚至都不算是一个发明，但它对人类社会确实产生了重大影响。你为什么要选这5个东西来写，为什么这5个东西在你心目中对人类历史的改变、人类文明的进步有比较大的象征意义？

杜君立： 2001年、2002年，当时已经有互联网了，我就在网上看了美国国家地理拍的纪录片《枪炮、病菌与钢铁》。看完这个纪录片我就很震惊，后来听说还有书，我就找到了《枪炮、病菌与钢铁》的书。我看了一遍，觉得这本书很简单，是戴蒙德写的，大量原创思想来自于60年代出版的《哥伦布大交换》，但可能这本书的叙述文笔不行，后来被戴蒙德重新叙述成《枪炮、病菌与钢铁》后，变成了超级畅销书，而且得了美国普利策图书大奖，在当时几乎成了一本世界范围内的神作。

我当时看完这本书发现内容很简单，讲马镫、轮子、弓箭、骑兵、枪炮、农作物、牲畜、气候、地理、造船技术，他讲这些东西对人类的影响。当然他是西方中心主义，整个书对中国基本是一笔带过，比如写到汉字、象形文字对中国的影响的时候，都是一笔带过。我觉得不管是马镫、火药、弓箭、帆船还是指南针，都是最早源于中国的，但他提都不提，就算提也是一笔带过，我就觉得这本书在中国卖得这么火，这是欺负中国没有人了是不？

当时我正准备写一部历史杂感、历史批判类的书，在想写什么话题，看完这本书我就在想，这么好的话题为什么没人写？我一开始就抱着好奇，想找找这些东西对中国有什么影响，找到以后我觉得很好玩，就接着找这类的书，结果发现没人写，马镫没人写，轮子没人写，火药在中国军事史有，在中国火器史也有，但都是学术书，没有写给大众看的，包括中国造船史、中国航海史都是专业书，所以相对来说，缺乏一本面向大众的书。

我觉得中国图书选题缺的地方非常多，我后来就想写一写，这就构成了一个契机。但我对历史不太懂，一边查找资料就一边写了，有人说我是先有观点后找论据，这东西不合格，但我也不懂那么多，"乱拳打死老师傅"，好读就行。毕竟这个没人写，你有本事你写，我写了你又说我写得不好，这当然是站着说话不腰疼。为什么我的第一本书能畅销？其中一个原因就是这个选题。

俞敏洪： 反而突破了一些规范，另出新奇。

杜君立： 着实有空白点，我觉得这对中国的影响非常大，这些东西都来自于中国，这是中国改变世界的事情，但人们似乎并不重视。很多专业人士认为我的书里没有自己的观点，我觉得选题本身就是一个大的观点，但从细节来说，我又不搞学术，我不需要做那么多推究，我觉得书嘛，好看就行。还有一点，尽量不要撞车，别人写过了你再写，就有点浪费时间。因为写作确实很消耗身体，也耗费精力，尽可能写一些对社会有帮助、能填补空白的事情，这样付出劳动也值。

3. 现代化的两面性

俞敏洪： 人类追求宁静、幸福的生活和现代的发明创造以及现代科技是矛盾的吗？一种观点认为现代科技并不能增进人类幸福、宁静的生活，但也有另一种观点认为，现代科技的发展其实增进了人类的生活质量。你的看法如何？

杜君立： 我也比较矛盾，我其实挺现代的，但从审美、生活方面来说，我又很传统。我爹是个农民，我屋里很多东西都是我小时候的，我还是非常怀念小时候那种生活。有人曾经说，宁愿用毕生积蓄换在未来的 20 年里活一天，想看看未来的人过什么样的日子，我就宁愿用毕生的积蓄回到过去，过一天就够了。但人就是这样，既穿越不到未来，也回不到过去。

现在有些人星夜赶考场，有些人挂帽归故乡，有些人往城里跑，有些人回到乡下，我觉得这可能是围城效应。有时候技术造成的灾难也非常多，比如战争。你说技术造福不造福人类？造福。但所有的技术都会失控，最后肯定还会走出合理使用的范围，这是人性天生的缺点，所以一旦接受了现代技术，就得接受现代技术带来的所有创伤。

俞敏洪：按照你的观点，任何一种技术发展到最后都有可能会失控。现代人类正在研究各种各样的新技术，比如人工智能、大数据、元宇宙、区块链，这些都是技术。面向人类的未来，我个人的观点跟你有所不同，我一直认为人类文明的发展、科技的发展，对人类的幸福起到了增加作用。人们一直有穿越到古代过平静生活的梦想，但真让你穿越到古代，比如回到北宋、盛唐，即使在那个时候，也会有饥荒、疾病、瘟疫等各种各样的不可控因素，人与人之间互相的保护肯定也比现代要差很多。

从寿命来说，人类的寿命从古代的 30 多岁，增加到了现在我们的平均寿命是 78 岁。当然寿命长不等于幸福和快乐，但整体来说，我们现在之所以感觉到幸福快乐还不够，是因为我们内心的欲望也在不断上升。比如小时候，有一盏亮一点的煤油灯我们就觉得很幸福，现在家里开一下电灯开关，就有几十个灯同时亮，有时候甚至还觉得不够亮。小时候只要有一碗米饭、一碗青菜就很幸福，夹到一块肉就幸福到天上去了，现在一天吃五六个菜，有各种各样的菜、鱼和肉，依然觉得不幸福。人类的欲望很容易被吊起来，并且不断上升，从这个意义上来说，人类如果按每天计算，可能并没有因为现代化变得更幸福和快乐，但从整体来说，人类的安全感、本身的尊严、互相之间的平等、人类寿命的长短、良好的医疗条件和生活条件等，毫无疑问是科学技术的发展带来的结果。

另外，我也同意你的说法，当人类创造了某种科学技术时，这种科学技术实际上有可能会给人类的未来带来某种反作用。比如，人类发明了核武器，我们就天天生活在它的阴影下，总害怕哪天有个疯子一按电钮，核武器就出来了。再比如，人工智能为我们的生活带来了很多便利，但我们的隐私在某种意义上又受到了侵犯，人工智能未来如果强大到比人类大脑高出好几倍，会不会掌控人类甚至把人类消灭掉，我们都没法判断。所以部分意义上，我也同意你说的话，人类创造了某种技术，但人类往往会对这种技术失控，一旦失控，技术可能会倒过来侵犯人类的某种生存状态。

此外，由于技术发展带来社会迅速的改变和转型，使人类在还没有适应一种生活状态的时候，就被抛到另一种生活状态中。比如，原来我们在农村生活一辈子，面朝黄土背朝天，日出而作日落而息，所有的一切都是可预料的，时间是静止的。但在现代社会中，时间不是静止的，地理空间也不是静止的，我们可能一下子就被抛到了陌生城市，比如农民工一下子就被抛到北京、上海、深圳这样的地方打工，这些地方的环境和他们原来生活的环境完全不一样，这也会给人类带来很多变化，尤其是心理上的改变。

一方面社会在不断进步，另一方面竞争在加剧。一方面人类获得了更多物质享受，另一方面人类的心理又受到了巨大的挑战。 现在得抑郁症和心理疾病的人越来越多，从这个意义上来说，任何东西都有两面性，但人类的智力在这儿，欲望在这儿，所以不论如何，人类不可能停止前进的脚步。而在前进的过程中，人类只能边出现问题，边解决问题。

4. 科技发展需要人文的力量

俞敏洪： 你在书中讲到人类时间的发明、钟表的发明、对于时间的精确计算，一方面是人类发明了时间，人类发明了钟表；另一方面钟表又控制了人类的行为，让人类变得更守时、更精确，用作计算自己的生命也好，计算自己的事情也好，让人类进入了某种时间紧张的状态。**我从你的书中读出来，人类发明的欲望和人类面对发明所产生的成就感是不可压制的，那之后的发明会把人类带到什么地方去？**

杜君立： 在我来看，传统西方以及现在的中东也是如此，一直处于哲学和宗教主导的社会，按我们现在的说法，他们是由文科主导的社会，文科勒着工科的脖子，把着方向盘，踩着刹车，工科实际就是一个发动机、引擎，在让车往前走。但现在以美国为典型的现代国家，基本就是以工科为主，创新、技术不断有大马力、不断有新引擎，GDP、财富在不断增长。各种技术，比如现在应用最多的面部识别技术，是美国人发明的；核酸技术，是美国人发明的，美国人就是很喜欢技术。而只要是工科主导，这辆车就没完没了，速度越来越快，但是唯独没有刹车和方向盘。

现在这个社会最大的问题是文科被忽略了，我们现在主张学以致用，所有的东西都是为了用，但文科才是发展的方向盘和刹车。戴蒙德曾经提出这样的观点，如果全世界都走美国的道路，地球会受不了。美国就是要把所有的东西转化成财富，要开发地球，甚至要开发火星，这很可怕，因为技术是没完没了的。古代就是文科，致力于人的幸福，以人的幸福感为主。我也听说一些国家，比如不丹，把 GDP 放一边，以国民的幸福指数作为国家的追求目标。

幸福又是什么？所有的幸福都是相对的，你刚买了一辆好车，但邻居家的车比你的还好，你马上就没幸福感了。所有的东西都是相对的，一个人要幸福，唯一的办法就是跟自己比。跟自己身边的人比不太好，这样会搞得别人很不幸福，所以要多读点历史，一读历史就会发现自己很幸福。

人不论在哪儿，比如我从我的村子里走到今天，我的幸福还是一样的，就跟我的姓一样，改不了。这个人还是这个人，人是有寿命的，会老，最后还会死，有些东西改变不了。现在的人可能皮肤好一些，看起来没有那么老，但是生命是有长度的，以前我父母到我这个年纪，因为风吹日晒，一脸的皱纹，但我的幸福感也不一定比他们更多。所以说，以幸福、以历史来看，站在文科的角度来看，很多东西要重新掂量。

俞敏洪：这也恰恰是我要跟你讨论的问题，从幸福的角度来说，我们常常会认为在中国古代会更加幸福，原因是当时没有那么多竞争。但从实际来说，你研究历史会发现，中国古代人类碰到了很多问题，比如跟草原民族的冲突，政府无能或者皇帝无能，官僚黑暗带来的统治上的腐败，老百姓动不动就遭受饥荒、自然灾害，蝗虫扫过以后粮食被吃得颗粒不剩，中国历史上的人口数量有无数次从几千万突然下降到几百万，后面慢慢起来了，又从几千万下降到几百万。我个人站在比较理性的角度看，尽管现代社会依然有各种各样的问题，但在对人的生命可控性以及生活基本状态方面，我认为现代比古代好。

此外，就算中国人民想宁静地生活在你说的中国古代以文科为主导的儒家思想社会里，包括道家思想、佛教思想社会里，从古代知识分子留下来的文字来看，不论是苏东坡还是李白，好像都过得挺潇洒，但他们也就活到60岁左右便去世了。苏东坡就是因为一场小小的感冒和风寒死了，按照现代医学条件可能两片药就治好了。所以，就算古代的生活很好，但我们想过也不一定过得好，因为我们没办法让全世界70亿人民共同达到一个状态。中国之所以在1840年被敲开了大门，不就是因为中国跟西方列强比拼的时候，我们比不过、打不过，我们要自强吗？假如今天中国还是清朝的状态，我们会不会不断受别的国家欺负？

另外，不管是火药还是其他东西，都是中国率先发明的，但最后被西方用在现代化进步上，而这些发明，尤其是火药，他们用过以后，倒过来把中国打得稀里哗啦。以文科为主导的中国古代社会尽管有这么多发明，但它们并没有为中国人民走向更加现代化的社会做出贡献。中国现在以科技为先，如今在科技方面依然被某些国家卡脖子，我们现在意识到要进一步研究科技，这在某种意义上是不得不做的。**所以有时候，是不是在接受传统的同时，也在接受一种落后，甚至接受一种狭隘？我想听听你的观点。**

杜君立：我们不能站在咱们的角度去想古代，古代有很多地方跟咱们不一样，价值观、生活观甚至贫富观念都不同，我们现在的悲伤、恐惧并不是古代人的悲伤、恐惧。

如果现代社会按照美国这种以物质为导向的方式走下去，人到最后就会走向机器，就会失去幸福感，就会像蚂蚁社会一样，只想着生存、生存、生存，发展到后来就是不结婚、不生孩子。现在已经出现这样的问题了，大家不谈恋爱、不交朋友，每天玩手机，所有的快乐来自手机。如果一个古代人来到这里，看我对着一个玻璃盒子不停地说话，他肯定觉得不可思议。我非常喜欢一部电影《上帝也疯狂》，一个非洲本地人，面对着周围的一切，他觉得什么都很可笑，因为他觉得现代人很可笑。

所以，我们需要有文科的基础在，对任何一个技术都需要从人性方面做一个思考。我们现在对技术已经挖得够深了，但我们实际上对自己很不了解，不了解我们到底想要什么。就像我们有时候辛辛苦苦买到了一个东西，到手后却发现那个东西不是我们要的，因为在买之前我们并没有用大量的时间去做可行性分析，没有真正搞清楚我们要什么，而是用大量的时间去研究我们怎么得到它。现在淘宝有退货功能，如果不可以退，其实很多人买的东西都是没用的。

人类是一个集体，这会产生一个社会导向：别人这样做，所以我也这样做。不是每个人都会反思，整个社会都是这样，就像我当初开公司挣钱，整个社会都在这样做，所以我必须这样做，走到最后才发现这东西其实不是我要的，我真正想要的很简单，就是坐在那儿，没有人欺负我，我能坐在树底下乘凉。所以，在哲学方面、文科方面有很多东西需要开拓。

张笑宇去年出了一本书《技术与文明》，他也在反复探讨这个问题，这两年西方也做了很多对技术的反思，引进了很多这方面的书。发展到最后可能就会像《麦琪的礼物》一样，这个卖了自己的头发，换来一个表链，那个卖了自己的手表，换来一个发卡，到最后所有人都失去了自己最心爱的东西，这是一个悲剧。**物质真的没有精神重要。**

俞敏洪：我从内心中希望每一个人精神世界更丰富，心灵更加充盈，对物质追求的欲望更少一点，而且有些欲望可以大大下降。我也同意一个人本身的丰富性是每个人都想要的，就像刚才讲到古代的时候，尽管医疗条件不那么好，寿命比较短，但人们有一个自足的、相对宁静的、没有太多心理压力的生活状态，这种东西不分古代和现代，每个人都想要。在社会节奏如此之快、技术也变得如此方便的情况下，一个人如果宁静、内心丰盈、充实，有更加安静的、有预料的生活状态，可以让自己不那么焦虑。比如，有时候去某个岛上旅游，发现岛民的生活好像比我们更加宁静幸福；又比如，我们到西藏看那些藏族同胞，他们那种载歌载舞、非常开心的生活状态，我们特别羡慕。

但从另一个角度来说，人类回不到过去的状态，即使是草原、高原上的牧民，他们也在享受现代生活带来的快乐。比如，牧民现在用摩托车放牧，用吉普车运载东西，在蒙古包里也能装电灯、发电机。他们也会随身带很多药品，生病的时候可以用药品来治疗。所以，追求宁静、幸福的生活状态，是每个人内心的渴望，如果没有这种渴望，人就不会焦虑，不会充满压力。压力和焦虑的来临是因为人发现自己回不到那种宁静的、内心丰盈的状态，而是有一种处在一台机器中不断被搅和的感觉，这种感觉是现代社会的生活节奏和竞争带来的。

但人类是回不去的，任何人、任何一个国家都不会说我不要这些东西，我要回到一个安宁、平静的古代状态。人类也不可能只做一种选择，比如只留下最先进的医药，但其他技术都不要了，医药能保证我们生命安全，剩下会给我们带来烦恼的都不要了。

5. 机器对人类的解放与异化

俞敏洪：在工业革命初期，英国工人把机器都砸掉了，因为机器取代了人的工作。从那时候开始到今天，人类的数量增加了很多倍，但今天大量的人依然有工作，所以我不认为科学技术的发展会把人类的工作取代掉，让人无所事事。如果机器真的能把人类的工作完全取代并创造财富，那无所事事对人来说毫无疑问也是一件好事。现在人类依然要每个礼拜工作5天，每天工作8个小时，未来所有人只要每天工作5个小时，或者每周只工作3天，剩下的时间就可以吃喝玩乐，这对人类来说不也是一种幸福状态吗？

面向未来，机器时代、人工智能时代、虚拟世界时代，人类本身具备的好奇心让人类发展到今天，面向未来人类是回不去的。**在回不去的前提下，你认为现在的机器社会、智能社会是消减掉了人生的意义，还是会给人类带来另一种生存意义？人类会因为机器的存在而被解放还是被异化？**

杜君立：我觉得解放是针对精英人群的，对大众来说异化会更多一些。精英部分会读书，他们有大量的思考，他们对人生和生活有大量精神方面的追求。在蚂蚁社会里面，有一些精英蚂蚁，它们在思想上、行动力上、领导力上跟一般的蚂蚁不一样。人类也是这样，精英阶层对技术会有一个清醒的认识，但大众是无意识的，大众对这个东西缺少鉴别、缺少批判，怕自己被淘汰，往往到最后他们会相信社会的主流。现代社会为什么会有国家？就是因为信任。有些东西的异化是不知不觉的，比如机器的异化，很多时候大家会相信机器不相信人，特别是在有些场合，人有时候做出一些判断，完全是机械性的。

现在机器人太多了，到处都是机器人，还说着机器的语言。我们小时候说的是方言，你说江苏话，我说广东话，现在小孩生下来都是对着手机学机器话，像电动三轮车一样"左转——左转——倒车了"，所以现在人类说的是机器语言，孩子每天跟着机器学语言，机器语言即母语，地铁、公交到处都是机器语言，所有东西都在说机器语言。

我是从农耕时代过来的，18岁之前是农民，后来当工人。刚去机械厂开车床，紧接着工厂完蛋了，工人全部下岗，之后农民工去制造业，里面都是流水线。电子生产厂搞了无人车间，又不要人了。奶制品厂也基本不需要人，所有的牛都自己吃草，吃完草之后去挤奶机挤奶，挤完奶以后自动灌装，灌装之后自动打包，旁边就停着汽车，每天不停地拉就可以了。草也是自动收割，自动割草机割完以后自动送到目的地，整个环节都不需要人，整个社会就这样维持着。

大量的人在未来会异化得非常厉害，用机器的指标来核算，所有的东西都是硬化、指标化，因为在那时候，只有被机器化的东西才是合格的，没有被机器化的东西是不合格的。所有的东西要剔除人性，剔除人的随意性和判断，比如让你把门，你就是个机器，如果你说我认识他，你让他进去，这就不行，因为这是人性。所以，你必须铁面无私、六亲不认，这就是机器美德。所有的机器美德会在社会上非常普遍，既然变成了美德，人类就必须向机器学习，所有的东西都向机器学习，所有的东西都是机器。

俞敏洪：人类的发展是这样一个过程，在古代，人类是一个自主的过程，比如我作为一个农民，我在地里种上粮食以后天天去耕耘，期待粮食成长，到收割打谷的那天，变成米和面的那一天，内心会充满成就感。在原来相对原始的状态下，人的工作都是独立完成的，比如一个手工艺人，他做一个篮子，从一条竹子开始编，编到最后变成一个漂亮的篮子；做一个陶瓷，从泥做起，做到最后变成一个美丽的陶瓷。

但人类在发展过程中，自从有了机器的出现，就把人的工作分解掉了。比如福特汽车流水线出现，人造任何一个东西都看不到它的全貌。曾经有人讲过现代战争为什么杀人变得那么容易，有个观点是，因为他不觉得自己在杀人，他只是参加了杀人中间的一部分，他并没有拿着一把刀把那个人剁成肉泥。从这个意义来说，机器把人内心本来要追求成就感和意义感的天性磨灭了。所谓"人是挂在意义之网上的蜘蛛"，我们都要去寻找内心的满足、成就感和意义感，但**机器的出现、工业革命的出现，把人变成了螺丝钉，把人的意义感消解掉了，到今天为止也没有停止。**

你认为机器对于人类生活的改变、对于文明的改变，起到比较大的作用，包括一些发明，马镫、火药等。另外，我个人认为有几种力量在推动历史文明的改变和进步。第一种力量是普通老百姓的发明创造、人民的智慧，这毫无疑问是推动历史的重要力量。第二种力量是那些有思想的人物提供的思想火花，不管是宗教上的，还是现实生活中的，比如古希腊的柏拉图、亚里士多德，中国的孔子、老子等。当然每一个朝代都有自己的思想人物，比如法国从启蒙运动到后来的法国大革命，主要是来自于罗素和伏尔泰等这些优秀思想家带来的思想变革。英国产生自由经济，主要来自于亚当·斯密《国富论》的理论指导，我认为这些思想家也是推动人类社会往前进步的重大力量。

第三种是权力的力量。我们常说历史是被帝王写成的，中国的历史最有意思，整本《资治通鉴》读下来你会感觉历史就是帝王将相在那儿玩，跟普通老百姓好像没什么关系。帝王将相当然构成了历史的一部分，没有这些人也不会有人类社会的发展史，如果没有亚历山大，希腊文化就不可能传到中东地区；没有汉武帝，丝绸之路就不太可能打通；没有秦始皇统一六国，中国就没有大一统的局面。所以，**我个人认为有三种力量带来了历史的发展：一个是发明的力量，一个是智慧的力量，一个是权力的力量。在你的历史观中，你认为这三种力量中的哪一种力量对人类社会的推进有更大的作用？**

杜君立：我觉得历史上有很多偶然性，技术有偶然性，重要的历史人物也有偶然性。但技术有一个累积的过程，每一个技术的出现，手机的出现、汽车的出现，直接改变了社会，这也不能拿人来比。拿任何一个伟人和现在的手机相比，能比吗？没法比。汽车能比吗？没法比。因为它们的影响渗透到了每个家庭、每个人的生活中，所以有时候没有可比性。但技术往往是被忽略的，我在写这本书的时候就注意到，技术的影响不比历史人物对大家生活的影响小。

幸福对于人来说是生命，但尊严也很重要。古代的时候虽然穷，但把尊严看得很重要，身体发肤，受之父母，有一种敬畏，所有东西就是敬畏尊严的问题。古代对物质一直处于很压抑的阶段，因为这个东西一旦放开，尊严都不重要了。中国古代说笑贫不笑娼，《史记》里就批判这些东西，《史记》里面有很多好的现代思想、现代观念。

6. 人类的渺小与自大

俞敏洪：在人类面向现代化发展的过程中，一方面人类觉得自己变渺小了，原因是人类觉得现代各种不可控因素越来越多，比如我们面对人工智能、信息泄露、互联网布局、国际关系冲突等，甚至面对一个小小的病毒，我们都没法控制，不确定性越来越强，不可预料性越来越强，失控的事情越来越多；另一方面人类又很自大，觉得自己无所不能，抛弃了古代的敬畏感，这种自大，包括个人的自大、公司的自大、国家的自大等。一方面自己变得越来越渺小；另一方面自己又觉得变得越来越牛。**其实某种意义上，内心保持一点对老天或者对大自然的敬畏感，能让当今人类在社会中更好地生存下去，也会更好地保护大自然。**

保持敬畏感也是保持人与人之间关系的良好方法，有一个故事，一个人借给了另一个人 20 万元，去要钱的时候，借钱的人就死活不承认，本来互相都是好朋友，也没写借条，到了法官那儿争了半天也没办法。最后想出来一个土办法，拿一个观音菩萨，告诉他们两个人，你们俩对着观音菩萨说，你们说的到底是不是实话？民间有个说法，如果你对着观音菩萨说假话，是要遭天打五雷轰的。那个把钱借出去的人就对着观音菩萨说，我借给他 20 万元，他拿了我 20 万元，我如果说假话，就天打五雷轰。而那个借钱的人犹豫了一下，终于说，我借了他的钱，我还给他。当人类对法律都没有敬畏感，可以随便说谎的时候，反而在面对观音菩萨的时候有了敬畏感。所以，敬畏感对人与人之间的关系是有好处的，当我们有了敬畏感，就会更加诚恳、更加诚实，会更容易受良心谴责，更愿意做好事。

对大自然抱有敬畏感还会让我们更好地爱护大自然，如果我们不爱护大自然，随着二氧化碳越来越多，全球变暖，南北极融化以后，一大半人类就会被淹掉。在8亿年前，地球曾经变成了一个大雪球，连太平洋底都成了冰，最主要的原因就是当时二氧化碳被各种各样的微生物给消耗掉了，后来因为火山爆发，大气中的二氧化碳和氧气终于又平衡了，蓝色星球又回来了。

在今天，如果人类社会无限制地使用各种各样的热能，到最后人类社会可能就会自寻灭亡。从这个意义来说，我完全同意你说的人类对自然应该要有敬畏感。但是人类对于技术的追求、对于美好生活的追求的欲望和愿望，也是不可改变的。所以，面向未来，**你认为当技术发展不可改变的情况下，人类到底应该以一种什么态度来对待技术或者利用技术，才能使人类能够与技术和平相处，让技术给人类带来更幸福的状态？**

杜君立：历史有一点好处，能看到更长的时间段。人类用传统农耕方式过了几千年，全世界都是如此，都是农耕或者游牧这两种主要生活方式，而且过得挺好，一路过来也创造了很多文明。现在这个社会才过了多少年？按工业革命来算是200年，按中国的改革开放看就是40年，这就已经天翻地覆了，以后变成什么样就不一定了，谁都说不清楚未来会发生什么。

所有东西带来好处的同时必然带来坏处，比如一个东西好吃，但吃完以后可能对身体有损害。以前生活条件不好，因为穷，因为劳累生了很多病，现在的人因为劳动强度降低了，照样成疾，很多人身体有各种各样的问题，其实很多都是"富贵病"，比如肥胖之类的。

自然造出了人类这种动物，我们也是大自然的一部分，我们不可能逆着大自然走，但有些人一直很狂妄，认为自己可以做到。我读了很多这方面的书，都是反思性的，并没有建设性。

7. 找到真正的喜欢

俞敏洪： 未来一代人，我们的孩子，尤其是孩子的孩子，你对他们未来在人类社会中生存的状态，抱悲观态度还是乐观态度？你刚才说由于现代社会技术的发展，技术会带来社会变迁，带来人与人之间关系的改变，带来社会结构的改变，所带来的这种影响，你认为有回转的余地吗？

这次疫情就很有意思，很多邻居之间本来不认识，但由于疫情影响，大家被封控在同一个小区，经过一段时间以后，就变成了好朋友，结果发现人和人之间的关系突然变得很温暖了。**面向未来社会，人与人之间的关系是否会有回暖？随着社会进一步的进步，未来的孩子们是否能生活在一个更温暖的、互相帮助的人类社会？**

杜君立： 这次疫情也许是人类有史以来最大的一次社会实验，很多城市全部停下来，突然之间所有的生活被停止了。这时候人们开始发现楼下草坪那么好，大家想去公园了，想去旅游了。其实在以往，我们都在过一种机器生活，疫情以后突然就激活了人性，但这是短暂的激活。

一个人其实最幸福的就是童年，每天无忧无虑，做各种各样的游戏，每天醒来就是找小朋友玩，这应该是小孩过的日子。到了青春期，他们会对社会有各种各样的好奇，朦朦胧胧地了解社会。养过猫、养过小狗，你就知道有多可爱。

我小时候没有这种生活，我小时候就是野的，老师都是村里的，那时候我们就是快快乐乐长大。到了中学时候，很喜欢教科书，看书也是抱着乐趣看的，根本没想到看教科书还能考试，我觉得这书挺有意思，数理化很有意思，做题很有意思。然后再抱着青春期的好奇谈恋爱，每天朝思暮想睡不着，谈五六年恋爱，谈得死去活来，这就是青春。但现在的很多孩子都没有这些经历了，大家没有这个时间。

俞敏洪： 面对现在机器社会对我们生活带来的扭曲，你有什么建议能够让人至少部分地摆脱这种扭曲，回归到一种更自在、自足、幸福、快乐、轻松的生活状态？

杜君立： 最关键的是要找到自己喜欢什么、想要什么。我们以前没有互联网，只能靠自己多出去跑，多去了解社会，多交一些朋友。城市不同于农村，城市是一个陌生人社会，没有血缘，父母也帮不上忙，只能多交朋友，这时候朋友就提供了很多生活参照，能帮助我们更早发现自己未来的方向。**当我们知道自己要做什么，要成为什么样的人，有了方向，即使会吃苦、受罪，也不重要，因为到了这时候，吃苦也是一件很幸福的事情。**

俞敏洪： 有目标、有意义感。

杜君立： 对，打开镜子，多出去照照镜子，找一找自己要做什么。人有时候低着头走路，不抬头看路，不知道自己要什么，只是跟着前面人的脚后跟往前走，最后走到那地方，人家到地方了，你没到地方，人家到的那个地方不是你要到的地方，很痛苦。

现在人活得特别难，找对象很难，教育孩子很难，跟父母相处很难，跟老板相处很难，这些东西都难得不得了，但没有一门课在教我们这些。现代人总是把书本学习看得太重，其他东西却看得太淡，比如怎么生活、怎么做人、怎么交朋友、怎么跟人相处，这些东西学校也不教，家长也不教，全靠自己悟，如果没有悟性，就会把这些东西搞得一塌糊涂，最后无论学习好不好，人生都不会太好。

俞敏洪： 完全同意。做讲座的时候我给家长们说，孩子的学习成绩跟他们未来的关联最多有 1/10，1/5 就到顶了，剩下的他们怎么做人，怎么为人处世，是不是有跟人共同相处的能力，有没有乐观积极的个性，能不能克服人生困难，有没有人生的成长目标等，这些东西反而和孩子的幸福健康有更重大的关系。

8. 全球化的理想与破碎的现实

俞敏洪： 所谓人类一体化，现在也有一个代名词，global village（全球村），或者 globalization（全球化）。这本来应该是人类之间的思想、宗教、信念、经济体制、社会制度等越来越融合，互相之间进行借鉴、各取所长，最后慢慢达成一致，认可了一些底层观点以及大家共同做事的规矩和做法，让人类社会尽可能减少冲突，互相之间繁荣发展经济，到最后处于大同社会的幸福状态，但现实结果是，人类近几年互相之间的冲突越来越厉害，为了很愚蠢的东西，比如土地的占领、民粹主义这样极端偏狭的想法、观点等。不管机器技术多么先进、发达，人类这些问题都没有办法解决，机器的发展和技术的发展也没有解决人类文明冲突的问题，甚至这种冲突变得更明显。面向未来，你对这样的冲突有什么样的看法和建议？

杜君立：现代文明和机器文明是人类创造的。在古代时候，士、农、工、商，士排第一位，是社会精英，是社会领导者；农，种地的，排第二位；工，搞技术的，排第三位；商，做生意的，排在末尾。

现代文明，一是技术提高了，二是全球化了。

现在社会就像下棋一样，以前是三个格的棋，现在是九格，格子越来越多，因为人类的演变、社会的演变，里面有大量不可控的、随机性、偶然性的东西。

俞敏洪：回到古代的理想社会，老子所说的小国寡民，自己玩自己的，自己在一个村庄里别出来，这样也没有传染病，什么都没有，就是你说的这个状态。但实际上在古代，依然发生了重大瘟疫，比如欧洲 15 世纪的鼠疫，蒙古人打仗打到那边把鼠疫带过去了。人类流动是必然的，尽管现在社会流动的加剧带来了传染病等的加剧，但同时人类的防范能力也变强了。如果在古代，我觉得最初病毒的流行可能死掉的人要远远多于现在的人数，但由于现代健康机制的保障比较到位，大部分医疗能跟得上，相对来说人就更安全一点。但我总觉得，**你对于全球人民达到共同理解、共同谅解并且能够和谐共处的生活状态，好像抱着一种悲观态度？**

杜君立：我觉得现在有互联网，很多东西都被放在互联网这个广场上，有时候会产生一种广场效应。广场效应会对人类有一些正面的东西，也有负面的东西，这些东西会被提升到社会判断，还会造成一些价值观的分裂。相对来说互联网有一个特点，比如暴力是互联网第一热点，只要有暴力，互联网上就传播得非常快，像汽油一样，暴力是互联网的汽油；第二个是性，那是柴油，一点就着。这两个东西在网上传播非常快。所以，人在这两点上，会有很多影响，而且信息太多了，信息的处理、信息的淹没、信息茧房等一系列的东西会导致人无法判断。

现在人读书的时间越来越少，一个人独处的时间越来越少，没事儿就玩玩游戏，分泌多巴胺，最后很多人都处于一种麻痹状态。中国没有毒品，但现在电子毒品非常多。所以，现在这个社会，每个人还是应该通过读书、通过自省、通过自我控制及自我把握做一些减法，减少一些东西，我们改变不了社会，但很多时候我们可以找到一个跟社会相处的方式。

俞敏洪：非常好，给了大家非常好的建议。你未来还有怎样的写作计划吗？

杜君立：我写了10年，基本就是《历史的细节》这本书，以前我觉得写得不好，就慢慢改，改来改去改了10年，现在改得差不多了，基本改完了。《红楼梦》也是改了10年。我觉得书实际是改出来的，你在修改过程中会发现一些错误并及时改正，一辈子能写好一本书就不得了了，所以我一直在改，自我反省。我才疏学浅，一定要把上面的错误找出来改掉，人还活着就改一改。下一步如果可以，我想检讨一下我这50多年的生活，这几年我读了很多非虚构的畅销书，我很想把我童年那种放羊娃的生活写一写。

我一直想拍个电影，但我自己没有这种机会，也没这条件。我特别喜欢张扬、王小帅、贾樟柯他们拍的一些电影，特别羡慕他们把他们的成长、生活能用影像还原出来，但像我这种生活，在农村小地方长到18岁，这种生活已经无法复制了。电影是一种高科技、高大上的东西，电影也不是一个人能把握的事，但写作我可以，所以下一步如果有机会，我想写一写这本书。

俞敏洪：最后再给大家介绍一下《历史的细节》吧。

杜君立：这是王婆卖瓜，自卖自夸。这是第三版，修改了3年，最近这3年也代表了我现在的思想状态。之前辛辛苦苦读了10年历史方面的书，每天都在关注这些课题、选题，每天研究，这10年积累和研究，加上这次反复修改，算比较成熟了，当然这书在出版的时候删了很多，总体来说装帧很不错。有人说这是山寨版《枪炮、病菌与钢铁》，山寨就山寨吧，可以说是中国人写的《枪炮、病菌与钢铁》。现在大多数书都是翻译的，中国人写这一类书的还是偏少，特别是世界史相关的书不是太多。西方人的书翻译过来以后，他们的思维观念、视角有好的地方，但是有些地方跟我们的阅读习惯不一样，特别是对孩子来说，读那些翻译书有时候可能还觉得有点吃力。我这本书相对比较简单，很多孩子都挺喜欢。

俞敏洪： 好的，今天就到这里了，谢谢杜老师，以后有机会到西安就跟你去吃油泼面。

杜君立： 没问题，俞老师再见。

——对谈结束——

俞敏洪： 这次和我对谈的是杜君立老师。杜君立老师是一位完全自学成才的历史学家，因为他是中专毕业，据他自己说还做过包工头，做过很多工程，跟各种机器打交道，在这过程中开始读书、开始写历史书，误打误撞把自己变成了一个优秀的历史学家。他研究的主题是一些人类发明的东西对人类社会的进步、文明带来的影响，他的这 5 本《历史的细节》写了 5 个方面，马镫的发明、轮子的发明、火药的发明、帆船的发明、弓箭的发明对人类社会的进步、历史的进程带来的影响，书中有故事和观点的结合，都非常翔实，是他的一套力作，非常了不起。

在对谈中，大家也能感受到，我和杜君立在很多方面都有不同的观点，甚至有对立的地方，因为对于文明发展的思考，对于技术给人类发展带来影响的思考，对于机器与人类幸福的关系的思考，每个人其实都不一样。通过这样观点的碰撞，我们能够不断提高自己的思考维度，对现实生活中碰到的问题产生更多思考，使我们在面向现代多变的、不确定的、复杂的社会体系时，面向更复杂的人与人之间的关系时，也许能产生更明智的想法，或者有一个更深入的了解，让我们的生命或者生活变得更好一点。

最后，再次推荐一下杜君立的《历史的细节》，这套书一共有 5 本，认真讲述了一些不起眼的发明，弓箭、马镫、轮子、火药、帆船，他把和这些东西相关的历史事实、历史发展转折都写了进去。作为一个中专毕业生，没有上过大学，能写出这样大部头的历史著作实属不容易。一个没有经过正规史学体系培养的人，最后写出来的历史，从引证到注解到说明到旁征博引，真的已经超过了博士生水平，这是值得大家阅读的一本书。

世界上处处都有大家学习的榜样，就看你愿不愿意学习。如果你愿意学习，那必将点亮内心的某个角落，让那块地方亮起来。点亮多了，整个生命就会发光，你不光能照亮自己，还能照亮别人。今天就到这里了，大家再见！

（对谈于 2022 年 6 月 12 日）

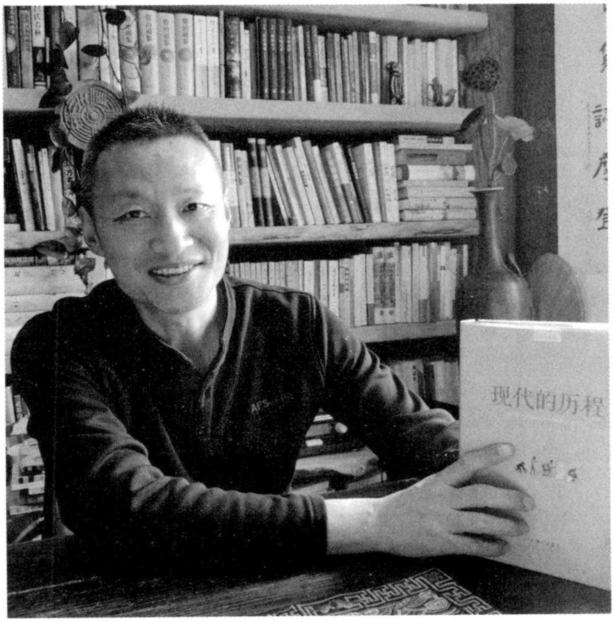
现代的历程

第二部分

创业先锋

老俞对谈录

对话 **陈磊**

幽默是一种人生态度

幽默的树根，
就是一个人的修养。

人生能达到"四放"——
放松、放下、放开、放达，
才有幽默能力。

陈磊 /

漫画式科普的开创者，创立知识类公众号"混知""混知财经""混知教育"及"混知健康"。他和团队共创的"半小时漫画"系列风靡已久。曾获网站新锐作家、年度挚爱阅读大使等称号。

俞敏洪：朋友们好，不知道大家有没有读过二混子（陈磊）所创作的"半小时漫画"系列，如果没有读过，一定会有遗憾，也会失去很多阅读的乐趣。我们在阅读时，除了追求知识，其实还会寻求乐趣，"半小时漫画"系列则用非常欢乐、娱乐的方式把严肃的知识呈现在了大家面前。我在阅读"半小时漫画"系列的时候，能够短暂让自己忘掉现实世界的沉重和忧伤，沉浸在一种快乐愉悦的阅读体验中，同时，还能在这个过程中让自己获得一些知识。

"半小时漫画"系列的创始人本名陈磊，今天我邀请了他一起对谈，聊一聊我对他的好奇，比如，他为什么会创作"半小时漫画"？背后的动机是什么？"半小时漫画"给他的人生带来了什么变化？未来他有什么打算？在陈磊上来之前，我先做两个分享。

（a）幽默是一种人生态度

大家都知道，幽默好像可遇不可求，如果你碰上一个幽默、机智、俏皮的人，或者一个能够自嘲、自我贬低的人，你会觉得很开心。有人调查发现，一个带有幽默感的人，更容易得到别人的青睐，更容易被别人喜欢，同时也更容易得到爱情。当然，另一个论调则说幽默的人谈恋爱更容易分手，然后有人对这个结论进行了补充，说之所以分手，是因为幽默的人喜欢的人太多了，容易转移对象（笑）。

但无论如何，我们都有一个共识，一个幽默的人确实比较容易让人喜欢。但幽默可遇不可求，我今天上网搜了一下，发现有好多培养幽默感的培训班。**幽默和幽默感到底是否能培训出来？我个人认为基本不能**，因为能培训出来的只是一些俏皮或者浅薄的语言，**而一个人的幽默感其实是一种人生态度，是一种人生哲学。**

我们都知道，一个幽默的人必须要能够自黑、自嘲，能够把自己的弱点暴露给别人看，同时，在调侃别人的时候，还要有明贬实褒的水平，表面上在调侃，实际上是在赞扬，而且，通过这样幽默互动，还能促进人际关系的和谐。更高明的人甚至能通过幽默的方式指出对方的缺点，对方还能心服口服地接受，这都是特别了不起的本领。所以，幽默是一种人生态度，是一种哲学，不像大家想的那样，觉得幽默只是开个玩笑之类的。

我们今天所说的幽默，来自于英文单词"humor"。在西方，如果赞扬某个人有 a sense of humor，表明这个人有幽默感，这是非常高的评价。我们也知道，大学教授、中学老师上课的时候，如果老师能有点幽默感，是特别重要的，而且这样的老师只要本身具备完整的知识结构，就会特别受学生欢迎。

那应该如何培养幽默感？刚才提到，幽默感是一种人生态度，不是一个表面现象，它背后有一个根基，只有具有了幽默感的内在根基，体现出来的外表才会显得轻松。我分析了一下，如果表面的幽默语言、行为表达是一棵树，真正的幽默感就是这棵树的养分，在树底下我们看不见的部分，而这个部分实际上来自于一个人的修养。**一个没有修养的人是没有幽默感的，一个没有幽默感的人即使开玩笑，也常常会得罪别人**。我们一定碰到过这样的人，随便开玩笑，一开玩笑就得罪人，这样的人不叫有幽默感，叫没分寸。**幽默的树根，就是一个人的修养。**

幽默有几个特别重要的要素。**第一，一个人最重要的修养，就是他能看得开生活和事业，不管遇到了顺利的事情还是困难的事情，都能看得开**。遇到了顺利的事情，不狂妄、不骄傲、不自以为是。一个狂妄、骄傲、自以为是的人，一定没有幽默感，因为他会觉得自己很厉害，如果对他进行调侃，他会很生气；如果他调侃别人，容易变成居高临下的指责。一个人遇到困境的时候，如果灰头土脸、垂头丧气，不能以一种开朗的心态对待自己所遇的困境，他也不会有幽默感。

苏东坡是一个特别喜欢开玩笑的人。苏东坡在乌台诗案后被贬到黄州，他有一段时间内心很郁闷，但后来他想开了，然后写出一篇又一篇非常豁达潇洒的诗文。更有意思的是，苏东坡还发明了东坡肉，开始做各种各样的饭菜，还常常跟朋友一起开玩笑。这种情况下，他人生遇到的困顿就开始消解了，甚至把困顿当作自己生活的一种常态。比如，他被流放到岭南，相当于流放到了荒蛮之地，但他找到了生活中的各种乐趣，没肉吃的时候，他发现当地人不要羊蝎子，他就以最便宜的价格买回来，甚至有人白送给他。羊蝎子上是没有肉的，他就把羊蝎子煮熟或者烤熟以后，用牙签、筷子一点点地挑里面的肉吃，一边吃一边说，谁能享受到这种美味呢？如果我不被贬到岭南，我这辈子怎么可能享受到这种美味呢？杨贵妃当初吃荔枝，一骑绝尘送到长安，结果苏东坡到岭南以后，日啖荔枝三百颗，觉得自己的生活比神仙还要好。再后来他又被流放到海南岛儋州，可以说又成为中国古代文人中第一个学会吃海鲜的人。

这就是能够消解生活困境的人，一旦能消解生活的困境，我们的人生就会变得豁达，从而就会有开玩笑的能力。高能够放下心态，低能够海阔天空，有这样的心态，我们就慢慢学会了对生活中遇到的任何事情都付之一笑，幽默感自然就出来了。所以，**幽默感并不一定是在语言上天天跟别人开玩笑，也并不一定是行为上逗得人哈哈大笑，幽默感其实是一种消解能力。**罗曼·罗兰说，当你知道了生活的真相之后还能继续热爱生活，这才叫真正的英雄主义。在我们的日常生活中，各种让我们为难、困苦、不解的事情，甚至让我们绝望的事情都很多，在这种时候，如果你没有一点点海阔天空的能力，生活真的就是一场磨难。

第二，在人与人的关系中，一定要处于平等和谐的状态，甚至处于一种把自己放得更低的状态中，才能产生一种生活的幽默气息。假如你是个高高在上的老板，你的部下根本没人敢批判你，哪怕你犯了错误，边上的人也只是默默地在期待你自己改正，因为你在工作中没有幽默感，你跟下属的关系就是一种居高临下、不打通的状态。如果一直不打通，到最后你就会很危险，因为你听不到真话，别人也不敢批评你，在这个时候，你的决策就有可能产生错误。所以，有时候要和下属开开玩笑，比如新东方开董事会、总裁办公会，一天到晚都是嘻嘻哈哈的，有时候他们会调侃我，但在这样的互相调侃中，人与人之间的隔阂就没有了，而且很多严肃的主题也可以用相对轻松的方式表述出来。在某种意义上，我在鼓励新东方人使用一种可以调侃我的表述方式，大家放松心情后，就能进行正常的交流。

此外，开玩笑需要一个度。比如，我和新东方的下属开玩笑时，如果开出来的玩笑带有侮辱性色彩或者贬低性色彩，尽管他们不敢说，但内心一定会对我产生各种各样的不满。所以，大家一定不能开这种轻贱的、贬低的、背后暗含了某种侮辱性的玩笑，甚至这都不叫玩笑，而是叫人格侮辱，最后你一定会因为这句玩笑得不偿失。

有两种人一定没有幽默感，一种是特别追求权力、名声、财富、地位的人，因为这种人时时刻刻都在想怎么样能往上爬，时时刻刻都在想怎么样能超越别人。幽默感在本质上是一种放弃，既然如此，如果你死死抓住那些东西不放，也就意味着你不太容易有幽默感。还有一种人，就是自以为是、孤高、狂妄的人，为什么？因为他永远觉得自己比别人厉害。如果你永远觉得自己比别人更牛，你当然不可能产生自贬、自嘲、自黑的感觉，这就意味着你的幽默感肯定也出不来。甚至有些人被别人稍微批判了一下，或是被别人指出了缺点，就暴跳如雷，这样的人没有容纳力。**如果是没有容纳力的人，很明显也不太容易产生幽默感。**

我曾经录过一个小视频，我说幽默感主要有四个"放"，第一个"放"是**放松**，在整个心态、心情完全放松的情况下，你才能产生语言和行为上的轻松；第二个"放"是**放下**，要放下自己的架子，要放下自己的感受，要放下自己的执着，这样才能有一种沉浸的状态；第三个"放"是**放开**，"大肚能容，容天下难容之事；笑口常开，笑世间可笑之人"，必须要有这种本领，能容纳万事于胸中，容纳所有的不同意见，并且还不会产生抵触，或者不会产生内心的某种纠结，这样才能产生放开的幽默感；第四个"放"是**放达**，苏东坡、李白都追求一种放达的人生，能够消解掉所有东西，哪怕在最困苦的时候，也能追求到生活中美好的一面。

禅宗里有一个故事，一个人掉下悬崖峭壁时抓住了一根藤，结果发现峭壁下面有一头老虎在等着，峭壁上面有一只老鼠正在咬这根藤。这时候他突然看见边上长了一颗鲜红的草莓，在这一瞬间他忘掉了下面的老虎，也忘掉了上面的老鼠，把那颗草莓摘下来，放在嘴中，品尝这颗草莓鲜美的味道，这一瞬间就是使自己从永久困苦中解脱之瞬间。只有当你发现人生中有了解决自己困苦之瞬间，你就产生了一种放松和幽默，你就释放了。**所以，人生能达到"四放"——放松、放下、放开、放达，才有幽默能力。**

最近很多人都在问候我，说俞老师你现在心情怎么样，很多朋友都安慰我。我说我其实心情很好，为什么？因为只要达到一个人的基本生存状态，比如有的吃，不一定要吃多好；有的穿，不至于会被冻死；有的住，房子不一定要多大，就够了。何况我经过这么多年的努力，吃、穿、住都比一般的普通人还更好一点，在这种情况下，就算丢了事业，就算失去了所有，只要人还在，刚好身体还比较健康，那没有理由不开心。

所以这段时间，我想的是如何让自己的生活在每一天都过得开心的前提之下，和新东方人一起再创造未来的事业。**幸福感来自于你对未来某种有意义的追求，这毫无疑问变成了我的人生态度。**如果我们想要生命、生活轻松一点，事业轻松一点，一定要带着幽默、旷达的心态来看待生命中所发生的一切，这才是我们应该具备的某种人生态度。

(b) 知识的习得

大家都读书，也都学习，每个人读书学习的方法都不一样，有的人一股脑读了很多书，有的人是一股脑地只钻研一本书。我觉得知识的习得主要有两个要素，**第一，用树来做比喻，很多人在读一本书或者在学习一门知识的时候，记了很多很多树叶——无数的事实、无数的数据、无数细小的东西，却没有抓住大的树干。**所以，当你读一本书的时候，其实首先要抓住树干；学任何一门学科，也是要先抓住树干。

树干是什么？以《半小时漫画中国史》为例，这本书的树干是中国历史中所发生的大事，这些大事一旦被抽离掉，中国历史就会改变方向，或者中国历史就不成体系。只要能记住这样的大事情和关键人物，就相当于记住了树干，接着再记住和树干紧密相关的二级事情，这样就记住了树枝，树叶则就变成了一个很自然、必然会生发出来的知识结构。

现在都在讲知识树，其实任何一门知识和学科都是这样的一棵树的体系。比如学英语，学英语最重要的是语法和句法结构。当然，如果你生长在一个语言的自然环境中，先练英语听力和口语才是正道，native speaker 就是通过听和说，在不知不觉的前提下把握了英语的语法结构和句法结构，但大多数中国人没有这个环境。学好语法和句法结构后，所有单词，不管是定冠词、不定冠词还是形容词、动词、名词……你都可以通过句法结构和语法结构把它们连起来，再去理解复杂的英语句子，就会变得比较容易，接着你就可以阅读比较难的英文著作，当阅读达到一定量以后，再去练听力和口语就比较容易。但中国人学英语常常死记硬背，背的不是语法和句法结构，背的是整篇课文，背完以后其实只知道表面，但没有掌握实质内容。

我常跟大家讲我当年高考的例子。我当年高中的英语水平一直都上不去，但后来我碰上了一个特别好的老师，他用了300句话总结了英语常用的句法结构和语法结构，我就把那300句话背了个滚瓜烂熟，我的高考英语突然就到了接近满分的水平，并且再也没有下去过，这就是抓住了主干。

第二个要素，和前面说的幽默有关系。如果能用幽默的方式表达一门知识，一般人会更愿意接受。比如，在大学中，如果你碰上一个讲课比较幽默好玩、知识结构又好的老师，你就更容易听这个老师的课。在不知不觉中，由于比较轻松地在跟着老师上课，你就会比较容易接纳老师在幽默背后所传递的更严肃的知识。

　　我们平时读书也有这样的感觉，如果你阅读一本带有幽默感的书，或者你在读这本书的时候比较轻松，它能用比较简洁明了的轻松语言来表达背后某种深刻严肃的思想，你也会非常愿意阅读这本书。为什么我刚开始读到"半小时漫画"系列的时候非常兴奋？因为我发现它刚好和我对知识传授的认知不谋而合。"半小时漫画"并不是纯粹的漫画，也并不是纯粹的搞笑，它是把严肃的知识结构，通过某种轻松幽默的漫画语言，甚至结合了当代网络语言的幽默表达出来。比如讲到中国史、世界史、中国哲学史、科学史、经济学，每个人立刻就会皱起眉头，因为我们去读任何一本严肃著作时，或多或少都会有读不下去的感觉，但"半小时漫画"却给了我们一种轻松学习知识的能力。

　　大家都说新东方老师是"段子手"，因为英语学习本身比较枯燥，尤其是讲到各种考试，托福、雅思、GRE、考研等，天天背单词、句法结构、语法结构，天天练听力、练口语，能把人烦"死"，但新东方老师有一种本领，能够通过相对比较幽默的"讲段子"的方式传递英语知识。新东方老师有几个特点，讲课本身必须讲得好。如果你英语本身都讲得不好，其他就不用再说了。但光讲课好，如果你是一个很枯燥的讲课者，也不行，必须是一个很幽默的讲课者才行。

　　好的，陈磊上线了，我们接着和他聊聊幽默吧。

——对谈环节——

1. 对漫画的天生热爱

　　俞敏洪：陈磊你好，我读了第一本《半小时漫画中国史》后就喜欢上了"半小时漫画"系列。我特别喜欢读漫画，你小时候好像也特别喜欢读漫画？

　　陈磊：对，我们80后都是看着漫画长大的。

俞敏洪：我小时候看的是连环漫画、小人书。

陈磊：那我比俞老师时髦一点，我们当时已经有日本漫画了。

俞敏洪：没错，80年代已经有日本漫画了。我算是童心未泯，只要在书店看到漫画书，不管书好不好，我都会买回来，所以我有一柜子漫画书。

"半小时漫画"系列第一本出来后，我就超级感兴趣，甚至有点感动。为什么？有两点：一是如你所说，你在用漫画表达一个严肃的东西，这种严肃的东西，尤其是知识性的东西，要用漫画表现出来是很有难度的。之前我和蔡志忠对谈，他就是用漫画的方式表达中国的传统文化和哲学，韩国的李元馥也是用漫画的方式表达了世界各国的历史和风俗。你是我看到的最系统、最完整的用漫画加上幽默语言的方式来表述严肃内容的人。有些人可能本来不太愿意了解这些学科的东西，但看了你的漫画书以后就会愿意去了解，所以我看了以后很感动。第二，你还有一个让我特别佩服的能力。对于各种错综复杂的现象，不管是历史、哲学，还是经济学，你都能以非常简练的方式梳理、表达清楚，让人一读就懂。所以，我想问问，你在中小学的时候，学习成绩怎么样？我猜你的学习成绩应该不是全班拔尖。

陈磊：凭什么瞧不起人？但确实不小心被您给说中了（笑）。其实我们的读者在签售现场及其他各种场合都会问我，混子哥，你带领团队写了这么多知识书籍，你当年一定是个学霸吧？但我会告诉大家，我根本就不是学霸，而且我当年学习还挺渣的。所以，预告一下，今天是一场学霸和学渣之间的亲密交流，我就是学渣那个角色。

俞敏洪：你从什么时候开始画画，什么时候开始画漫画的？

陈磊：我画画的时间比较早了，毫不夸张地说，我应该是学会拿笔之后就开始自己画画了。

俞敏洪：这是一种天赋吗？

陈磊：反正天生就喜欢，确实不夸张，我生下来就喜欢这个东西，但我到现在都没有学过水彩、水粉，甚至连素描都没学过。

俞敏洪：上来就画漫画了？

陈磊： 小时候看日本漫画，就开始慢慢学，慢慢临摹。到了五年级暑假，大概 10 岁、11 岁的样子，我开始学着用日本漫画编自己的小故事，从那个时候开始，我就把漫画当成了毕生的爱好。

俞敏洪： 父母会认为你不务正业吗？

陈磊： 几乎一直都这么认为，但我父母觉得还可以，还在能接受的范围之内，也没有粗暴地打断这个过程。

俞敏洪： 你上大学学的是美术吗？

陈磊： 学的机械设计，后面又学了工业设计。工业设计和画画有些关系，但在此之前我都应该算是一个纯粹的理工男。

2. 用漫画打造娱乐化阅读

俞敏洪： 你什么时候想起来要用把知识、漫画和幽默结合起来的方式进行传播的？就像你说的娱乐化阅读，你什么时候开始有这个概念的？

陈磊： 大概在 2014 年，我还在第一份工作里当设计师，但我又不是一个特别成功的设计师，所以我赢得了特别多业余时间。老板不会让我加班，因为加班也没用，所以我就拿这些时间去看闲书，比如看看历史书，发展发展自己的爱好，画画漫画什么的。忽然有一天，我读到了东周列国那段历史，就发现，以前我们觉得历史很枯燥，是因为我们的阅读方式或者灌输方式、教育方式比较刻板，好像一定要记年代、记背景、记人物，但当你认认真真读完之后，你会发现它其实是一个由连续场景组成的脉络，它有特别清晰的脉络线。我是个理工男，特别喜欢捋清楚一些逻辑和脉络，尤其是面对各种历史情节的时候，我特别喜欢那种梳理的感觉。所以，当我把所有情节梳理出来之后，我感到特别特别开心，特别有成就感。

这时候男生的表现欲就开始占领上风，开始想，我以后要遇上漂亮姑娘，我得给漂亮姑娘显摆显摆我懂这么多历史知识。但如果我要给别人讲一些历史故事或者历史知识，我可能不太想像曾经的教科书那样去讲，让大家记年代、记事情什么的，我觉得一定有更有趣的方式把历史知识展现出来。正好我喜欢画漫画，我就想到历史里本身就有很多场景，玄武门之变是场景，胡服骑射是场景，问鼎中原等，都是场景，它们都是一个个可以用漫画画出来的、很漂亮的、可以直观展示的东西。我就开始尝试，用漫画把东周列国一幕一幕的场景给画出来，顺便梳理出来，比如这段故事里到底讲了什么，画完以后就发到网上。

俞敏洪：你的漫画有个很重要的特征，你会用幽默的比喻和类比来讲述大家不太容易懂的概念或者事情。比如《东周列国志》，这么多国家在一起，你居然用班级来比喻，这是你自己想出来的吗？怎么会有这种灵感？

陈磊：每个人都在学校里待过，我平常自己学习的时候也会用类似的方法。比如，一本教科书摆在面前，当发现正面很难突破的时候，你就会寻找一些侧面的手段，寻找知识点和知识点之间、概念和概念之间到底是什么关系，如何不通过死记硬背去理解它们，这个时候就会想到，世界上很多事情都是相通的，很多道理也是相通的，其实很容易找到知识点和知识点之间在我们生活中的映射。又比如，我看到了周王和各诸侯的关系，我脑子里立马就浮现了老师和同学的关系；看到了春秋五霸，就想到春秋五霸可不就比老师低一点、比同学高一点嘛，那不就是班长了？大概就是这样。我们学习的时候，也经常运用这样的类比方式去理解知识点和知识点之间的关系。

3. 知识和娱乐并不矛盾

俞敏洪：现在你已经出版了 5 本《半小时漫画中国史》和两本《半小时漫画世界史》，世界史还会继续写吗？

陈磊：这才两本，刚开始呢。还有很多国家没有写，未来会继续完成。

俞敏洪：中小学生肯定特别喜欢你的漫画，我觉得大人看你的漫画也能学到东西。你现在做漫画是不是有意把自己放在继续用娱乐化方式普及知识的定位上，或者有别的定位吗？

陈磊：我觉得至少在未来一段时间内，这个定位就是我们想要做的。而且您刚刚说中小学生特别爱看我们的书，但其实到现在为止，我们这本书几乎没有一个字是为孩子们写的，包括我们最早在网络上做的这些内容，完完全全都是为成年人而生。

俞敏洪： 但我发现中小学生更喜欢阅读。

陈磊： 没错，这也是我们的一个意外收获。

俞敏洪： 其实这是一个反冲，因为大部分中小学老师讲历史或者唐诗宋词的时候，讲得真的太枯燥了。虽然大部分中小学老师有知识结构，也能给学生讲课，但在语言的丰富性上、类比和故事的生动性上，确实没法抓住中小学生的注意力，更何况中小学生的注意力专注时间比成人要短很多。

一般来说，中小学生对严肃知识的注意力平均只能保持10分钟左右，成人最多也只能扛25分钟，但我读你的书时，有的书其实要一两个小时才能读完，比如《半小时漫画宋词》，但我只要拿到"半小时漫画"的任何一本新书，我都是一口气读完。原因很简单，在知识的传授过程中，能够抓住人的注意力并且能够提升人的愉悦度，这两点是学习中顶级的关键。

陈磊： 谢谢您，您基本一语道破了我们的创作理念。

俞敏洪： 现在有没有中小学老师给你写信，说他向同学们介绍了这些书？

陈磊： 不光是老师，孩子、家长其实都有反馈。我们现在也在和一些老师真正建立线上或者线下各种程度的联系，我们也很希望把我们的一些内容做成课件，给有需要的老师试用。我们也想看一看，这样的传授方式，除了在兴趣阅读的时间里，有没有可能真正地在课堂上给大家的学习带来帮助，我们一直想试验这样一件事情。

俞敏洪： 我觉得一定能。有人担心你里面用的一些网络语言，比如孔子坐现代化车周游列国，可能会给大家带来误解，但我觉得孩子们的分辨能力比成人想象的高很多，因为我让我的儿子读《半小时漫画中国史》的时候，他从来不会混淆书中的幽默和历史事实。现在我们还没看到"漫画数学""漫画物理"，不知道对于数学、物理，你们会如何用幽默的方式表现出来。但现在中小学老师真的最缺少的就是生动的课堂内容和丰富的上课体验，而且可以称得上有幽默感的老师其实并不多。**面对中国这样的知识传授现状，你对中小学老师有什么样的建议？**在他们备课的时候、讲解知识的时候，如何更轻松地面对学生，并且能抓住学生的注意力，同时使学生在学习知识时保持内心愉悦？

陈磊：建议倒不好提，毕竟我们并没有真正做过老师，但我可以分享一些我们做这些知识内容的方法。比如，如果我们想让大家在工作之余或者在课余，还能愿意去读一本历史书或者物理书，这就意味着我们要和综艺节目、娱乐节目、笑话等各种各样好玩的东西抢时间，而不是跟其他的书竞争。**什么样的东西才能把大家从娱乐的地方拽过来？另一种同样娱乐的东西。**我们会花很多时间去了解大家现在都在看什么样的内容，脱口秀也好，综艺也好，明星也好，我觉得都很好，这些会成为我们做知识传播时很重要的素材和传播载体。

比如，我今天要给大家讲一个明星，所有人都会盯着我看，因为大家很感兴趣，但如果我只是给大家讲一个单纯的历史知识，大家可能会觉得兴趣寥寥。于是乎，我要做的事情就是把大家的兴趣和我想传播的知识紧密结合起来，让大家在读书的时候，也能像看娱乐综艺、脱口秀一样开心，同时还能学到一些知识，我相信这样的内容才能在其他的娱乐形式面前具备一些真正的竞争力。

俞敏洪：我现在其实挺担心的，当然这个担心可能是多余的，我担心那种肤浅的娱乐，包括口头上没有太多内涵的逗笑，以及部分综艺节目，会让人们产生表面快乐。让成年人开心这件事本身没有问题，但现在很多孩子其实在往两个方向走，一是打游戏，二是看这种相对比较浅的娱乐内容，这很容易让孩子产生一种表面的欢乐，但实际上并没有学到东西。至少从我的角度来说，我全力以赴地推荐家长买"半小时漫画"系列给孩子，家长也可以看。**我不认为知识是不能娱乐的，我也不认为知识和娱乐是矛盾的，它们并不矛盾**，但娱乐本身不等于知识，知识本身也不等于娱乐。如何把娱乐和知识结合起来，变成大家愿意接受的知识，同时是用比较愉悦的心情去接受，我觉得这是"半小时漫画"系列特别有意义的尝试。

陈磊：谢谢俞老师。

4. 幽默对教学的影响

俞敏洪： 你本人内心有幽默感和调侃精神吗？我本人是一个具备调侃精神的人，我在新东方开会的时候就喜欢互相调侃。

陈磊： 我有没有其他能力不好说，但我敢拍着胸脯说我是一个极具娱乐精神的人，我和我的团队每天都在互相调侃。

俞敏洪： 很多人认为我是一个有点严肃的人，但其实我也是一个极具娱乐精神的人，玩的时候有娱乐精神，吃饭喝酒的时候有娱乐精神，开会的时候也有娱乐精神。

而且娱乐精神能帮助我们在苦难中找到安慰，并且能帮助我们将苦难变成自己的垫脚石，比如苏东坡，如果他不具备娱乐精神，早就被人整死了。

陈磊： 对，苏东坡可能是全中国最受人喜欢的文人，就是因为他的乐观和娱乐精神。我之前看了一篇文章，知道俞老师也非常推崇娱乐化教学，也就是说，您在那么早的时候就已经想到把教学和娱乐这两件事情结合在一起。那篇文章说您对教师的要求是，教学水平可以慢慢锻炼和提升，但如果老师不幽默，讲课不好玩，那可能不行。这是真的吗？

俞敏洪： 对，是的，但也有点对新东方的误解。为什么新东方能培养出那么多出国考试的高分学员，并且能培养出一大批持续不断努力学习的学生？我觉得第一个要素是新东方老师本身讲解知识的水平是相当高的。就像我在北大当老师的时候，如果我只给学生讲笑话、调侃，不能把他们要学的基本知识讲透、讲明白，北大的学生肯定立刻背着书包走人了。所以，**能让学生学到东西，这是第一要素**，也是绝对不能少的。

在这个前提下，我想到的就跟你一模一样，就是如何让人能够愿意以更加轻松、更加专注的心态到课堂中听课。知识传授这件事情本身有多种途径，可以由很严肃的老师传授，可以通过 PPT 传授，可以通过类比故事的方式传授，也可以通过让学生死记硬背的方式来传授。但我觉得**知识传授最重要的路径，就是要能抓住学生的注意力**。因此，我对新东方老师的要求是，如果对于知识本身，没法以更轻松的心态来传授，那一定要把学生的注意力时不时地抓回来。新东方实际上有两种水平的老师，第一种是能把娱乐融到知识讲解中的，我觉得这就是你的水平，这个水平是极高的。他在讲一个故事的时候，就已经潜移默化地把应该讲的知识传输给学生了，这就是高手，绝对的高手。

第二种是老师尽管讲知识本身的时候不那么幽默，但他能时不时地插一两句话，或者一两个幽默的段子，把学生的注意力抓回来。学生在轻松之余哈哈一笑以后，他们的身体可能会产生一些多巴胺，多巴胺的提升实际上会使学生迅速集中注意力，这是有科学依据的。这就是为什么能够传授知识又有幽默感的老师更能够教出好学生。其实并不一定是这些老师讲知识比别的老师讲得好，而是说这些老师在讲知识的同时，他们幽默轻松的态度增加了学生的注意力。你的书也是完全达到了这种让人们在轻松愉快的专注中记住历史事实的功能。

5. 由个人到团队面临的挑战

俞敏洪： 你为什么会叫"二混子"？二混子在老百姓的语言体系里就是混混的意思。

陈磊： 首先澄清一下，"二混子"这三个字的重点并不在"二"上，重点在"混子"上。我对二混子的理解其实跟您不一样，我不觉得二混子是一个混混，我觉得他是一个游手好闲、无所事事的人，在我看来，这种人有他特别可爱的地方，可爱在他宠辱不惊、玩世不恭，他活得特别潇洒、自在，我觉得这种心态特别好。

俞敏洪： 这是不是反映了你对人生的一种期待或者定义？

陈磊： 应该是给我自己找了一个退路，人总得把自己的期望值降低一点，我想降低到二混子这个程度，这样所有的成绩可能都是增量，我也会挺开心的。

俞敏洪： 现在你也比较有名，而且你长得比较帅，是不是现在走到什么地方，会有不少人能把你认出来？

陈磊： 我为了写这本书已经面目全非了，但到目前为止，我没有在路上被人认出来过，我们在幕后写书的可能就这点好。正好借此机会给大家介绍一下，现在混子哥不仅仅是我一个人了，我们整个团队有将近90人，而且我们的小伙伴都很聪明。

俞敏洪：我读"半小时漫画"的时候，发现书的前面都会介绍一些重要团队成员，我觉得这是一个尊重团队的重要表现。而且，原来你是一个独立作者，漫画语言都是你自己独立完成，现在变成了一个团队，你们团队创作的书跟你原来个人创作的书相比，水平完全没有下降，这个很了不起。此外，我看过你在办公室开选题会议的视频，感觉我们两家公司的文化非常一致。但我很好奇，你原来喜欢独立创作，现在做了公司，你觉得公司是会让你烦心，还是说开公司是放大你个人价值的必经之路？

陈磊：这两点都让您说准了。第一，它带来的烦心事情太多了。以前我自己写书，很简单，我也没有什么经营压力，不需要对谁负责，也没有这么多读者和粉丝。在那个时候我会用两个月打磨一篇文章，我可以非常任性地把每个字、每句话都改到我最舒服的状态。那个时候的创作是快乐的，同时也能享受到大家的鲜花和掌声，给我带来了很大的鼓励，所以那时候确实很开心。

变成团队，尤其是变成一个商业化团队之后，确实会产生很多经营上的压力，比如粉丝一直在催更，这意味着我不可能再用两个月写一篇文章，我可能需要很快推出我们的新产品。这时候又不能因为速度加快而让质量产生巨大的滑坡，所以压力就会很大。再加上我们现在是一个创业团队，我在此之前只是一个白领，没有任何经营经验，所以在整个过程中，光是最开始的工商、法务就让我头痛欲裂了。上周五团队刚吵完一次架，吵到头疼欲裂，非常痛苦。

第二点也让您说准了，在这个过程中，我觉得我们确实实现了价值的放大。比如，最开始我们写书的时候，我可能会偶尔给大家写一两篇历史文章，我对大家的贡献也可能就是这一两篇历史文章，只能给大家讲一讲这方面或那方面的知识，零零碎碎地给大家带来一点耳目一新的感觉，仅此而已。但现在我们变成了一个团队，就有机会把这件事情变成一个巨大的事业，可以去想象我们有没有可能把教育——往大了说是教育，往小了说是传播知识，把这件事情变成一种气候，给大家带来一些启发，能不能让大家一起思考这种全新的知识传播或者教育方式。如果它能达到我想要的目的，那我觉得这是一个特别伟大的事情。

俞敏洪：我觉得个人创作一两本漫画，哪怕你一辈子创作了十几二十几本，这也是在一个可控范围之中。但如果在不降低质量的前提之下，能够面向中小学生群体，包括成年人，将那些平时本身没有时间或者没有兴趣去涉及的知识，通过你的团队表达出来，我觉得这在某种意义上是一个功德无量的事情。

我记得给你投资的两个人都是我的好朋友，你拿到他们的钱以后，是不是也会有很大的压力？有后悔拿他们的钱吗？还是说已经想通了？

陈磊：这由不得我后悔，就没敢仔细思考这件事情，如果仔细思考，我肯定后悔。说到压力，其实拿到投资的时候压力不是最大的，而是我第一个员工跟我谈工资、要工资的时候，我忽然感受到了压力。倒不是说他要了多少钱，而是你会发现自己以前是"自己吃饱，全家不愁"的一个作者，现在忽然要开始对别人负责了，这个时候我才觉得真的有点压力。

所以，拿到钱的时候压力还真不太大，只是发现以后这个事情不只是我一个人的事情，而是两三个小兄弟、几十个小兄弟、一整个团队的事情，可能大家都需要为了这份事业奋斗，也需要从这个事业里获得回报，也可能小伙伴们的人生都搭进来了，是这样的感受。那个时候想的很多，就会觉得压力很大。

俞敏洪：新东方和资本打交道已经快 20 年了，我在这个过程中也遇到过你所遇到的压力。未来如果在资本和事业的平衡中，你找不到感觉或者有困惑，我觉得我能帮你解开一部分。

今天特别开心，混子哥，今天时间差不多了，下次我们直接见面喝酒聊天。

陈磊：太好了，期待见到俞老师。

俞敏洪：那今天我们就这样，再见。

陈磊：俞老师再见。

——对谈结束——

俞敏洪：刚才和我对话的是二混子，真名陈磊，是"半小时漫画"的创始人。我很喜欢读他的书，也对他创作背后的动机和概念非常感兴趣，所以邀请了他一起对谈。

今天的对谈，我也很有收获，我想从教育方面稍微说一说。在孩子长大的过程中，父母常常会疏忽孩子的一些爱好，尤其可能是孩子的天赋或者从小培养出来的爱好，甚至有时候一些父母会对其进行打压。比如陈磊，他小时候就开始不断地画漫画，而且不是画油画、水彩画、国画，而是从小到大模仿日本动画和漫画，一直到高中阶段也没停，后来上的是机械专业，其实漫画不算是他的正业。不少父母可能会认为画漫画会影响孩子学习，甚至影响孩子高考，就会打压孩子这方面的兴趣，但最后的结果可能是，孩子一辈子的天赋就被摁下去了。

所以，希望父母们看到孩子有某种天赋或者有从小喜欢的事情时，不要轻易地扼杀他们的爱好，不要以这个对学习不好为理由做这样的事情。很多家长都会以孩子的学习成绩中等或者不好为由，不让孩子发展爱好，但实际上这个爱好可能在未来就是他的事业。比如，陈磊本人一定也没有想到，自己在未来成了工业设计师之后，能再次和漫画续缘。更没想到的是，他把对知识的探索和漫画、幽默的语言结合起来，能在中国兴起一股漫画讲知识的浪潮，可以说是传递了很多知识。

另外，我想和大家说，人生有很多条路径，有时候我们在进行一个主营业务，但可能这个主营业务并不一定是我们终身的成就。比如苏东坡，他的主营业务是当官，如果他没有遇到乌台诗案，他一辈子可能就只是一个不会在中国历史上留名，或者即使留名也不会像现在这么响亮的官僚。当我们在生命中遇到事情，或者当我们面对人生选择的时候，其实要稍微多想一想，也许你正在做的事情和你人生一辈子的选择其实没啥关系。我常常说，人要思考自己的方向。比如，我在北大的时候，过得挺安逸，如果一直待在北大，我就是教书、睡觉、度假，这依然是我的一种人生。但后来我经过思考，有一个点打动了我，就是我不想过一种让自己一辈子如此平安，又如此一眼望到头，让我根本产生不了太多激情的生活，所以我选择从北大出来。当然，出来以后遇到了各种惊涛骇浪，遇到了各种自己在北大绝对意想不到的事情，但在某种意义上，它确实能让你的人生变得更加波澜壮阔，也让你的人生变得更精彩。

所以，当我们现在在做着自己不喜欢做的事情，站在自己并不喜欢的岗位上，或者只是为了能拿份工资，为了生活不起那么多的波澜，一直在做着并不能真正让自己兴奋的事情，我觉得就值得思考。思考的前提就是，你是不是还有更加精彩的人生在背后等你，这特别重要。

之所以今天给大家推荐"半小时漫画"系列，是因为我觉得难得有人能把娱乐精神和严肃的知识结合起来，我们也真的没有太多的时间去读大部头的、严肃的科学史、哲学史。比如，《漫画中国哲学史》讲的就是老子、孔子、孟子的思想，也包括王阳明等人的思想，但在书中，都用比较幽默的方式来呈现。我们平时基本上没有那么多时间读这种大部头的著作，更不用说要把脉络理清楚，但一个人的知识结构又和他的眼界、判断力、知识扩展能力有着非常重要的关系，从这个意义上来说，我们最重要的是首先要把握大的知识结构，不需要记细节，只需要知道它的枝干就好，我觉得"半小时漫画"系列确实能达到这样一个功效。

日常生活是枯燥的，有时候也让人心烦，但读一读这样的漫画，至少可以短暂地让我们忘记比较枯燥的现实，让我们在会心一笑时学到一些知识、一些幽默。

今天就先和大家聊到这里了，祝大家晚安。

（对谈于 2021 年 11 月 28 日）

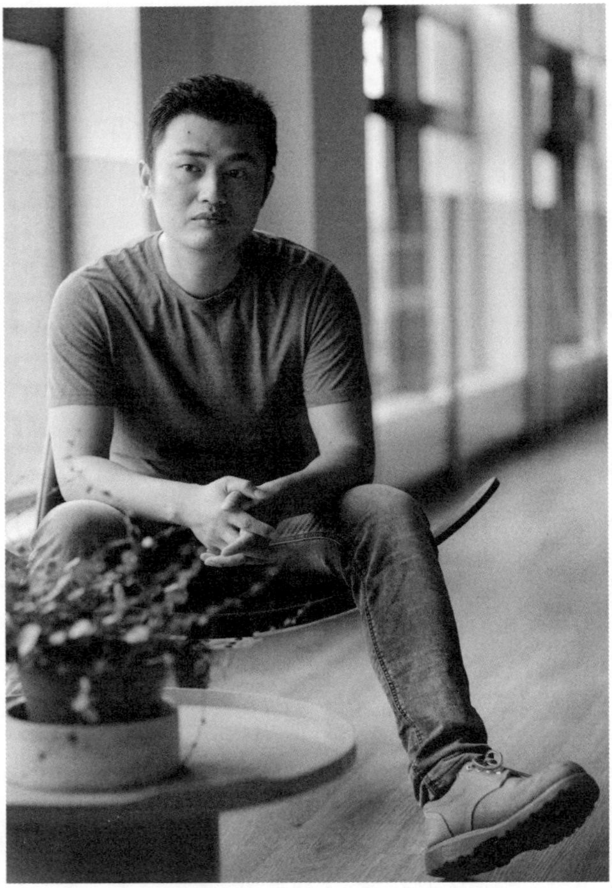

对话 **石嫣**

大地之上，新农理想

> 让全民回到过去中国有机和生态农业的种植方式，让老百姓吃上安全的食品，这需要全中国人民的努力，而且是不断的努力。

石嫣 /

1982年出生于河北保定，中国人民大学农业与农村发展学院博士，清华大学人文与社会科学学院博士后。2016年她被世界经济论坛选为"全球青年领袖"，2017年被团中央、农业部评为"第十届全国农村青年致富带头人标兵"。翻译了《四千年农夫：中国、朝鲜、日本的永续农业》，著有《从土地到餐桌的变革》等。

俞敏洪：大家好，我现在在北京顺义郊区的一个农场，离市区开车一个多小时的路程。农场的名字叫"分享收获有机农场"，今天我到这个农场来体验有机农业的发展。

"分享收获有机农场"是两位博士做的，他们都是中国人民大学农业相关的博士，非常了不起。他们现在统称为"掌柜的"，女主人叫石嫣，另一位叫程存旺，两位都是博士毕业，都是在中国人民大学温铁军老师的指导下获得博士学位的，两位也是因为农业结缘走到了一起，最后变成了一对夫妻。我一些北京的朋友是"分享收获有机农场"的会员，加入会员以后，农场每个礼拜都会给他们寄一篮子自己农场种出来的蔬菜、水果和有机饲养的肉类，百分百干净的蔬菜。

我先稍微简单介绍一下这两位。石嫣，中国人民大学农业与农村发展学院博士，清华大学人文与社会科学学院博士后。她毕业以后完全可以找到更好的工作，因为学农业，到美国农场考察了半年，在那里地地道道当了半年农民，发现美国人吃的东西真的很有机，他们那里的农场主都会种植非常绿色有机的粮食、蔬菜、水果，她在那里看到了国家在农业方面对老百姓健康非常负责任的一面。

石嫣的老公程存旺，人大博士，毕业后还到农村当了两年镇长，大家都叫他程镇长。石嫣回到中国后，她就下定决心要让中国老百姓吃到非常安全的食品，后来两人投身于如何在中国研究并且种植安全的食品，包括蔬菜、粮食等，最后做了这个"分享收获有机农场"。他们俩从地地道道的博士毕业，变成了地地道道的农民，在"分享收获有机农场"开发了非常好的有机产品，现在也建立了有机产品的网络销售。

"分享收获有机农场"经历了很多风雨，大家都知道做农业不太容易挣钱，也不太容易持续，一般有机农场的产品都会比我们在市场上买到的农产品成本高很多，至少从现在的角度来说成本是要高很多的，当然如果未来能大面积种植，成本也可能会稍微降低一些。

今天，我将和石嫣进行一次对话，聊聊她对有机农业的看法，以及在未来，我们怎么能吃到安全的农产品，用什么方式可以持续支持生产出优质农产品，保证消费者的身体健康。

——对谈环节——

1. 有机农场的创业历程

俞敏洪：石嫣，你好。

石嫣：俞老师，您好。

俞敏洪：我记得你读的是农业相关的博士，但大部分人博士毕业以后很少会真正去做一个农场，让自己天天灰头土脸跟土地打交道，生活条件会变得比较艰苦，尤其中国农村不像国外农业那么成熟发达，甚至都可能无法住舒适的房子，而你又是前途无量的状态，**你是怎么下定决心要走进农业领域的？什么原因促使你下定决心，把自己这辈子的美丽和岁月都交给农村？是什么节点使你决定把自己的一生和农业联系起来？**

石嫣：我是在河北保定城市里出生长大的，一直到26岁，对于农业没有任何概念，我家亲戚也基本没有在农村的。但我本科学的是农业经济管理，那时候我选这个专业主要原因也是看重后面"经济管理"几个字。直到后来在中国人民大学读博士（硕博连读）的时候，当时我的导师是著名的"三农"问题专家温铁军教授，他经常要求我们必须真正到乡村去寻找三农的真问题，而不只是看一些简单的论文，我才开始到乡村去调研，对农业稍微有一些概念。

在大量乡村调研的过程中，我发现我们写得很多很好的政策建议、报告，落实到乡村的时候，都是真正在一线生产的农民，一些我们叫作"386199部队"的人在做，38是妇女，61是儿童，99是老年人。我在想，我们的政策建议，怎样能让这些真正在乡村的人在从事农业生产的时候，享受到政策的福利？尤其我看到真正在一线生产的农民，他们使用农药、化肥这些化学产品，实际上对他们自己的伤害是最大的。

但真正让我决定想要创业，一生都想在乡村生活的转折点是，2008年的时候，学校有一个机会，我去了美国明尼苏达州的农场实习。我在那个农场生活和工作了半年，在那半年的时间里，每一棵菜都是我自己种出来的。虽然我的手全都磨裂了，脸晒得特别黑，但从我种出第一棵菜开始，我就发现我生产出来的蔬菜和我原来吃的味道差距那么大。我们当时在农场里没有信号、没有手机、没有电视，基本上每天的生活都是跟土地在打交道。我就感觉到在土地上的这种生活是我想要的，非常踏实而且接地气。

同时，我感觉真正从事有机农业，我们是通过改变自己去改变我们想要改变的问题。我们从自己的生活开始，从自己和食物的连接开始，逐渐可以影响更多生产者。每个人每天吃三顿饭，就是在改变农业生产方式。我们作为消费者，不一定要做一个很大的事业，我们只要认真吃饭、认真对待食材，我们对自己选择的每一棵菜、每一个鸡蛋、每一块肉，都认真负责地去对待，就可以改变这个世界。所以，通过那半年真正在土地上的生活，我想我自己以后的研究和生活应该是跟乡土有关的，我希望每一天和大自然能够亲密接触。

俞敏洪：你是怎么和程存旺认识并且结成夫妇的？是他说服你做农业还是你说服他做农业？一般来说应该有一个人做，另一个人找另外一条道路，因为农业这条路实在太不好走了，但后来你们俩一起投身农业，好像把自己的生命都交给了农业，是出于内心真正对农业的热爱，还是背后也有比较大的商业考虑？

石嫣： 我们俩算是因为农业结缘。您可能不知道，2021 年我们刚生了我们的第一个小宝宝，给她起了名字叫程实爱，"程实爱"的拼音缩写"CSA"也是农业模式的英文首字母缩写，和我们所推动的理念是有关的。

我和我爱人在人民大学读书的时候，都是温铁军教授的研究生。我爱人本科在北交大读的工程管理，绝大部分同学毕业后都从事房地产相关工作，而他因为当时在本科就读到了一些关于"三农"问题的书，立志本科毕业后考到人民大学温铁军教授门下，我们实际上是师姐和师弟的关系，我比他早一年入学。

开始我们没有谈对象，正好我回国之后，人大在海淀凤凰岭脚下建了一个产学研基地，我俩由于不同的原因——我是从美国回来之后想真正实践，去了这个基地，我爱人因为本科就想去支农，他就在硕士的时候休学一年，也去了这个基地，所以我们是在那个基地一起实践的时候认识的。我爱人经常开玩笑说我是海归，而他算是真正从中国土地上成长起来的一个新农人。

俞敏洪： 我知道你们夫妇到顺义的时候一无所有，你们是通过朋友圈筹资了 30 万块开始开展自己的农业事业。为什么选择这种募资方式？

石嫣： 在创办"分享收获有机农场"之前，我们觉得农业，特别是生态有机农业，不能简单靠一些投资或者资本的方式去做，因为这本身是一个慢的事，一棵菜长起来还需要几十天时间呢。那时候我们想创业最好的方式就类似于众筹，我们就找了 10 个朋友，让每个朋友提前订了 5 年的菜，一年算 6000 块钱，5 年就是 3 万块钱，10 个家庭就是 30 万块，我们就用这 30 万块开始创业了。我当时想，哪怕这农场未来做不下去，这 10 个家庭未来 5 年的菜，我也必须能保证他们吃得上，这是创业的起点。

我们用 30 万块每年滚动，一直生存到了现在。如果我们俩不是一起做农业，不一定能走这么长的时间。**我们都希望能够通过社会企业的模式推动我们想做的事业，而不是通过简单的慈善或者简单的支农。**我先生现在在做一个农场公司，为各地地方政府、城投公司，还有一些农业相关公司做规划代运营工作。实际上我们俩是在一个大的事业上，稍微有一些分工的不同。

2. 有机农业推广难的两大原因

俞敏洪： 我听说中国的农民，给自己种菜和粮食的地，和作为商品来卖的菜和粮食的地，是分开的。他们也知道过度的农药和化肥是有害的，所以给自己种地还按照有机的方式，但作为商品种的时候好像不太在意这个问题。在中国农村是有这个现象吗？

石嫣： 这个现象叫"一家两制"，一个家庭两块地，其中一块地给市场种，可能会追求产量，还有一块地给自己家里种，这些一定保证它是安全的。我们研究时提到，现在有些会员在家里吃菜也是"一家两制"，买我们这种有机蔬菜，把有机蔬菜给小宝宝吃，但自己和自己的父母可能还吃普通的蔬菜，这也是一种"一家两制"。

俞敏洪： 是因为有机蔬菜比较贵吗？因为有机蔬菜现在还相对比较少，所以比较贵。此外，对有机的信任与否是不是也是一个问题？

石嫣： 其实这两个问题是最核心的。虽然绝大部分人一提到食品安全，或者提到更健康的食材都会说我想吃，但真到了要购买的时候，可能很多人会对比普通蔬菜和有机生态蔬菜的价格，会犹豫，因为价格差异确实相对是比较大的。另一个就是信任问题，很多人都会说愿意去购买这样的蔬菜，但怎么能知道我买的东西是真的有机？

这两个问题体现在农场生产的时候，其实就会促使我们成本更高。因为如果不能建立信任，我们就得通过各种方法去影响，或者让消费者来体验，或者要做大量关于农场如何生产的介绍，以此让更多人能认识到真正的蔬菜生产过程。比如，有的人可能会说，是不是一年四季只要有虫眼就是有机的？其实冬天的时候，因为我们在大棚里生产这些蔬菜，虫子绝大部分也都休眠了，这时候很多蔬菜是没有虫眼的。

俞敏洪：我知道你们做得非常好，有很多会员，我周围的朋友也有你们的会员，吃了好几年你们的蔬菜和粮食，一直觉得比较好，但前提条件是你要赢得这些会员的信任。现在中国打着"有机农场"或者"有机食品"概念的牌子越来越多，我们先不谈价格，对于普通老百姓来说，怎样能分辨出他们确实生产的是有机食品？有什么路径或者辨别方法吗？

石嫣：其实农业是真正最难监督的，农业是24小时在生产的行业，晚上可能大家都看不见了，菜还在长。有人说我是不是给农场安一个摄像头就能监督，其实不一定，比如我们浇水的时候，在浇水的管子里放一些化肥或者药品，你在摄像头里根本无法监测到，甚至有时候悄悄用了化肥，在最后产品的检测过程中也很难检测出来。完全靠检测手段，还是完全靠摄像头监督，都很难真正确保农业的生产过程是按照有机标准去进行的。

对我们来说，**现在推动的社会化农业，最重要的就是希望让更多生产者和消费者能够直接建立信任关系。**每个消费者花的钱，其实不只是支持了有机蔬菜和购买了健康安全的食材，而是真正支持了这些愿意在乡村扎根，并且真正在从事生态农业的人，让他们能够在乡村获得一个有尊严的收入。在这个基础之上，才会真正考虑，除了追求农业的产量以外，如何致力于带给消费者更健康的产品。

我自己的农场，包括现在全国从事生态农业的群体里，我们都在强调，生产者给消费者生产的是保护消费者生命的东西，因为我们这些菜是天天要吃到消费者肚子里去的，我们必须建立起这个责任感。而消费者对于生产者的责任是什么？是要保证生产者的生计。你要想让自己的孩子未来都能吃到安全的食材，不光是你自己要吃到，还要保护我们的土壤、水、空气等环境的健康，归根结底，是要让从事生产的这群农人能在乡村干，而且踏踏实实地干，不要总是想怎么去挣更多钱，或者简单追求产量。

俞敏洪：最核心的问题其实就是信任问题——生产者和消费者之间的信任问题。如果生产者确实是百分百被消费者信任，比如我百分百相信这个有机农场不管是人前人后还是山前山后，不管什么地方出来的东西，确实是一个好东西，消费者是愿意付更高的价钱来购买的。这意味着生产者和消费者之间信任的建立，源头首先还是生产者，因为生产者是少数，消费者是多数。

做农业是一个非常需要耐心的过程，我朋友告诉我，一块地要变成有机农田，至少3年不上化肥、不上农药，还要引进一些生态平衡机制。这个过程就是一个很花钱甚至没有收获的过程。做农业和做商业或者做贸易相比，是一个卖功不卖活的事情，你怎么做到的？

石嫣：能够坚持这样的标准，最核心的有两点：**第一，要从事有机农业，首先技术上得过关。**很多人一说有机农业就觉得不用化肥或者农药就可能绝产，其实这是一个错误理念，我们仍然可以在生态种植技术上做到相对的高产，但这必须要有技术的保障。**第二，能够坚持有机标准，就需要真正市场的支持。**如果我一开始种出来的菜没有人买，可能一两年下来，我就很难坚持了。我还在学校的时候，就想怎么能找到我的第一批客户，最开始我就是通过影响我周边的老师们来发展的，比如人民大学、清华大学的老师们，因为他们一定是最信任我的。

俞敏洪：让老师们买你的菜吗？

石嫣：对。最早还没有微信，我给我的老师们发短信、发邮件，邀请他们加入到我的会员群体中，逐渐再去影响我自己的朋友，现在，我硕士班、博士班的同学已经成为蔬菜购买的主力群体。先从自己周边最紧密、最信任的人开始，逐渐让他们去影响自己身边的人。比如，我们的会员里，有的家庭生了三个小孩，都是吃我们农场的菜长大的。我觉得这种信任感是相互的，当越来越多的消费者愿意支持我们生产的时候，我们也会更用心地改良土壤，去种出更好的蔬菜，或者更好地服务于我们的消费者。

俞敏洪：你的模式好像是从熟人圈信任开始，逐渐扩大到社会，不认识的人和其他人互相带动以后，也对你的农场产生信任，这种信任带来了更多会员，会员每年购买你的新鲜产品，使你的商业模式能够持续下去。这种模式，第一时间比较慢，第二会员扩大不像互联网那样一下子那么多人，当然一个农场也种不出那么多蔬菜和粮食。但现在在全国其他地方，不少人在向你学习"分享收获有机农场"的模式,现在有没有人模仿你成功了?

石嫣: 您问到了一个很关键的问题。其实我自己的农场现在大概 300 多亩,有 1000 多户消费者在北京,基本能维持自己农场的良性运转,每年的产品也都是根据会员数量进行定制化生产,从经济上、农场生态上都得到了一个比较良性的循环。其实,我发现农业很难在生产端上简单进行规模化生产,特别是生态化的生产方式。我自己从事农业 13 年,很大一部分时间是在推广我们的理念。最早还在人民大学读书的时候,我们就开始办社会生态农业大会,第一届全国只有 100 多人,后来一届一届办下去,今年已经办到第十三届了。

3. 大学生是中国农业现代化的希望

俞敏洪: 在这十几年里,你们夫妇在事业发展方向上有过分歧吗?中间有没有动摇、妥协和让步,有没有想过最难支撑的时候把农场关了回到城里去?曾经有过这种想法吗?

石嫣: 我们俩肯定有分歧,要是没有分歧,不会现在两个人运营两个公司。当初我们有一个矛盾的地方,那时候我们在北京通州,先在一个很普通的村庄建了一个基地,那个基地建立时,设想的模式是希望通过影响一个又一个农人,让他们从事有机农业,我们再帮助他们销售,建立起一个平台。后来我们发现,我们跟第一个农户的合作就非常难,我们种了一茬茄子,种完之后有一天我们突然发现茄子上有白色液体的痕迹,我们问农户,农户说他当时用了敌敌畏,为了杀死茄子叶片上的一种虫子。当时我们团队就开会,决定把那半亩地的茄子全部拉秧了,一棵茄子的收成都不要了,全部拔掉。

我们当时设想跟农户合作的模式,可能就有问题,我先生坚持说我们必须要有自己的基地,于是就有了现在我们在顺义柳庄户村自己租的一个基地。他认为,我们先要有自己的根据地,再去影响更多的人做。这算是我们那时候一个分歧点吧。

俞敏洪: 农户很难控制,会为了提高产量和减少损失暗中使用化肥和农药,那你们现在还有跟农户合作的项目吗？有没有农户现在已经和你们达成了共识，百分百地种有机植物？农户因为种了有机植物有更好的收益，现在有这种良性循环出现吗？

石嫣：刚才我提到的通州农户，我们叫郎叔郎婶。那茬茄子被我们拔掉之后，他们就意识到我们的标准了。10年了，我们从2012年开始合作一直到现在，通州基地还在，郎叔郎婶还在为我们做生产，现在他们夫妇俩不用出去打工，一年至少挣十几万到20万，两个人就为我们种菜，一直合作到现在。

俞敏洪：比他们原来自己打工时收入还要好？

石嫣：肯定比出去打工要好。

俞敏洪：现在跟你们这样合作的农户有多少家？

石嫣：形成经验之后，我们就开始建立自己的根据地。我们要影响更多新农人，先要让他们从理念上接受。当时我们跟通州基地的农户产生的问题就是，他们对于我们做这件事的理念和意义没有太多概念。后来我们再合作的农户，也就是新农人，在全国大概有三四百个，他们都在我的农场里工作过，有的工作过两年，有的工作过3年，有的参加过我们的新农人培训，他们又回到全国各地，回到家乡去做生态农业。这样一批人的产品是值得相信的，我们会通过考察、检测的手段再去做一个保障，进而让这些已经认可了有机农业价值的一群人再去做有机农业。

俞敏洪：这些新农人和原来的传统农人，区别在什么地方？这些新农人是不是本身都是大学毕业，立志改造中国农业的一批人，还是有什么其他的背景？我对大学生再回到农村工作这件事非常关心，我一直认为中国未来30年会出现这样的热潮，会有一大批大学生厌倦了城里的工作，或者在城里找的工作并不好。比如，现在有大学生在送外卖，骑着摩托车风里来雨里去，大学好像白上了，大学生毕竟在大学4年间学到各种各样的知识，整体知识水平要高很多。中国本科大学毕业生只占到中国总人口的4%，大学生依然是非常珍贵的、有知识的群体。

中国农村要现代化，中国农业要真正变成第三产业，并且像刚才说的中国有机农业、生态农业的改造工作，以及带领中国传统农民向农业产业或者农业生态转型，如果依靠中国传统农民肯定没什么希望，他们就是用几千年来一样的种植方式在种植，甚至现在中国的传统农民学会使用化肥和农药之后，把原来生态的种植方式都丢了。未来中国的大学生，尤其是农村出去的大学生再回到农村，包括你这样城市出来但又恰恰爱上了农业的大学生，这批人才是农业的希望。

我感觉你带出来的新农人，不一定像你跟小程一样都是博士毕业，但至少也会是大专毕业或者本科毕业。**这些新农人，怎么在农村生存下去，并且改变中国农村的面貌？你是怎么带他们的？怎么跟他们产生共同的信念，并且在农村这样的艰苦条件下愿意一点一点奋斗？** 你也给我发过一些新农人奋斗的故事，从对土地一无所知，到后来种上东西、养上动物，过了好多年产品才慢慢被认可，最后卖出价钱来。总而言之，这是一个非常不容易的坚守。

石嫣： 人才是现在做生态农业的农场最需要的。一方面，包括我自己农场团队的这些年轻人，我相信再过 10 年、20 年，我们再回头看，我们会看到这样一群人是真正引领中国农业发展和走向未来的人。现在很多新农人可能还处在如何做到收支平衡的挣扎中。我们做了一个调查，全国 70% 从事生态农业的新农人还处在亏损状态。这也是我们为什么希望能支持他们的销售。

另一方面，可能您在我的农场里看到了，我们农场里很多人反而不是学农业的。比如，我们市场部的负责人，其实原来是在一个 IT 大厂工作，天天做程序员，现在在市场部卖菜。生产部负责人，原来是学服装设计的，做艺术方面的工作的。我自己农场的小伙伴，他们想要选择来到距离北京市中心 70 多公里的村庄生活，确实挑战很大。比如，冬天相对城市来说这里还是很冷的，夏天有各种昆虫，但总体来说他们追求的都是一个信念，他们希望自己的选择能够给其他年轻人建立一种示范，未来乡村应该是一个更加宜居，能让每个新农人安居乐业的地方。这样一批年轻人来到我的农场，首先我们在未来追求的方向上是高度一致的。

可能很多人来到乡村，会有很多，比如家庭上对他的压力。现在马上要过春节了，很多在农场工作的年轻人，每到春节从家里回来后的一段时间，都是他们的低潮期。因为每次回家可能家里人都会问你在做什么，他们会说做农业，家长可能觉得我们把你培养成大学生，你又去做农业了，不管你收入多高，大家都觉得做农业不是一个职业，不应该成为大学生毕业之后的选择。这是我们特别需要去改变的，我们想让大家意识到，未来哪怕你是博士，到乡村做农业也很正常。

俞敏洪： 未来可以致力于改变这一现状。刚才有不少网友建议新东方跟你联合开新农人培训学校。现在我都开始进入农业了，那没有什么人是不能进入农业领域的。我真的想认真致力于如何让农业变成大学生非常愿意选择的领域，并且在这个领域中，不是靠一个理念和理想可以支撑的，最重要的还是靠某种商业模式。尽管做农业是一种情怀，但光靠情怀是支撑不下去的，你跟存旺两个人有情怀，但背后也在摸索一套可持续发展的道路。农业可持续发展的道路一定不是简单的资本化，做成超级大公司。

归结到个人，一个个人或者几个合伙人，像新东方创业一样，如果能让老百姓真正信任，能生产出好产品，并且能够把品牌在当地老百姓心目中，甚至在全国老百姓心目中真正树立起来，那么这样新农人计划背后就能把个人的情怀、农业的发展、对中国人民可持续健康的关注，以及未来可持续发展的路径全面打通了。现在你摸索的这套路径特别具备借鉴意义。你好像已经开了新农人培训，不能算学校，但至少是培训班，而且是师父带徒弟的方式，我觉得真的特别好。

我个人在未来估计会把不少时间放在农业上，不是纯粹卖优质农产品，而是能为中国农业的发展做些事情，或者跟你们一起总结提炼出一套中国农业的发展路径，这个发展路径是面向未来的发展路径，建立起一个完整的生产者和消费者之间互相信任的关系，让生产者能真正服务于消费者，让消费者真正能够百分之百信任生产者，并且在这种互信基础上，互相增加自己各取所需的价值体系，这是我希望我未来认真做的一件事。

石嫣： 现在我们自己做了32期新农人培训，培训出了700多个新农人，如果有您的助力，我们一年至少应该能培训 700 个新农人。而且我们应该把现有的课程做得更系统化一些，让每个愿意从事生态农业的人回到家乡之后能直接入手，不再像现在很多新农人一样，可能要度过一个非常艰难的磨合期。包括如何做土地签订合同、如何和当地村民打交道等一系列问题，都是我们之前十几年走过的路、栽过的坑，我们希望把这些经验更多地分享给愿意返乡的群体。

我们认为未来中国农业模式之一，是让更多农民在乡村做一个小而美的农场，经营好自己的一块田，或者生产好自己的产品，而不是每个人最后都做成几千亩、几万亩的大农田。其实农业并不一定意味着你的规模越大收益越高。

4. 中外农业发展的不同

俞敏洪： 大规模机械化是不是中国农业的出路？现在你的 300 亩地是机械化耕作，还是人工种植为主？

石嫣： 我们主要种植蔬菜和水果，相应用到农机的量比较小。比如，在翻耕或者基础工作的时候有拖拉机，我自己农场也有拖拉机。但很多细节工作上，绝大部分还是靠人工。比如施肥，如果用化肥，一亩地可能几十上百斤，一袋肥就够了，而有机耕种一亩地的肥料使用量达到 1～2 吨左右，从开始堆肥到翻耕，到腐熟之后再一车车运到地里，这个过程都是靠人工完成的，这个劳动量至少是 10 倍于常规农业的劳动量。

现在机械的部分也是我们需要的，可现有真正能够服务于我们这样规模的机械非常少，绝大部分的国内农机要么就非常大规模，比如大型拖拉机，要么是非常小的一亩三分地的农户所用的农业机械，适用于几十亩。我认为未来中国农业的规模，可能家庭农场也会在 30 亩到几百亩之间，应该是一个适宜耕作的规模，但目前农业机械还非常少。我们了解到，在日本相应的农业机械是非常多的，目前引入的成本价格也非常高，但这也是未来我们应该去对接的一个方向。

俞敏洪： 我在很多电视片上看到过日本农业的耕作过程，小型机械化非常完备，包括我到日本去偶然看到日本农业，现在日本的农产品，大部分或者绝大部分应该都是有机生态的农产品。我也看过他们种植时，六七十岁、七八十岁的老人在农村工作，但他们都开着非常精致的小型农业机械，种菜、收菜、摘菜、分类都是农业机械完成的。日本现在的农产品除了自己用之外，好像还可以出口，他们的人均土地面积比我们还少一些。

看了日本的状态之后，我在想中国在哪方面能够改进，真正让农业变得更高端。我看那些日本老人开农业机械就很羡慕，小时候我开过手扶拖拉机，好难开，但他们的机械很多都人工智能化了，我觉得特别适合中国，因为日本是山地，中国也是山地为多，小块土地为主。大型的农业机械只适合东北平原、华北平原，或者没有高低不平的广袤土地。从这个意义上来说，中国农业应该向日本学习。

像日本和德国等一些国家已经研究出了那么多优秀的农业机械，中国应该模仿和研究，价格也可以下降。如果你要进口一批日本农业机械，你觉得要种多少亩地才可以分摊这个成本？

石嫣： 目前我们也有一些机械，比如旋耕机、打草机、除草机。但我觉得这不只是机械本身的问题，而是由原来的生产方式转向未来适用于机械生产方式的问题。比如，原来农场大棚是2007年左右盖的，当时我们还没有来，这样的大棚连一个基础的小型机械都开不进去。如果未来要往这个方向发展，整个生产方式都要发生改变，在盖大棚时，就一定要保证实用型的小型机械能进入。

此外，我们和在国内研究农业机械的朋友交流过，过去一家一户非常小规模的生产其实不需要这些机械，如果我们转变生产方式的过程中，大部分人不需要机械，机械行业、农机行业就没有动力研发，只有像我们这样的农场越来越多，机械供应商才可能愿意生产这样的机械。

像我们的农场完全有理由去使用机械，因为可以减少一些劳动力的投入。我们农场也遇到老龄化的问题，很多真正在农业生产一线上工作的农民都60

岁以上了，10年前他们可能50多岁，现在都60多岁了，再过几年他们可能不能在生产一线了，确实需要发展一些机械。

在投入比上，一个人工一年下来在农业生产上至少需要花费4万块钱，如果投入一个机械能至少减少一个劳动力，这样的农业机械我们是愿意接受的。而且还可以通过智能化去解决，比如现在农场这么多大棚，我们需要每天下午4点左右把每个大棚的棉被降下来，因为现在是冬天，这些过程如果能通过智能化解决，我们就不需要人一个一个地去大棚降棉被了，这也可以减少劳动力投入成本的问题。

俞敏洪：你在美国当了整整半年农民，在中国也当了10多年农民，对于中国和美国的农业状况应该有着非常到位的了解。**中国和美国农业的区别和差距到底在哪里？中国未来应该怎么追赶？从哪些方面？**实际上在100年前，美国的农业是向中国学习的，而且美国派了很多专家，到全世界考察有机农业到底怎么开展，而中国从1911年开始一直是全世界有机农业的示范。但今天中国却变成全世界农药和化肥用得最过量的反面典型，从这个意义上来说，你稍微谈谈**今天中国和美国农业的差距。此外，中国在农业上未来可以向美国学习什么？**

石嫣：我在美国待了差不多半年，回国后又去过几次，也去过欧洲及印度、泰国等东南亚国家，我去这些国家开会，开完会就跑到乡村考察，也形成了一些感性认知。比如，东亚农业和北美的农业其实是很难简单做比较的，毕竟形成的背景不一样。中国是以原住民为主的家庭农业为主体结构，绝大部分是小规模的生产，而在北美，他们原来都是大草原，由于当时殖民原因，逐渐有人开始种地，所以形成了大农场的模式。

大概在十几年前他们在变革，因为他们发现过去大农场的模式产生了大量问题，比如乡村社区的大量衰败。我去过几个小镇，很好的房子和学校都没有人了，大量年轻人外流，大概二三十年前他们就开始出现这个问题。还有一个很重要的问题，是美国的公共卫生问题，人的健康问题相对比欧洲还要差很多，比如他们的肥胖问题、快餐问题，和整个饮食文化是相关的，从这个角度来讲，我们反而要珍视中国传统饮食文化里的一些内容。

另一个差异，我和很多美国农场主交流过，无论他们的农场规模大小，在和他们访谈过程中，他们都流露出一种对自己从事农业的自信。他们会觉得我是农场主，我自己很自由，开个拖拉机就可以管我的农场，不需要受别人的管理，"I am my own boss"，我不需要接受别人的管理。我们希望未来中国的农民，无论是新农人还是传统农民，也能有这样的自信。

对于我们从事农业的人来说，我们敢于说我们就是农民，我们作为农民也可以参与很多会议。这几年我也参与了像联合国粮农组织组织的一些在罗马的大会，他们最近几年开的会议都是有关于生态农业的讨论，他们在推动很多技术发展，比如稻鸭共作，就是种水稻时养鸭子的技术，他们在全世界推广，我说，这不就是中国的传统农耕智慧吗？现在我们要推动的不只是吸收农业传统智慧，我们其实完全可以用现代的管理、市场手段，用更好的平台、技术，把过去的智慧结合进来。

我认为中国农业有太多空间可以去做，最近我跟好多农场年轻人也说，我们作为真正中国未来农业的引领者，要相信我们自己的定位。

俞敏洪： 一定要有这个自信，我觉得我也要加入，我们一起要做成未来中国农业的引领者。这段时间对农业的了解越来越多以后，我对未来进入中国农业越来越有信心，觉得这越来越能体现一个人的价值，未来可以一起做很多事情。

5.《四千年农夫》：中国千年农耕文化

俞敏洪： 最后我要推一下这本书，这本书是你翻译的，叫《四千年农夫》。在100多年前，美国人富兰克林·金考察了中国、日本和朝鲜，在考察中国农业之后，写出一本中国农村传奇。这本书讲了中国传统农业有那么多好东西，包括中国农业产品是怎么做的，稻鸭共存等。小时候我们在稻田养过鱼和田螺，还有用桑树养蚕，再用蚕的排泄物养鱼，鱼的河泥回到农田去肥沃农田，这都是中国四五千年农业的智慧。这本书用图片和文字的方式，比较系统地记录了100年前的中国农业，让我一下子回到小时候在农村生活的状态和感觉。

如果今天以现代化的方式回到过去的中国进行农业种植，对中国人民来说毫无疑问是非常幸福的事情，因为过去没法找到农药和化肥，老百姓只能靠生态和有机肥来种植。现在有了化肥和农药，我们又要抑制化肥和农药的使用，让全民回到过去中国有机和生态农业的种植方式中，让中国老百姓吃上安全的食品。这需要全中国人民的努力，而且是不断的努力。

当初是什么原因让你和存旺两位花力气，专门把这样一本讲中国、朝鲜和日本永续农业的《四千年农夫》翻译过来，向中国人民宣传和传播？

石嫣： 当时是美国一个研究所所长，在我临回国之前，把这本书送给我了。我拿到的时候是一本英文书，已经挺破了，英文字母都是用传统写法写的，那本书现在还在我书架上，已经散了。

我一开始没有读，隔了一段时间把那本书拿出来看了看，一下子就被震撼了。我以前没有站在一个外国人的角度，看他们对于中国农业、农民的描述，比如其中有一段说，中国的农民其实就类似于一个时间的函数，中国农业精髓的东西，其实是我们在用时间和空间换我们产出的价值。美国的农场种黄瓜都不搭架子，直接让黄瓜在地上平躺着长，中国的农民都是立体化的，让它在平均每1平米的土地上都能长出更多黄瓜。这是由人口因素、环境因素决定的，所以在金博士眼里中国农业所形成的一种必然性其实非常具有借鉴价值，这使得中国农业几千年来可持续发展，养活了这么多人口，从时间经验上是可以被验证的。

后来费孝通老先生在他的读书笔记中也写到过这本书。他说其实中国人就是一个从土到土的循环，我们的文化、根基，是从农耕文化里来的，每个人最后又回到土地里去，这样的循环必然带来整个乡土文化所引发的社会变迁。

俞敏洪： 我翻了一下这本书，简单来说是外国人眼里的中国农业史和中国农业种植史，图文并茂，你翻译的文笔也相当不错，凡是想知道中国过去农业和中国农业种植史的，都可以看看。

今天时间不早了，我们最后来看看网友们的问题。有机肥是不是就是大粪？

石嫣： 有机肥其实就是大粪。现在有机农业的标准里，它是不允许把人的排泄物直接用到根茎类蔬菜上的，包括叶类菜上。我们要求是必须使用腐熟后的堆肥，比如使用羊粪、牛粪等其他动物的粪便，经过高温堆肥把内部病原菌全部杀死之后再用到土地里去。

其实粪肥的来源只是有机肥的一种，我们还有绿肥。为什么在果园里不用除草剂把所有草都打掉？其实这些草我们用机械打掉之后，本身就是土壤很好的绿肥，可以给土壤保墒，为园区昆虫提供栖息地。生态系统中每个要素都有非常重要的价值。现在对于粪肥的使用也很严格，比如一些规模化养殖场的粪肥，经过我们的检测，有时候重金属含量会比较高，在使用这些肥料的时候，我也建议农友最好先进行一些考察。

俞敏洪： 我们小时候会养蚕，把蚕拉出来的东西倒河里去让鱼吃，鱼拉出来变成河泥的一部分，冬天把鱼塘抽干，把泥挖出之后再和稻草、腐烂的东西弄在一起，埋在地下几个月再挖出来，就变成第二年农田中施肥的肥料。那个也是有机肥对吗？

石嫣： 这个在《四千年农夫》中有详细的介绍，这也是让作者特别震惊的东西。中国人把所有能够还田的东西都进行了堆肥，堆肥的过程包括您说的塘泥，以前都比较干净。中国有一个农耕文化遗产是桑基鱼塘，就是您老家的这种，养蚕做蚕丝，把蚕粪回田，挖塘泥再肥沃桑树，这就是一个循环的过程。

俞敏洪： 中国几千年的农耕沉淀真的很值得研究。今天由于时间关系，就先到这里了，以后我们常联系。

石嫣： 谢谢俞老师，再见。

——**对谈结束**——

俞敏洪： 刚才和我对话的是中国著名新农人石嫣老师，她是中国人民大学博士毕业，后来和她老公程存旺一起到顺义开了一个"分享收获有机农场"，现在已经有很多会员共享他们农场优质的有机生态农产品。这种行为特别值得赞赏，扩大了就业机会，扩大了中国年轻人对社会和农村的向往，要知道中国整个社会体系就是来自于农村，中国五千年文化都是农耕文化。尽管现在城市人口已经超过了农村人口，但农村仍然是城市人口生存的基础。

我们现在面临的最大问题就是城市里的消费者吃不到安全农产品，有这样一批年轻人愿意拿出自己的时间和精力，对农产品进行研究，为中国人民提供有机农产品，真是一件特别了不起、特别好的事情。

他们还在传播农业知识，比如这本外国人写的《四千年农夫》，书中既有田园风光，又对中国 100 年前有机农业进行了丰富介绍，可以说中国农业种植的经验在全球都是排在前面的，到今天为止依然是这样的。现在我们依然可以看到农产品的轮种。我小时候干过这个事情，经过轮种让土地的肥力进一步发挥和保存，并且通过轮种间隔使植物吸收更好的阳光，长得更加茁壮。我小时候干过十几年农民，对农业比较了解，今天中国正在呼唤新一代农人出现，让他们为中国老百姓产出更多有机农产品。

随着技术推广，未来有机农产品和生态农产品，一定要卖得跟今天所买到的使用农药和化肥的农产品一样便宜，才可以符合中国人民生活的水平。总而言之，我们一起努力为中国农业生态化奋斗，从今年开始我将会比较认真地进入中国农业领域，跟中国新一代农民打交道，不断宣传新一代农民，也为中国城市消费者买到更加优秀的农产品提供信息和支持。

谢谢大家。

（对谈于 2022 年 1 月 22 日）

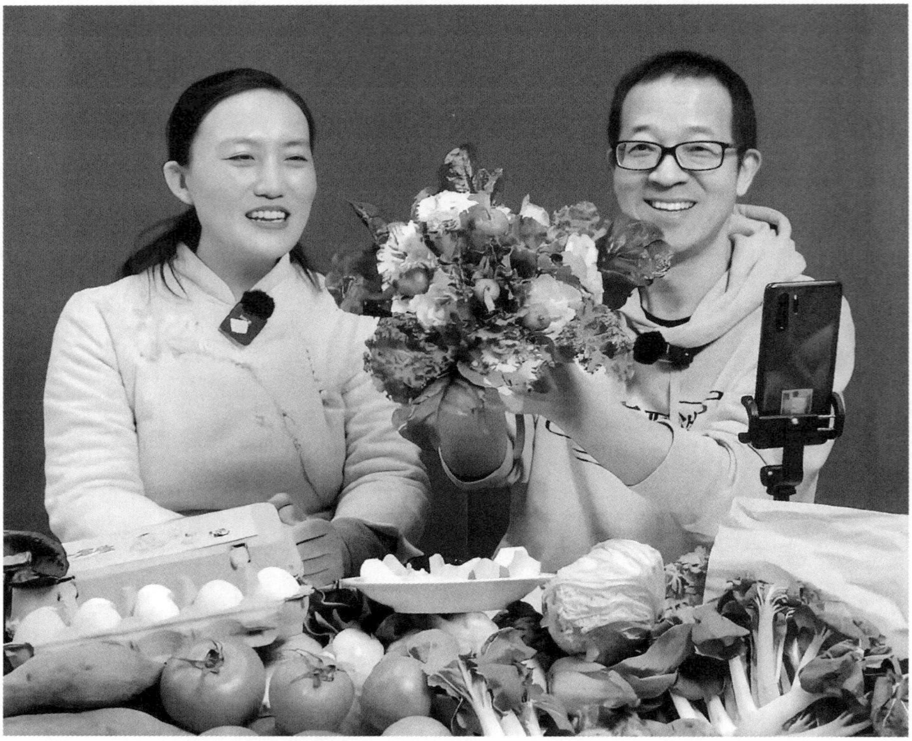

对话 **古典**

做有趣的人，过有趣的人生

自律应该是找到自己的规律，而不是自己逼自己。

"躺平"实际上是一个伪概念，在某种意义上是一个重新思考自己人生，再次出发的过程。

古典 /
著名企业高管教练、生涯规划师，新精英生涯创始人。著有《拆掉思维里的墙》《你的生命有什么可能》《跃迁》等。

俞敏洪： 大家好，今天和我对谈的是古典老师。古典最初是新东方的老师，后来自己创业，做职业咨询和规划，并结合自己的咨询经历，出版了《拆掉思维里的墙》《你的生命有什么可能》《跃迁》等书，稍后我会和他聊一聊与人生发展、职业发展相关的话题。

最近大家都非常关注冬奥会，中国赢得了有史以来最多的冬奥会金牌。大家也都非常关注滑雪运动员谷爱凌，网络上都在讨论谷爱凌的背景和成长历程，也有人在讨论谷爱凌的成长路径是否可以被模仿。我个人认为，谷爱凌的成长路径是不可模仿的，因为每个人的家庭背景不一样，父母知识结构不一样，家庭成长环境不一样，天赋不一样，接受教育的环境也不一样，谷爱凌是在中国和美国同时接受教育，可以说是得天独厚。但也并不是百分百不能模仿，在父母对孩子的教育问题上，我们还是可以借鉴谷燕培养孩子的一些经验。比如，**第一，培养孩子乐观积极的心态。** 不管是什么家庭出身，如果父母对孩子一直是鼓励或支持的态度，给孩子一个积极乐观的环境，就比较容易养成孩子积极乐观的心态，这是一个可以关注的点。

第二，关注孩子的爱好。 现在家长给孩子的压力非常大，什么都学，最后什么都学不会。从业余爱好的角度来说，谷爱凌从一岁多、两岁就开始学滑雪，她母亲有一段时间是滑雪教练，所以带着孩子上雪场。但她后来一直坚持，只要有机会就滑雪，通过这种对于一件事情非常专注、刻意的培养，就比较容易在这个领域取得不错的成就。

我研究了很多孩子在某个领域有比较好发展的家庭，这里的好结果不一定是奥运冠军或者世界第一小提琴手，而是他确实在这个领域中有一定造诣或者成就，并且能成为他的终身爱好，甚至可以变成他的谋生手段。在这些家庭中，不管孩子在这个领域遇到多少艰难困苦，只要孩子自己喜欢，家长也能看出孩子在这方面有一定天赋，那后面的培养过程就是一个专注且花时间的过程。在这个过程中，家长要不断鼓励孩子，鼓励会让他的心气一直保持在那里，孩子就会有兴趣把这件事继续做下去。

第三，对孩子全面培养。比如在中国，当了运动员，好像文化课就学得少，但文化课其实也能促进孩子的运动发展，因为他有了更多的理解力之后会更容易坚持下去。总而言之，培养孩子是一个很不容易的过程。

——对谈环节——

俞敏洪：古典好，你已经非常出名了，我就不多做介绍了，但可以说下我和你的渊源。古典最初是新东方的老师，在新东方教 GRE 等课程，非常有名，带了很多学生。后来他觉得在新东方当老师没什么前途，就出去自己创业了，给人做职业咨询和规划，慢慢总结了一些非常好的突破人生的经验。古典老师本身就是一个突破人生的典范。

古典：首先我得纠正一下，当初是俞老师把我招进去的。我经常跟我朋友说，是俞老师把我捡回来的。其实当时我在 GRE 试讲的时候基本上没戏了，俞老师上楼的时候看到我在发传单，就找他当时的助理把我领上去，那是我第一次见到俞老师。我到现在都还记得你说，希望我成为一个比你更好的词汇老师，所以我在那之后一直都在努力。每年过年和教师节，我都给你发信息。

俞敏洪：是的，连续这么多年都是这样。

1.《拆掉思维里的墙》和《跃迁》

俞敏洪：你出了三本书，我还为《拆掉思维里的墙》和《跃迁》写过序言，可以介绍一下《拆掉思维里的墙》和《跃迁》吗？你想让读者得到什么样的启示和启发？

古典：《拆掉思维里的墙》是我做职业生涯咨询第三年的时候写的。当时很多来询者都曾是新东方的学生，这些人很优秀，都是北京大学、清华大学的，但大部分人都想不明白自己为什么要读书。当我真的开始去咨询一些30多岁或者一些互联网大厂的人时，我才发现，从大学生到"职场人"这个过程中，即使他是哈佛、耶鲁的学生，也对社会缺乏了解，而这种**从未成年人到成年人，从父母为你负责到学校为你负责再到自己为自己负责的变化过程，其实根本就不是刚刚毕业这几年就能适应过来的**。有人这一辈子都没适应过来，有人都二三十岁、四五十岁了，还在让家长为他负责，让社会为他负责，所以我的第一本书就是这样有感而发写的。

大部分人无法释放自己的潜能，真的不是因为能力不行，也不是视野不行，更不是财力不行、家庭不行，主要就是自己的思维方式在很大程度上受限。**当一个人可以突破自己很多思维障碍时，其实就能极大程度上释放自己的潜能。**前两天看了一个报道，在所有学校里，校内排名前3名的人，在社会上的成就并没有7～15名的人高。为什么？因为7～15名的人没有那么"卷"，除了读书以外，他们还会做很多别的事情。比如，他们会去读更多科目，参加更多社群活动，甚至会打打该打的架、喝喝该喝的酒、追追该追的异性，他们人生会开阔很多，这样的综合能力会让他们走得更远。但传统的"好学生"恰恰思维比较禁锢，他们能成为好学生、好员工、好父亲、好领导……但在这么多角色来临的时候，"好学生"其实都在用过去的思维套这些角色。所以，这本书实际上是写给这群被困在自己思想中的人看的。

俞敏洪：《拆掉思维里的墙》的标题本身就给人心头一震的感觉。从理论上来说，**每个人都有局限性，有时候是被习惯和意识养成的，甚至是无意识养**

成的。另外，人有一个特点，**一旦来到某种舒适区，离开舒适区就会变成一件痛苦的事。**就像外面在下雨，让你不打雨伞冲进雨里，内心是会胆怯的，而一旦真的冲进雨里，你可能会发现在雨中其实有另一种乐趣，这就是为什么会有世界著名歌曲《雨中曲》。

我可以印证一下你刚才提到的问题。我是北京大学出来的，北京大学的人都是"人精"，大家都认为自己很厉害，但能在北京大学弄出点"动静"的人，确实不是北京大学学习最好的那群人。之前有一篇比较极端的文章，追踪了1000多个全国各省市高考状元的人生轨迹，发现他们最后都没有成为顶级官员、著名科学家或是著名企业家。原因很简单，一个人的思维宽度，甚至做白日梦的能力都跟他未来的成功有关系。一个人如果一心一意只专注于学习，24小时全交给学习，除了睡觉就是学习，就是为了考北京大学、清华大学，无意之中就把自己思维的活跃性限制住了。

其实一个班上前15名，甚至前20名的学生，在智商上的区别并不大，最明显的区别在于谁花的时间多。如果你在学习上花的时间多，你肯定成绩往前走，你在别的地方花时间，比如谈恋爱，又比如搞实验，又常常走神去思考一些别的东西，或是常常跟朋友一起玩，踢足球、打篮球，花在学习上的时间自然就会减少，很明显你的成绩相对来说就会往下走。但从本质上来说，这些人都不笨。进了大学和大学毕业后，由于人本身习惯性关注的宽度、深度、广度不一样，人们找到机会的能力，甚至得到更高层次发展机会的能力就不一样。这就印证了你说的，**中等水平的学生反而能找到更大的发展机会，并不是因为他更聪明，而是因为他更灵活，视野更开阔。**

用我自己的例子也可以证明，我之所以没有在北京大学成为教授，根本原因是我的学习成绩不是那么好，我不得不去想别的发展路径，最后做了新东方。这当然不能算是一个最好的发展路径，但今天回过头来看，我觉得做新东方挺合算的，不是因为新东方做成功了，也不是因为我赚了钱，而是因为我觉得我对这个世界的看法的广度、宽度、深度真的都不一样了。

古典： 是的。在《跃迁》之前，还有一本《你的生命有什么可能》，那本书是写给咨询师看的，属于专业读本，不是特别出名。《跃迁》讲的是一个人怎样在职业里跳跃式地发展。大部分人都属于慢慢渐进式地发展，一步一步升级，但怎样可以每隔几年就上一层楼？这里面主要讲了五个方法。

俞敏洪：里面有好几章，第一是"高手的暗箱"，讲怎样利用规律放大努力，怎样把自己变成一个走在时代前面的明白人；第二是"高手战略"，如何在高价值区做正确的事情，而不是在低价值区重复；第三是如何联机学习，找到知识源头，提升认知效率；第四，如何进行破局性思维，如何通过升维的方式来解决无解的问题，如何通过提问的方式达到对问题的深入了解；最后一个是如何提升自己的内在修炼。

古典：是的。之所以写这本书，是因为我到了三十五六岁的时候，看身边的朋友们，包括以前新东方的同事，就会发现，可能刚刚进入社会的时候，大家都差不多是二十五六岁，但到了三十五六岁，彼此之间的差距就特别大。这些差距肯定不是智商差距，因为当时所有新东方的老师都非常优秀，那为什么会有这么大的差距？所以，《跃迁》就关注一个问题：**为什么人和人的能力相同，但人们的水平、社会地位、影响力会有成百上千的差距？**

前段时间王健林说自己从早上6点干到晚上七八点，非常辛苦，我心里想，我也这样，很多人都这样，一个快递小哥也这样，但为什么大家的收益会差这么多？我就发现，这不仅仅是提升认知、努力的问题，其实很多人能在社会层面实现"跃迁"，就是因为很好地利用了整个社会系统，让整个社会帮他们工作。

俞敏洪：我补充一下，其实最重要的不是你干了24小时，不是你很累很忙，而是说你到底在为什么累、为什么忙，在这个意义上我自己深有体会。原来新东方比较小的时候，我其实比现在更累更忙，你刚到新东方的时候，我还自己上课呢，一天上10个小时、12个小时，典型的在低层次忙，当时我就觉得，除了我以外的人，上课都不如我。

后来我慢慢学会了，其实对于一个机构的发展路径、发展方向、发展层次来说，选择跟更高层次的人沟通交流、定更好的战略、定更好的战术路径，比你自己忙重要100倍。新东方遇到各种各样的事情后，我其实一点都不忙乱，我只会在想不通的时候找人聊，而不是自己下一个武断的决断。一旦通过自己深刻的思考后下了一个决定，就不会再摇摆，反而让我省下了很多时间，而且会坚持下去。如果你忙，没想通、很糊涂，就会很容易受到环境和外在的影响，很容易摇摆，很容易从头再来。

古典： 是的。如果大家觉得遇事不决，发展受阻，就读《拆掉思维里的墙》；如果大家发展得不错，想加速发展，就读《跃迁》。

2. 如何打破思维里的墙

俞敏洪： 你认为一个人"思维里的墙"主要体现在哪些方面？这些"墙"到底怎么拆？

古典： 我觉得其实有几个大的层面。**首先，心理层面。** 比如抱怨、指责，总觉得一切事情都是别人的原因，不是自己的原因。像我现在做公司，年终述职的时候，有人一上来就说，为什么今年做得不好？因为大环境不好，形势不好。这种人其实倾向于把问题丢给别人，而不是自己，这是心理层面。基于心理层面，会有四个比较外显的方面，**第一是职业方面**，职业发展很容易会有墙，比如在大公司做什么才真正值得等；**第二是情感关系**，比如亲子关系、亲密关系，什么是真正的爱，什么是恐惧，什么是依赖；**第三是身心健康；最后一个是财务方面。**

一个人的成长就像一张桌子，中间是心理层面，向外体现出来的就是工作能力、赚钱能力、跟社会的关系、和人的关系以及他跟自己的关系，这五个大方面都会有自己的思维障碍和墙，但最关键的其实是和自己的关系。

俞敏洪： 我觉得抱怨、责怪别人、推卸责任，是一个人在成功路上最大的障碍。很多人会习惯性怪别人，甚至老板也会这样。假如公司出了问题，我会想当然认为不是我的问题，是下面这帮人做错了事情，你们管理能力不够，你们执行力不够，你们用的人有问题，才把公司做成这样。实际上公司发生的一些问题，即使下面的管理者确实不到位，也是因为领导者选择管理者的眼光有问题。

前两天我读了刘嘉写的《心理学通识》，里面说小气的人一定会想办法指责别人小气，因为他只有通过指责别人小气，才觉得自己不小气。在心理上，人经常会推卸责任，而恰恰当一个人能对自己、对工作、对任何东西负起责任，才能走向成功的第一步。逃避则会形成一种恶性循环，做得不好就怪底下的人，底下的人被骂了以后更加不满，在背后进一步捣鬼，导致互相之间更加不信任，接着继续拆台，直到最后把公司拆没了为止。一个人如何通过对自己负责走向正向循环是特别重要的。你觉得**经常抱怨别人、推卸责任的人，如何克服这方面的问题从而走向正向循环？**

古典：通常情况下，经常抱怨别人的人，会有三种类型，**第一，有受害者情结**。遇到问题的时候，这群人的第一反应就是受害，因为对他们来说，把责任推出去是一件极其舒服的事情。**第二，成年人经常会做对错的判断，而不做得失的判断**。举个例子，过马路时，可能人行道是绿灯，汽车道是红灯，但走到一半，有一个大卡车加速冲过来，躲不躲？明明大卡车是错的，但你也会躲，因为这是你的生命。同样的道理挪到日常生活中，有人却很难做出判断，总会因为对错与否去埋怨他人。其实成年人活到一定阶段，应该能理解这个世界有多元价值观，谁都很难指责对方的对错。**第三，有轻度自恋或者极度自恋**。这样的人会觉得，我是最好的，既然有问题，肯定都是你们的问题。所以，一个有抱怨情绪的人，首先要识别自己到底有没有这三种情况。

斯多葛说，这个世界上只有三种事，第一种事是你完全影响不了的，比如自然气候，这种完全影响不了的事就不要去管；第二种事情是可以部分影响的，比如冬奥会，你能决定要不要好好发挥；第三种是完全可以影响到的。对于爱抱怨的人来说，除了识别自己是不是个抱怨者以外，还可以做三件事，第一，如果这个事情是你完全不能控制的，就不应该再关注它；第二，如果这个事情可以部分控制，那就需要搞明白事情的边界是什么，什么事情是你真的能决定的，比如心情不好你管不了，但你的反应是你能控制的；第三，百分之百能控制的事情不要丢，比如你内在的原则、心里面的良知、对人的价值。**一个人如**

果能外在识别情况，内在调整状态，他就会慢慢有所改善。

俞敏洪： 如果一个人不能意识到自己的问题，他是改正不了的，所以**一个人最重要的是先要意识到自己的问题**。我也想过一个人如何能意识到自己的问题，有两个方法，**第一是通过反思。** 孔子说过"吾日三省吾身"，但反思这件事还是需要有能力，如果你没有能力，你反思的结果只会加强自己错误的判断，越反思越糟糕。所以，人要不断提高自己的认知，多读书、多听课，或者多在社会中历练，多交往一些有学识、有见识的朋友。

第二个方法比较简单，如果能有两三个最好的朋友、知己，把你的缺点、问题非常坦诚地告诉你，就非常好。 当然，如果你没有这样的朋友，意味着你本身可能就有问题，你和他人之间的信任度、坦诚度没有建立起来。我对新东方管理层有个要求，每过一段时间就得实实在在告诉我，最近我犯了什么错误，个性上犯了什么错误，行为上犯了什么错误，这样我就能被提醒。尽管我也常常反思，我现在的反思能力比原来强很多，但靠自己反思一定有自己看不到的死角，而且人会故意把自己最恶心的一面放在"黑屋子"里，不愿意去正视它。所以真有这样的朋友能说出你的问题，且你能坦然承认，再继续往前努力，就能把问题慢慢改正过来。

3. 有趣的本质是恰当的不确定性

俞敏洪： 你在书中说，要让有趣的生命扑面而来，在你的概念中，什么是有趣的生命？

古典： 如果它是一个价值观评论，可能每个人都有不同的界定。但心理学里有一个很有意思的界定——**有趣这种情绪就发生在恰当的不确定性中。** 书里有一个图片，他们展示了很多不规则的形状给大家看，人们看什么形状最舒服？三角形、正方形、圆形。那看什么形状最有趣——多边形。也就是说，一个人觉得一件事不那么复杂，但又需要他比平时多一点处理能力的时候，其实最有趣。反向来说，什么样的东西最无趣？重复的、单调的、一致的。所以，**从本**

质来说,有趣就是恰当的不确定性。不确定性太多会焦虑,不确定性太少会厌倦,而在焦虑和厌倦中有一条很窄的缝,就是有趣。

俞敏洪: 确实如此。一个人的生命过程如果无趣,实在毫无意义。很多人觉得自己的工作特别无趣,8 小时就是熬时间,早上 9 点卡点进办公室,晚上 6 点卡点下班,一分钟都不愿意多待,没有早退迟到,但这种熬工作的日子也没有意义。有的人家庭生活过得无趣,两个人在一起除了看电视、玩手机,就是在房间里各做各的事,互相也不说话。如果把生活或者工作过成这样无趣的状态,对生命来说毫无疑问是一种折磨。

我个人感觉有趣的生命有两种感受,**一种是你自己能感觉到有趣,另一种是别人觉得你做的事情挺有趣**。当然,我认为前者是重要的,后者是次要的,但都是有意义的,因为如果别人觉得你做的事情没有意义,你自己做着做着可能也觉得没趣味了。所以,**你要想拥有有趣的生命,就要找到自己感兴趣的事情**,只要你自己感兴趣,能够全情投入,不管别人认不认可,你已经进入了一个有趣的状态。

我自己整体来说做事还算有趣。我之所以从北京大学出来,就是因为过着过着有点无趣了。当时我教北京大学的英语泛读课,教材是一样的,第一年上完了,第二年就重复上同样的课,虽然学生是新的,但觉得这是在不断地重复,对外面世界的了解也变得越来越少。后来我觉得,无论如何应该去做一些新奇的事情,就跑到外面的教培机构上课,那些教室里坐着一二百人,讲话也不用小心谨慎,因为都要出国,学生学习也很专注,我当时就觉得这个状态挺好,上课更有意思。在此之前,我给北京大学的学生上课会很有压力,所以我会非常严谨认真,上课轻松活泼的氛围就没有了。但走出北京大学到外面给人上课,就不用太在意这些,我心里会想,我连北京大学的学生都能教,这些学生我教起来应该比较轻松。就这样,幽默愉快的上课氛围出现了,后来就自己出来办了个培训班。

回过头来看,尽管我没有变成一个学者,但我觉得做新东方这 30 年的历程还是蛮有趣的,我也不后悔。尽管很多艰难不可预料,甚至有时候惊涛骇浪,但正因为这种不可预料、惊涛骇浪，调动了我全部的精力和能力来处理事情或迎接挑战，让我感觉到生命中的激情和奋斗精神，我觉得这挺有意义的。

古典：我要把这故事续下去。我 2002 年到新东方，其实本来想过无趣的生活，因为我读的是建筑工程，我就想出国读建筑。我到了新东方的课堂后发现还挺好玩，原来教学可以这样子，我回去就跟家人说，我考完托福、GRE 拿了分，就不出国了，我就留在了新东方。

有时候有趣在身体上就是个痒，疼又受不了，完全无感就是麻木，所以它就是个痒。从行为上来说，有时候你按照轨道走，突然有一个东西吸引了你，你微微地走出一个小轨道，就会发现一个全新的天地。在这个天地中，你凭着直觉往前走，推开一扇又一扇的门，把你带到一个你可能从没想过的地方，像爱丽丝梦游仙境一样，看到你以前从来没见过的东西。新东方带我见到了我没见过的东西，带我看到了没看过的事情，带我进了一个新的行业，现在往回一看，觉得一切都很值得，完全凭着自己的心和趣味往前走，其实可以走很远。

俞敏洪：一个人应该怎样拥有有趣的人生、生活和工作？

古典：我曾经做过一个讲座，"给生活加点盐"。**我觉得有趣的秘诀就是给生活增加一点点不确定性，但不能太多。**这个不确定性可以小到什么程度？我举个例子，有两三年时间，我每个周三的晚上都逼自己过 different night（不同的夜晚），这个晚上一定要干一些以前没干过的事，所以在很多周三的晚上，我做了很多不同的事。比如，你每天都坐 36 路公交车回家，今天能不能早一站下车，换个方式走回家，或者晚一站下车走回家。总之，见见不同的人，学学平时不会学的东西，慢慢就会发现生命被打开了，甚至你会见到一些平时你不会见的人。

再比如，我绕了中国一大圈以后，觉得城市都被我玩完了，我就开始在微博、豆瓣上找有趣的人，约他们见面聊天。当时我们这群新东方的老师还蛮有钱的，很多老师买了房、买了车，但我一点都不后悔，因为我在那些时间真的见到了好多人，我爬了雪山，在三峡被淹没之前徒步了三峡，我觉得我的生命非常开阔，我看到了很多可能不是很有钱，也不是很出名，却活得非常精彩的生命，这让我下半生做职业生涯规划变得很有定见，这就是有趣带给我的东西。

4. 大胆打破常规生活

俞敏洪： 从你的描述来看，**如果一个人太循规蹈矩地坚持走既定的生活路径，很容易把一辈子过得无趣。**举个简单例子，如果一个人在一个公司只做一项工作，除非他对这项工作无比热爱，热爱到他 24 小时都不愿意放手，否则他会进入一种枯燥状态。有的人可能会习惯相对比较舒适或安全的生活状态，待在安全圈里，比如两点一线，没有任何突破，但也会进入一种相对无趣的状态。反而那些不怎么按常规出牌的人，会把生活过得更有趣。

古典： 当然也不能太浪，我觉得跟做菜放盐一样，得慢慢调，调到一个你喜欢的咸度，既有不确定性，又有一定的稳定性，生活就会很有意思。

俞敏洪： **生活和工作不能不稳定，但不能绝对稳定。**比如，要换份工作，但你可能根本不知道下一份工作要做什么，这就容易陷入失业状态。但如果你想清楚了下次要找的工作方向，以及你想去的城市，它就不算是冒险，而是一种寻找新的生活方式的探索，我觉得这是一个不同的概念。

另外，**适时打破生活中的常规，稍微走出舒适圈，就有可能让你的生活更精彩一点。**比如，找个朋友喝个啤酒、聊聊天、撸个串，其实就会带来很多乐趣。看个电影也会带来额外的兴奋，晚上睡前读半小时书可能会带来一种人性的触动，假期的时候不待在家里，而是出去旅游一下，可能就会碰上新的朋友，看到新的风景，甚至带来新的机会。**局部突破自己墨守成规的生活方式，会给自己带来新的生命空间。**

古典： 之前写辞职信"世界那么大，我想去看看"的女老师，后来报道说她真的去旅游了，还碰上了自己的心上人，现在有了自己的事业。

俞敏洪： 你说过一句话**"无趣之人就是无胆之人"**，我印象很深刻，这句话是什么意思？

古典： 有趣的反面是安全。**我觉得大部分人活得没趣味，不是因为本身生活没意思，而是因为他们只在自己的安全区里工作。

俞敏洪：我之前提过一个观点，**场景有时候是决定人是否能成功的重要要素之一**。大的场景比如城市，北京和上海不一样，上海和广州也不一样，广州和成都又不一样，城市的气质和个人的发展气质其实有时候需要吻合。中国现在已经是一个移动社会，到哪个城市都不受限制，当你发现一个城市的气质和城市中人的气质与自己不符的时候，就应该要换。另外，工作场所。你到了一个公司，如果老板、同事、上下级关系都特别好，而且你的工作又是你觉得很有趣的工作，那当然可以在这儿待着。而如果给你一份很高的工资，可工作并不是你特别喜欢干的，同事关系也搞不好，这时候你就应该换场景。

所谓有趣的生命，就是在你的常规生命中有所改变。有时候可以有大改变，有时候可以有小改变，在改变中，我们要找到自己喜欢的生活状态、工作状态，甚至包括饮食状态，但很多人没有胆量去改变。

古典：是的。就像如果你就在北大教书，你会觉得生活无趣，但这其实不是你很无趣，是因为你根本就没胆量走入那些不确定性中。"林间两条路，我选择了人迹罕至的那一条。"其实只有人迹罕至的那一条才是有趣的路，才是打开可能性的路，但大部分人都会选"大路"。

俞敏洪：怎样让一个人从无胆变成有胆？

古典：两个方面，**第一，增加认知**。比如骑马，直接让你上马可能不行，会害怕，但如果你真的花时间提前在网站上看很多关于骑马的教学，怎么保持平衡，虽然在实际应用的过程中还是需要磨合，但这些知识能给你一些胆量。所以我觉得首先要增加认知，虽然身体没动，脑子和眼睛可以先学习一下。**第二，不要迈大步**。很多时候无胆之人需要一些小成就来推动自己，而不要一下迈大步。

俞敏洪：心理学家提过一个建议，**不要设定太具挑战性、让自己咬牙切齿才能完成的目标**。比如跑步，如果你从来没跑过，上来就设定 10 公里的目标，你可能只能坚持两天。但如果设定先跑个一两公里，慢慢就会不自觉地跑到三四公里，在不远的将来，也许跑 10 公里就不再是个压力。

一个人设定的人生目标、奋斗目标给自己带来超强压力，往往是崩溃的前兆。我们的确需要目标，而且是比现在更高的目标，但你一定要给自己足够的空间和时间，在心理上留给自己足够的舒缓余地，否则容易心理崩溃。很多人写新年决心书，结果想到一年要做的事情太多了，到年终的时候，就发现新年决心书上的内容其实只完成了 1/3。所以，大家千万不要迈大步，不要制定对自己极具挑战性的目标，而是要循序渐进才能达到更好的成果。

　　古典：我最近特别反对"自律"，因为无脑的自律根本就坚持不下去，比如你逼自己连续写作 21 天，其实逼不下去。我觉得，**自律应该是找到自己的规律，而不是自己逼自己。**

5. 找寻全情投入的热爱

　　俞敏洪：心理学中的 flow（译为福流或心流）是指全情投入的状态，你这十几年来，是如何全情投入到对于人的水平提升、职业提升、视野开阔中的？我到今天为止还在全情投入于新东方的发展，我知道我也有全情投入的感觉。

　　古典：之前有人问我是怎样坚持写作的，其实**真正的坚持都不累，所以不存在坚持，它其实是一个很享受的过程。**

　　很多人会疑惑，怎样才能找到让我全情投入的事，这个想法是错的，因为**全情投入本身就是一种能力，持续的专注本身就是一种能力。**有一种心理训练叫正念冥想，就像呼吸，在每天都会干的事中都能找到一个好的点切进去，都有人能在呼吸中持续地保持宁静。专注能让自己静下来，在某个瞬间找到感觉，它本身就是一个很重要的训练。所以，**一方面我们要找到自己完全不抗拒的事；另一方面，我们要能让自己在一个细节中沉下来、静下来，专注于此。**

　　俞敏洪：在某种意义上，全情投入的能力是能够训练出来的。按照你的说法，这种能力不一定非要找到愿意全情投入的事情才可以培养，如果我能找到我愿意全情投入的事情，甚至不用培养也自然会有。但我举个比较庸俗的例子，如果你看上一个美丽的小姑娘，不就很容易全情投入吗？如果你看不上这个小姑娘，即使你有能力，也不一定能全情投入。所以，这两者之间是不是应该有一个关系？

古典： 是一个互相寻找的关系。我们做生涯规划的时候，经常会问对方，在过去两三年中，有没有什么时候，你做某件事情，会完全忘记时间的流逝？对方会回答有或者没有，其实那样的事情往往就是他能全情投入的事情。我自己也是，有时候我备课、讲课，一抬头天都亮了，不知不觉就过了三四个小时，所以我就觉得自己要一辈子在写作、讲课上发力。所以，大家可以观察过去一段时间中，做什么事情会让你忘记时间。我曾经和周奇墨聊，周奇墨说他每次讲完脱口秀，休息一会儿就想讲第二场，这些事情就是他天然全情投入的。

俞敏洪： 我觉得可以从两个方面来说，**第一，不管你现在有没有找到愿意全情投入的兴趣、爱好或工作，必须先锻炼自己全情投入的能力。** 怎么锻炼？去找短期内你愿意全情投入的事情，比如你喜欢读一本书，那就从头到尾沉浸式地读完这本书，又比如跟一个好朋友全情投入地做一两个小时的真心交流，等等。

其实全情投入能力本身的训练是挺难的，从心理学的角度来说，走神和分神才是人的本性。在人类的原始状态下，如果人类全情投入到专注的事情中，当周围有危险时，感知不到的话，就容易出生命危险，所以人类必须随时警惕周围发生的情况，不能只专注于一件事情。所以，专注能力是需要训练的，走神是不需要训练的。从这个意义上来说，全情投入能力的训练非常重要。

第二，迅速找到自己愿意全情投入的人和事，如果能找到，其实不需要太多训练，专注力和全情投入能力也会有。 如果你真心喜欢一个人，你为对方全情投入就不是个问题；如果你真心喜欢你的工作，你在工作中全情投入也不是个问题；如果你有一个真正的爱好，比如谷爱凌爱好滑雪，她全情投入就不是个问题，所以这是一个相互的关系。我更希望大家能尽快找到自己真的愿意全情投入的爱好、兴趣、工作、爱情，最后能又省力又开心地进入到全情投入的心流状态，让自己的人生更加充实和幸福。

古典： 很多人为什么找不到全情投入的东西？就是因为他们看得不够宽

泛，我觉得前期要很分散，多看一些，找到喜欢的东西以后再全情投入。

俞敏洪： 其实在真正的专注之前，不专注是一个优点。不要觉得你毕业后找到的第一份工作就是你终身的工作，而是要在前期不断尝试，去发现那个真正喜欢的。著名的现代科普作家吴军，按理说他应该是特别好的工程师和科学家，但后来他突然发现，当他把自己的写作能力和理工科知识结合之后，写出来的书居然很受欢迎，更多的人通过他的书进入到领悟状态，这才是对世界最大的贡献。所以，他这几年就着重于科学和人文知识的普及，他认为这更有意义，但他也是在不断摸索的过程中找到的。

古典： 做选择要像渔夫一样，没有鱼就到处走走，别老在一个地方打鱼。但一旦找到鱼，就应该像农夫一样，深耕很久。

俞敏洪： 对于工作做得不开心的人，你有什么建议？

古典： 从我们领域来说，工作不开心其实内在有很多不同的感受，有的人不开心是因为压力大，有的人是因为不喜欢。所以，首先要分辨一下是因为什么不开心，是因为无聊，因为不感兴趣，还是因为感兴趣但没有回报？但说来说去，还是建议大家去找到真正热爱的东西。**我们常说，最好的工作就是爱干、能干、值得干。**

俞敏洪： 这是个很高的要求，一个人一生能找到爱干、能干、值得干的工作真的不容易。因为有很多现实方面的考虑，比如他真找到了爱干、能干、值得干的工作，但挣不了钱，也会很痛苦，毕竟要养活自己。所以，更完整地来说应该是爱干、能干、值得干，还能挣钱的工作，这就更难了。

古典： 这四项中能满足两三项就很幸运了。学生阶段建议找爱干的工作，但如果你已经工作了，可能得从能干慢慢向爱干靠近，逐渐过渡为值得干，还能挣钱，是这样一个过程。

俞敏洪： 人一生最重要的事情，就是要**找到自己爱干还能干的事情**，这其实是要碰的，当然有时候也是运气。比如，我准备留在北京大学当老师的时候，其实我觉得我根本当不了老师，我也不喜欢当老师。我当时之所以留在北京大学，完全是因为我比较懒散，不喜欢做朝九晚五的工作，尤其不喜欢做看领导脸色的工作。当时我们毕业分配，都是分配到各个国家机关，我知道一进国家机关就得天天看领导脸色，还得天天低三下四，我就不愿意，我就想，尽管我不喜欢当老师，但我毕竟在北京大学有寒暑假期，还有周末，一个礼拜只用上8小时的课，怎么也都能糊弄过去。等我真当老师以后，我发现我喜欢当老师，因为喜欢当老师，所以从此就再没想过要离开老师这个岗位。这是一个摸索的过程，所以我算是特别幸运，大概在25岁就已经确定了自己一辈子就当老师。

从这个意义上来说，一个人最重要的是寻找自己能干、爱干的工作。首先是能干，而且要提出一定的挑战，不能说这个事情只要能干就行。比如让我教小学英语，这可太能干了，都不用备课，我能教一辈子，但这肯定不如让我教大学英语有挑战。所以，不仅要能干，还得在能干的过程中不断成长，随着能力的提高，慢慢从能干走向爱干。

此外，有时候并不是一上来就会爱干某项工作，毕竟没有十全十美的事情，都是慢慢干了才会发现自己真的爱干。也就是说，大家不能等着，觉得非要确定了自己喜欢干什么才干，有时候是干了以后才能体会到自己确实喜欢干。

古典：是的，千万不要先以爱干为评价标准，因为在没干之前，你根本就不知道你爱不爱干。德国在学生七年级的时候就会送他们去实习，问你爱干什么，你说要做医生，那就送去医院实习，一年实习结束后，老师问，还要继续选之前职业的人有多少，80%的人都不会选第一次选的职业。也就是说，大家第一感觉爱干的往往是不爱干的。

俞敏洪：还有一种情况，你觉得自己爱干，一旦干了以后，发现需要克服很多困难。比如，你说你爱钓鱼，结果到河边坐了大半天也钓不上来一条鱼，很多人就没兴趣了。还有很多人说喜欢旅游，但真让他去旅游的时候他就不旅游了，因为他没想到旅游过程的艰苦。你如果想学到什么东西，经历长途跋涉等困难，日夜不息，能坚持住，那就是真爱。我就是真爱，旅游过程中无论遇到多少艰苦，我都充满喜悦的心情。

6. 追寻价值是人的本能

俞敏洪：最近"躺平"是个很火的话题，你在书中也写到，**其实没有人会一直躺平，因为追寻价值是人的本能**，即使躺平的人内心也在想怎样实现自己的人生价值。具体来说，人生价值应该归结为什么？会有一个分类吗？

古典：我给 1800 多个人做过咨询，基本上都会和他们做关于价值观的探索，发现人的价值观其实就四大类。第一类是高度，他会希望自己有权力、有影响力。第二类是宽度，要做大公司，要上市。第三类是深度，希望在某个领域很厉害。最近有个纪录片，叫《但是还有书籍》，讲到了像杨武能这样的翻译家，83 岁了，一辈子就爱翻译《浮士德》。第四类是温度，就是爱，比如我奶奶这辈子养了好多家人等。所以，具体看下来，**人生价值其实就是高度、宽度、深度和温度，能对周围的人、对这个世界、对社会有价值，是人很重要的标志。**

俞敏洪："躺平"实际上是一个伪概念，**在某种意义上是一个重新思考自己人生，再次出发的过程**。没有一个人会真正躺平，即使躺平，思想也不会停止运作，依然会想着自己的人生。除非你完全绝望，否则你依然会想怎样才能过得更好，依然会想你到底有什么价值和意义，依然会想你到底还能做什么。所以，暂时的躺平其实是一件好事，让人能静下心来想一想自己后面到底怎么走。如果躺平到最后变成"啃老族"，自己完全不实现价值，也不感到害羞内疚，这本身就是一个问题，但我觉得 99% 的人都希望自己能活得更积极、阳光、快乐、幸福。

但现在年轻人确实有个问题，更多年轻人走向了更加自我和以自我为中心的生活状态。现在虚拟世界越来越发达，"元宇宙"的概念已经出现了，没有元宇宙之前，游戏和社交媒体构成的半虚拟世界已经让很多人足不出户，包括外卖、快递业务的迅速发展，让很多人一个月、两个月足不出户，在家里照样可以正常生活。有的人觉得这样的生活挺好，但我觉得这种状态下，人的社交能力和面对面交流的能力会逐渐缺失。在虚拟社会中的交流有时候是不真实的，比如有些人在虚拟世界中"直抒胸臆"地骂人，但到现实中看，他其实是一个特别胆怯的人。在虚拟世界和现实世界中的人，有时候甚至是相反的，这会造成一个人脱离现实世界。未来元宇宙真正成熟，能够完全虚拟真实世界的时候，你觉得年轻人会变得更加脱离社会吗？还是说我们有一个什么方法，能把元宇宙的虚拟世界和现实世界结合得更好？

古典： 我还是挺拥抱元宇宙的。第一，我觉得，可能这一代年轻人的网络成分的确比我们多一些，他们其实是原住民，他们甚至是在网上长大的，所以我觉得他们在网上待着，只要不成瘾其实没什么不好。

第二，在过去，我们的世界很大程度上也是虚拟的，钱其实就是虚拟的概念，连公司组织从本质来说也是虚拟的，只不过今天的网络把这个虚拟程度放大了很多倍，就出现了你说的那种情况，比如人可以一直以很低的成本在里面浪费人生，人们足不出户，丧失很多社交能力等。今天的网络只是放大了原来生活中的好和坏，所以，不管在虚拟世界还是现实世界，重点应该是他是在创造信息还是在消耗信息，只要这个人在社会中是一个创造者，他在网上也会是一个更大的创造者。每个人都从消费者变成创造者，这个世界才会越来越好。

俞敏洪： 也就是说不管在虚拟世界，还是在现实世界，我们都应该成为正向的积极者，或者一个能创造有价值的信息和服务的人。无所谓虚拟还是现实，我们都可以作为很真实的人存在，做一个自己觉得有价值、让别人也觉得有价值的人，这是一个核心点。

古典： 是的，如果孔子穿越到今天，他也会觉得咱俩在玩虚拟游戏，但咱俩今天在聊很有价值的事，所以虚拟与否不重要。

俞敏洪： 你对当前年轻人的发展有什么建议？

古典： 有两方面，**一方面是应该把更长的时间用来开眼界，而不是着急找一份谋生和糊口的工作。**选择越来越比努力重要，以前没的选，谁努力谁就上，而今天其实有的选，而且能选到很适合自己的，所以今天的年轻人应该把探索的时间拉得更长，而不是一毕业就谋生、买房、买车，滚动起来。总之，**应该花更多时间做选择，而不是马上努力。**

另一方面，找到属于自己的岛。三五年前我们聊天，当时说教育未来会形成一个岛链，而不是大陆。现在在职场里也是如此，职场在变成群岛，而不是大陆。在这样的情况下，什么样的人会有竞争力？不是像机器的人，而是越来越像人的人。什么像人的人？就是那些真正做自己的人，你可以爱他，可以恨他，但你不会嫉妒他。比如 Lady Gaga，你不会嫉妒她，她做那些事很自然，你干不出来，所以你不嫉妒她。所以我觉得，**年轻人首先要花更多时间去探索世界，第二要花更多时间跟自己相处**。他真的得明白自己在这个世界的哪一个岛舒服，他得去逛很多岛，找到属于自己的岛，才能安然地在里面待下去。我觉得这种状态就是更长时间地探索，更长时间地找自己，而且很可能是隔五六年就来一轮。

俞敏洪：今天时间不早了，在对谈结束之前，我想给大家说一下，大家可能看不出来，古典老师最初跟我学了骑马，但他现在骑的是越野摩托，而且在越野摩托界小有名气。这么白白净净的书生，居然骑着摩托车狂野地穿越沙漠和山地，有时候真想象不出来，但有时候就要在这样的突破和自我表达中，才能完成自己有趣的人生。所以，古典老师不光能写书弘扬自己的理论，他同时也是自己理论的践行者，通过践行自己所感悟到的理论和方法，让自己的人生也变得更加有趣。

古典：谢谢俞老师，希望我们都更有趣一些，今天结束后大家也去做一件不一样的事情，就今天吧，别再想了。

俞敏洪：做点有趣的事，来一场说走就走的旅行，交一两个陌生的朋友，可能生命就会有所改变。不管遇到什么困难，都不要对现在的困难太绝望。有些困难和问题你不去解决，它自己就会走掉；而有些困难和问题，可能需要你有勇气去解决，才能变得更好。不管怎样，如果现在你眼前碰到的困难和困境解决不了，只要你还有腿，就可以走出去，走向一个更广阔的世界。今天就到这里了，古典再见。

古典：谢谢俞老师，再见！

——对谈结束——

俞敏洪： 刚才是我和古典老师的对谈。在对谈过程中，有朋友留言询问新的一年有没有什么好的建议可以给到大家，我想可以送给大家6个关键词，希望有了这6个关键词，大家今年能过得好一点。

第一，"唤醒"，唤醒自己的理想、梦想。 我们很容易陷入日常事务中，忘记自己要做什么，唤醒则是通过按下暂停键，让自己进入一定深度的思考期。思考的核心点有两个，一是回想过去，二是展望未来。回想过去，就是想一想从童年到今天，我们曾经有过什么样的理想、梦想或是想做的事情，但由于现实情况中工作的拖累、家庭的拖累或其他方面各种各样的拖累，我们已经把它遗忘了。在展望未来的时候，我们再去想一想，未来想做的那些事情跟过去是否相关，还是已经推翻掉了过去。为什么要先想过去，再想未来？因为当你把生命连成一条线，你是否能确认此生最想做的事情到底是什么，这是需要你自己认真思考的。

"唤醒"需要时不时去做，每过一个礼拜、两个礼拜、一个月，就要去提醒自己：我到底想干什么？不要做着做着就偏离了。比如，有人一辈子的理想是在全世界旅行，但最后把赚钱变成了自己的理想；有人也许希望变成一个学者，但最后把买房子变成了自己的理想。当然买房子、买车都没有问题，但在做的同时不能影响自己的理想。如果你的理想是往那个方向走，任何过分干扰你走向那个目标的事情，原则上都要有能力排除掉。

这就涉及**第二个词，"清理"，清理走向未来理想道路上的障碍，或是干扰项、干扰因素。** 手机、电脑用着用着速度就变慢了，用着用着垃圾就变得特别多，需要清理。人也一样，我们总是不知不觉就给自己的生命加了很多负担，常常做着做着就会被这些东西拖着往前走，以至于忘了为什么我们要走这条路，以及我们为什么要在这条路上继续往前走。

当我们生命中的负担变得越来越重，这个占了半小时，那个占了一小时，最后你会发现，一天的时间中，其实真正用来做自己愿意做的事情的时间已经非常不够了。所以，我们要有能力清理生命中与自己想要做的最主要的事情不相符的事情，清理那些其实在某种程度上没有意义的事情，就像你为自己扫清道路上的障碍一样，这一点特别重要。

我今年做得最多的事情就是清理，比如不该去参加的应酬、会议，不该浪费时间的东西等，我时时刻刻都在提醒自己。因为到我这个年纪，如果再不提醒自己，生命就被浪费掉了。

第三，"场景"，不同的场景打造不同的人物。一个人在不同场景中的心绪是不一样的。对我们来说，想把事情做成功，场景非常重要。大场景如城市，比如上海和北京，因为两个城市有不同的文化，感觉是不一样的，我们需要寻找适合自己气质的城市，有的人适合在南方城市生活，有的人适合在北方城市生活。但对于整个大场景来说，进入一个更开放、更灵活、更自由、更平等、更加有活力的场景，肯定是更好的。身处小场景，比如公司，这个公司是否符合你的工作意愿？你是否开心？公司工作的一部分是否就是你未来想要干的事情的一部分？公司的老板、你的主管、同事，他们跟你的文化价值观体系是否一致？在家庭生活场景中，这个家庭是否能给你提供一个温馨的环境？一个家庭的人相处起来是其乐融融，还是互相之间比较冷漠？在社交场景中，你和什么类型的朋友在一起？是能给你带来成长的朋友，还是不断消耗你的朋友？人打交道"就高就是高，就低就是低"，你寻找到一个好场景，进步就会快很多，格局也会大很多。如果你每天跟一群北京大学的教授打交道，你肯定也会学得相对文质彬彬一点。从这个意义上来说，场景很重要。当你意识到某个场景不适合你，或者完全不是你想要的模样时，就要想办法离开这样的场景。

第四个词是"专注"。谷爱凌从一岁多开始学滑雪，一直到今天，十几年如一日，有任何滑雪的机会，就专注滑雪。专注还涉及另一个状态——高度。有的人很专注，专注地做自己的工作，但这个工作其实并没有让自己的能力拔高，只是不断地在重复，或者是无法获得成就感，这种专注就是没用的专注。**有用的专注能给你带来成就感，能带来一定的正向结果，让你的生命感觉到充**

实。如果专注真的能产生比较大的成就，不光能让自己的经济水平提高，也能让学识水平、个人能力得到提高，那就再好不过。

第五个词，"层次"。奋斗是要不断往更高层次走，像上学一样，从小学到初中、初中到高中、高中到大学、大学到研究生再到博士生。当然这是一个简单的比喻，因为很多人从小学上到博士毕业，依然是一个格局和见识都不够的人。我们碰到过知识很丰富但见识很浅薄的人，我们也碰到过没上过太多学但见识多、格局非常大的人，所以**一个人的知识和见识是两个完全不同的概念。**

当我们专注做一件事情的时候，要不断提醒自己，我的层次是不是也在不断提升？我的格局是不是在不断变大？如果是低层次的专注、重复，毫无疑问就是在浪费生命。很多人一辈子的工作都是低层次的重复。比如，有的大学老师，年轻的时候讲一门课，一直讲到老年，同一本教科书，每学期重复一次，最后重复了几十年，完全不动脑子，也不在那个专业领域中深入研究。尽管混饭吃混得挺好，但在某种意义上就变成了滥竽充数，因为他的知识层次和知识格局都没有得到非常好的提升。

第六个词，"奖励"。人的肯定来自于两个方面，一是外在的人对你的肯定，别人说俞敏洪很牛，我的内心就会感觉到高兴，觉得我被别人承认了。但更重要的是自我奖励体系，就是自己觉得自己做了这些事情能够形成一个正向循环。比如，你身体很差，你决定跑马拉松，先从每天 5 公里跑起，慢慢你发现自己饭量增加了、睡眠变好了，你就会更愿意跑马拉松，从 5 公里跑到 10 公里。在跑的过程中又发现很多朋友跟你一起跑，大家每天比赛跑了多少，就会慢慢增加竞争意识，让你越来越有成就感，又促使你进一步提升马拉松水平，身体又进一步变好，情绪也变得积极乐观。这就叫正向奖励系统。人一定要建立人生的正向奖励系统，它是由外在和内在奖励所构成、让你愿意坚持下去的一个系统。

如果能把上述 6 个词记在心中，大家大概率就会变得越来越好，而且别忘了，在践行上述 6 个词的过程中，多做有趣的事情，给自己的生活加点盐，让自己的生活稍微变一变。

生命和生活在原有的轨道上继续前行的同时，路边上总会有美丽的鲜花或是不同的风景，关键在于你在相对枯燥的人生发展道路上，到底能不能看到美丽的鲜花和美丽的风景。我是能够看到的，在艰苦的时候，我只要抽出任何一本书，沉浸半小时读一下，就会忘掉现实世界中的烦恼。除了读书以外，我还有很多可以做的事情，前两天心情有点烦闷，就看了《非洲猫科》纪录片，我就从这个纪录片中得到了很多力量。

人生就是这样一个过程，不可能永远开心，也不可能只有悲痛、悲伤和绝望，主要在于如何进一步努力，如何看待自己的人生。

今天就到这里了，希望大家都有美好有趣的人生。

（对谈于 2022 年 2 月 18 日）

做有趣的人，过有趣的人生

对话 **樊登**
被读书改变的人生

人生是被一个又一个意外推动的。

塑造一个孩子最好的机会是在他做对事的时候，而不是在他做错事的时候。

樊登 /

1976年出生于陕西西安，西安交通大学本硕、北京师范大学博士。离开央视后创办"樊登读书"，影响超过几千万用户。著有《陪孩子终身成长》《读懂孩子的心》《读书是一辈子的事》《可复制的领导力》等作品。

俞敏洪：今天我会和"樊登读书会"创始人樊登一起聊一聊人生、发展、写作和追求，也会和他聊聊他的几本书籍，包括《可复制的领导力1&2》《可复制的沟通力》《樊登讲论语》等。

在樊登老师上来之前，我和大家先聊一聊。

有朋友说我是真正的企业家，我可不是真正的企业家，否则就不至于落到今天这个地步。我做企业不太像做企业，做学问也不太像做学问，结果就变成了水陆两栖动物，既没有一心一意做学问，也没有一心一意做企业。

我有些怀疑自己现在对世界的看法可能跟不上时代，也在努力地反思。当然，也希望在稳定的情况下，把新东方更多的事情放给年轻人去做，让年轻人能够得到更好的锻炼，让新东方有一个更好的前途。

我是一个特别讲感情，甚至有时候过分讲感情的人，很明显会瞻前顾后，因此很多时候该决断的不决断，甚至会委屈自己迎合别人的需求，这时自己就会比较受伤。当然这是个性中的某种特征，也改不了，我现在也认了。这也是我当企业家当不好的原因之一。

我现在开始心平气和地考虑问题。关注别人的感受、情感和需求尽管很重要，但也不能过分关注。今天我看到一句特别有意思的话——**不要故意去做善事**。这句话真的很让我开悟，一个人可以有善心，可以不作恶，但没必要故意去做善事，不要出于图回报、沽名钓誉、功利、受表扬的目的去做，而是完全出于自然把事情做好，最好，做的善事都是无心的，用平和的心态来对待。我属于愿意去做善事的人，但后来想想有时候做善事，还是有点沽名钓誉的成分在里面，我挺受教的。

——对谈环节——

1.《可复制的领导力1&2》

樊登： 俞老师好，上次还说到您家去烤全羊呢。

俞敏洪： 对啊，现在刚好天气变暖和了，可以烤了，回头我们约一下。最近你出了一本新书《可复制的领导力2》（以下简称《2》）。我很早之前就已经读过《可复制的领导力1》（以下简称《1》）了，我发现《2》推翻了《1》中的一些观点，或者是有了新的视角。**能不能介绍一下《可复制的领导力》第一本和第二本之间的不同之处？**

樊登：《1》是10年前写的，大概2008年前后形成的想法，完全建立在工业化、标准化基础之上写出来的。当年做公司，都希望提高80%人的工作水平，那个书的口号叫"**让80%的人做到80分**"。比如银行、餐饮企业，包括中石油、中石化这样的大公司就非常认同这个理念。我们把各种领导力的方法工具化，变成第一步、第二步、第三步。《1》卖了150万册，很多人喜欢它的原因是，**大家会觉得有一个抓手、有一个工具、有一个方法可以依赖。**

但到了前两年，大概是直播卖货热火朝天之时，对我的思想冲击很大，他们讲了一个概念：**这个世界从正常世界进入了疯狂的世界。**

疯狂的世界是什么意思？比如俞老师当年做新东方，您讲课讲得特别好，但也不可能讲全公司的课，您必须得培养几十上百个名师才行。但是现在，**像李佳琦、罗永浩他们来带货，他们不需要培养那么多的人，他们一个人一晚上**

就能卖 100 个亿，这简直难以想象。

比尔·盖茨说，一个优秀的程序员超过 1 万个普通的程序员。这个世界不像过去"三个臭皮匠，顶个诸葛亮"，现在这个社会随着移动互联网不断赋能给每一个"超级个体"，个人的力量变得越来越强。于是我发现，如果总想保持整个公司的平均水平，公司很容易就变得平庸，反而会有高风险。因为一旦出现巨大的黑天鹅事件，这个公司所有人都差不多，那就没有人能拯救这个公司。**我们需要想办法提高公司的活跃度，让公司里的年轻人都想要冒头、想要尝试、想要成为李佳琦和李子柒这样的"超级个体"。**我们俩在抖音上不算最大的网红，有比我们大得多的 IP，就是由这些"超级个体"一个一个打造出来的。

怎么保持团队的生命力，让团队成员有更大的想象空间，重新认识每一个个体对组织的冲击，就是这本书的责任。我的核心是"生物态、反脆弱、十倍好"原则。

俞敏洪：对，我在读你这本书的时候，就在回顾新东方的发展历程，结果发现我错过了一些挺好的发展机会，这其实是因为我没有前瞻性和我为了保持公司稳定所带来的后果。

举个例子，新东方在全国教育领域中第一个发展了以名师和大班为核心的教育模式，在中国还没有互联网甚至还没有手机的时候，新东方最大班级人数就已经到了 2000，我当时上的就是 2000 人的班级课，已经是无限放大了我的能力，相当于一个老师当 100 个老师来用。

后来新东方出现了大量名师，我在对他们的激励上其实不够到位。甚至新东方的几十个名师在全国都很有名了，包括罗永浩，但当时在互联网能够把他们的能力不断放大的时候，我没有给这些老师匹配上更好的激励措施，没有把他们和我从雇用变成合作关系。虽然当时他们在新东方已经拿了最高工资，即使横向比较，在全国也是最高工资，但我没有充分预估到这些优秀老师的爆发力，这直接导致在互联网转型时代，一批新东方优秀老师自己出去创业，而且他们大部分都做得相当不错。如果我早 10 年读到你的《领导力 2》，对我会有重大的启示作用。

樊登：不敢当。但这确实是一个问题，企业一旦走向轨道，都会有一个计划，我特别怕创业者拿到投资后马上变得刚性，只能按照这个规划来，达到他的远景和目标。但实际上，如果我们能从新东方里找出一个罗永浩或者李笑来，为什么不能扶植他们做大？

这一点上，像彼得·蒂尔就做得很好，他如果就认死理，只做 PayPal，别的都不做，就没有 FaceBook，没有 YouTube，也不会有 SpaceX。

"生物态"的核心是敬畏心，敬畏各种可能性，而不要相信固有的想法和故事。比如，诺基亚其实原本是卖木材的。我昨天跟 TCL 的李东生先生在一起，他们是卖电话的，但之前是卖磁带的，而且是山寨 TDK 的磁带。

俞敏洪：我读完以后有两个感觉，**第一，一个人不能依赖自己的惯性思维**，不管是做生意、工作还是关于未来人生发展方向的思考；**第二，不要太相信秩序**。比如，新东方做大后，我过去这么多年的核心要素是维护秩序，这会带来什么呢？如果我是一个足够好的秩序领导人，会带来循序渐进的发展，但不可能带来突破或者飞跃性、革命性发展，不可能把一个木材公司变成诺基亚，也不可能把一个卖纸的公司变成电影公司。

我其实还算是一个会做生意的人，但也许因为我的年龄、文科思维或者个人个性，我沿着惯性思维和秩序思维往前走，尽管新东方很稳定，但也使新东方发展受限，到最后在教育领域白热化竞争中甚至处于被动状态。

这次新东方遇到的情况对我来说反而是件好事，让我开始认真思考我是不是有可以突破的东西。因为已经被打破了，与其把打破的东西黏合起来，还不如重建一个新的。**读了这本书后，我的思路有点被打开，把新东方能干的人集合起来构成一个联合体，说不定还能做出点事来。**

樊登：是的。在我看来不管是谁，我们认识的这么多创业者都成功了，一定要相信运气和随机性的成分。当一个公司做得很顺利，长久之后，创业者特别容易误以为是因为自己的经验。越相信自己、越崇拜自己，越会执着地要求别人都按照自己的想法做事，这样导致的结果就是外部环境一旦发生变化，经验就不是很管用了。只有开放、包容、谦虚，对不确定性永远保持敬畏，才能打造出一个让新东方所有年轻人都踊跃成长的生态。

而且我始终强调，**不要投太多钱，才有可能会干出一个完全新的事**，否则他们只会干出一件老事儿，一个旧东西。

俞敏洪：这个事情我还可以印证一下。新东方也投了不少项目，凡是钱投得比较多的项目，反而失败概率比较高。这会造成两个问题：第一是拿到钱的人会觉得反正有钱，他就会缺乏自己认真去思考商业模式或者试错成本的专注度。第二是会缺乏那种要从有限资源中奋发出无限未来的心态。新东方做得比较到位的项目都是投钱并不算太多的项目。

樊登：约束条件非常重要，是创新的必备。埃隆·马斯克造火箭的时候，他的员工要开party他会给钱，随便花。但如果员工要拿钱去买一个发动机部件，他却不批。员工很生气，说你正经事不给钱，喝啤酒倒愿意给钱。他说我如果给你足够的经费，你造出来的火箭跟NASA不会有区别。**在约束条件之下，大家反而可能做出一个跟别人完全不一样的东西。**

俞敏洪：这叫艰苦卓绝、玉汝于成，越是在艰苦的条件下，越能激发人的创造力、思考力，激发人绝地反击的能力。

樊登：就像您以前说的那句话，在绝望中辟出一颗希望的宝石，绝望就是约束条件。

2. 纵身一跃，才有可能面对新挑战

俞敏洪：刚才你提到运气，常常也有人问我，是靠奋斗还是靠运气？**我认为运气这件事也是通过自己的努力争取来的。**天天坐在家里运气不可能降到身上，但如果到社会上去闯，有目的、有方向，运气也许就来了。

另外，我也比较相信"运气总是留给那些做好准备的人"。我周围的大学同学、社会上的朋友，最后能成功的，一般都是基于两个维度。**第一，他们确实在自己所从事的领域中付出了足够的努力。**比如，我的大学同学中有很好的翻译家，有已经做了终身教授的人，也有很好的企业家、同声传译、外交家，

这些人无一例外都算成功人士，他们从进大学之前到后来的人生中努力学习、努力进取，把自己的专业做得非常好，这是他们能成功的基础。**第二，他们在不断尝试。**凡是我身边比较成功的朋友、同事，他们都有比较好的人生创新意识，不会拘泥在一个岗位上，即使原来的岗位已经给他们很安定的生活，他们也愿意为新的机会去努力，这样就有了新运气的产生。

我的运气也是来自于放弃了北大讲师安逸的生活，最后纵身一跃，进入了创业的大海。

马克斯·韦伯说过一句话，"现代社会中人的信仰是没办法用理性分析的，**因为理性分析上帝到底存在不存在这件事情，本身就没法说。**"你唯一能做的，**就是当你相信什么事情以后，纵身一跃。**我们在认定那个人、那件事情很重要时，就得纵身一跃，大不了最后我们在大海中游不动了，再游回岸边就是了。

樊登： 在人生中不满足于一个固定的岗位，这个孔子讲过："君子不器"。"樊登读书会"的教育理念就是君子不器。我们从来不认为我们的目标是把大家教成好家长，或者教成一个好的创业者，或者是一个好的科普人士，我们是希望大家有全方位的可能性。我们给大家提供的东西其实并不值钱，也就几百块，但我希望大家在遇到这些机会后能发生变化，自己的变化才是最重要的。

另外，您提到纵身一跃，这是一个心理疗法，叫作"ACT"，即"接纳承诺疗法"。有一个特别有意思的实验，我们的外国老师海斯，他让我们的学员站在台上，问他们现在怎么下这个台阶，我们一般人下台阶都会先探一只脚下去，挨着地，然后再下这个台阶。他说，你现在想想假如这个台阶有两米高，你的脚怎么都探不到，你的人生很有可能就被卡在这里了，这时候需要做的就是跳下去。我们要解决自己的心理问题，当我们被卡在了某个地方，往往是因为自己患得患失，没有安全感，总想用过去的方法伸一只脚探一探再下去，但像您离开北大，就没法探，只能跳。**人要能够接受猛地一跳，才有可能面对新的创业挑战。**

俞敏洪： 对，我的底线就是，不管怎么跳，能活下去就行。我们没有办法百分之百预测好才能走，能预测好的是铁饭碗，**中国历史的发展也证明了铁饭**

碗也不是保险的，**最后有可能带来的是能力的丧失**。我当时跳出北大，我不会活不下去，因为我还有英语水平，还可以教书，即使失败也不会要我的命。

很多创业者问我，俞老师，我到底要不要去创业？我说**前提条件就是不要把自己的身家性命搭进去，也不要把父母的身家性命搭进去**。有些创业者，投了自己的钱，还借了高利贷，还把父母的钱放进去，这我不赞成。但如果你是把自己的钱投进去，最后分文无归，这可以接受，无非一切从零开始。

樊登：人生就是折腾，折腾来折腾去，是一个乐趣。

3. 能力可以刻意练习

俞敏洪：你本人很有沟通、演讲的天赋，在大学的时候就获得过全国辩论赛冠军。你的这些能力是怎么来的？

樊登：我不认为有天赋这件事。我讲过一本书《刻意练习》，连帕格尼尼、莫扎特这样的人，后来都被研究者证明不算有天赋，他们之所以能够成为音乐家，是因为他们很早就接触了这个东西。为什么化学家的孩子更容易成为化学家，数学家的孩子更容易成为数学家？是因为他更早接触，有更多练习的机会。

我参加辩论赛时，并不是最好的选手，只是因为喜欢激烈的辩论活动。为了准备一道辩题，要读很多书，我们学校的图书馆是向我们全部开放的，想借多少都可以，我们甚至可以用三轮车拉一车书回去，读书，准备比赛。

我们 1996 年得了全国名校冠军，1998 年得了全国大专辩论会冠军，1999 年得了国际大专辩论会冠军。我们队伍就没有输过，核心训练方法就是读书、比赛、演讲，整天就干这个。我们那时候规定，一辩发言 3 分钟，不能看时间，直接站那儿就开讲，时间必须控制在 2 分 55 秒以内，以此来培养自己对于语言的精度，天天都这么练。我记得 1999 年我们去打国际辩论赛，最后已经练到我们只要一看到对方的选手，脑子里面已经完全知道他们要说什么话，这就是一个刻意练习的过程。

有一位台湾辅仁大学的辩手叫林正疆，他是 1995 年的最佳辩手，但他其实口吃，说话很结巴，他就每天冲着镜子练。1995 年那场辩论赛太强，虽然最后南京大学赢了，但林正疆是最佳辩手，后来他成了很著名的大律师。

口才的练习核心，第一多读书，第二多练。我在还没有疫情的时候，会做演讲，现场五六千人，但都没有特别紧张的情绪。这一点我相信您更有感觉，一开始肯定会哆嗦，但是讲多了，慢慢就可以把速度放慢，可以开玩笑，可以等着别人的掌声。

俞敏洪：我留在北大当老师的时候，从来没想过自己会演讲。我那时当讲师，面对北大这些绝顶聪明的孩子，跟他们年龄也就差四五岁，完全镇不住。我真的教过一个班，原本有 40 多个学生，最后只剩下 3 个男生，其他学生全不来上课了。

当时我的战友王强讲课特别好，因为他在大学本科就经常参加辩论和演讲，我就去观摩、学习，最后一遍一遍把最精华、最优秀的内容集中起来，自己在宿舍里反复对自己讲，讲到自己熟练了再拿着教案到教室里对学生讲，用了差不多两年时间。后来老一批学生已经不相信我能讲课了，但换了新一批学生后，一个班 40 个同学居然全部留下来了。我以这个为标志，才突然爱上了老师这个职业。

我们做任何事，要热爱它得有两个条件：**第一是我们内心真的很喜欢做这件事情；第二是别人会欣赏，或者赞赏我们做出来的事情**。我当老师并且下定决心要继续当老师，就是从我给北大学生上课，他们不再从我的教室里离开，不点名也会准时来教室听我讲课开始。

后来做了新东方，我才发现演讲很重要，在此之前我没有做过演讲。演讲也是被生活所迫，因为我不演讲就招不到学生，没有学生课外班就办不起来，于是我把自己认为精华的东西放进演讲中。刚开始也没有任何掌声，后来慢慢发现有两个要素非常重要：**第一是讲话必须要有激情**，要学会喊、学会充满激情、学会表达自己的热爱，这跟上课完全不一样。**第二讲得要有内容、要有逻辑性，还得要轻松**。这不是一天两天能练出来的。我一心一意想把新东方做大，后来演讲能力就给练出来了。

就像你说的，**很多人不一定是天才，但是在愿意去做的前提下勤奋练习真的非常重要。**

辩论赛获得冠军这件事，对你后来的人生有没有产生比较大的影响？

樊登： 人生是被一个又一个意外推动的。当时辩论赛结束，我满脑子都是蒙的，现在想想自己当时多无知，特别轻狂。大学毕业后找工作，有一个很大的银行来招聘，说可以和我签约。我就问他们一个月能给多少钱，人家说大概3000多底薪，我说那不去。

我当时并没有任何人生规划，也没有方向，只是觉得钱真少，要是一个月8000我就去，没8000我就不去。今天我们作为过来人，会跟年轻人反复说不要太看重起薪，要更看重学习，看有没有前途。但当我们自己还是年轻人的时候，看的就是起薪，看能挣多少钱，没法劝别人。

2000年正好湖北电视台招聘节目主持人，50万年薪。我一看，这个好，这个钱多，我就去了，结果考了第一名。但那个电视台不愿意给我这么多钱，他说你这么年轻，50万对你来说太多了，然后给我变成了每个月2万，还带砍价的。我那时候就一边写硕士论文，一边跑武汉赚钱。

当时武汉市中心洪山广场的房价是1000块钱一平，我记得很清楚，我一个月的工资就能买20平，结果中央电视台新闻评论部邀请我，当时还是白岩松他们做评委，问我愿不愿意到他们那儿工作，一个月1000。我后来就放弃了2万的薪水，去中央电视台了。

俞敏洪： 因为觉得那是一个更大的平台？

樊登： 确实在湖北电视台干不下去，我一个月挣2万，但当时的编辑们一个月就挣1千，你凭啥挣的比别人多那么多？所有的问题就会变成我一个人的问题，矛盾和捣乱的人也很多，后来干脆就不做了。因为我其实没什么本事，只是口齿伶俐，参加了一个比赛得了冠军，但根本没做过电视，这事儿不是只要会说话就能做，得团队配合，但当时不懂，以为是自己厉害，结果根本不行，节目做得也不好。后来就去中央电视台学习，最后干了自己的节目。

辩论这件事可能给我带来了很多机会和敲门砖，当然它也改变了我的命运。

它没有让我成为一个研究者、科学家或者工程师，因为习惯了靠嘴吃饭，所以有了后面的路径，2001 年到 2004 年专职做主持人，2004 年读了北师大博士，2007 年毕业到交大。我也是从交大辞职出来创业的，咱俩路径还挺像。

俞敏洪： 你是什么时候意识到自己没有作为顶级主持人的发展潜力？

樊登： 我这个脸不适合电视，因为电视屏幕是横向的，容易把脸拉得特别宽，像电视主持人都是巴掌脸，脸都特别小。我可以是一个好用的主持人，但要像撒贝宁那样，有一张容易走红的脸，我做不到，我就走进手机里了。

俞敏洪： 观众们对长相还是挺在意的，你的口才不会逊于小撒或者白岩松那些中央台著名主持人，如果你真像小撒那样，说不定又是另一条路径。**这实际上是不是反而促成了你今天创业的成功？**

樊登： 人生就是这样，很奇怪。留在中央电视台的人都是 S 曲线顶端的人。他们能留在中央电视台，被领导重视、喜欢，有大节目可以做，但导致的结果就是他们走不了，想走也走不了，被困在这里了，年纪也越来越大了。从中央电视台出来的人，王凯、我、罗振宇，都是没什么节目可做，或者这个节目很凑合，我们要真是台柱子，恐怕也舍不得走，但是我们不是台柱子，反而就走了。

所有的 S 曲线都是从坐标轴的左下角长出来的，如果新东方一直风风光光，您也不会做直播，也不会卖农产品。这都是好事，**不以单一的经济指标来衡量，这些东西其实让我们的人生充满了乐趣。**

俞敏洪： 非常对，如果我在北大一帆风顺当老师，估计也不会从北大出来，现在可能正在评职称。当时被北大处分了，因为不安分守己，觉得在北大也没什么前景，后来反而有了绝地反击重生的机会。

4. 大学期间应当提升能力维度

俞敏洪： 你大学本科学的是工科材料学，但后来做的工作跟专业却没什么关系，现在大学生像你这样的情况也不少。**你会觉得当时在大学学了 4 年材料学白学了吗？这个专业对你现在的思考模式和思考方式还有没有作用？此外，**

现在大学生在专业上的迷茫，你有什么样的建议？

樊登：肯定不白学。曾经有一个人大的研究生在我们组实习，拿着斯蒂格利茨的《经济学》，说看不懂第一章，我说，这还看不懂？这么简单的数轴、这么简单的微积分！他压根儿没有学过微积分，一看那个图就害怕。我从来不后悔学工科，而且绝对不浪费。**经营一家公司我们都需要理性，真正的理性不是冷静，是一套工具，是一套科学方法，是可证伪的，而理工科天然就需要做这样的研究、实验、判断，才能拿到最后的成绩。**

文科生混过大学 4 年相对容易得多，我们那时候跟文科同学聊天，问他们，你们这学期考啥？他们说考西方文学，读塞万提斯、雨果，读完后发挥一下，一顿写，没有低于 70 分的，基本都是八九十分。但像我们学金属学、材料学，就得自己会做一个炉子，学那些特别奇怪的材料力学、物理、化学，会就是会，不会就是不会，这道题能做出来有分，做不出来一分没有，现在想想都做噩梦，当年太可怕了。但我没有一门课不及格，我上大学的时候特别爱折腾，参加辩论赛、打乒乓球、组织各种活动、看电影，我每次都是在考前大概一两周开始冲刺，最后能保证所有课都及格。我们班 36 个人，最后所有课都及格的只有 11 个人。

这对我最大的帮助就是，我今天做"樊登读书会"，我读什么书都不怕，我敢讲微积分，那本书叫《微积分的力量》，我不怵，当年那么难的金属材料学，我一个礼拜就学会了，我今天花一个礼拜读一本为什么 $E=mc^2$ 这样的书肯定能读懂，因为有自学的经历。

大家在学习的时候，要知道**你学什么和你将来做什么大概率是八竿子打不着的**。如果想用大学学的东西混一辈子，做的肯定是很低端的工作，因为大学学的东西本身就是过时的，不可能学出来就能用来赚钱，就算是干本行，也要不断地学习。**但大学一定不能荒废，就算不爱这个专业，也要好好学习，尽量能够靠谱，我把及格视作是靠谱的表现，这个人靠谱，就不会最后撂挑子不干。**

我们班还有一个更逗的，他是和我一起创业的伙伴。那哥们儿比我成绩差，他是全及格里成绩最差的，是农村的，家里特别穷，穷到什么程度？家里不给他一分钱，他上学就背一张席子过来了，全靠自己打工挣钱。他天天在外面折腾赚钱，每次考试前一天晚上，他找一个长明教室，一直坐到第二天早上发卷，一夜不回宿舍一直看书，等到老师发试卷，就把书一收，门门60分以上，没有一门课低于60分。我很佩服他，他用最小化的成本维持了靠谱的尊严，这是能力，要锻炼。

希望大家搞清楚，**学习不是为了养家糊口，学习始终是对自己的挑战和改善**。能够养家糊口的东西往往带有很大的随机性，有时候我们努力做了很久，以为能挣到钱，但是没有；但有时候你没干啥事，突然就挣到钱了。

俞敏洪：的确如此，不论是学文科、理科还是工科，**在大学锻炼自己的基础水平和能力是非常重要的**，包括思考能力、建模能力，通过不断地学习带来对知识横向、纵向打通的能力，有基础能力，未来才有发展的机会。

现在大学生有一个问题，他们把基础能力的丢失当成是一种个性的反叛，有不少大学生居然把考试成绩不好甚至不及格当作一种荣耀，这个是有问题的。不管学习文科还是理工科，我们在大学要求的学习范围内，应该给自己加量。**在大学除了考试考及格、考优秀以外，还应该参加各种社团活动，参加辩论赛，把自己的能力维度进一步扩展。**

一个人外在的能力表现并不是天生带来的，而是日积月累、积少成多、积水成渊的结果。就像刚才提到的，不管学文科还是理工科，都不影响我们未来选择跟专业无关的工作，但我们的基础水平和基础知识、基础思维框架和模型其实起了很大的作用。我就认识好几个学理工科以后转文科的朋友，你、清华大学工科的吴军、北大计算机系的许知远，转文科都转得非常成功。

你知道我现在开始学数学了，因为我发现我的数学思维能力太差，连一些一元一次方程、一元二次方程都解不出来，这对于我现在的理性思考，包括去理解一些跟科学相关的书籍，会有很大的影响，我要训练一下自己的脑袋。当然还有另一个原因，我希望通过学数学减少自己老年痴呆症发病的可能性。

樊登：我爸爸是一个数学教授，他今年81岁，每天都在做数学题，高数、线性代数、概率论、拓扑学等，他脑子一直很好。

学数学还有个很重要的好处是理解自然界。有一本书叫《深奥的简洁》，是查理·芒格推荐的，这本书告诉我们自然界中看起来非常随机的事情，比如猫身上的花纹为什么是那样，北京为什么没有事故也会堵车，各种各样的分布，都有数学规律，而这个数学规律里最重要的一个知识点就是自然对数。

我们过去学过常用对数 lg 和自然对数 ln，ln 的底数是 2.7182，以 2.7182 裂变是速度最高的方式，自然界都是以亿级别的方式在进行裂变，这就是老子讲的三生万物。我最近才把这事想明白，好几本书串在一起，为什么是三生万物，而不是 6，不是 4？因为 2.7182 是最接近 3 的数字。

俞敏洪：但老子是凭一种直觉，他不是通过数学模型推算出来的。

樊登：对，很奇怪，我们经常看到很多东西是三根支柱。有人问元胞计算机专家，宇宙的发端到底是什么？他说我不知道宇宙的发端到底是什么，但如果有，它一定不超过三行代码。都是三，这个特别有意思。如果想稍微理解一点自然对数，可以读读《深奥的简洁》，之后再做管理、做企业就肯定不一样，因为会有数学的支持，数学的支持是最靠谱的。

5.《可复制的沟通力》

俞敏洪：你另一本书《可复制的沟通力》给我的印象也特别深。沟通是人生中特别重要的成功路径，沟通可以细分为很多种，比如话术、口才、表达能力、情绪状态等，你当时写这本书的目的是什么？

樊登：当时关于沟通的方法散布在特别多不同的书里面，没必要那么多，于是就把我所看到的有效的沟通方法都集合起来，后来就做了一门课，叫《可复制的沟通力》。这名字其实不是我起的，我起的是《可复制的领导力》，因为它的核心就是可复制，没想到这书卖火了，出版社就把它变成了一个品牌。书里面集合了很多沟通方法，比如倾听、反映情感、演讲等。

俞敏洪：我发现最近凡是有关沟通力的书都卖得很好，这是不是意味着现在的年轻人、职场人士确实在沟通方面遇到了很多障碍？

樊登：说实话，我不觉得是沟通的问题，只是因为沟通是人们最容易反思到的问题。**沟通所影响的东西是表面的、浅层次的，根本原因一定跟思维方式有关，包括行为习惯、对这个社会的热爱程度、对别人的热爱程度。**你要是让他们来学习如何爱这个社会，他们会觉得那跟我没关系，因为没觉得我要爱这个社会，但如果是让他们学习一下沟通，他们马上就说行。

这世界上有几种卖得很好但我认为并不重要的书，第一个是拖延症的书，只要是说抵抗拖延症的书，就有一大堆人买。第二个抗逆力的书，说得有抗逆力，没有抗逆力不行。第三个就是沟通类的书，包括特别流行的专注度、记忆力、自控力等。这些书我都讲过，可以很坦诚地告诉大家，我讲这些书是为了帮大家理解这些书到底是干吗的，但我从来不认为这些东西是我们人生中最重要的，只是因为这是我们最容易不读任何书就能反思到的层面，所以这些书都卖得很好。

当然，这也不妨碍这些书继续卖，但我希望大家能够更多去了解类似于《深奥的简洁》《跳出头脑，融入生活》《社会性动物》这样的书，包括最近总给大家推荐的《第三帝国的兴亡》。这些深层次的反思，往往是大家做不到的，必须通过读一本又一本的书去实现。**大家可以从很浅层次的书读起，比如从沟通力、时间管理、约束自己、自控力开始读起，然后慢慢深入到原来问题所处的更深的地方。**

俞敏洪：没错，当我们意识到自己身上某些问题后，可以把这些书当作入门书来读。但我和你一样，认为这些问题的解决方案并不在这些书中，而在书外面，是在这些人本人身上。**内心要确立自己的人生目标、理想，意识到自己思维上的局限性，打开自己的思维空间等，实际上比读这些书本身更重要。**

像你这本《沟通力》，适合两种人，一是在职场工作的成人，要学会从各个角度对沟通进行提升，这对他们未来的工作和人生目标的实现有好处。此外，因为你当了父亲，会不自觉地写一些亲子沟通的方法，如果父母读完，会在亲子沟通中起到正向的引导作用。

6. 成年人及亲子沟通的建议

俞敏洪：如果对成年人的沟通提三个最好的建议，您会提哪三个？

樊登：第一是不去控制。要尊重对方，人和人是自由的、独立的、平等的，哪怕对方是你的员工、爱人、孩子、父母，都不应该用控制的态度跟他们谈话，一旦展示出控制的态度，对方一定会自我保护，会反弹。老子说"生而不有，为而不恃，长而不宰"，这是非常重要的人生哲理。

第二是优先处理情绪，而不是优先讲道理。对方的情绪无非就是生气、不愿意说话、愤怒等，这时候我们需要对这个情感有所反应。比如说，我知道你现在不高兴，我这样说话让你觉得不开心，对吗？只要说这个话，对方点头了，情绪水平就会下降。在沟通中点头很重要，如果说一句话，对方猛摇头，情绪水平就会上升。对方在很生气的状态下是不说话的，这时候要想办法说出一些话让对方能够点头，对方的情绪水平才能下降，才能和我们好好说话。

第三是尽量多问而不是多给建议。我们跟很多人聊天的时候会发现，他们其实心里都有答案，只是自己不说出来，或是不愿意，或是不接受。这时候如果告知对方，你应该怎么怎么做，他就会认为我们是站着说话不腰疼，所有的建议在对方听来都是批评。

有一个技巧很重要，在建议之前多问一句话，比如："我有一个想法，不知道你想不想听？""我有一个类似的状况，可能会对你有帮助，你要不要听一下？"我们问了这句话，对方说"好啊，你说"，效果就会好得多，因为我们是把控制权交给了对方，让对方觉得他在掌控自己的人生。如果能掌握这三个建议，就已经很厉害了。

俞敏洪：如果能掌握这三个建议，这人的沟通能力肯定相当强大了。其实我也做不到，我在企业家中已经算比较随和的，但依然在犯你刚才说的那些错误，我跟下属沟通，有时候也会发脾气，会给指令性的要求，不管理解不理解都要执行，而且有时候如果意见不统一，我总是试图控制整体上的发展方向，希望把他们往我这边扳，但最后发现效果都不怎么好。

你在书中还写了亲子沟通，那前面提到的三点，对父母来说是不是同样适用？父母跟孩子打交道你有什么样的建议？

樊登：孩子的大脑需要在轻松的环境下才能成长，孩子的大脑皮层发育来自于轻松和自我探索。 但很多父母非得把孩子塑造成自己想要的样子，导致孩子回到家天天跟父母作战、吵架，那他的大脑皮层就会发育得很慢。

有一个研究数据，有的人直到30岁大脑皮层才发育完整。我们经常看到很多人30岁以后不打架了，老实了，回归家庭了，是因为他的大脑皮层在30岁以后才发育完整，但实际上他们应该在十几岁的时候就发育完整。

大脑皮层管理着我们身为一个人所需要具备的东西，情感、想象力、好奇心、语言等。 我们大脑中有一个东西叫杏仁核，是动物所需要的东西，如果孩子的大脑皮层发育得慢，他的杏仁核就会发达，结果就是这个孩子会更动物性一些，比如总是暴怒或者不说话，打或者逃，到了青春期就会很困难。

杏仁核的过度发达还会导致他注意力不集中、记忆力下降，因为一个人总在跟别人打架，怎么可能会注意力集中？他会分泌很多压力激素，压力激素就会伤害海马体，导致记不住东西。很简单的验证就是，当家里面有人吵架，孩子的记忆力就下降，有人骂孩子，孩子成绩就下降，上课就走神，这就是大脑的问题。

当我们给孩子一个轻松的、愉快的、可以自我做主的、可以自我探索的世界时，他们的大脑皮层很快就能长起来。这就叫自驱型成长，人的自我驱动力是非常重要的。

俞敏洪： 经过你的解释，**我们能充分意识到让孩子大脑放松的重要性，但**另一方面家长又希望孩子学习成绩能够好一些，否则跟不上学习节奏，上初中、高中会带来很多的麻烦。这两个问题似乎有一定矛盾性，面对这个情况家长们应该采取一种什么样的态度？

樊登： 这两个问题没有矛盾。比如，现在的孩子总会每天为了拿到手机玩而和父母斗争，可能就会破坏他们的大脑，但**如果我们对孩子好，能让他们为自己的人生做主，他们是不会对自己不负责的，**他们也希望自己成为了不起的、

厉害的好人。这时候只需要向他们展示这个世界上有多少了不起的好人，比如爱因斯坦、牛顿、钢铁侠、孔子、王阳明等。我儿子当时三四岁，听我讲完爱因斯坦，就问我，怎样才能成为一个理论物理学家？他特别好奇地问。孩子们会有这种内驱力。

在当爸爸之前，我把所有育儿书都看了，看完就按照这个方法来实践。现在我儿子上初二，这么多年我从没有大声跟他说过一句话，从生下来到现在都没有过。他的成绩在班上永远前几名，他还特得意，而且他还会自己往前学，自学高中内容，学物理，因为他有兴趣。我发现我身边，凡是家里亲子关系好、教得也好的孩子都是很活跃、很自然的，他们跟父母在一起不会害怕。

父母不要总想掌控孩子，而是要学会做他们的副驾驶，如果孩子将来不想当物理学家，而是想做快递员，那也得认，那是他自己人生的选择。但很多父母就不认，觉得自己的孩子必须成为一个什么什么样的人，这导致的结果就是孩子很痛苦。

俞敏洪：其实父母更多是对孩子在知识上或者理想上的某种引导，让孩子产生知识上的兴趣，在这种前提之下，再去学习知识，就不再是一种痛苦，而是一种自愿行为。

但我有个观点想补充，**父母还是需要对孩子进行必要的规范。**比如，孩子玩了五六个小时 iPad，他很开心，但从长远来说对孩子是有伤害的。**在和孩子对生活习惯、学习习惯等方面的规范达成共识之后，父母应该给孩子更宽松的环境、更好的学习引导，帮助孩子对未来理想做更完善的构建。**

樊登：是的。还有很重要的，就是**要教会孩子怎么应对情感，怎么关怀别人、理解别人，这是在 3 岁以前最需要下功夫的。**我在孩子 3 岁以前下了很大的功夫，陪他聊天，遇到什么问题给他解释，然后用反映情感的方法教他，他的情绪就很稳定，遇到各种问题他能处理。比如玩 iPad 这种事情我们完全交给他自己安排，但他会自己上表，每天 20 分钟，因为他更珍惜自己的眼睛。

而且，**塑造一个孩子最好的机会是在他做对事的时候，而不是在他做错事的时候。**当他表现出自律能力时，我会马上告诉他，你刚刚这个行为叫作自律，你知道自律有多重要吗？一个人如果没有自律就完了，但你可以自律，你很棒。他就特别得意于自己的自律，人就这样慢慢被塑造出来了。

俞敏洪：不断给孩子一种情感和行为上的正向反馈，肯定他的正向行为、正向情感，让他不断强化，最后变成自觉、自律的状态。

现在中国不少家长有很多刺激孩子情绪的语言、行为，慢慢也会影响到孩子，最后就容易形成孩子和家长的紧张状态，这种状态进入恶性循环之后，就会变成亲子关系中的对抗状态。我的两个孩子，他们到13岁的时候，我也没有感觉到他们有叛逆青春期。其实他们俩挺叛逆的，但即使在那时候我也仍然和他们进行比较良好的交流，给予正向的情绪和感情反馈，我们的交流都还不错。家长们应该关注一下这个部分。

樊登：是的，三根支柱：**爱、价值感和终身成长的心态。**我们在孩子小的时候把爱、价值感和终身成长的心态植入到他们体内，孩子自己就会转动。他们是个生命，他们会自己成长，我们接下来要做的就是欣赏。我们要理解，他们犯的所有错误其实都是在学习，他们成长的速度会变得很快，人是希望自己变好的。

7.《樊登讲论语》

俞敏洪：我听过你讲《论语》的一些课，也看了你的《樊登讲论语》，坦率地说，我个人感觉你讲得比较透彻，也比较切合中国人的修行、现实。你是花了整整一年的时间去研究《论语》，**你当初为什么要用一年的时间去学《论语》？后来为什么要用自己的一套逻辑把《论语》讲出来？**

樊登：我们打辩论赛的时候就读《论语》，但那时候读《论语》很功利，哪句话有用就读哪句，因为比赛就得引用特别带劲儿的句子。我读《论语》一直读的都是只言片语，又因为理工科长大，没学过《论语》，这一直是个遗憾。

到了中央电视台以后，有一段时间做节目主持人，那是一个周播节目，一个月只需要工作三天，剩下的时间就没事干。很苦恼，因为节目也不火，还欠着很多房贷,每天很焦虑。孔子讲人分三种,"生而知之、学而知之、困而知之",最下面叫"困而不学,民斯为下矣",我当时就属于困而知之,干脆就读《论语》。第一本读的就是《论语别裁》,因为最轻松愉快,读完以后又读李泽厚先生的《论语今读》,然后是钱穆先生的版本、朱熹的版本,甚至连张居正给皇帝讲《论语》的版本都看了,看来看去就看进去了,觉得这个对我很有启发。

我们所有的苦恼、担忧、焦虑都是因为我们心中只有一个小我,整天只想着房贷、小家庭的时候就全是烦恼。但是孔子说**"仁者爱人,仁者不忧",为什么爱别人就不忧?因为格局不一样了。**后来我在微博签名档上引用了两句《论语》,**"君子谋道不谋食,君子忧道不忧贫"**。当我们每天想着收入、房贷的时候,每分钟都会焦虑,但如果我们每天想的是自己有没有接近真理,有没有变得更好,今天这一天有没有白过;有没有关怀过别人,有没有给别人做点事,那每天都会很开心。

俞敏洪: 当一个人连饭都吃不上,怎么去想真理?

樊登: 我当时在中央电视台一个月有1000的收入,其实还可以,但就是焦虑。今天来看我们对话的朋友肯定也不会吃不上饭,只是焦虑。像孔子最喜欢的学生颜回,"一箪食,一瓢饮,在陋巷,人不堪其忧,回也不改其乐",他是真没饭吃,但他心中依然有光明、有乐趣。王阳明临终之前在船上,别人问他还有什么要交代,他说"吾心光明,亦复何言"。我们一想到生死问题,就会觉得这是底线。但苏格拉底要喝毒芹汁的时候,跟大家谈哲学,说我现在要去死,而你们将活着,究竟谁更不幸,只有天知道。**这些能够很大程度激发我们内在的潜力,让我们觉得人生中的琐碎、短暂的困难不会构成太大的影响。**我读《论语》读了很久。

我到现在讲了大概500本书,而且我个人还是有要求的,都是有点难度的书。讲完这些书后,就觉得越来越验证了孔子讲的很多道理是对的,只不过孔子那时候没有手段去做心理学研究或者科学研究。我就决定写这两本书,而且我想把每一句都讲明白,因为很多人不是文科出身,可能就读不懂文言文,我连里面的"之乎者也"该怎么用的都讲了,保证让一个没有文言文基础的人也能读完之后真的了解《论语》。

当然这也是一家之言，解释《论语》的书汗牛充栋，太多人在做，但我这套东西是跟眼下的科学离得最近的，包括前面讲的复杂科学、生物态等，都和《论语》中的解释有关系。比如《为政篇》，孔子讲"为政以德，譬如北辰，居其所而众星共之"，当我们做一个大的公司，管一个大城市、国家时，不能乱折腾，不能自己直接下特别多指令，因为我们管不了那么多的事，太复杂了，得"居其所"。而"众星共之"，把我们的品德做好，氛围营造好就行。这些都不过时，这都是现在的人在不断学的东西，孔子能成为万世师表、圣人是有道理的。

俞敏洪：你确实把每句话都讲得比较清晰。《论语》差不多有15000多字，你的解释以及结合的案例，加起来应该有接近100万字。而且这两本书里用的两个维度非常好，**一是对于企业家和公务员，他们做事情的维度；二是对于人本身为人处世和成长的维度。**

8. 读书改变樊登

俞敏洪：你是什么时候开始喜欢读书，并且一直坚持读下来的？又是什么时候想到要把读书这件事情变成事业来做？

樊登：能做成事业肯定是偶然的，但这中间有一些连接。我小时候乱读书，我读的第一本南怀瑾先生的书，书名特别好笑，叫《静坐修道与长生不老》。这书薄薄的，是我上初中的时候在隔壁一个二手书店翻到的。上高三的时候，把金庸的书看了一遍，《神雕侠侣》《射雕英雄传》等。小说读的是少年文艺、儿童文学。当时我爸只让我学数理化，文学类、历史类一概被他认为是闲书，不让我读，只能偷偷读。我小时候并没有读太多书，但好处是我现在回忆起来其实品尝到了读书的快乐，因为我读书纯粹是玩，跟做数学题比起来，读书就是玩。尽管读了很多闲书、很烂的小说或者是很奇怪的书，但都能从读书中获得乐趣。

正经开始读很多书是因为大学辩论赛，但那是为了比赛。我那时候懂读书吗？或者懂康德、柏拉图吗？其实不懂，我们那时候读书就是看哪句话打辩论好用，就这么稀里糊涂碎片化地读下来了。

我真正感受到读书对生活的变化，是在工作以后。我发现到了工作岗位上，大学学的东西几乎都用不上，我遇到不会的就立刻找书读，而且我买书从来不会不舍得花钱，一买就把与之相关的书都买了，五本十本全买回来参照着看。我们那时候做那些节目，几乎很快就能成为这方面的业余专家，专家可能读了一辈子，但业余专家读10本书也差不多可以插上话了。

当爸爸的时候，我很认真，我把能成为好爸爸的书都找来看，儿童心理学等都看，效果非常好，感觉带孩子没什么烦恼，因为书里全写了。我还会把我学的东西教给我家里人，包括我妈、我老婆、我家保姆。我们家里没人吼孩子，非常愉快的家庭氛围，孩子的性格也很好，成长得也很好。

后来做"樊登读书会"是机缘巧合。那时候整天有人让我推荐书，但我发现我推荐的书他们只买不读，我就发现这是一个社会问题，大家只买书不看书，我就想怎么能解决这个问题，我的办法就是用手机把他们拉进一个群，然后给他们讲书，一年50本，收300块钱，那时候用微信发语音，讲一句，松开，再讲一句，再松开，一个群500人，很快一个群变两个群，接着变成2000人、30万人，后来直接做了公众号，后来又做了App。现在我们有5500多万用户，也衍生出来很多新内容，比如李磊讲书的书籍，我和朱永新老师、彭凯平老师做了一个新父母学堂，专门给父母们讲课……这个公司是硬生生长出来的。

我基本上就是一个读书的受益者，想把读书分享给更多人。我一开始讲的都是我最熟悉的领域、沟通、领导力、教孩子。后来我们用户多了，我开始讲文、史、哲、自然科学，因为我不希望我们的用户天天只生活在实用性之下，**我希望大家能够改善心理状态，能够放大格局，能够关心社会，能够具备批判性思维。**这个国家如果有更多人在读这些人类历史上留下来的好书，具备更多批判性想法，愿意为社会肩负一些责任，那么这个社会会变得更好。我现在就会做这样一些书。

俞敏洪： 是的。我也能看出来你讲书从相对实用甚至工具性的书籍走向了思考性甚至思想性书籍，而且我认为这个路径恰恰是你用户水平在提升的标志，因为如果他们不认可，你讲这些东西也不会有市场，这也意味着中国的这群读书人对自己思想和思考能力的成长是有内心诉求的。现在回过头来看，**如果你没有"樊登读书会"，你还会 10 年读 500 本书吗？**

樊登： 不一定。这个工作对我帮助很大，当我做出这个承诺开始去讲这些书时，最大的受益者其实就是我，因为我不能犯懒，必须每天都要读。我到现在攒下来没播的书还有 80 本，就是一年半的量。从备播量来看，我可以一年半不工作。这从侧面反映什么问题？我读书的速度和理解一本书的速度都比过去要快，因为当脑子里有几百本书，再去看它就会容易得多。

做一份工作最大的快乐，是它能给我们带来滋养，而不是掏空我们。 我从来不觉得读书是个负担，我们也从来不取悦用户。您有一次做演讲，特别有意思，您说中国的互联网赚钱都是利用人性中的恶，定向满足需求。但我们不提供任何低俗、拉流量的内容，我们甚至不迎合用户的需求。比如有用户会说，樊老师，我就喜欢听你讲育儿类的书，我就喜欢听你讲中国古代的皇帝，你多讲点好不好？我不。为什么？因为如果我真去天天讲育儿类的书，他们很快就走了，他们其实并不了解自己的需求，**人需要的是进步，而不是短期的满足。**

我定义我们公司是一个教育公司，而不是一个商业公司，逻辑很简单，**商业的核心是满足、迎合，教育的核心是改变。** 我经常会给用户讲，别听那么多育儿书，听了 20 本还不够，肯定不是书的问题，应该多听点物理、数学，或者历史、创业，让你的生活变得更丰富多彩，这对你育儿的帮助更大。反过来如果天天想着自己怎么才能做好宝妈，很可能让孩子觉得很焦虑，因为孩子觉得你没有生活，你整天就盯着我。孩子有孩子的生活，你有你的生活，哪怕你 60 岁了，也不能放弃自己的生活，一定要不断添砖加瓦，努力进步，这样你的孩子反而能活得更自由。这就叫"用价值观来引领"。但很多家长完全搞错了，他们不要自己的生活，觉得自己所有的希望都在孩子身上，然后就天天盯着孩子，到最后双输。

俞敏洪： 我把这叫作"双重悲剧"，如果一个家长把自己的一生只寄托在孩子身上，不追求自己的爱好、事业，最后带来的一定是两败俱伤。

樊登： 提到书对我的改变，我想起来陀思妥耶夫斯基。我最近讲了他的传记，就发现这个人为什么能够写出那么多伟大的作品，很简单，缺钱。他跟托尔斯泰的区别是什么？托尔斯泰写一本《战争与和平》，能写好几十年，慢慢写，因为托尔斯泰是大贵族，他不缺钱，一辈子就写这一本，但陀思妥耶夫斯基穷得要命，就先答应了很多连载，答应了很多出版商，因为只要没有这笔钱，他就破产了，于是整天写写写，量大出奇迹。当他写的量足够大时，《罪与罚》《卡拉马佐夫兄弟》《白痴》这样的经典作品就出现了。

我讲书的能力在这几年中也得到了很大的锻炼，我早期讲书肯定没现在这么流畅，没现在知道的背景知识多，这是长年累月录书锻炼出来的。

俞敏洪： 你觉得有哪几本书对你帮助比较大？

樊登：《论语》算一本，但《论语》并没有上升到自然科学的高度，后来对我冲击比较大的是塔勒布一系列的书，《黑天鹅》和《反脆弱》让我理解了什么叫不确定性。我们的痛苦在于我们天天想追求确定。然后是复杂科学。

俞敏洪： 塔勒布的《黑天鹅》给我的印象也挺深，因为他提了一句话，叫**"在不确定的世界中寻找确定的路径"**，这是我得出的一个结论。

樊登： 您的结论跟我的还不太一样，我读完以后的感受是放弃对确定性的追求，在不确定中享受，并且创造奇迹。塔勒布都是靠不确定性赚钱，对于确定性的追求是人生的妄念，因为佛说了，一切东西都是无常，有些东西你根本想不到。但如果我们能生活在不确定性中，烦恼就会大幅下降。

俞敏洪： 那一个人怎么能坦然地生活在不确定性中？

樊登： 看清楚自我的真相。我们老想追求确定，是因为我们总觉得自己很重要，比别人重要一点，比如名字很重要，樊登是我的名字，谁要骂樊登我就不高兴，但实际上樊登是我爸妈临时想到的一个名字，有可能我不叫樊登，我只是执着于外在的东西。我们读历史，我们现在做的这点事，在历史上能写一句就不错了，甚至直接不会写。拿破仑当年打意大利，打完了以后副官跟他说，现在您的名字可以写在历史上了，拿破仑说，最多只有一页。他其实特别不满足，但现在我们读欧洲史，拿破仑至少有一章。**如果我们把自己放得很大，事事都追求确定性，导致的结果一定是痛苦。**拿破仑本人，最后也是因为过度放大自我变得极其痛苦。如果我们能够理解自己其实没那么重要，把自己放低，不确定性就会成为一个礼物。

俞敏洪：人通过什么样的思考或者训练才能把自我放得更低？或者不那么在乎自我给自己带来的伤害？

樊登：豁达确实很重要，我们需要看到头顶的宇宙、看到人类的历史，看到这些东西。一些专业书籍也很重要，可以给大家推荐几本书，一本是《清醒地活》，我读完以后就决定以后不要再有烦恼，因为自我本身就是骗人的。还有一本书《跳出头脑，融入生活》，这本书就说人类绝大部分烦恼是因为我们有语言，一件事明明没有发生，但我们会把语言的假象和现实的真实融合起来，感受到像死亡一般的威胁。这都是对我影响很大的心理学书籍。复杂科学里有一本《复杂》，还有《深奥的简洁》，这一次次的冲击，让我觉得宛如新生。我每次如果读到一本给我带来很大冲击的书，就会觉得新生了一次。

人不能太固执，很多人读书到最后就会很固执，凡是不一样的就反对。读书读得多了，应该越读越灵活，越读越觉得不可思议。

9. 业余时间改变生命

俞敏洪：我其实和你有一个类似的状态——倒逼机制，我之所以每个礼拜要找一位读书人来对话，就是因为，为了和作者对话，我得去读他的书，通过读他的书，又倒逼我寻找其他相关的书阅读。你现在也会和很多作家进行对话，我们不约而同地采取了一种倒逼机制，因为一些自我承诺而去认真读书。但对大部分人来说，不可能有你这样的机会，在这种前提下，**怎样能让更多的朋友像我们一样读书呢？**

樊登：这是一个慢慢来的过程。我们观察下来发现，长期听我们讲书的人，有很多逐渐养成了读书的习惯，原因是什么呢？

首先，很多人不读书是不知道读什么书，或者不知道这本书为什么重要，他们听我讲完以后就知道这本书为什么这么好、这么重要，那就会去读。

其次，很多人会因为几句话翻来覆去地读不懂而困在前三页就过不去了。 这是一个常见的现象，但当他们听我讲这本书以后，知道了这本书的逻辑和脉络，就不害怕了，就会很容易地翻开前三页，再往后不断地阅读。

我们讲过的书基本上销量能翻50倍到100倍，真的有很多人会去买纸质书，而且我们不断向大家传递一个观点，纸质书跟电子书阅读是完全不一样的体验。最近 Science 杂志上发文章说，为什么读电子书会觉得累？因为电子书有频闪，人会没法集中注意力，我们可能感觉不到频闪，但是眼睛会分神，但纸质书没有频闪的问题。我到现在都读不了电子书，给阅读器都读不进去，就是老老实实读纸质书。

我们也在不断地复制更多领读人。我们想创造一个新工作，叫"知识顾问"。现在最稀缺的是新工作，很多老工作都在不断被人工智能替代。我有时候很尊重也很心疼外卖小哥，因为送外卖学不到太多新技能。他拼命地送，越来越熟悉那条路，他被那个系统捆绑、绑架，不送到就罚款，骑太快又危险，关键还学不到东西。那10年以后怎么办？体力下降了怎么办？新的机器出来了怎么办？我们得多创造一些让一个人做的时间越长越厉害的工作，比如当老师、医生，做的时间越长就越厉害。我们就做知识顾问这种知识性的工作，我们现在全国有几万个知识顾问，他们到处去讲课，组织线下活动，带领大家看书。我们还开书店，经过了疫情，全国还有200多家"樊登书店"，一家"樊登书店"点亮一个社区，让大家在里面读书、上自习、上课。慢慢做，做的人多了以后，会发生一个群智涌现的结果。

俞敏洪： 把中国打造成一个阅读社会、书香社会，这是从中央到地方都反复强调的事，你是一个特别好的践行者。

我也想补充一句，其实不只是外卖小哥，很多人都是生计所迫，做着重复却没有进步的工作。我们所说的进步不是说工资上有没有增长，**更主要的是思**

想上、意识上、自我认知上有没有提升，大家要学会利用业余时间或是零碎时间多学点东西，入门就是从阅读开始，或者从学习某一个更有用的技能开始。

可能大家听说过北大保安最后当上校长的故事，那个保安的英语就是在新东方学的。保安也是不能增进技能的工作，但这个孩子在北大当保安的时候，也不知道怎么就被激励了，开始从零学英语、背单词，买了不少词汇书，后来真的把英语学出来了。回到家乡，现在在家乡一个大专学校当校长。

樊登： 人和人的区别是业余时间。我从来不会随便鼓励一个人辞职，这太不负责任，别人养家糊口一定是正当的，但是**业余时间怎么度过的，决定了我们后面几年的生活**。我那时候当中央电视台主持人，没有人逼着我读《论语》，但我就读了很多，业余时间的安排非常重要。

俞敏洪： 我有一句话叫"**业余时间改变生命**"，反而不是我们的工作改变生命。除非是自己创业，否则还是照着别人给你指定的路径往前走，因为我们不能违反主管或者老板的规定。

另外，大部分人上班做的事情可能并不是自己真正想做的事情，当然，如果你是完整地把自己的兴趣爱好、工作、事业融为一体，那这是人生很完美的状态，但大部分人不太容易达到这种状态，包括我，尽管我很喜欢上课，但实际上我从 2000 年开始到现在，20 多年都没有真正上过课了，主要是做讲座。新东方做得比较大的时候，有两个上市公司，我一天要花接近 10 个小时在新东方工作上，而工作中大部分时间都是在维护新东方的发展，并没有满足我个人发展的需求，尽管管理能力也在上升，但那不是我的追求。

不过我现在依然可以骄傲地说，我一年大概能阅读差不多上百本书。之前没有疫情的时候，也能旅行五六个国家和地方，并且一年能写出 60 万到 80 万字的个人记录。我也受你启发，前段时间读了《道德经》，我准备用讲课的方式，把《道德经》从第一章到第八十一章都讲一讲。这其实是我的业余，我的业余时间就是用来阅读、旅行。

很多人都问我，俞老师你这么多事情是怎么完成的？我说新东方的事情是正常上班的时候完成的，旅行基本都是在假期，阅读和写作有一半是在汽车和飞机上完成的。我有一个最大的优点，就是不管车怎么晃，哪怕在山路上，我都可以安心地阅读和写东西。

我常说，对业余时间的利用，尤其是有方向、有目标地利用，更容易改变我们生命的方向和高度。

有朋友问我如何才能快速阅读。我也分享几个心得：**第一，阅读速度是训练出来的**。就像走路，如果你从来没有走过路，速度就会相对比较慢，但是如果你总是散步，并且对自己的速度有要求，那你的速度就会越来越快。你读的书多，你阅读的速度就会相对快一些。

第二，读书多了之后，书中内容重复的部分可以快读或者略过，这样速度就增加了。

第三，学会提炼要点，尤其一些理论性、事实性的书。读小说没法跳着读，跳着读情节会连不上，但一些叙述性的书可以跳着读，把中间的要点提炼出来，通过要点扫描后面的段落，从段落中抓住关键句，基本就抓住了书的主体和灵魂。像"樊登读书会"用脑图框架读书就比较容易。

第四，学会回顾。读书的时候有两件事情要做：第一，读到优秀句子和观点一定要用笔画出来，重新翻阅的时候会很快、很方便；第二要有回顾，读完书后，把认为重要的东西记录下来。记录有两种方式：第一是把书中主要的观点和语言摘录出来，放在笔记本或者电脑的框架里；第二就像"樊登读书会"那样做出这本书的脑图，这样就可以掌握住书的内容、关键点。同时，回顾还有一个时间差，比如你觉得这本书值得，可以在读完一个礼拜左右回顾一下书中画出来的要点，记忆就会更深刻。我现在做笔记，一般会把书中的要点或关键段落用语音录下来，再一键转文字，放到电脑的笔记本中，关键时候还可以打印出来学习。这样读书就构成了一个完整的过程，既能读得快，掌握要点，还可以复习，需要的时候还能随时调取应用。

第五，还必须有固定的、专注的时间读书。比如，你给自己规定这一个小时要读书，那这一个小时就千万不要被别的事情所干扰，如果读5分钟就看手机、看信息、打电话，或者被朋友拉出去玩，这样就很不好。如果能坚持一两个小时专注地阅读，收获就会比较大，阅读的速度也会上去，因为一个人平均一小时读两三万字不是很难。

俞敏洪：由于时间关系，我们今天可能只能聊到这里了。特别高兴今天能跟你做这样一个高质量的对话。跟我们最开始约好的一样，过段时间约几个共同好友，一起到我家吃烤全羊、喝酒、聊天！

樊登：好，没问题！俞老师再见。

（对谈于 2022 年 4 月 10 日）

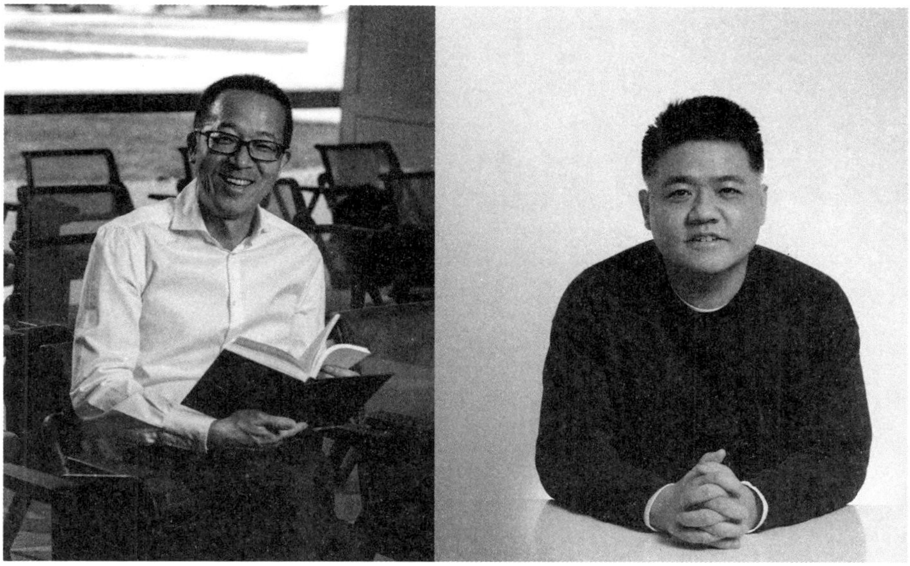

对话 **罗振宇**
阅读和学习是成长的最好途径

坚决不能让自己的头脑成为别人的跑马场。

每个人都要把自己活成一支蜡烛，不管旁边的人是什么感觉，总之我们要点亮。

罗振宇 /
1973年出生于安徽芜湖，中国传媒大学博士。得到创始人，"时间的朋友"跨年演讲、《罗辑思维》节目主讲人，著有作品《阅读的方法》《启发》等。

俞敏洪： 各位朋友好，我今天邀请了罗振宇，一起围绕"读书"的话题聊聊感想。

我一直认为阅读是一件非常重要的事，**如果一个人一个月能读三本以上的书，就可以界定为一个好学的人，或是一个成长型人才。** 成长型人才的标志很明显：第一，乐于接受新事物，不论是二次元、比特币还是元宇宙，只要是新鲜知识，都愿意去了解，包括一些网络语，比如 YYDS、种草等；第二，他们会不断阅读，每个月都能翻阅不同类型的书，让自己的知识和眼界不断扩展；第三，愿意结交更能给自己带来见识、判断力的朋友，同时也愿意背着行囊走天下，能对到达的目的地的文化传承、历史传承、风俗民情有所研究，而不仅仅是拍个照打卡；第四，愿意在自己的工作岗位上不断研究、不断创新，并且能通过努力让自己更上一个台阶。

另一种类型则是顽固型、非成长型。尽管现在大家都可以通过刷手机获取大量信息，但这类人并不是为了成长而了解信息，只是为了消磨时光而已。固化的生命状态有几个明显特征：不主动阅读能让自己有所收获的书，在工作上不寻求知识的丰富、经验的积累或岗位的提升，对外面世界发生的事情或者状态不感兴趣等。

我们要尽可能成为成长型人才，成长型人才并不是死皮赖脸地奋斗、努力，定一个巨大的目标让自己日夜不睡觉,而是每天在自己的内心有或多或少的要求,比如每天读半小时书,一个礼拜找一两个朋友深度聊聊天。通常最有收获的聊天有两种:第一种,和真心的朋友聊天,他敢于指出我们身上的缺点和毛病,能深度聊,能坦诚相见;第二种,和比自己水平高的朋友聊天,让他的思想、判断、眼光、格局影响自己。同时,我们要尽可能学会深度行走,去看博物馆,看一个陌生的城市,了解那个城市的历史等。当然最重要的还是要多读书,这或许不会给我们带来一时的好处,但是能给我们带来思想的增加、厚度的增加,甚至是风度的增加,或多或少会给我们的未来带来重大的好处。

——对谈环节——

1. 活成一支蜡烛

俞敏洪: 罗胖你好。

罗振宇: 俞老师好,你每天晚上都直播,太拼了。

俞敏洪: 我没有每天都直播,我现在一个礼拜播一到两次,昨天我和余秀华做了一场面对面的沟通。她来到北京了,说想见见我,我们就一起聊了聊。

罗振宇: 她现在身体还行吧?

俞敏洪: 还不错,还找了个 90 后小男朋友,小男朋友昨天也来了。

一直以来,我觉得做人的标准有两个:第一,寻找自己喜欢的生活和工作,我觉得你和我都找到了;第二,不论是个人生活还是事业,我们做的事都不能伤害到别人。在第一点上,可能余秀华年轻的时候就反抗了自己的婚姻以及生命状态,所以她有很强烈的、直截了当的意识想去实现自己想要做的那件事。一个人不敢突破自我的原因常常是周围人的眼光、社会习俗,它们让人感觉到不被允许、压力太大,但她就敢于去突破。那些在背后指指点点、戳着脊梁骨说人的人,只是为了维护社会习俗罢了,但这些维护对社会无伤大雅。所以,余秀华一是解放了自己，二也没有伤害到任何人。

罗振宇：最近我听到一句话，我觉得说得特别好——**不骂人是修养，不被人骂是修行**。不被人骂其实并不是一个简单的目标，并不是我们做对了就不会被人骂，很多时候被骂完全是飞来横祸、无妄之灾，是被扭曲、被误解的。但这不重要，因为这就是成为圣人路上的一场修行，修行到圣人的境界自然就没人骂了，但我们一般达不到那个境界。

俞敏洪：孔子也被骂过。我觉得如果被人骂了，还能坚信自己，并且坚持走在自己道路上，才算修行。

罗振宇：对，把它当作一个修行坐的蒲团，被人骂了，就相当于我们坐在上面感受针扎般的感觉，然后修行自己，让自己变得更好。

俞敏洪：我个人觉得，如果我们做了一件从良心和良知两个维度都过得去的事，就算被人骂，也无所谓。如果我们总讲违心话，扭曲自己的心灵去奉承领导、拍马屁，最后把自己弄得猪狗不如，这样的人就真的该骂。但如果我们是为了追求一种更美好的生活，追求一种更独立的状态，让自己的生命变得更自由，在不伤害别人的前提之下，我觉得如何被人骂都无所谓。

很多人都知道你是得到的创始人，但其实你最开始是在自己做节目，比如《罗胖60秒》《罗辑思维》等，我也听过这两个节目，感觉你的口才真好，尤其加上你深厚的思想理论以及幽默乐观的状态，非常能感染人、打动人。**像你这样说话的能力是怎么练出来的？从小就能说会道吗？还是通过什么方式培养、激发出来的？**

罗振宇：我觉得口才好并不是指会忽悠，而是指人有一种表达的热情。我们都以为热情是天生的，其实不是，热情是可以训练出来的。2021年李诞出了一本《脱口秀工作手册》，里面有一句话就点破了这个真相，他说，"**热情其实是一种能力**"。我问过一个印度人，为什么印度人的口才都那么好？他讲了一个词，叫"spoon-feed（填鸭式）"，他说我有什么想法，我就想拿个勺撑对方嘴里，少撑一点点我都觉得难受，所以，有口才的人往往就有这样一种热情。

对我来说，光有热情是不够的，还需要锻炼这个能力，这时候我就发现**费**

曼学习法很适用。有时候我们光靠脑子想，是想不明白事的，所以可以尝试用写的方式去写明白，但这有一个缺点，就是没有对象感。没有对象感，我们就不知道表达的感染力和穿透力，这时候就需要找一个人，对着他把事儿讲出来。所以我和脱不花都有一个特点，我们能毫无心理负担地把同一段话跟这个人讲、跟那个人讲，再跟另一个人讲，每讲一遍，自己的脑子就又梳理了一遍，又清楚了一遍，渐渐就会找到一个最好的表达方式。这个表达方式其实不是为了影响他人，而是为了让自己整理得更明白。

俞敏洪： 这是一个边学边输出的过程。我非常赞同李诞的那句话，"热情其实是一种能力"。其实我从小学到大学，一直都是一个不怎么说话的人，我真正开始不得不说话，就是留在北大当老师。那时候我每个礼拜都需要面对北大学生，刚开始我其实非常尴尬，因为对北大的学生来说，你讲课好，我就听；讲不好，我背着书包就走。我当时教英语泛读，一个班按理说应该有40个学生，但讲到最后，只剩3个学生，我说，你们怎么不走？他们说，我们再走，你就没面子了，还告诉我，没事儿，你讲你的，我们做我们的作业。

后来我也做了很多调整，备课会更认真，也发现，当我讲故事或者表达更幽默，增加信息量，增加语速的时候，学生会更有专注度。再慢慢地，我会训练肢体语言、热情，拼命搜集学生喜欢听的内容和知识，慢慢地，语言的流畅度就出来了。当然，讲得好不好是由听众来评价，但我个人体现出了我讲课的专注、热情，甚至是激情，我也把我所知道的东西尽可能用大家听得懂的语言讲出来，我很少用一些专有名词，我怕自己讲完了自觉很厉害，但别人没听懂。

我觉得口才好或者会说话其实是人生发展中一个蛮重要的能力，你会给大家什么建议？

罗振宇： 我觉得有的时候真的是靠运气，因为这个时代，我们谁都不缺方法论，缺的是一个初心。这个初心被点燃的时刻，可能什么时候都会来，比如我不得不去当老师或者当销售，我不得不去带一个团队，去说服他人，或者我真的要传达自己的思想，做自己的知识产品等，当我们拥有了机缘，口才自然就好起来了。所以，我觉得这事不用着急，只要有了开始的初心就行，技巧特别好训练。

俞敏洪：有一点特别对，就是**要有一个初心，并且能得到正反馈**。如果一个孩子读书的时候，父母说读什么书，赶快把作业做完，这个孩子后面可能就不会对读书感兴趣了，但如果父母鼓励孩子读书，孩子可能对读书就会更有兴趣。

其实人和人之间的关系也都能通过正反馈变得越来越好，夫妻之间如此，和同事、领导、下属之间如此，和朋友之间也是如此。我觉得最重要的是，我们要摆脱负面情绪，给自己、给周围的人正向反馈，这样这个世界一定会变得更美好。

罗振宇：没错。我当年在央视工作的时候，一个领导讲了一句话，我一直记到今天，他说，"**每个人都要把自己活成一支蜡烛，不管旁边的人是什么感觉，总之我们要点亮**"。

2.《阅读的方法》

俞敏洪：你的新书《阅读的方法》，也让我感觉是在点亮他人的阅读兴趣。我应该算是你朋友中前 10 位先读到的人，我看得很认真，还圈了重点。我很喜欢"遥远的地方"和"极致的体验"这两部分。这是本非常不错的阅读方法入门书，里面内容丰富，语言清晰流畅，动不动就会有一句话能打动我的心。书中摘录了一百六七十本书的精彩段落，也对这些书的出处和作者进行了介绍，这样可以逐步引导大家去读一些罗胖认为不错的书，而且这本书写得非常认真，光是索引和书的引用就要花费大量时间。

罗振宇：是的，这是我花了几年时间认认真真一字一句写出来的一本书。当今中国，除开专业作家不谈，像我这么认真写书的人，其实不多。我觉得它会在几个地方帮到大家：

第一，如果大家觉得对阅读提不起兴趣，我相信这本书会是一个点火的火柴，它替代不了你读书，但没准其中某一个火花会点燃你。我没有在这本书里讲任何道理，我就是把摄像机镜头对准我自己和我周围的读书人，我在读书的时候，哪些书、哪些段落突然让我高兴得拍大腿，领悟到了阅读的乐趣，我就把它写到这本书里。人同此心，心同此理，我们都是一样的人，能点燃我的东西大概率也能点燃大家，更何况我写了这么多，总有一段是能打动你的。如果大家觉得其中一段挺有意思，愿意因此去读一本书，读里面的段落，我觉得就是很好的缘分，所以我希望这本书能成为大家与书之间的桥梁。

第二，如果大家希望从小培养孩子阅读的习惯，但又觉得无从下手，就可以试试这本书。我脑子里总有一幅画面，人类会写大量书，它们存在于这个世界的各种地方，在某个机缘巧合的下午，一个小男孩打开了父母或者其他长辈书房里的某一本书，突然入迷了，这一刻，就是人类文明传播史中最温暖、最动人的时刻。有很多销量并不大的书，就是这样一代一代地传递着、点燃着。我自己生命中就有很多这样的时刻，与书籍的偶遇。

俞敏洪： 我也有很多这样的时刻，有时候就是随手一翻，就发现这本书变成了我生命中的一盏灯。我觉得凡是想要阅读的人，都应该读一下这本书。

这本书在某种意义上，不是在教大家阅读的方法，而是教大家从阅读中找到小宇宙或者时空感。我比你更偏向于文科，你对理工科的知识结构和内容有更多了解，所以这本书里不仅仅有你读过的160多本书的引用或者优秀段落的摘取，你还通过历史视角与个人视角、外部视角与内部视角、宏观视角与微观视角的解读，让大家能多维度、系统化地去了解。所以，我拿到这本书以后，是一口气就读完了。那你为什么想写这本书呢？

罗振宇： 因为我清楚地知道这个世界上所有关于阅读的方法都有问题。现有很多阅读方法都可以约等于考试的方法，或者叫升学、拿证的方法，这些方法都是站在书的那边，在教我们怎么把一本书吃干挖净，榨尽它的每一滴价值。当然，站在书的那边去要求人，也有它的价值，因为我们就是这样考上大学的。但这样的方法没有考虑读书人心里热爱阅读的那团火会不会因此湮灭。

我热爱读书，因为读书而受惠，现在做的也是和阅读相关的创业项目，我觉得读书不应该是这样。我今天特意带来了一本书，这本书的模型是我在上小学的时候就奠定下来了，这本书是我影印的，正版书已经买不到了。

俞敏洪：《文学描写辞典》，我也有这本书。

罗振宇：《文学描写辞典》是辽宁大学中文系 77 级的一帮跟工农兵大学生差不多的人一起攒的，他们把所有能找到的文学名著摊开，把各种各样的文学描写分门别类，编写成了上下两本书。我们那个时代很多人家里都有这本书。

这本书真的帮了我大忙，因为它让我在那么小的时候，在我没有能力去读那么多书的时候，看到了好书的样子，好书应有的质感、细节和纹路。《文学描写辞典》里可能涵盖了好几百本书，我虽然都没有读过，只能看到一鳞半爪，但这一鳞半爪才是最有魅力的。

就像我初中的时候，爱上了围棋。因为当时聂卫平大杀日本加藤正夫那群人，五连冠，所以一大群小孩都开始下围棋，我也用宇宙流布局、中国流布局、三三式开局，听起来好像很厉害，其实自己都听不懂，但一代爱围棋的人就这样被点燃了。

我在序言里写了一段自己的经历。我上初中的时候，我爸有一本繁体字竖排的书，斯坦尼斯拉夫斯基的《演员自我修养》，我当时读不懂，但它老在我们家书架上待着，我就知道当演员是个很牛的事。后来我报了学校的话剧社，因为报了话剧社，就到图书馆借了一本我自己也读不懂的书，朱光潜的《悲剧心理学》，翻了两页我发现朱光潜是我老乡，我又去追他的《西方美学史》，这本我也读不懂，但我看到了苏格拉底的"洞穴比喻"，我就把这个写到了作文里，这个作文被老师表扬了，我就觉得自己怎么也得为了面子去懂点哲学。

俞敏洪：书的连接或者知识的连接，有时候就像一张网或像一棵树。

罗振宇：对，就像爱丽丝梦游仙境，书籍的世界很美好，我们只需要找到那个兔子洞，逃跑也好，不耐烦也好，有兴趣也好，只要我们能掉进去，那么爱上书籍、爱上读书，就会是一个大概率事件，所以我特别希望这本书能够起到这个作用。

俞敏洪：我觉得这本书已经起到了这个作用，你在书中引用了大概 160 多本书，其中有一半我没有读过，但因为你提到了，我就会想着去读一读。

罗振宇： 这本书写得也有点厚了，25万字。我刚开始觉得10万字挺好，但我在整理资料包括动笔之前，先写了一个长编文，大几十万的、七八十万字，后来慢慢删到了25万字，我就感觉既不能再多了，也不能再少了。这是一个很痛苦的平衡，但我的标准就是，每一章都是在情绪饱满的时候写的。

俞敏洪： 怎么保证写的时候情绪饱满？

罗振宇： 我都是分开写的。这24章之间没有特别强烈的顺承关系，我希望读者拿到这本书后，20分钟就可以读完一个章节，阅读速度快的可能10分钟就能读完一个章节。而且大家可以随便跳着看，一会儿跳到第三章，一会儿跳到第七章，阅读体验会非常愉快。我写的时候也是这样写的，今天有灵感，就写写第十三章，明天有灵感，就写写第十八章。

俞敏洪： 是不是在你脑海中，你早就预设好了书的结构？因为如果没有结构，就没有办法分类。比如，你还在书中写了家长阅读的方法、学生阅读的方法等。

罗振宇： 是的，这个结构我已经想好很多年了，也一直在围绕这个结构找材料。如果大家接受这种方式，我希望将来做别册，我会把好书里的好段落，做成各种类型的读本，比如初中生读本、大学生读本、公务员读本、产品经理读本、老人读本等，我会出大量的读本。

在过去的媒体时代，媒体时间和媒体资源掌握在少数人手里，大家只能通过一个概念、一个界面去了解内容。但在短视频时代，大家能了解到更多细节，读书的魅力就在于细节。经常有人问，能不能用一句话概括一本书？其实不是不能，但很多书的魅力真不在那一句话。

俞敏洪： 对，我深有体会。有些书的框架理论都差不多，比如经济学著作，很少会有经济学著作的作者自己创造一套理论，这些理论一定都是大家听说过的。但同样的理论框架，如果细节表述不同，语言表述不同，直接决定了我要不要读这本书。比如，一个大学经济学教研组编的经济学讲义和《薛兆丰经济学讲义》，就完全是两个不同的状态。所有人，尤其不学经济学的人，都愿意读《薛兆丰经济学讲义》，甚至有些学经济学专业的人，也不愿意读大学编的经济学讲义，因为太枯燥了。

所以某种意义上，一本书就像一个人，必须有血有肉有灵气，我们才会去读。任何一个人都有血有肉，但当这个人开口说话表述思想的时候，有没有灵气，有没有吸引力，人和人之间是完全不一样的，书也是同样的概念。

3. 选书的方法

俞敏洪：现在这个世界上有很多书，就像一片海洋，比如现在我后面的书架上，就放着至少 1 万本书。我想问你一个问题，我们应该如何用简单的方法，从海洋般的书中选出值得读的书？

罗振宇：有很多种方法，最核心的方法也是你我都在用的方法。看看身边让我们佩服的人，他们在看什么书，这是一个很重要的方式。我去朋友家里玩，就会问他们最近在读什么书，让他们把最近的书单交出来，有时候还会问朋友哪个段落好。即使不为了读书，为了了解朋友的思想动态，我也会把这本书买来看看。

我自己逛书店的时候，有一个独门方法，就是翻看这本书的倒数第二章或者第二小节。道理很简单，现在很多人写书其实没那么多可写的，但为了写成一本书，他必须扯那么多话，通常一本书的序言、第一章以及最后一章都是用心写的，越写心气越不行，所以看看倒数第二章，水平有没有下降，就能对这本书做出基本判断了。

俞敏洪：是个好方法，但其实好书还是有限的，或者是数得过来的。比如经典书籍也就那么几本，《论语》《老子》《庄子》《孙子兵法》，世界文学名著、世界哲学名著加起来也就二三百本，这是已经被选出来的好书。但现在一年会有 10 万本书出版，你作为中国图书最有影响力的推荐人，你推荐图书的原则是什么？

罗振宇：这个问题很复杂，我主要讲两个：第一个，在有书单之前，我会先有一张人的名单，这个名单其实是一个隐形名单，我每个月都会问名单上的人在读什么书，因为我知道他们读书品位好。有些人出书我一定读，比如郭建龙，他出的每一本书我都会买来读，因为我知道像这样还在持续写书且每本书水准都在金线以上的人不多。

第二个，也是我觉得更重要的一个，我要等这个时代的解读者出现。比如，"二十四史"该不该读？作为一个中国的读书人，"二十四史"就应该读，但问题是，我们真读不懂，但当年明月的书出来以后，我们就可以读当年明月的书。只要是好东西，就一定会出现当代的诠释者，这就是人类文化往前滚动的自然规律。

周公那个时代，会为《尚书·无逸》做解读，后来孔子出现了，选出了300首值得读的诗，再过几百年，又出现了韩愈，到了宋代，朱熹说"四书"得重新注一遍，到了民国，胡适这一代人又进行了一次整理。**所以，不用着急，只要这个东西重要，在当代一定会出现再转述、再诠释的人，往往比前者更精彩。**

我给大家推荐原文化部部长王蒙写的一系列书——《精进：极简论语》《得到：极简老子》《个性：极简庄子》《原则：极简孟子》，非常精彩，《熊逸讲透资治通鉴》也非常好读，一天读一本都没问题，但如果让当代人去读《资治通鉴》，就不太现实。

俞敏洪：而且《资治通鉴》里主要是围绕着帝王进行解读，但今天的大众可能有不同的视角看历史，反而是《资治通鉴》（柏杨白话版）这样的版本更能结合现代社会的观点。

罗振宇：现在读书界弥漫着一种观点，觉得二手知识没价值，要读原典，我觉得说这种话的人要么是学界的学阀、知识的既得利益者，要么是自己也不读书的人。人类知识从来都是二手知识，孔老夫子也是把别人的东西嚼完了再吐出来。

俞敏洪：我感觉你读书面非常广，而且你选择的书都是我个人认为相对有灵气的，你不会选那种大部头的理论或者深奥到大家都读不懂的书。我是个文科脑袋，比较不喜欢纯粹的理论套理论、概念套概念的那种书，感觉读起来真的非常累，而且确实有一批写书的人喜欢故弄玄虚。通常一本书我翻了三页，如果它的文字、表述、对概念的解释不足以吸引我，我一定放下了。

4. 阅读的方法

俞敏洪： 你一年连读带翻阅能看多少书？

罗振宇： 我的阅读量还是比较大，"得到"每天会上新20多本书，我会每天早上把那20多本书先翻一遍。每个月逐字逐句读完的书至少有两三本。

俞敏洪： 阅读本身就是你的工作，你的阅读量远远大于我们。你每天要翻阅20多本书，一个月内认真阅读两三本。像我现在除了翻阅书籍，还会每天在"得到"上听书，你出来一本我就听一本，半小时左右听一本，如果倍速听，15分钟就能听完。我一般早上会出来散步45分钟，一口气就能听完三本书，到现在为止，已经听了1200多本了。虽然听完就忘，但还是能在我心里留点东西，不求甚解。

但我个人感觉，翻阅书籍比听书还是更有收获。我自己认真阅读的书，基本都会先翻阅，如果我翻阅了半个小时，觉得这本书值得认真读，我就会从第一页开始往后认真读，这是我的阅读习惯。你的阅读习惯是什么样的？

罗振宇： 我觉得会读书的人都是用这个方法。也会有人问，这种阅读方法难道不会错过很多吗？但其实我们在求偶的年龄，逛街的时候看到那么多美女、帅哥，我们能跟每个人谈恋爱吗？不可能吧。我们一定是先大量地了解，然后再因为缘分去深入了解对方。

俞敏洪： 你谈恋爱之前见了多少个女生？我一个都没见，直接就谈了，一直到现在。

罗振宇： 那咱俩不一样，我是在世纪佳缘上发征婚广告，相亲了40场才找到我老婆的。

但你刚才讲的我完全认同，我会做主题化阅读和固定化阅读。所谓固定化阅读很简单，是从小订杂志留下的习惯，我会相信一些高水平的杂志，比如我很喜欢《文化纵横》，一个月一本，里面每篇文章水平都很高。

还有一种我称之为"问题式阅读",比如我最近意识到一个社会的自组织问题,我就会反过去读一些我以前知道但一直没有读的书,比如与德鲁克企业管理相关的书。我一直知道这十几本书的存在,但我过去一直没有读过,因为近期遇到了相关的困惑,就把这些书都找来,迅速地翻了一遍。而且我习惯用电子书,我买了一个 30 多寸的屏幕,直接把电子书铺在大屏幕上,一屏将近 3000 字,就算是一本 10 万字的书,翻 30 下也就结束了。

俞敏洪: 但一般人没有这样的条件。我买了"得到"的电子书,一页最多 500 字、1000 字,我长途旅行的时候会带上电子书。我的阅读速度差不多一天一本书,或者两天一本书,如果旅行 15 天,就要带七八本书,这时候我一般会带两本我认真读的纸质书,再带上电子书,这样有需要的时候就可以去翻。但用电子书会有一个困扰,比如我想直接看下书最后一页的内容,翻起来就很累,这也是我觉得电子书阅读效率低的原因。

此外,如果是要认真阅读的书、有价值的书,包括小说,都要一行一行地读,否则整个情节的过渡和发展就不清楚了。所以,我读得最慢的反而是小说,因为小说的情节、故事、语言以及人物的性格、特征都是在文字中展开的。我读历史书反而更快,历史书读多了,同样的历史故事一眼瞄过去就知道怎么回事。

我想说的是,当人读到了有用的书,比如像我读到你这本《阅读的方法》,我就要做一些笔记,一是把书里重要的内容圈出来,二是有些书的框架不错,我也会把框架思路记下来。你读书有做笔记的习惯吗?

罗振宇: 有,但我做笔记跟你有一点不同,跟我工作性质有关,我是被逼的。我会把读过的书跟同事讲一遍,给自己制造这么一个场景,所以我的笔记必须是一个思维导图。

我经常给别人讲一本书,或者讲一篇文章中的结构,或者最近某个主题下的主题化阅读,我会逼自己跟别人分享,这就是所谓的**费曼学习法**。读完任何一本书后都要自己讲一遍,能倒逼自己做笔记,这样读书会更有效。

俞敏洪: 常常有家长问我,应该怎么锻炼孩子的口才?我说很简单,孩子从小读童话故事,让他读完以后自己再讲一遍。但这可不容易,比如今天我读完一本书，我要录一个推荐视频放到抖音上，但我录了五遍才录完。我就想，其实想用一分钟时间讲出一本书值得读的精华和最有价值的地方，是很不容易的，这需要我们对一本书有深刻的了解，更何况要把一本书给人讲一遍。

罗振宇： 有方法，非常简单。要给自己设一个挑战，比如读一本哲学史，通常哲学史就是按照哲学家一个一个地写，假设写了 30 个哲学家，这怎么提纲挈领？我就给自己设一个任务，我就是要给历史上所有的哲学家排个序，我肯定不能跟别人一样，我如果第一个也讲康德不就俗了吗？我要找出一个理由，列出我心目中的五大哲学家。

很多人在学习的时候，就缺少这样一个给自己设置学习任务的环节。课堂教学最重要的就是制定学习任务，比如这本《阅读的方法》，我写了 25 万字，24 章，大家觉得最值得读的是其中哪三章？为什么？如果能把这个道理想清楚，这本书就介绍完了。

把抽象的事情变成自己手头的一个任务，这是一个巨大的创造，但事情往往能通过这个创造变得清晰。 今天下午我和同事开会说，为什么肯尼迪在美国那么伟大？就是因为他把赢得冷战这个虚化的任务变成了登月这样特别具体且有时间节点的任务，赢得冷战没法干，但全美国所有的科学家、商人、金融家、媒体记者都知道登月。所以，把目标具体化，这是读书的好方法。

俞敏洪： 你认为任何时候读书都要带着一定的目标吗？陶渊明的"好读书，不求甚解"，怎么解释呢？

罗振宇： 这是我心性不好的地方，因为我说服自己读一本小说的时候，往往必须给自己心里设立一个目的。去年我就完成了一件对我来说的大工程。我读过大刘的《三体》《球状闪电》，但我知道他还有很多优秀短篇，我就给自己设立了一个任务，我要在一个读书会上分享大刘的作品，我就逼着自己把大刘所有的中短篇看了一遍。我必须给自己下这么一个任务。

俞敏洪： 会不会因为你的工作就是读书，你读书本身已经不是为了修身养性或是兴趣，而是脑袋中设定了应该给大众推荐什么书的任务，或者考虑推荐这本书能对"得到"的发展带来什么好处？

罗振宇：我现在做任何一件事情，都希望能有几重受益，一枪必须打五六只鸟，这一枪才值得打。我这个境界有点低。

俞敏洪：那倒不是。我个人认为，一个人的阅读或是成长，还是需要一些外在的动力，这个动力要么来自于工作，要么来自于事业，或者来自于追求。

我现在每个礼拜会给大家推荐一两本新书，我也从这件事中得到了一些乐趣，一是我能多读很多书，二是会有很多人买我推荐的书，大家一起共同读书。这样就会给我带来动力，倒逼我加快阅读速度。所以，我今年的阅读量比去年翻了一倍，虽然数量翻倍了，但我依然读得很认真。

5. 阅读的热爱

俞敏洪：你在什么时候开始真正喜欢上阅读的？

罗振宇：我问过很多有成就、爱读书的学者，发现他们有一个特别的共同点。他们这个岁数的人，尤其是从农村出来的人，往往都有一个右派，在1958年的时候被安排到老家村里，而就是这个人，突然把读书的那扇门打开了。这种事情在中国文化史上不断上演过，比如苏东坡被贬海南，也就一年多，他能在海南教多少学生？但就是从苏东坡到海南这一年开始，第二年他回去后，海南就开始出进士，而在他去海南之前，海南一个进士都没有。所以，只要有个人能把爱丽丝的兔子洞踹开，我们滑进去了，就会停不下来。

对我来说，踹开兔子洞的时刻有两个，第一个是小学一年级的"六一"儿童节。我那时候5岁，在班上坐第一排，不受重视。那年儿童节，学校有各种各样的游艺项目，每个小朋友都有一个机会参与一个活动，轮到我的时候，老师就说，罗振宇爱读书，我们把到市图书馆读书的机会给他吧。好像当时只有两张票，但我老师就给了我一张。

我事后想，他完全就是在糊弄我，因为小学一年级，字都认不全，只能读小画书，但我就被老师骗去了市图书馆读了一下午，从此就有了一个自我暗示的人设——罗振宇可是个爱读书的孩子。这其实就是一个人生际遇，有人把我往那个路上推了一次。

第二个时刻是我自己开始读纯文字书籍，那天我也记得特别清楚。我爸每天晚上洗脚的时候都会给我讲一个故事，但他也没有多少故事可讲，所以渐渐地他就开始给我读书，比如《封神榜》《基督山伯爵》这种故事性比较强的，我那时候自己认字不全，读书还是很困难。有一天我爸爸出差了，那天晚上就开天窗了，我就抓着《基督山伯爵》，半懂不懂地开始啃，那是我第一次读没有插画的书，但就这么读进去了。

俞敏洪：有些孩子出生在知识分子家庭，但他们不爱读书。

罗振宇：我觉得可能父母把孩子阅读的兴趣败坏掉了。我父母也不是知识分子，就是普通工人，他们阅读的方式很简单，就是订杂志。那时候每个家庭基本会订一两本《小说月报》《中篇小说选刊》，我小时候还有一本杂志叫《探索与争鸣》，哪天如果来了本杂志，全家人就会换着读、抢着读，在这个家庭氛围中就很容易养成阅读的兴趣。

俞敏洪：那时候很容易，因为没有手机，很多人家里也没有电话、电视，有本书就能变成娱乐中心，父母读书，孩子也跟着读，但现在父母玩手机，孩子也玩手机。**在这个注意力不断被碎片化、被转移的时代，你觉得父母应该如何培养孩子的阅读习惯？**

罗振宇：我和我孩子之间的阅读习惯非常简单，你读你的，我陪你读，你讲给我听，我讲给你听。她们才5岁多，刚开始认字，现在看不了有字书，但我会每天和她们做一次沟通，有时候是在早饭的时候，有时候是在睡觉前，我会特别准备自己当天读到的一段书，讲给她们听，也会要求她们把她们当天读到的东西讲给我听。这对我来说有着巨大的考验，比如昨晚我讲华容道、曹操和关羽，我刚把战场关系讲明白，她们马上就问我，曹操是好人还是坏人？我的直觉是我不能说曹操是个坏人，但我一咬牙一跺脚还得说曹操是个坏人，不然她们会理解不了这个故事。这是我们家每天的小游戏，我觉得如果我们对什么东西兴趣盎然，这件事情一定会传导过去。

关于信息爆炸这件事，我也一直有个观点，这个世界给了我们一个假象，好像这个世界有好多书，但我们平心而论，真有很多好书吗？没有多少。比如，爱奇艺和腾讯视频都说自己的库里有几十万部电影，让大家花几百块钱买年卡，可当大家真的要去找电影来看的时候，会发现能选出来的不多。任何一个领域的知识分子，问他们要不要读书，他们会说一定要读。再问他们，这个领域今年出了几本你看得上的好书？他们经常会说，今年好像一本也没有。所以，**信息爆炸是一个假象，好东西真没那么多，而只有真正的好东西才不会辜负你。**

6. 阅读的好处

俞敏洪： 现在成年人工作、事业、家庭都很忙，烦恼的事情很多，内心也很焦虑，他们能阅读的时间并不多，这时候还要求他们不断挤出时间读书，也要有一个相对有说服性的理由。像你做的"得到"，也算是知识快餐文化，但这在现在来说必不可少，因为人的业余时间都在路上，所以走路的时候戴上耳机，听听"得到"的课或者书，也算是一个知识快餐的消化。但读书需要一个更安静的场所，或者更深度领悟的心态，**那在这么繁忙的世俗事务的挤压之下，我们还鼓励网友认真读书，你认为这对他们的一生或是当下来说，到底有什么好处？**

罗振宇： 我前两天读了一本基督教的布道集，里面有个很开脑洞的说法。基督教里所谓的"罪"是什么意思？你有罪并不是因为你犯了什么错，而是你现在的状态和上帝对你的期待之间有距离，这是你的罪。当然这是一个牧师的解释，不一定是经典解释，但很开脑洞。

同样地，我们对自己都有期待，我们当然知道自己应该活成什么样，但是能满足自己的期待，让自己对自己很满意这件事是很难达到的。我必须要创业成功、升职加薪、买房买车以后，才能对自己满意吗？这太难了。但我觉得成本最低、最易得、能让自己对自己满意的事就是读书。每个人都可以做一个实验，假如有三个自己，分别在过去一个小时内打游戏、撸串、读书，一小时后，我们会对哪个自己更满意？中国人大概率会在读书的自己上打一个钩，每个人用朴素的道德直觉都能认清自己对自己的期待。

我觉得在这个时代谈书中自有颜如玉、黄金屋是不现实的，读书并不见得能提高我们的社会竞争力，但有一件事情特别确定，我们都喜欢自己读书的样子，因为那是我们对自己的期待。所以，我在《阅读的方法》中写了一句话："**做一点小努力，对自己很满意。**"

俞敏洪：这句话还是挺能打动人的。我也想补充三点：**第一，我认为不管大家读什么书，都能增加大家的社会竞争力。**我说的读书不是指为了参加四六级、托福、GRE、CPA 或者公务员考试的功利性读书，这些尽管也能增加我们在某个领域的知识，但这不是我们今天讨论的读书范围。

读书不是今天读了明天就能有用。我一直认为，虽然我过去遇到了不少风雨波折，但我能坚持把新东方做到现在，其实和我的阅读有很大关系。我也读德鲁克、稻盛和夫、杰克·韦尔奇的书，但这些书也没有直截了当地教我如何解决新东方面临的问题，不过在某种意义上，这些书让我的企业管理有了提升。

另外，如果读了哲学书、历史书、人文社科书、心理学的书，或多或少都会影响我们的知识体系、思想体系，甚至是思考范式。我们也并不知道这些知识存储在大脑什么地方，但当面临某个问题需要决策时，我们就会有意无意地调动脑中的知识，自然而然地应用起来。

就像夏天来临时，河里的荷花会自然开花一样，但如果没有把那些种子种在心里，不管四季如何变化，水面上也不会长出荷花。书就是在我们心中种下了一颗又一颗思想的、价值的、眼光的、胸怀的、判断力的种子，我们不知道这些种子什么时候就会被调取出来，但当我们在关键时刻使用上，就会改变人生。

所以，从这个意义上看，读书其实增加了我们的社会竞争力，只不过不是即时见效的。我相信如果你没有从小读书，你绝对不会做"得到"。我发现很多中央电视台的主持人都喜欢读书，比如樊登、王凯，他俩后来也做了读书相关的事业，更不用说白岩松、小崔，他们不仅读书，还写书。因为这个职业对他们的要求就是要有知识面，要对世界有更加深度的了解。

第二，我觉得能坚持读书的人，比如一个月能读三本书，这样的人没有放弃自己对未来更好的期待。读书意味着我们想进取、成长，意味着我们有意无意地在为未来做更好的准备，我们有没有明确的理想和目标不重要，重要的是我们每天都在进步，进步的体现就是读书。除了读书，找优秀的伙伴聊一聊也可以，比如我以前在北大的时候，常常到教授家里和教授聊天，这就是进步的体现。

而且，一个人在现实中不管遇到多大的困境和困难，都要知道，自己永远是唯一可以拯救自己的人。在现代世界中，我们不能求神，神离我们很遥远；不能求他人，他人都很忙；不能求社会，因为社会是一个自我运转的体系。只有自己不放弃，才能使我们走向未来。到现在为止，我每天还会读半小时英文书，其实我日常生活已经很少用英语了，但我还是坚持朗读，意味着我还没有放弃自己。

第三，如何能认可自己？我自己的体会就是，所谓充实的生活，就是在回顾自己做过的事情时，能有一种持续的、比较久的满意感。这不是一瞬间的满意感，比如今天吃了鲍鱼，当下肯定很开心，喝了顿大酒，瞬间心情飞扬，这种瞬间的满足和快感可以有，但对生命来说，真正的高潮是一种持续性的对自己的满足，而这种满足一定来自于某种收获。比如，咱俩喝了顿酒，我会很开心，如果我俩只喝酒，相对无语，其实就没意思，但如果喝酒的时候，我们能愉快畅聊，当我回味起来时，哪怕聊天过程中只有两三句话值得我长久回味，这顿酒就值了。

人总是在追求两个满足，一是物质满足，二是精神和心灵的满足。当然，我们可以去追求物质满足，毕竟这是人欲望的一种表达，但如果过分追求物质满足，就一定会带来心灵的空虚。

我觉得可持续、长久的满足感，一定来自于我们对自己做的事情的认可，哪怕只是一点小小的努力。我只要能每天在睡前读20分钟书，就会产生一种满足感，而且是可持续的满足感，因为我从书中读到了东西，即使没有读到东西，我也会因为自己今天做了这件事而满意，这是人对自己一种精神上的拯救。

罗振宇： 精神上的拯救，这个太好了。前两天一个同事说，如果某天他做什么事都不顺心，干什么事都失败，如何才能拯救自己一天的心情？他想了半天，只有一个方法，就是那天晚上不吃饭，因为他在减肥。吃饭当然是一件令人快乐的事，但只要能忍住晚上不吃饭，自己能为了减轻体重，为了自己更好的样子做一点点努力，就会对自己特别满意，第二天早上起来觉得自己真棒，幸福感就出来了。这就很符合你说的模型。现在想来，还有个比不吃饭更好的方式，就是读书，哪怕只有 10 页，也会对自己的一天特别满意。

俞敏洪： 是的，不管是付出怎样的努力，只要回头看时，能对自己满意，这个努力就是对的。什么是不对的努力呢？我今天遇到了挫折，就拼命打游戏、酗酒、自暴自弃，回头看，发现自己意志更加消沉，更垂头丧气，这个方向就是错误的。当然，人暂时的失落、躺平和灰心丧气都是没问题的，有时候也是一种释放。

最近医学界出了一个研究，一般情况下，中国的孩子礼拜一到礼拜五都要早起，好不容易到了周末，中国家长也会让孩子早起，因为要上各种补习班，但如果孩子可以在周末多睡一到两个小时懒觉，孩子患抑郁症的可能性会下降 30% 到 50%。所以，人无意义的放松很重要，但我觉得有意义的放松更重要。

你刚才提到的例子，如果一个人遇到挫折后选择不吃饭，让他减肥的目的达到一点点，这也是一个正向反馈，他能克制自己并且付出努力，达到一个本来已经放弃了的目标。

我自己也算是一个努力的人，而且我不会放弃自己。我们都属于在生命道路上恨不得一步并作两步往前赶路的人，但我有时候也会出现很懒散的行为，或者斗志不那么昂扬。有一天，也不知道什么原因没睡好，第二天起来就有点萎靡不振，我就想今天无论如何都要拯救萎靡不振的我，我就稀里糊涂给自己定了一个目标，今天要走 3 万步。但那天我有 8 个小时的会，晚上还有 2~3 个小时的应酬。我很努力利用会议间隙在办公室原地跑步，但晚上 9 点半到家一看，发现手机上只显示了 12000 步。这时候我已经很累了，筋疲力尽，我就在想，我是要用后面不到 3 个小时的时间走完 18000 步，还是放弃直接睡觉？

我觉得如果我不走完，自己内心就会产生一种有意无意的失望，或者会产生一种失落感。所以，我就真的出去走了，从9点半走到11点40分，走了30136步。这给我带来两个好处，第一，我带着对自己满满的满意感睡觉了；第二，那天晚上确实走累了，我睡得特别好。

所以，当我们在做一件事，如果这件事是正向的，反馈是连锁性的，这不仅能对我们的精神反馈满足，也会对我们的肉体反馈满足。比如读书，如果我们睡前读了两小时书且有所收获，精神能获得满足，躺上床的那一刻也会对自己满意，睡觉会更香。

罗振宇： 我最近心里有一个特别大的坎儿，我今年49岁，马上就50岁了，人生要到中点的时候，就需要给自己提点新要求，于是我昨天花了1万多块钱报了一个钢琴训练班。我是一个连简谱都不认识的人，但我决定从49岁开始学钢琴。

俞敏洪： 你这说得让我没法活了，我今年60岁。但你有音乐的天分吗？

罗振宇： 没有，就是因为没有，所以我觉得这个挑战特别大。我今天开了一天会，晚上和你对话，但我今天还是对自己很满意，我挤出了半个小时，把昨天学的曲子练了一下，虽然也没弹出什么调，但还是练了一下。

俞敏洪： 我跟你说一个插曲，刚才你说你50岁的时候，我在想，人生无常，我们当然要尽可能让自己身体健康，尽量活得长一点，因为活得更长一点，能享受人生的时间就会多一点。但我在想，后面的岁月，还应该去做一两件有创举的事，但我没想清楚这个创举是什么。

我上个月自己下了决心，争取在这几年学完初高中数学，因为我现在的数学水平仅限于解一元一次方程，而且现在初高中学的东西是我们上初高中的时候没有学过的。之所以要学这个，是因为：第一，我发现如果我没有数学知识，现在很多书会读不懂，尤其是和科学相关的书；第二，我觉得学数学可以锻炼自己的逻辑思维和抽象能力；第三，能防止老年痴呆。

罗振宇： 学钢琴吧，目前医学界最认可的防止老年痴呆的运动就是弹钢琴。

俞敏洪： 真的吗？我要学钢琴就可以找我女儿了，我女儿是很好的钢琴爱

7. 关于"35岁现象"的探讨

罗振宇：有一个问题，想就这个机会请教一下俞老师。现在很多大厂都有"35岁现象"，我觉得特别扭曲。一个人的大脑到40岁左右才达到巅峰状态，这相当于一个人还没有成为最好的自己的时候，就被市场淘汰掉了。你怎么理解这个现象？它的破法应该是什么？

俞敏洪：我觉得这和现代社会的飞速发展，以及年轻人对现代产业更加快速的理解是有关系的。此外，面对一些负担，比如"996"，甚至比"996"还要高的工作强度，年轻人相对会更容易接纳一些。

其实大量机构并没有"35岁现象"，比如新东方的骨干力量其实大部分都在35岁左右。但我仍然觉得35岁左右的人要加强自己的学习能力。我确实遇到很多人，30岁以后不怎么读书，也不怎么接受新知识，比如像我这样的人看到了元宇宙，就会拼命研究它，但我发现我身边，包括新东方有一些人，他们确实对这个就不在乎，因为他们觉得这和他们没啥关系。

我玩抖音非常熟练，很多人就觉得奇怪，觉得我这个年龄，已经有了很好的事业，为什么还要玩抖音？我就说这是我跟世界交流和沟通的一种方式，他们就说，打打高尔夫、喝喝茶难道不更好吗？我说那种生活方式我也可以有，但我不能因为那种生活方式，就和现在这些我认为热闹的生活方式脱离，但现在很多人其实就有这种自我脱离的现象。

所以，"35岁现象"一方面是因为社会竞争压力和内卷的增加，我当然也建议用人企业应该更好地关注35岁左右的人群，因为他们实际上更稳定，也更愿意贡献自己；可另一方面，**也建议35岁左右的人群，要增加自己的学习能力，以及对世界新鲜事物的接受能力。**

罗振宇：我最近学习了一个词，特别喜欢，我觉得这个词真是能颠覆我们这代人，叫**"软技能"**。我们这代人从小接受的教育就是"学好数理化，走遍天下都不怕"，工业社会恰好又特别需要各种各样的硬技能，所以现在年轻人一毕业的确都会使用 Word、Excel、Python，都是一些硬技能。但我从"35岁现象"中琢磨出一个核心问题，**现在的教育系统培养出来大量硬技能合格，但软技能不过关的人。**比如，前面提到的情商、口才、沟通、写作、学习能力，其实都是软技能。**硬技能其实是会贬值的，**就算是一个做饭的大厨，也得靠软技能才能活着，才能搞定顾客、徒弟、老板，才能在这个社会上利用更多资源往上走。

我昨天遇到一个朋友，我问他，为什么现在很多大厂不要35岁的人？他说不要就对了，**如果一个人35岁还在到处投简历，就证明他在35岁之前没有把自己的人脉、社会网络发展出来。**35岁的人不应该再去投简历，即使是跳槽也应该有别人帮忙内推，在同行业内有声望，然后通过声望在社会关系中完成一个顺利平滑的转移。

俞敏洪：你说得非常对。我跟年轻人打交道也不少，我觉得有两个能力是需要大家去培养的。**第一是交流能力，**包括情感交流能力，日常生活中和朋友、同事的交流能力，以及语言的表达能力。这也是软实力的一种，让他人通过我们的语言表达来喜欢我们，不管是对对方提出不同意见，还是对对方提出赞扬，都能恰到好处。我有时候听一些年轻孩子交流谈话，心里都会咯噔一下，因为明显能感觉到他们说出来的那句话是伤人的，但他们自己说的时候没这个感觉。这种能力其实特别重要。

第二是利他能力。现在35岁之前的孩子，大部分是独生子女，独生子女比较容易养成一个不知不觉以自我为中心的习惯。其实在这个世界上，**利他主义者往往更能自我生存。**我经常说一句话，"修炼自己，造福他人"，一个人只要能做到这两点，哪怕不怎么说话，他的软实力也会很了不得，他周围就必然会聚集一些很重要的社会资源。

罗振宇：对。我觉得年轻人真的应该树立两个目标，第一个目标就是升职加薪，财务自由；还有一个目标就是到35岁的时候，咱们再跳槽绝不投简历，而是能有各种各样的人帮忙推荐。

俞敏洪：我觉得大家在 35 岁的时候，可以有三种状态。**第一种，别人愿意来挖你，而不是自己跳槽。**哪怕是一个小主管，哪怕是一个专业员工，至少大家都知道你，愿意挖你，或者至少在公司已经很受重用。从 22 岁大学毕业，一直到 35 岁，这 13 年间如果你都练不出一个大家认可的专业技能或者为人处世的态度，那这 13 年到底干了什么？

第二种状态，35 岁的时候开始创业或者联合创业，这表明你还愿意冒险，还愿意开拓自己未来未知的世界，这也是一种好的状态。**第三种状态就是你已经功成名就，35 岁就退休了。**除此之外，如果还是生活得不如意，或者没人重视，那就一定要反思自己到底哪儿做得不好，哪儿做得不对，怎么改正自己，这特别重要。

以前我住的地方，家门口有两个小卖部，但我总会去离得更远的那个小卖部，因为那个小卖部的夫妻俩特别好，总是笑脸相迎、笑脸相送，有时候买个东西他们还会送个别的东西，尽管我不需要，但我就会觉得他们人很好。实际上，他们小卖部的持续经营能力比其他小卖部就要强很多。这不一定非要涉及不可或缺的技能，就像你刚才说的软实力，**做好人，其他的一切都会好起来。**

罗振宇：对。以前我们家用过一个小时工，也是 35 岁以上的人，她在我们小区就被各种推荐，大家觉得她好，所以推荐她。这和社会地位没关系，和挣多少钱没关系。

8. "得到"的知识蓝图与资本博弈

俞敏洪：在"得到"里，有很多大咖的课程，比如施展、李筠、刘擎、华杉等，你是如何与这些大咖合作的？这个过程中，自己有什么收获？

罗振宇：其实这是个左右手互搏的感觉。我们服务一个老师服务得越好，他的课就做得越成功，他的社会声望就越高，他就越倾向去做水平更高的事情，我们的服务能力就越跟不上。比如老师出名了，"得到"的流量可能就不够用了。总之，这是一个自己跟自己搏斗的事情，必须逼着自己成长得更好。

但这个事情还有另外一面，比如我们会逼这些大咖老师写稿，而且我们还会给他们改稿，一遍一遍地磨。我们也不是专业知识分子，还得给他们改稿，老师们怎么能服呢？这一系列问题都是我们一路走到现在所遇到的，破解方法也很简单，这也是我这10年发现的一个人生奥秘，**你认真，别人就认真**，就这么简单。

我们现在每天都会看到大量的论坛请各种大腕站台，但这些大腕都一定会好好准备吗？会专门为这个会议写发言稿吗？几乎很少见。我们的习惯是，我们会要求对方写发言稿，还得是逐字稿，还要彩排，这就很难。一听这事好像不大可能，但实际上通过我们这几年的经验发现，只要我们认真干，对方就会认真干，说服对方并没有想象中那么难，只要我们显得专业，对方就会配合，所以这是一个特别有意思的、彼此砥砺的过程。

我们跟那些大咖老师的合作，往往就是通过这种互相之间的尊重，互相呈现专业能力、职业水准和道德节操，然后再一起努力，整个水准就会一点一点往上走。

俞敏洪："得到"上选了这么多优秀的课程，你觉得**这些课程能对"得到"的粉丝和用户带来一种什么影响？做这件事的过程中，你内心有没有一种骄傲感或者使命感？还是说这只是一个保证公司运行的商业行为？**

罗振宇：其实在创业这条路上稍微走得深一点的人，心里都明白一个道理，**如果内心没有一种道德感，没有一个摆脱商业的愿景支撑，其实根本就走不下去**，至少像我这样做与知识相关的事业的人肯定是走不下去的，因为大量的决策、判断无法用商业的眼光去做。如果"得到"只是为了卖课赚钱，那一定是怎么发财、怎么理财、怎么谈恋爱的课程最热卖。如果我们只是追求数据、追求利益，根本就做不出一个知识平台。

我们内心也有一个知识蓝图，比如施展老师讲了《中国史纲》，我们就会觉得《西方史纲》也得有人讲，然后就上穷碧落下黄泉，一定得找到老师来讲《西方史纲》，所以又找到了李筠老师。又如，我们有《美国简史》的课程，那我们也会找人来讲《德国简史》，现在还没人讲《日本简史》，我们现在就会花大量力气去寻找在中国研究日本的学者，这种寻找可能要花好几年时间，而且做出来的课也不一定挣钱，但这是我们内心的知识蓝图，我们希望这个知识蓝图是全的。我们**目的也很纯粹，就是想让来"得到"学习的人，能感受到我们在认真建造一个知识宫殿。**

所以，**这并不是在追逐任何数据、任何商业上的指标，而是一个用建教堂的心态来做的事情。**巴塞罗那的圣家堂建了100多年，谁都知道那是个烂尾楼，最近才刚刚封了一个顶，但我觉得就得用这种心态去做这个事，才有机会把它做成。

俞敏洪："得到"在一定时期融过资，融过资就意味着跟资本有某种连接。资本的诉求是企业的快速发展，而你做事抱着百年心态，在这种时候，如果资本和你的发展产生冲突，比如你的股东要求你必须上一些尽管庸俗但能迅速赚钱的课，而你坚持要做《德国史》《美国史》或者《世界史纲》《中国史纲》，最后股东会不会认为你的做法不尊重股东利益？后续是不是也会影响资本的投入？这样是不是也会影响到企业的发展？

罗振宇：这是一个特别有趣的问题。我们之所以能守住底线，只有一个原因，就是盈利。绝对不能说我透支公司的未来，通过大规模的投放提升用户数，然后亏着本去争市场占有率。这件事情听起来好像充满了雄心壮志，就像万马奔腾，但实际上如果一个创始人带领的公司不能盈利，不能靠自己活下去，就绝对不行。所以，只要我能靠自己活下去，资本爱说什么让他说什么。

俞敏洪：这跟我有点不谋而合，我在新东方也是坚持这个底线，不管新东方发生什么意外情况，它都一定能健康地活着。这次发生的事情也证明了我这个坚持是正确的。

罗振宇：没错，你坚持了这条线，所以新东方现在状态还行，否则今年就是非常痛苦的一年了。其实说资本凶恶，它也凶恶，但资本也特别好对付，当我们对它无欲无求的时候，它拿我们一点辙都没有。

俞敏洪：我有个案例，有一年，新东方和别的机构相比，发展速度比较慢，他们说别的机构做了各种各样的广告投入，还拼命扩展教学点等，让我也跟着做。我说我不做，我要确保新东方每开一个班，每一个老师都必须是合格的，并且每做一件事情，这件事情一定对家长、学生有好处，如果要让我无序增长，我坚决不干。所以，在过去两三年在线教育领域的无序扩张和疯狂的网络营销中，大家几乎看不到新东方的身影，这其实也给我留下了一些机会做资金的积累，使我今天能渡过难关。

你刚才说，为了企业和事业的长远发展，资本的短视不应该影响到我，因为我想的是更长远的事情。当然，如果资本愿意跟我一起实现更长远的事情，我表示欢迎。

罗振宇：对，资本只能是乘客，绝对不能把驾驶座让给他，那太可怕。

俞敏洪：你从学士读到了硕士，后来又读到了博士，现在又在做"得到"这样传播知识、传递智慧的事，**你对知识的渴望和传播知识的激情是从什么地方来的？你自己平时有什么样的阅读习惯？**

罗振宇："得到"上的所有内容，比如新一年的100多种课程，我自己要么听过音频，要么读过文稿，每个字我肯定都看过，所以这就保证了我学习的基本量。此外，我每天都会点开"得到"上的电子书看一下，我并不会去读每一本，但我会点开看一下，就像一个书店掌柜，每天摸一遍自己进的货一样。而且，因为我自己也要做内容，比如《启发俱乐部》等，所以我需要有大量的阅读。这样算下来，一年大概也会读个两三百本书。

在读书的道路上，我们一直非常纠结。我们老家有一句话叫"三代不读书，全家一窝猪"，虽然说得不太雅观，但我觉得是这个道理。人应该往自己的脑子里拼命装东西，但与此同时，我们也要知道，**坚决不能让自己的头脑成为别人的跑马场**，所以读书的边界还挺难掌握的，要是读得不好，就容易读成一个书呆子，这个后果更可怕。这么多年来，我觉得菲茨杰拉德说的这句话特别重要，"**一个人同时保有两种矛盾的观念，还能正常行事，这是一等智慧的表现**"，这句话真的救了我。

俞敏洪：我对这句话也深有感悟，当我们和一个人交流的时候，对方如果比较能接纳不同的思想，甚至是和他对立的思想，他也能够理解，并且能让这两种不同的思想在头脑中和谐相处，整合后产生自己的思想，这是非常重要的能力，但不是每个人都能做到。我们在现实世界中常常碰到的人，都是那种往一个方向走极端的人。

9. 荐书时刻

俞敏洪：时间不早了，我们再最后介绍一下"得到"的书吧。我首先推荐一下《王立铭进化论讲义》，我也读过达尔文的进化论原著，当然我有点读不下去，但王立铭老师是用现代观念，甚至结合了人文思想，从复杂的生命现象中抽取出了一套简洁的公理体系。

罗振宇：这本书特别好。我和王立铭老师特别熟，我问他，你这辈子写了那么多书，这本书在什么位置？他说这本书出版后，自己的其他书都可以烧掉了，因为他觉得这是一本能够让达尔文拍棺材板的书。

说到底，人类就有两个最伟大的思想家：一个是柏拉图，一个是达尔文。柏拉图认为这个世界是有构建的、有理式的，是由思想决定的世界；达尔文认为这个世界是生物自动衍发出来的。当然，这本书里的"进化论"不是生物学角度的，而是分享了一整套中国人原本不太熟悉的思维方式，我们可以用这套思维方式去看商业、产品等。

俞敏洪：我读完以后有点脑洞大开，其中有一个小观点也给我带来了人生思考。他说大家都以为生物的进化是为了变得更好，但实际上整体的生物进化系统是得过且过。在这个世界上，只要我们有了刚刚好的生存空间和环境，就够了。他说有些人认为，所有的进化都是为了生存而竞争，但生物的多样性和生物的生存场景好像表明了，其实得过且过是生物保护自己的另一种方式，也是一种生存方式。这给我带来了一个启示，人在保持自己一定良好生存状态的情况下，其实可以放松一点，不要那么进取，这样可能是对人生的一个很好的保护。

罗振宇：第二本推荐一下武志红老师的《自我的诞生》。我们和这个世界几乎所有的问题，都是源于我们和其他人的共生关系，比如我们和父母、我们和朋友、我们和公司。绝大多数人这辈子其实都没有完成一个任务——自我的诞生，就是我终于以一个独立的人格面对这个世界，不依附于任何人，谁离开了也不觉得恐慌。

现在很多人年龄很大，却也没有活成自我，所以武志红老师选了一个特别有趣的视角，他说我们这辈子就是一个蛋到鸡、鸡到鹰的过程，人必须变成鹰，才能完成自己的独立，但大部分人一直都处在蛋的状态下，没有破。

俞敏洪：我看这本书很有感悟。我曾经有过这样一段很痛苦的经历，我母亲从小对我的监护和控制是特别过分的。我本来有一个哥哥，母亲很喜欢他，结果在4岁的时候得肺炎去世了，我就变成了家里的独苗。我的生死安全和我母亲的情感联系得太密切了，老太太从小监控、控制我，要求我听话。我长大以后已经意识到，我母亲是离不开我的，或者她用这种离不开我的感觉来控制我，所以我离开家乡到北京后，我母亲就没办法了，当然这个时候我就达到了某种独立的状态。我在大三的时候得了肺结核，出院以后我母亲居然跑到北京，住到我们宿舍要照顾我，后来实在没办法，就住了一个月。当时我母亲刚好开了一个小工厂，手里有点钱，后来就在北大西边一个叫六郎庄的农村租了一个农民的房子住，从此我母亲一直跟着我，直到她前年去世为止。

我后来之所以做新东方，也有一个重要的原因，就是希望自己在经济和生活上独立起来，并且我能够有钱，不光能为自己买个房子，还能为老太太买个房子。后来我有钱买房子了，给自己买了一套两居室，给我母亲买了一套两居室，在同一个小区里，但不在一个单元里，为此我母亲半年都不怎么和我说话，她觉得我不要她了。

所以，我映照自己的故事，发现我真正有创造力和自我生命主张是从我做新东方开始的。即使做了新东方，我母亲也跟着混了很长一段时间，她会不断干预、干涉新东方的事，弄得我无所适从。后来老太太年纪大了，觉得安全了，我也真正成熟起来了，才真正从我母亲手里挣脱出来，变成了一个独立的人，但这时候，我已经过了40岁。

现在中国不少孩子有恋母情结、恋父情结，其实就是母亲或父亲想控制孩子。如果有过这样的关系，孩子感觉到离不开父母，时间长了以后，孩子也会因为离开父母而陷入某种恐惧和无助，但这恰恰是父母和孩子最糟糕的关系。父母和孩子最好的关系是父母独立，孩子也独立，彼此之间的情感还能互相支持。

我和余秀华对谈的时候做了一个比喻，我说人最美好的状态就是长成两棵独立的树，树与树之间有风吹过，枝叶之间轻喃慢语。如果两棵树变成了连理枝，它们就会纠结在一起，互相长不大。所以，我也想告诉大家，父母需要解放自己的情感，给孩子独立的空间，让孩子能独立奋斗。

罗振宇： 陈海贤的《爱，需要学习》也很值得推荐，这本书其实在讲爱的能力。我自己原来就缺乏爱的能力，我也追不上谁，也没有人爱我，后来只好去世纪佳缘相亲，才找到我老婆。

俞敏洪： 你没有找找内在原因吗？你长得也不那么难看，才华也很丰富，居然找不到女朋友？

罗振宇： 我现在170多斤，但我最胖的时候有250多斤，当年确实比较难找对象。其实我是缺了一种爱的能力，陈海贤这本书就是告诉大家，爱是一种能力，是能学习的，我们能通过自我心性的磨炼，学习几个基本方法，让自己学会去爱。所以，很多人会买这本书送给自己对象。

俞敏洪： 我觉得现在很多男性被蒙蔽了，他们认为只要我有一定的经济条件，有房有车，有一份好工作，上交了生活费，就算完成任务了，就满足女性的需要了，但这个想法是严重错误的。当经济基础达到一定状态时，精神生活会变得无比重要。从两人长远关系来看，追求心灵和精神上的互相满足、思想上的互相理解、情感上的互相支持以及生活中的互相体贴，才是两人之间最重要的。

罗振宇： 对，那个纽带得在。

俞敏洪： 他认为人与人之间的纽带要不断加强，不然就会变成很冷漠的关系，而冷漠的关系会导致两人关系破裂，甚至背道而驰。所以，书中也给了一些方法，比如如果发生了一些事件，晚上加班不回家或者回家以后家里没做好饭等，如何去表达意见，如何达到谅解，如何形成良好的情感契约并尽可能减少摩擦等，这个挺重要的。所以，尽管我认为爱不是百分之百能够学习来的，但这本《爱，需要学习》里提到的爱的训练、爱的方式还是比较重要的。

罗振宇： 谢谢俞老师，这几本书都是"得到"自己出的，我们也在试图出版一些好书，学习做一个出版商。

俞敏洪： 我觉得出好书，出对大家有用的书是一个出版商的底线，你在这点上做得相当不错。好了，那我们今天就到这里吧，谢谢罗胖。

罗振宇： 谢谢俞老师，再见。

——对谈结束——

俞敏洪： 今天我和"得到"创始人罗振宇老师一起对谈，非常开心。罗振宇是个有思想的人，而且是一个思想非常活跃、有自己观点的人。对他来说，读书是家常便饭，而且，把读到的优秀思想和内容分享给大家也变成了他的一种情怀，如果没有他对"得到"的创造，我们今天也就听不到那么多的好课。刚才我们一直在谈阅读，阅读其实和我们的学习是强相关的，所以我也想在最后补充一下我对学习的想法。

（a）自然学习和有意学习

人的一生，从生到死之间的过程就是活着。同样是活着，但我们都知道人和动物不一样，对于人来说，活着不仅仅是活着，人不自觉就会思考、进步。相比之下，**人与人之间的竞争甚至比动物之间更加惨烈，因为我们的竞争不仅仅是靠体力，还要靠智力**，而人的智力又分成天生的智力和后天的智力。天生的智力是父母给的智商，大部分人在100左右，北大、清华的平均智商比较高，可能在140左右，但我在北大做过几次智商测试，都是在100到110之间，所以我的智商也是比较普通的水平。**那我们靠什么弥补智商？靠学习**。通过学习，我们会拥有更好的见识、判断力、学识，还会有更广阔的胸怀、更多的智慧。通过这些东西，我们就能弥补天生智商上的一些不足。

学习分为自然学习和有意学习。**自然学习**是指我们出生以后，父母怎么吃饭，我们跟着学怎么吃饭；父母什么动作，我们跟着学什么动作；父母下地劳动，我们跟着下地劳动，这就是自然学习。原始人学会打猎、学会生存，都是通过自然学习。

但仅凭自然学习不一定能过好一生，于是有了**有意学习**。有意学习就是通过知识的传递学习知识，比如今天的小学课本、中学课本、大学课本中，其实都装满了前人甚至几千年前的人类积累下来的知识和智慧。比如孔子的《论语》、老子的《道德经》，虽然他们都是 2500 年前的人，但我们仍然可以通过他们留下来的文字，学习他们的智慧。

(b) 知识的传递离不开文字

知识和智慧的传播离不开语言和文字，可以说，文字诞生以后的那个时期，是人类发展最快的阶段。 最开始，人类只有语言，所以经典的作品会通过口口相传的方式留下来，比如《荷马史诗》《格萨尔王》《黄帝内经》等。其实在黄帝那时候，还没有文字，所以如果有些知识确实是黄帝留下来的，那也是靠语言留下来的。但口口相传留下来的内容并不能形成知识的沉淀和留存，慢慢地就有了文字。从古埃及象形文字到美索不达米亚平原两河流域的楔形文字，再到中华民族的甲骨文，以及后来不同的文字，都记录了人类社会发展和人类经验传递的过程。

这样不断发展的过程逐渐形成了知识的传递，后来慢慢就有了学校。 孔子在 2500 年前就办了培训班，也不需要什么办学执照或者许可证，自己在家乡招了 3000 个学生就开始教书了，当时的教育氛围反而比较轻松自由。当然，那时候只有极少数人能接受教育，大部分人都是文盲。新中国成立之初，全国 5.5 亿人中超过 4 亿是文盲，文盲率高达近 80%，所以今天我们祖国最伟大的一个成就，就是基本消除了文盲，这就是教育带来的好处。

但光靠文字也形成不了知识的集中传递。有文字以后，欧洲经历了中世纪黑暗的1000多年，而在中国，实际上在唐朝以前，我们的知识基本上也只掌握在少部分人手里，并没有真正地传播，直到印刷术的出现。印刷术的出现大大降低了阅读的门槛，越来越多的人有了阅读的权利。欧洲的文艺复兴之所以能迅速开始，最主要的原因就是古登堡发明了印刷机，能够大量印刷《圣经》，让更多的人能阅读。

（c）听课与阅读

随着人类的进步发展，我们学习知识的速度，以及知识被淘汰的速度也越来越快。 在这个过程中，人类需要不断加强学习。今天的孩子学习都非常辛苦，因为他们要把人类积累了5000年的知识，用从小学到高中的12年时间学完，打好基础，而且还要学编程、学计算机，这又是一个不一样的过程。但生命就是这样不断学习、不断竞争、不断领悟的过程，我们也在成长的过程中，一边学习一边领悟，让自己变得越来越聪明，越来越有判断力和做事的能力，让自己能加入竞争的行列中，把自己所学的知识用到我们的事业中、工作中、发展中，最后让生命开花结果。所以，在某种意义上，人的一生是比较累的，但这就是一个成长的过程。

学习通常有两种方式，一是听课，我们从幼儿园开始，到小学、中学、大学，都在听老师讲课；**二是阅读**，自我阅读。听课和阅读是两种不同的状态。

听课是一种知识的积累，可以分为被动和主动两种方式。我们从小到大，最主要的还是在被动听课，老师灌输，我们接收，而且在中国这样的师生关系下，有时候无论老师讲得对与错，好像都没有太多可以讨论的余地。这种被动听课的效率也比较低，有心理学和科学研究表明，如果一门课是由一个老师单向输出，没有和学生产生更多交流，学生很快就会忘掉接收的信息、知识，只能记住大概3%～10%。但如果学生能在听课过程中不断和别人探讨，把被动听课变成主动听课，能记住的知识点就能达到百分之六七十。

所以在中国的课堂中，老师要学会和学生讨论着讲课，让学生不断地对观点进行讨论、反馈，甚至反驳，这样听课的效率会高很多。如果到了大学，老师依然满堂灌，这样的大学老师是严重不合格的。真正的大学老师应该学会苏格拉底、柏拉图或者孔子的教学方式，即具有主动讨论性的、跟学生对话性的交流方式。

大家都知道《论语》是孔子和弟子们的一问一答，里面有一半的内容是孔子的弟子说的，最后才积累了很多有智慧的语言。如果当时孔子也满堂灌，不和学生讨论，就没有今天的《论语》。我在北大的时候逃了一半以上的课，基本都是老师满堂灌的课，枯燥无聊，照本宣科，讲课也没什么智慧，也不幽默，像这样的课就没必要听。

现在很多老师心胸比较狭窄，发现学生不来听课，就开始点名，通过点名强迫学生来听课，多少次不来听课，就给你不及格，我觉得这样很不合适。我在北大当了7年老师，我从来没点过名。第一二年，北大学生不来上我的课，因为我刚刚当老师，讲课一塌糊涂。但即使学生不来上课，我也不点名，因为我觉得如果我讲课讲好了，学生自然就会来。后来我讲课变好了，学生就来了，即使不点名，教室里也都坐满了学生。所以，也呼吁现在的大学老师们以后不要再点名了，可以花更多时间调整授课方式，如果讲课讲得好，即使你不点名，窗户上也都会趴满学生的。我在北大的时候，趴了无数次窗户，就是为了听那些我想听但又没抢到的课。

接下来，聊一下阅读。阅读对我们来说是一件特别好的事，阅读永远是主动的。在这个过程中，我们能很好地锻炼大脑，因为我们读到的文字本身是抽象符号，我们需要把抽象符号转换成某种思想或是形象，就得经过大脑的加工、改造，这就极大地激发了大脑的活跃度。比如，我们读一本小说，大脑把眼睛所看到的抽象符号变成了故事情节，这个过程就加强了我们想象力和创造力的建设。从小就阅读的孩子，头脑相对更灵活，因为他们的大脑一直都在加工各种信息；但从小看电视长大的孩子，受到的大脑训练就会少很多，因为看电视本质上是一种被动接受，所以我们要让孩子多阅读，少看电视。尤其当孩子长大以后，读到了有思想、需要思考的书籍，会更加激发大脑的思考活力。

到现在为止，我都认为学习是由听课和阅读两个方面组成的。光听课不阅读，可能会养成被动心态；光阅读不听课也不一定能学到真知灼见，因为有些老师会突发灵感，讲很生动的课，所以听课和阅读，这两者都非常重要。

（d）三"识"与三"能力"

人的一生是由知识的发展和智慧的发展组成。我们从小学到中学、到大学、到硕士、到博士，大部分情况下都是一种知识的叠加，这可以让大脑获得更好的思维能力，也让大脑更容易接受更高阶、更深刻的学习。

但并不是每个人都一定要读到博士，读到博士也不一定就表明对知识通达。我们要做的是，让自己变得越来越有智慧，要在学习的过程中，不断地提高思考能力，让自己变得更加聪明，完成智慧的跃迁。真正的聪明不在于如何考取高分，而在于对世界上事物的理解，对如何取得更好的成功和成就的一种领悟。所以，如果我们只是听课和读书，却不思考，仅仅是积累知识，就等于一辈子白学。有很多人博士毕业，一生既没有理论建树，也没有思想创造，更没有优美的文笔留在这个世界上，这书就白读了。

所以，**我们人生的发展过程就是三"识"，即知识、学识、见识提升的过程**。知识可以通过读书和上学获得，学识可以通过跟老师、同学的交流探讨获得，而见识是通过自己的人生经验，通过对自己人生苦难的解决，对自己胸怀的提升所达到的。

我们常说一个人的见识跟文化其实不一定有关系，有些没有太多文化的人，也常常有很大的格局，甚至有很大的战略部署。比如刘邦，尽管没什么文化，但他有见识。相较之下，项羽的见识就差远了。尽管项羽身上有英雄气，但他比较短见，非要衣锦还乡，最后妇人之仁，这就属于没有见识。所以，一个人的见识跟他的知识没有必然联系。

在提升三"识"的过程中，我们还需要不断提升自己三种能力。**第一，独立思考能力**。想问题要有自己独立的见解，不能人云亦云，不能成为乌合之众，不能变成平庸的追随者，也不能屈服于权威。

第二，多角度思考问题的能力。比如，当我掰不断树枝的时候，就会想到我能不能用锯子。锯子不行，用刀是不是可以？刀也砍不断，用火能否把它烧断？所以，人类是一种能多角度解决问题、思考问题的动物。

第三，理性逻辑分析问题的能力。人成长时一个重要的标志就是不再被情绪和感性所主导。所谓情绪主导，就是指我们的愤怒、怨气等情绪会干扰决策和行动；所谓感性主导，就是高兴了就做这个事，不高兴就不做。要解决人生中的问题，当然不能完全排除情绪和感性，因为人本质上是感性的动物，理性只是在人类社会发展过程中，人为了使自己生存而不得不应用的一种能力。但即使在这种情况下，我们依然要学会理性地、充满逻辑地分析问题和解决问题，只有这样我们才能控制自己的情绪，冷静地面对现实，并且找到最好的解决问题的方法。

整个人生的学习过程，是一个不断领悟的过程，不断增加"三识"、增加三种能力的过程，这个过程也并不会因为我们上了大学就结束。人类的苦难就在于，我们一辈子都得学习，如果不保持学习，就没办法战胜自己，从而在这个社会中取得优势。而且如今的社会早已大不相同，原来在农村社会，如果我一辈子在农村，学的东西都是有限的，如何种地，如何跟村里人打交道等，但现在，整个社会都打开了，我今天在上海，明天可能在北京，今天在中国，明天可能在国外，在这种情况下，学习永远不可能终止。

所以，在现代社会中，如果想要生存、发展，最重要的不是工作或挣钱，而是学习。只有保持不断地学习，才能有机会最大程度地发挥自己的价值。而不学习的人，比如大学毕业后从来不读书、不听讲座、不听课、不钻研的人，其实虽生犹死，因为这样的人已经失去了进步的能力，他的能力发展、对世界的看法必然会受到限制，会变得越来越狭窄，所以希望大家还是要有终身学习的精神。

(e) 如何实现终身学习？

我曾经做过一个总结，我们需要五个步骤才能完成全部的学习过程。第一，读万卷书，即多读书。第二，**行万里路**，我们要到现实世界多看看、多走走，每天走到一个不同的场景中，可能就会多一份不同的感悟；走到一个不同的城市，可能就有一些不同的认识；走近一个不同的民族，可能就会对这个民族有不同的感觉。第三，**阅人无数**，在行走的过程中，和各种各样的人打交道。大家都知道，行走江湖的人一般都比较机灵，能洞察世事，这就是阅人无数所带来的一个重要结果。第四，**名师指路**，也就是老师讲课，我们听课。第五，**个人领悟**，就是个人思考努力的过程。**所以，读万卷书、行万里路、阅人无数、名师指路、个人领悟，是我们不断学习、不断进步的五大步骤。**

除此之外，其实还有两点特别重要，**第一，要在生活中、事业中进行实习，把学到的、领悟到的东西应用到事业和工作中。**所谓"学而时习之"，我一直认为这个"习"不是复习，而是实习，即用学到的东西来改善自己的生活和工作，发展自己的事业。这也是学习最关键的目的，我们学了半天东西，即使满腹经纶，但如果在现实生活中无法应用，还不如不学习。所以，**学以致用，知行合一**，是非常重要的。

第二，不论是阅人无数还是行万里路，我们都在和人交流，如果能和学识比较好的人一起交流讨论，就能帮助我们在学习上获得比较大的进步。请问上过大学的朋友，上大学最大的收获是在教室里听老师讲课吗？是大学校园的美丽风景吗？是图书馆有5万本书或者500万本书吗？都不是。大学学习收获最多的，就是同一个宿舍里的"卧谈会"。一个宿舍的几个同学在宿舍熄灯后，讲天、讲地、讲世界，讲的过程中互相砥砺，这才是对我们能力最大的提高。现在回想我北大最值得记忆的生活，其实就是每天两个小时左右的卧谈生活，晚上10点熄灯后，就开始在床上躺着讲事情，讲讲男女关系，讲讲各种读到的书、听到的逸事，互相之间讽刺打击一下。这不光增加了我们的知识和见识，还锻炼了胸怀和心胸，所以这个过程反而能让我们学到更多。

进入社会以后，我们也要多和那些能够给我们带来思想和进步的人打交道。这些年大家比较喜欢上EMBA、MBA的课，其中一个目的就是互相认识、互相学习，所以EMBA班、MBA班的同学常常会互相参观企业，会有交流会。如果班里的同学在一起除了吃就是喝，反而没意思。

所以，**学习真正的目的是用，然后再在创造事业、实现理想的过程中学习更多**。有一句话叫"从战争中学习战争"，这可能比我们纯粹地读书、读书再读书，读到最后把自己读成书呆子要好。

我还算是比较有学习习惯的人，现在做新东方比较辛苦，日常事务比较多，我读书和写作的时间真的极大地被挤压了。但即使这样，我每年也会认真阅读大概二三十本书，翻阅大概 100～150 本书，我在短视频里推荐的书，都是我读过的，我坚决不推荐我没读过或翻阅过的书。我的书房里有接近 1 万本书，所以走进来天上地下到处都是书。

除了读书，我每年大概还会听 300～500 个小时的课程，差不多平均每天能听一两个小时。因为我早晚都会散步，加起来就有一个小时，我又常常出差，在飞机上、火车上，只要利用好这些空余时间，也可以听书，所以，我一年能听 500 个小时左右的书，而且我通常会倍速听，比如 1.5 倍速或是 2 倍速，这样就又可以听得更多。

同时，我每年还会特别去和有学识的人聊天。大家都知道我做过一个节目《酌见》，做这个节目有个非常重要的收获，就是我能向这些企业家学习。平时和这些企业家一起喝酒时，问问题不能问得那么深入，但通过《酌见》，我就可以非常正式地和他们进行几个小时甚至十几个小时的交流，可以从他们身上学到很多东西。

我在阅读的时候还会保留一个习惯，在书上做记号、做记录，然后用录音转文字的方式把我勾画出来的内容放进读书笔记，这样比直接誊抄要快很多。一方面我们要学习；另一方面也要尽可能节约时间。

平时我比较注意节约时间。有些资源是可再生的，比如金钱，花掉了还能再挣，精力有时候也还算可再生，比如累了睡一觉可能就能恢复精力。但时间不一样，时间过去了就没有了，所以唯一不能再生的资源就是时间。谁能更好地节约时间，实际上就能获得更多的资源，所以大家一定要把尽量多的时间留给最重要的事情，留给自己的家人、朋友，留给自己的工作、学习，更重要的，要留给学习和成长。

今天就分享到这儿，祝大家都能成为终身学习的人。今天就先睡个好觉吧，再见。

（对谈于 2022 年 4 月 17 日）

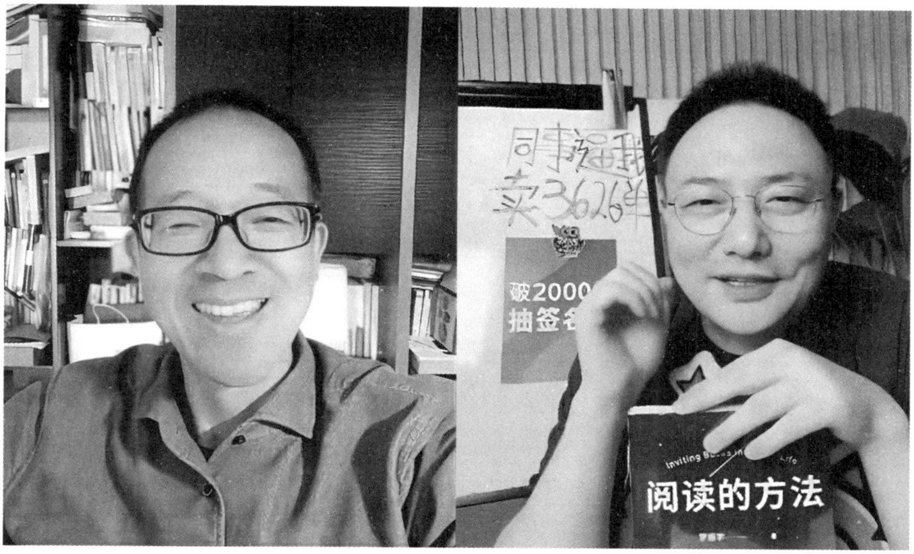
破2000
抽签
阅读的方法

对话 **李国庆**
激荡的人生从不畏惧一无所有

像我们平民百姓家的孩子，上了北大，人生就到了巅峰，所以我不怕失去任何。初三的时候，我读了《约翰·克利斯朵夫》，高中又读了一遍，上了北大又读了第三遍，结果这书让我摇滚到今天，到现在，我又"一无所有"了。

李国庆 /

当当网创始人。1964年出生于北京，毕业于北京大学。现任早晚读书董事长、老李严选董事长。

俞敏洪： 大家好，今天和我对谈的是李国庆。大家可能都知道李国庆，他是当当网的创始人，也是个读书人，他这辈子也一直和书打交道，在北大没有毕业的时候他就开始做书，后来做当当网也跟他在北大做书的创业项目有关，现在他又做了一个"早晚读书"。

很多人都觉得李国庆是一个有个性的人，但剥开李国庆所有不靠谱的外衣，摔杯子、跟老婆打架、公开吵架等，他实际上到底是一个什么样的人？我个人觉得他算是一个性情中人，没有坏心，脑子有时候缺根弦，很特立独行，行动和行为都比较随性潇洒、自由，我蛮欣赏他的性格优秀的一面，自愧不如。他性格中有时候也会暴露一些弱点，摔杯子等也是率性的表现。

今天刚好也是读书日，李国庆今天一直直播卖书，他之前也让我选了我的4本书，稍后他会在对话过程中卖。但我其实更期待和他谈出点思想、谈出点感觉。

——对谈环节——

1. 一直特立独行，一直《一无所有》

李国庆： 俞老师好，谢谢你光临我的直播间。

俞敏洪：国庆好，你在北大当学生的时候就开始卖书了，到现在 30 多年了，还没有卖够啊？

李国庆：我看了俞老师的《我的成长观》，里面有 30 多处提到读书，我才知道你在大学一年就要读 100 本书，现在读得更多了。

俞敏洪：前两天崔健做了一场线上演唱会，崔健对我们来说记忆深刻。当初崔健在北大的第一场演唱会上唱了《一无所有》，而后一炮而红，这场演唱会背后的主导者是你吧？

李国庆：当时是 1987 年，我们发起了北大首届文化艺术节，还得拉赞助，我们拉了 1.5 万，很不容易。结果过了十几年，我创办当当的时候，当时赞助演唱会的企业家的女儿归国来给我当秘书，变成了当当创始人之一。

俞敏洪：那时候是一笔巨款啊，相当于现在的 150 万。

李国庆：当时有关部门不让崔健演出，我们学生会的文化部找到我说，北大能不能请崔健来搞演唱会？我觉得我们是校内，不是社会，甭管上面怎么想，我能做主，在北大办不办我说了算。结果当时我们请了北京市相关领导来支持我们，给我们当顾问，人家这么大力支持，他分管文化系统，我却请了崔健来搞演唱会。

那时卖门票还赚了钱，我不赚钱，学生会不赚钱，主办方赚钱。我找路子弄了一套特别好的音响，花了 800 块钱，崔健他们来了以后就先看了音响。晚上我请他们吃包子，他就说，国庆他们找的这个音响在北京也是数一数二的，哥几个今天晚上演出一定要卖命啊！结果那天晚上一炮走红。

俞敏洪：那时候崔健确实一无所有，一个唱摇滚的小年轻，名声还不大，你在北大举办他的演唱会，加上北大学生的狂热和激动，让他一炮而红了。

李国庆：但我挨团委批评了，校领导批评我说，你们是天之骄子，怎么会是一无所有的心态呢？我说我们就是一无所有。

俞敏洪：我看这首歌把你的命都给定了，你现在好像还是一无所有。

李国庆：对对对，你在崩溃的边缘，我在崩溃的核心。

俞敏洪：你刚才说崔健是在北大演出，又不是在社会上，所以你说了算。

你当时也不是顶级的官僚或者校领导，我觉得这话特别符合你的个性。你好像一直都比较独立自主，有一种我说了算的精神，既不畏人言，也不畏社会反响，完全按照自己的个性甚至是冲动在做事情。

李国庆： 不是乱冲动，我有策略。崔健唱的歌词，我从头到尾看了一遍，我觉得没毛病。而且我也和校领导打了预防针，他说不合适，我说，您就装不知道，我也绝不说您知道，出了事能帮我扛就扛，不能扛您就批评我。我还是做了很多前期工作的，要不然真给我开除了怎么办。开除了倒好，我也办英语培训去。

俞敏洪： 英语培训你就算了，你的英语比我还是差远了。

李国庆： 我数学比你强多了。

俞敏洪： 对，你是学社会学的，数学底子好一点。你这种特立独行的个性，是在小时候养成的，还是到了北大养成的？跟家庭背景有关吗？

李国庆： 我小时候很乖，都是别人家的孩子，门门优秀。初三的时候遇到我一个同学的爸爸，他的逆向思维启发了我，但当时也还好。到了高中也不敢叛逆，都在专注于学习成绩，从入学时 45 个人里的倒数第 5 名，学到了高考时班上第 3 名。那时候我们学校闭着眼睛都能有 50 个上北大、50 个上清华，全年级 5 个班，250 人，我就给自己定了一个目标，每学期排名提高 5 个名次，到最后高考，我是文科班第 3 名。后来到了北大，可能我青春期来得比较晚，突然就爆发了。

俞敏洪： 所以你的青春期叛逆是到了北大以后才开始的吗？

李国庆： 是的，之前都是老老实实做别人家的孩子。

俞敏洪： 是什么触发了你在北大特立独行、主动参加学生活动、组织活动的兴趣？

李国庆： 像我们平民百姓家的孩子，上了北大，人生就到了巅峰，所以我不怕失去任何。初三的时候，我读了《约翰·克利斯朵夫》，高中又读了一遍，上了北大又读了第三遍，结果这书直接让我摇滚到今天，到现在，我又"一无所有"了。

2. 找寻人生追求的核心点

李国庆： 和敏洪大哥聊天勾起了我的心路历程。我这个人真有毛病，在一个领域一定要追求成功，就像约翰·克利斯朵夫，还有诺贝尔文学奖获得者罗曼·罗兰。我还非得取得成功，然后又抛弃这个领域，换个赛道再爬到顶层，接着又要批判……按理说我就是既得利益者，但我还总批判资本家的无序扩张。

俞敏洪： 我觉得你一生追求的核心点就不是财富。

李国庆： 对，当当网上市前三天，我开了微博，那时候你已经如日中天了。当时我心想，我这种意识那么强、道德底线那么高的人，还能取得世俗意义上的商业成功，已经非常满足了。结果我发的第一条微博底下就有人骂我，至今还在，说这傻×是谁啊？那时候大家都不知道当当，也不知道李国庆，把我给一顿骂，我还自我感觉良好。

你在几年前，还没出现这次危机的时候，说过一段话，你说你对做生意，把企业再进一步做大没兴趣，你下一步的兴趣不是赚钱。

俞敏洪： 对，我十几年前就说过这样的话，不过我还是要澄清一下，一个人想把生意做大，想赚更多钱，没有任何错。但如果一个人钻到了钱眼中，只是想赚钱、赚钱、赚钱，赚了钱之后都不知道想干什么，以至于为了赚钱而消耗生命、时间、精力，到最后依然一无所获，精神上没得到满足，心灵上也没得到充实，在回顾自己一生的时候，发现自己除了钱什么都没有，我坚决不想成为这样的人。当然我们最好又有钱，又知道能用钱为社会做什么，而且自己还能获得心灵的满足，回头看时也能获得成就感和幸福感，这才是一个人应该追求的比较高的境界。我个人感觉，人生可以有很多种道路，有些人可能拥有很多钱，但没有心灵的充实，这就有点可惜。有些人虽然没有很多钱，但能达到心灵和精神上的充实，非常喜欢自己做的事，回顾起来的时候能有成就感和幸福感，这是最合适的状态。

对你来说，你现在就算什么都不做，也能有比较优裕的生活，你为什么还要出来做读书App，还要直播卖书呢？我觉得实际上你是在追求一种心灵上的充实和成功，同时也要再次向大家证明，一个 50 多岁的人也可以再次创业，这样的创业精神、突破能力，跟年龄没有关系。刚才你夸自己底线很高，这个先不评价，但我觉得你内心的确在追求某种超越金钱的东西，你为了当当的股份打架也很厉害，但我觉得你打架本身并不是为了钱，是为了自己的尊严或者是面子。

李国庆：是为了钱。我早就想捐款 10 亿做公益，我这么有公益心的人，又这么高调，也得到了这么多人无私的厚爱。我羡慕死你了，你早就开始做公益了，我就想拿出 10 个亿捐款。

俞敏洪：你这话有点虚伪，当当网 2010 年上市，上市以后你就是有钱人了，那时候就可以开始做公益了，为什么要等到现在捐 10 亿？

李国庆：我在当当省吃俭用，工资十几年没变过，就 20 万美金，从创办当当一直到现在都没涨过，这点钱就只够给人结婚随个份子，哪有钱做公益啊？有一天我跟我老婆说，我们挣钱是为了什么？你总得给我点支配权，我还得跟你和儿子商量，才能干点公益的事儿。后来上市以后，一年有 500 万可以让我做公益，但 500 万哪够啊！也不够。再后来经济又不景气，当当股价跌了，变成了 200 万，200 万能做什么事啊？

俞敏洪：不过我挺希望你做读书会，能够像当当那样再次取得成功，能在事业上向世人证明一下，一个 50 多岁的人从头创业依然能成功。褚时健早就证明过这点，创业成功跟年龄没关系。但更重要的是，我真心希望你能实现你的理想，当你有了钱，我真想看看你会怎么花，来证明我对你的判断是对还是错。

李国庆：我打那个官司的初衷是我需要钱来实现我的公益理想。我上个月和周全吃饭还在聊，10 年前他说过一句话，"一个人换个赛道也能取得成功，是真牛"，我就给自己定下了这个目标。

刚才说有时候做公益不需要钱，的确，如果我一无所有，你让我去扫地做公益，我都去，但我想做的公益比你们想的大多了，所以我需要 10 个亿。

俞敏洪：你现在卖书、介绍书这件事，本身就是一个公益。公益有两个概念，一个是你做生意，生意本身可能就是一个公益，公益和商业并不矛盾，比如你做的这个事情，能够对社会的进步、别人的知识结构发展带来好处，它就是一个公益，能促进社会的贸易、商业的发展和流通也是一个公益。当然我知道，你说的公益更多是指有钱之后去支持农村中小学，像比尔·盖茨、巴菲特那样做公益，这是另一个维度的公益，这个我现在每年也在做，有钱就多做点，没钱就少做点，也不要给自己多大负担。这种公益本身就具备了更重要的意义，因为你是抱着真诚的心在帮助别人，想要推动他人的进步，让他们享受到你的公益所带来的发展和好处。

3. 做社会的贡献者，而非攫取者

俞敏洪： 我在北大自卑了整整 3 年，那时候我周围都是特别能干的人，比如王强、徐小平，还有写诗的西川，真名叫刘军，还有不太熟悉的海子等。我是农村来的，也没读过几本书，一直到大三以后，我觉得我读的书也够了，和同学差不多了，英语水平也上来了，年龄也变大了，才有了一点自信。我在大三的时候也和你一样组织过活动，我当时包下了每周五晚上的北大学三还是学五食堂用作办舞会，我去请乐队、卖票，办了半年左右。大四的时候，我又做了大学生诗刊，只出了三期就因为没钱停刊了。同样是进入大学，你进了北大就开始自信，开始突破，开始参加活动，最后做得风生水起，而我经过 3 年自卑的煎熬，后来才慢慢获得自信。

现在的大学生和我们当时不一样，他们有两种状态，一种是进了大学以后没自信，还有一种是由于现在大学生自娱自乐的方式比较多，比如打游戏、看手机、刷抖音，他就干脆懒得和同学打交道。面对当今大学生这两种现状，你有什么建议？

李国庆： 我的建议可能有点不合实际，因为我没在农村生活过，我是整天趾高气扬抬着头，一直在名校，后来进了北大。**我觉得最重要的是人生目标，我要当社会的贡献者，而不是攫取者。** 这个目标可以不那么有名，可能在世俗意义上不那么成功，但我就是要当贡献者，而不是躺平者。我是奋斗派，不管是对社会，还是对家庭。

此外，我也有迷茫的时候，那怎么办？我这人务实，**争取每天有点滴进步**。我就到北大图书馆，每个学期读一个阅览室，我还跑到朱光潜家找他给我推荐书单，找心理学教授给我推荐心理学书。我每天读书、做卡片，每天进步一点点，有时候这其实是在麻痹自己，在某种意义上缺乏大格局，但最后的结果总不会辜负自己每天的点滴努力。

俞敏洪： 大学4年，北大对你影响最大的事情是什么？

李国庆： 到了北大以后，我真觉得自己是天之骄子，这里有这么多高人、同学，我觉得我们一起可以改变社会，我把大学当作改变社会的试验田，社会流行的风潮都先在北大实验一遍。什么都关心，所以我当时在北大变得很张扬。

如果要说事件，确实有一件事对我影响很大。大一入学的时候，赶上海淀区选举人大代表，当时有很多大三、大四一心从政的人竞选，但我最后成了候选人，为什么？我那时候陪我姐姐和她两岁的孩子到儿童医院看病，我救助了一个8岁的农村孩子，他得了结核性脑炎、结核性胸膜炎、结核性肺炎，没钱治。医院倒也在给他打针输液，但他妈妈说孩子爸爸已经回村里筹钱去了，就是缺500块押金。我心里特别难受，第二天早上我跟我妈妈说，能不能借给人家500块，当时一个月工资才30多块，所以500块是很大的事，我妈同意了，我第二天中午就把500块钱带过去给那个妈妈，说好两周还。刚好我那时候参加中央机关一个活动，到农村考察去了，结果我两周都没回来，又过了十几天才回来。但没想到人家真心想还这钱，他们回村里筹到了500块，但找不到我，就找了《北京日报》的记者，记者就告诉护士长，我一出现就得把我留住，他好采访我，我就这样出了一次名。当时北大的学生里，农村学生占了30%左右，结果这些同学虽然不认识我，但看了《北京日报》的报道就很喜欢我，所以大一我就被选举成了海淀区人大代表候选人，这件事情对我影响很大。

俞敏洪： 你比我醒悟得早太多了，我到今天都没成为什么候选人。你那么努力在北大参加各种活动，组织崔健演唱会，是你原本的规划吗？耽误你在北大的学习吗？

李国庆：好问题。大学生规划，我一说这个就犯狂，别遭大家讨厌。我有日记为证，我大一一入学就先参加了学代会外联部，那个部长很欣赏我，马上想提我为副部长，学生会主席说哪有大一的人当副部长？干了一个月，没提我当副部长，哥们儿我就走了。我就在五四操场跟我高中同学说，我再也不参加学生活动了，浪费时间，大一大二我就拼命读书，大三再开始参加学生活动，也能一下当上副主席。所以，大一大二我就再也没有参加活动，都在使劲读书，到了大三重新参加学生会选举。

俞敏洪：我倒想问问你，你那么积极参加学校活动，是不是目的不纯？是不是为了找女朋友？

李国庆：我大学没谈恋爱，我们那时候有个大学生守则，不让谈恋爱，我嫌麻烦，就没谈恋爱，我就滑冰的时候拉过一次女孩的手。

俞敏洪：我比你早3年进北大，我们都允许谈恋爱，北大什么时候出过不允许谈恋爱的规则啊？

李国庆：大学生守则，我大一的时候出台的，不许谈恋爱。

俞敏洪：大学生守则不许谈恋爱，你就执行了？我估计就是女生没看上你，觉得你当时比较浮躁。

李国庆：你真说错了，暗恋我的很多，尤其是你们英语系的女生，都在日记里写我、暗恋我。

俞敏洪：至少我在北大的时候，我们外语系好像没几个女生提起你。

李国庆：谬也，她们认为我太趾高气扬、盛气凌人。

俞敏洪：你在北大一、二年级的时候开始读书，每年读100本以上，你读书的爱好是从小学、初中、高中就开始的，还是进了北大才开始的？

李国庆：我们家我比较特立独行，我从小就爱读书。我哥哥比我大1岁半，他喜欢鸟，养鸽子，我有时候跟他去天坛公园，我就坐在树下读书。我四个姐姐爱跳皮筋，让我帮忙望风，我坐那儿看书，忘了望风，我爸爸回来就把她们骂一顿。

俞敏洪：你有四个姐姐、一个哥哥，结果偏偏你特别爱读书，这也是你后来考上北大的一个基础吧？

李国庆： 我看了你的书，我跟你正好相反，从小大家都认为我出类拔萃，爱读书，是好学生，这个虚名一直鼓舞激励着我，我觉得不能让大家失望。

4. 新东方的本质：帮助更多人

俞敏洪： 你一直在北京长大，北京人考北大相对容易一些，当时北大英语系英语专业在整个江苏省只录取了两个人，但在北京录取了十几个，我们考的分数比北京高很多，但录取率比北京差很多。

李国庆： 当然。你是哪科考砸了？

俞敏洪： 哪科都考砸了。我们在农村教育水平根本不行，我第一年高考，除了语文及格了，其他都没及格，连大专分数线都没上，第二年也一样。

李国庆： 是什么鼓舞你一定要上大学？

俞敏洪： 两个原因。我跟你一样，尽管我在农村长大，但我喜欢读书，我读的都是那个时期非常浅薄的、乱七八糟的书，但我依然喜欢读。读着读着，世界就比我面对的现实世界更广阔了，心中就会有别的想法，比如我也会读到书中的工农兵学员在大学里的故事，所以上学对我一直有吸引力。另外，我知道我在农村待着，一辈子就是面朝黄土背朝天，没有出路。

李国庆： 你父母不是老师吗？

俞敏洪： 我父母是文盲，标准的农民，祖孙三代都是标准的农民加文盲。

李国庆： 你连续复读三年，最后一年发力就能考上北大？

俞敏洪： 当年高中上两年就毕业，所以我16岁就高中毕业了。第一次高考结束就回农村种地，第二年又考了一次，没考上，18岁我就跟我母亲说，让我再考一年，我母亲允许我考，说这是你最后一年。我提出一个要求，这一年无论如何不要让我干农活，在农村干农活从早干到晚地干，如果一边干农活一边考，晚上连学习的力气都没有，我母亲就答应不让我干农活。

同时也有另一个命运的转折，当时县里有个老师在前一年培养出一个考上北大的学生，他就成了我们当地的名人，这个老师就和县文教局商量，开了一个高考补习班。我进了这个高考补习班，在优秀老师的指导下，没日没夜地学习，学到第三年，快高考的时候，我就知道原则上我应该能进重点大学了，因为我每次考试都能拿第一名。但当时我从没想过能进北大，只是分数线出来以后，我的英语单项分、总分都超过了北大英语专业的录取分数线，我老师就鼓励我填北京大学，结果就被录取了，就是这样一个过程。这个老师一直是我的恩师，到现在我跟他的关系都还很密切。

李国庆：老师是教学方法好，还是激励你？

俞敏洪：主要是激励，这个老师善于和同学打成一片，总鼓励我们。我们班同学也比较团结，都是农村来的高考复读生，都是最后一次机会，有点背水一战的味道。我这辈子唯一当过的班干部，就是补习班班长。

李国庆：我懂了。十几年前我看过你的一本书，我就跟当当的人说，我特别佩服俞敏洪，新东方立足信心教育、快乐教育，新东方老师果然都是让学生有信心，让学生快乐地学习。新东方能出很多网红老师是有道理的，包括你的大班课那么成功，就是因为老师让孩子有信心，让孩子可以快乐学习。

俞敏洪：这和我中学老师有点关系，跟北大的老师也有一定关系。我们在北大通常会碰到三种老师，第一种老师学术水平很高，讲课很严谨，这样的老师我们比较喜欢。第二种老师学术水平还可以，但上课极其幽默、生动，这种老师最受学生欢迎。本科的时候，学生不会追求学问的深刻，而是追求好玩，北大有一些老师，比如许渊冲老师，学术功底深厚，上课又充满激情、很幽默，这样的老师对我们影响很大。还有一种老师，水平不行，上课也枯燥，只知道读教科书，这种在大学不在少数，大家最好别碰上。我特别希望大学生们能碰到前面两种老师，要么学术功底深厚，做学问严谨，要么学问还可以，讲课又幽默又充满激情。我后来自己形成的教学风格以及我对新东方老师教学风格的要求，或多或少都和这些老师的影响有点关系。

李国庆：说点俗的，这次新东方股价暴跌，现在你的身价好像只值 2 亿美金了。

俞敏洪：不知道。我不在乎新东方的股价，不在乎自己本身还值多少钱，因为这些和我现实生活、现实理想没什么关系，也和新东方的未来没什么关系。你要是问我新东方今天或者这周的股价是多少，我还真不知道。

李国庆： 那新东方未来的发展呢？在你们股价暴跌后，我好几个朋友还买了你们股票，他们觉得新东方这个品牌太棒了，想做什么都有可能，你怎么看？

俞敏洪： 也不是什么都会做，未来我更多还是专注于教育和教育产品相关领域。现在也做了一个卖农产品的平台——东方甄选，万一教育做不好或者做不下去，也有一条退路。**不管是做教育还是做农业，背后的本质目的就是能帮到更多的人，做教育是帮助更多的家庭，做农业是帮助那些最基层的农民。**

李国庆： 新东方原来有那么多优秀的老师，你们转战素质教育、艺术教育、体育教育，赛道会太窄吗？

俞敏洪： 我做事有一个特点，不希望为了活命被动地找事做。当然现在新东方的素质教育、研学游学、素养教育也做得非常不错。之所以要做这些东西，主要是想对于中国现在中小学生的情绪、个性、耐力、专注力、抗打击能力进行培养，包括对他们的理想能力或者发展能力的培养，或多或少有好处。但未来我还是希望能够做为学生或者成年人的自我成长带来更多好处的事情。

李国庆： 你说你的文科思维把新东方搞得乱七八糟，现在你还是这个观点吗？用文科思维管理企业不对吗？

俞敏洪： 有一点调侃的味道，但我确实在了解某种新业务体系，尤其是和高科技相关的业务体系时，他们给我讲模型，包括数学模型或者定理，或者用某个化学、物理定律做比喻的时候，我完全听不懂，因为我数理化功底非常差。我现在在利用业余时间学数学，这肯定对我的管理能力有好处。我是典型的发散性思维和形象性思维，而且非常敏感，对于有关情感或者直觉的东西我都非常敏感，我现在可以稍微学点数学知识、科学思维，这样会有好处。

我学数学还有一个比较功利的目的，做数学题可能能延缓老年痴呆。我妈妈85岁得了老年痴呆症，这是会遗传的，我不希望自己太快得老年痴呆症。我前两天和尹烨对谈，他还建议我学一件乐器，说乐器也能延缓老年痴呆，但我音乐实在太差，肯定没能力学乐器。我现在主要做两件事，第一，我会做些数学题，遇到不会的我会请辅导老师教我；第二，我在背一些中学、大学的内容，背一些诗歌、文章，这对大脑也有好处。所以，这是个半严肃、半不严肃的事，当然我也不认为数学好，新东方就能管理好，只是我希望多一些数学知识。我高考的时候数学只考了 4 分，还好那年外语专业录取，数学不计入总分。

李国庆：我高考那年数学就特别简单。你们在大学打扑克吗？

俞敏洪：打啊，在大学当然要打扑克，我比较笨，不会算，打扑克常常输，每次打升级或者打三仙，我脸上都被贴满纸条。

李国庆：你相信命运吗？你觉得成功到底是七分靠运气、三分靠努力，还是反过来？

俞敏洪：人的运气或者机会，会在人生前进的道路上偶然散落，但如果你不在这条路上走，你就永远拿不到机会。当然走在这条路上，我们也不一定能发现金币，可能会被走在前面的人捡走，或者我们自己没看到。这些运气和机会可能会在，可能你能找到，也可能找不到，但有一个前提条件，走在这条人生路上的时候，你要努力往前走，你还得锻炼自己的能力，比如读书多了眼光就好了，你勤奋了走得就快了，你判断力好了就大概能知道金币在什么地方了。有人说人的一生就看命，我觉得命是一部分，比如基因决定了你的体质和智商，这是命，但命只能决定人生道路的 10% 到 20%，剩下还有两个要素。第一，大时代，如果你生在机会特别多的大时代，你成功的机会就多；如果没有生在改革开放的时代，我们俩就不可能有今天这样的交流。第二，个人的勤奋、努力和眼光，沿着人生道路寻找相应的机会。当然可能你会运气不好，找一辈子也没找到，这就叫怀才不遇，但也有可能你运气好，一下就碰到了。

李国庆：你觉得是七分努力、三分运气。

俞敏洪：两分是天命，四分是大环境、大时代，四分是个人努力和能力。

5. 当当网创业故事

俞敏洪：你好像从来没有朝九晚五地上班工作过，大学毕业就已经开始做书了。

李国庆： 我毕业前就在做了。但我第一份工作是在书记处农村政策研究室，工作了两年。我当时提出了一个特殊条件，我说我是北大毕业的，你不让我坐班我就去。他们说不行，得副研究员以上才可以不坐班。我就要求不坐班，每周集中上两个半天班，也经常跑到无锡农村，一住住15天，研究问题。

俞敏洪： 在机关单位工作两年，给你的个性带来了什么好处？你好像从来没有在机关工作过的那种个性，你很独立，无所顾忌。

李国庆： 既是运气，也是局限。我在北京大学国家发展研究院，周其仁、林毅夫、陈锡文他们非常包容开放，他们说，来咱们这儿，你自己奋斗的目标是什么？想不想出国留学？那时候有留学热，他们说你自己提计划，我们都愿意支持你。

俞敏洪： 这批人对中国的经济改革开放起了很大作用，尤其是理论上的指导。你后来为什么没有坚持在那里做下去，变成一个理论专家，而是自己跑出来做生意？

李国庆： 我觉得我们平民百姓离从政太远，那里面都是二代，所以1989年我决定彻底下海做生意。

俞敏洪： 你做书顺利吗？

李国庆： 不顺利，我当时背着200万的债。从大学四年级开始到毕业第二年，我编了套书，当时欠印刷厂、造纸厂160万，还积压了90万册书。

俞敏洪： 你当时怎么受得了这么大的压力？这么多钱，完全是三座大山。

李国庆： 本来有一个大书商想包销那90万册书，还给了我5%的定金，结果他拿了15万册试销，发现不灵光，剩下的75万册都不要了。当时几个大书商劝我，国庆，你这辈子也还不上这个钱了，赶紧跑，去美国吧。但我不舍得去，我爸生我的时候都46岁了，我毕业他都69岁了，我是很孝敬的，父母在，不远游，我得陪着他，结果这一陪不要紧，他95岁才去世。

俞敏洪： 老人家高寿，你也是长寿基因啊。

李国庆： 但愿吧。我跟我爸一样，天生乐观派，我认为我有办法把这90

万册书卖出去。别人都不信，新华书店也不看好，结果哥们儿没到一年，扭亏为盈，卖了 45 万册。我就找各部委组织读书会、发文、推荐，卖出了 45 万册，持平了。

俞敏洪： 我得问你个敏感问题了，你在什么时候碰到俞渝的？怎么会想到做当当网呢？

李国庆： 我有土鳖的自卑心，不爱回忆这段。我们那个年代有出国热，我六任女朋友都把我当出国中转站，都出国了，最少的也出国了半年。我从 23 岁大学毕业到 32 岁结婚，谈了六任不过分，全出国了，我就是出国中转站，所以我有自卑心。

俞敏洪： 你自己都没出国，为什么女孩子要把你当作出国中转站？

李国庆： 有点小钱。你别说女生们都真挺不错，她们跟我借机票费，往返共 1500 美金，都还了。反而坑我的都是哥们儿，天天问我打借条，从来不还，我 40 岁生日的时候把这些借条都烧了，来了很多朋友。

俞敏洪： 你也太小气了吧，女朋友出国，你借钱给她还要写借条啊？

李国庆： 那时候 1500 美金也不是小钱，我那小破公司一年利润才 50 万、80 万人民币，账上现金紧缺。我就觉得我是土鳖，我得娶一个在美国读过书、工作过、开过眼界的人。我 1995 年就去美国，从波士顿、纽约到洛杉矶，找女朋友去了。

俞敏洪： 结果也没找到？

李国庆： 找到了，还撞车了，波士顿找了一个，纽约找了一个，决定该是谁的时候，俞渝出现了。当时俞渝想在国内投资杂志，有人就说，你们想在国内做传媒，不咨询李国庆哪行？她就托音乐家谭盾的夫人黄静洁来找我，我说这问题很专业，我给你找更专业的人，我就约了个晚饭，把新闻出版署法规司副司长请来给他们提了提意见。结果黄静洁觉得，这么好？帮我免费咨询，还请客。我说我下个月要去美国找女朋友，她回去就跟四个股东说，李国庆下个月要去美国，你们谁出面接待？最后就是俞渝接待了我，请我在曼哈顿吃了顿饭。

俞敏洪： 那时俞渝在做什么？

李国庆： 她在华尔街……怎么说上这个了？我去的时候没地方住，就住在哈佛大学一个社会学教授家，我们一起做过课题，教授还跟我说，你请教别人问题，不用给他们钱。我说为什么？他说他们也关心中国的问题，你们构成了平等交换。所以俞渝请我吃饭，我就说光吃饭不行，我在北京给你免费咨询了，我也有问题咨询你，我的出版服务公司正好要卖30%的股份，我对估值一窍不通。吃完饭，俞渝就找了一个咖啡馆，跟我聊了一个小时，问了我四五个问题，至今都记忆犹新。她问别人为什么要买我，我说美国资本家就想让我成为百万富翁，就是为我好，她说怎么可能。这是第一次见面。

过了一个月我回国了，结果一个月后她到中国给世行当顾问，考察中国的锅炉环保项目，我们就在北京见了第二次。人家那时候一天的顾问费就1500美金，我这人就不装，我们就是一个小公司，在地下室。我就到人民大学对面那条小街，找了个普通餐馆请她吃饭，她喜欢咸鸭蛋，我就跟餐馆大妈说，大妈说没咸鸭蛋，我说大妈，我今晚成不成全靠你了，我"啪"一个眼色，北京大妈说，得了小子，我到旁边餐馆给你走一盘，她就到旁边餐馆给我搞了一盘咸鸭蛋。这就是第二次见面，你还想知道什么啊？

俞敏洪： 我想知道你们俩谁先看上谁的。

李国庆： 一周后，她工作结束了，想再玩一周，我说我给你出钱，去更好的酒店，新世纪饭店。第二天晚上吃完饭，她说到我房间坐一会儿，就没走。我说哎哟，我们这是非法同居，派出所抓到了，我名声就完了。说完了。

俞敏洪： 要是没有俞渝，你一直做图书也没有问题，后来怎么想起来要做当当网？要是没有俞渝，你觉得当当网能做起来吗？

李国庆： 人家俞渝有俞渝的本事，俞渝的本事就是能搞定我。俞渝的原话，"没有李国庆就没有当当，没有俞渝可以有当当"。在1996年，我们认识后，我们就年年盯着Yahoo Store 和 Amazon 研究，那时候Amazon 还是个小人物。我们觉得这个网上书店不得了，比编个小册子成本低廉，品种无限多，我就盯上这事，我说现在网民才240万，等过了1000万，我们就做网上书店。

后来 1999 年，俞渝已经回来了，在公司也没有自己的办公室，有时候帮我看看合同。这时候周全来了，说国庆，什么时候搞？我说现在才 800 万，还不够 1000 万网民。他说 8848 已经搞起来了，赶紧干。那是 1999 年 3 月，我感谢周全，熊晓鸽介绍我认识的，什么都没签，7 月 1 号就给我打了 680 万美金，11 月 9 号我们就开张了，就是这么回事。我个人也出钱了，这次离婚一理才发现，当当早期我出钱了，但我没计较。我得向你提问了。

俞敏洪： 别着急，还没完呢，我保证帮你卖很多书，先把你的话题聊完了。

李国庆： 我卖书我向你们保证，我要是挣一分钱，我就是孙子！我第三次创业，有的是人拉我干各种更发财的事，但我不干！

俞敏洪： 大家别看李国庆这么张牙舞爪的，他实际是一个蛮单纯的人。

李国庆： 傻白甜吧？傻、白，不见得甜。

俞敏洪： 你和俞渝一起创办当当网，肯定还是美好的回忆，不管你们现在关系怎么样。你们这种共创当当网的甜蜜期延续了多久？

李国庆： 我觉得一直挺甜蜜的，但把她气哭过，现在不甜蜜了。我觉得俞渝的价值不是给我融资，三次融资都是我主导的，关系都是我的。有人说我是依托俞渝的海归背景融的资，否则哪有当当，这真的是误解。但和投资人掰腕的事上，俞渝当然是保护我，否则像我这么傻，肯定被投资人算计。上周我去找了个投资人，被算计得一上市就只占 4% 股权，也没有超级投票权。所以，在这点上她保护了我，但她不是为了我而保护我，她背后设计好了，不让我被投资人算计，结果她又把我算计走了。客观地说，人家拿走的就该是人家的。

俞敏洪： 你也不想想你俩还有个孩子，你们拉倒了，不都是儿子的吗？你有什么想不通的？

李国庆： 东方人关注家族传承，我不这样想，如果孩子对这个没兴趣，这对他而言是负担和压力。

俞敏洪： 你和孩子关系怎么样？

李国庆： 逢年过节都得包红包，一叫爸爸，我就知道缺零花钱了，赶紧发红包。我上次拍短视频腿磕破了，给他心疼坏了，他说，你这么大腕儿，怎么

MCN 公司还让你从 1.5 米、2 米高的石凳上往下跳啊？我说人家工作也不容易。

俞敏洪： 你现在对过去已经发生的事情，已经完全可以心平气和地看待了吗？已经不再计较谁对谁错了？

李国庆： 有人在网上这么泼脏水，我当天晚上还睡了 8 个小时呢。有一次你不说咱们这些企业家谁能睡超过 6 个小时吗，我当时就举手，我说我每天都睡 8 个小时。

俞敏洪： 对，我发现你身体还可以，真的是拿得起放得下，很厉害。

李国庆： 现在被儿子督促，每周游泳，还得给他打卡，又恢复了肌肉。

俞敏洪： 现在有新的女朋友了吗？

李国庆： 不能有，我二审离婚还没判下来呢，分居 4 年零 3 个月了，得二审完才能叫正式离婚。但我有想法了，不能找商人，企业高管都不能找，不然还得被骗。我就找大学老师。

俞敏洪： 大学老师万一骗你，你可能也弄不过。

李国庆： 别找学法律的。另外，我不找年龄小的，没有共同的精神世界，彼此没有回音板。

6. 新东方合伙人二三事

李国庆： 你当时为什么一定要拉徐小平、王强从美国回来和你合伙？也是土鳖的自卑心理？

俞敏洪： 当时我找不到你，你自己还欠 100 多万，我找你不是帮你还债了吗？所以只能找不欠债的人啊。

李国庆： 我 1990 年就还完债了！

俞敏洪： 一个人孤独创业要找创业合作者的时候，我没你这样的能力去国外拐一个老婆回来，我只能找自己的大学同学、朋友。我当时在北大比较熟悉的就是王强、徐小平。我最初到美国、加拿大的时候，也不是一心一意要把他们找回来，没有这样明确的想法，只是去了以后和他们聊天喝酒。大家说，老俞你当初在北大那么落魄，出来以后也不风光，怎么现在突然变得有钱了？他们就羡慕我，我当时灵机一动，要是他们回去，新东方不就能做得更大？他们能力那么强，学问也不错，我就鼓动他们。

李国庆：请问他们回来后，你给他们物质承诺了吗？

俞敏洪：我没有想到他们会回来，我想他们在美国、加拿大待着，为什么要回来？所以当时是说点酒话而已。但没想到徐小平当时在加拿大身无分文，非常落魄，一听说我能让他回来跟我一起干，立刻就答应了。

徐小平一回来，王强就跟着回来了，他们回来以后，新东方先是摆脱了家族影响，然后同学之间又形成了另外一种家族。同学之间没大没小，也没有岗位服从性，后来就开始打架，打得一塌糊涂，最后打成了一个上市公司。某种意义上，王强、徐小平毕竟在国外待过这么多年，他们很多方面都比我强，我的优势是比较了解中国本土。另外，在他们回来之前，我已经做新东方做了5年了，我原则上是名正言顺的老板，尽管他们在北大的时候都是班长、团支部书记，但毕竟我是第一个做新东方的。

李国庆：北大人因为太思辨，没有团队意识。

俞敏洪：我觉得你身上挺体现北大人的特点，到现在都还挺自恋。

李国庆：新东方上市的时候，你占20%的股份，这是公开资料，请问徐小平、王强呢？

俞敏洪：各10%。

李国庆：那不少了，你这是大格局。当当要有这个格局，生意是现在的10倍。

俞敏洪：这就是我比你厉害的地方，我愿意把股权让出去，构成联合，你和俞渝两人守着股份，结果变成夫妻打架。

李国庆：我们俩分歧最大的就是这件事……别提这个了，你别借机给我挖坑！你在新东方有退休的打算吗？

俞敏洪：我现在已经开始做计划了，如果没有这次政策的影响，新东方的日常事务我估计已经完全不管了。但因为政策影响，新东方处在生死交叉口，我作为手里拥有资源、和新东方品牌联系比较密切的人，自然要努力再跟新东方一起同行一段时间。但现在我在新东方主要是定大政方针，把人才配置到位，小事情我基本不管。我现在一半时间在阅读、写东西，包括跟你这样聊天、对谈。疫情好了以后，我会到全中国、全世界旅行，写旅行日记。后面更多的时间会用在读书、思考、旅行、记录、传播上。

李国庆：新东方走出去了很多优秀的人，为什么你没找个机制，把他们拢在新东方呢？

俞敏洪：时代的变革让每个人都有了创业的机会，当这种变革出现的时候，原有的传统平台没办法同时考虑变革，就算考虑进去，成本也会特别高。

每个公司都有一个既定的、原有的商业模式，面对新时代，想百分之百推翻这个商业模式是不可能的。当有创业思想愿意出去创业的时候，我觉得不能不支持他们，更没有必要阻止他们，所以新东方在培训领域里有"黄埔军校"的称号。新东方出去的副总陈向东做了一个上市公司，沙云龙做了个上市公司，李峰做了一个著名的投资公司，宜信的唐宁也是原来新东方的老师，一起作业网的老总刘畅也曾是新东方的管理者。新东方的人很有创业精神，我也很开心，这些人在新东方是优秀老师、优秀管理者，出去以后做成非常优秀的创业公司或者上市公司，当然也有很多失败的。

李国庆：他们在的时候你看好他们吗？

俞敏洪：当然看好他们的能力，否则他们也不可能在新东方做。但当他们的能力达到一定程度，就可能没法在新东方的体系内发挥出来，或者发挥不够充分。

7. 荐书时刻

（a）老俞系列

李国庆：咱们介绍介绍图书吧，我先介绍下《我的成长观》。

俞敏洪：我的书我自己介绍吧。第一本是《我的成长观》，将我过去两年做的20场左右教育、学习相关主题的讲座编成了这样一本合集，喜欢我讲座的朋友可以买回去看一看。

第二本是《我曾走在崩溃的边缘》，写的是我对新东方创业 25 年的回顾，从我怎么做新东方，到后来遇到困难怎么解决。但出这本书的时候"双减"还没出现，所以估计未来得再接着这本书往后写第二本了。本来我觉得新东方没什么好写的，一帆风顺往前走，但人生和事业永远像爬山一样起起伏伏，这一年来我个人和新东方都遇到了很多考验，但我相信最终我们能走出这样的考验，即使最后失败了，也可以拿出来写。只要整个过程有东西可以感悟，或者有东西值得纪念就行。

李国庆：我说一句读后感，有些企业家写完以后非要找教授给他们装套理论进去，但俞老师这本书里都是他的初心和新东方发展过程中的一个个事件，所以大家能从这本书看见他是如何走过这一个个坎儿，看见俞老师背后的初心。

俞敏洪：第三本是《一朵云推动另一朵云》，是对各种教育现象、教育理念的概述，其中不少也是我教育相关的演讲文本，如果有想要对教育或者教育思想进行了解的朋友，可以买来看一看。

第四本是《彼岸风景》，是我过去 5 年在全世界旅行写的旅行笔记，每一篇文字都是独立的。如果大家读了我的旅行笔记，可能未来到那个地方旅行的时候，就会想起来我写的东西，或者大家可能会根据我的旅行笔记，去打卡这些地方，也是人生的一种丰富。我对我写旅行笔记的文笔还是比较自信，一般都可以写得比较轻松、比较美。

李国庆：关键俞老师有丰富的阅历、开阔的眼界，在旅行中也写出了自己的人生感悟，确实非常值得读。

(b) 王小波杂文套装

俞敏洪：我觉得你还有两套书值得推荐。一个是王小波杂文套装。一个希望独立思考的人，如果没有读过王小波，这是不可想象的。王小波 1997 年去世，当时我听到这个消息特别悲伤，我很喜欢他的书，而且他是心脏病发作，自己在郊区的家里度周末的时候，身边没有任何人，死之前也很痛苦，据说墙上都是手指印。他写的文字为我们留下了一个真正独立思考的精神世界，一是他的文笔比较轻松，都能读懂；二是读完他的文字大家会有所感悟，慢慢学会相对独立地判断和思考，《沉默的大多数》《我的精神家园》《一只特立独行的猪》《爱你就像爱生命》都很好。

李国庆：《一只特立独行的猪》我看了四遍，反复看。

俞敏洪：这四本杂文，除了《爱你就像爱生命》是他和李银河的爱情书信，相对显得比较温和，其他三本书或多或少都有比较犀利的文字，对我们打开脑洞、带来思考能力是相当不错的。所以，想学会独立思考的人，读王小波的杂文是相当不错的选择。他比我大10岁，是我们这代人年轻时候阅读得比较多的一位作者。

王小波的杂文初中生就能看，当然有些思想需要和大人一起探讨。小说可以到高中以后再看，因为他写的是那个时代的一些奇怪现象和心理状态。王小波是思想家，他不能写长篇小说，最多是中篇和短篇，《黄金时代》是他中篇小说的代表作，写了青春时代在乡下的爱情、情感和时代的碰撞。

（c）《褚时健传》

俞敏洪：第二套书是《褚时健传》。说到褚时健，这到今天为止仍然是我内心最大的遗憾。我有好几次机会可以到云南哀牢山，有几次企业家团体去拜访他的时候，都邀请过我，但我当时工作比较忙，又没有预先安排，就没有去。当时我觉得褚老身体还很健康，过一段时间去也没事，没想到后来他就去世了，留下了很深的遗憾。他在我心中是很不错的企业家，是值得大家学习的人物，所以我一直想去见见他，跟他聊聊天，听听他的教诲，但这个机会就这么丢了。所以，我给大家一个建议，当大家心中有想见的人的时候，不管是自己的亲戚还是朋友，只要你想见就尽快去见，因为你真的不知道意外和明天到底哪个先来。

人生中常常会留下不少遗憾，我也有很多这样的遗憾，比如我母亲去世那天，我刚好在海南出差，早上我姐夫打电话给我，说老太太身体有点不好，我问他怎么不好，他说问题也不大，你今天回来就行。我提早了两个小时的飞机，还是没有赶上看最后一眼。我母亲是老年痴呆症,已经完全认不出人了,我回到家,她的身体仍然有温度,我难受了好长时间。

所以,大家想见谁,想做什么事情,如果这件事情不会让你付出太多的代价,就要尽快。人生中有太多事情要去做,往往回头看才发现,哎呀,来不及了,那就真的来不及了。当然,我和褚老以前也没见过,也没有那么强烈的一定要见的愿望,但这依然是一个遗憾,因为他毕竟是一个标杆。后来为了弥补这个遗憾,新东方每年都要买褚橙分给员工和管理者。褚橙很贵,但我们依然买,作为一种纪念,同时,褚橙也一直是东方甄选架上的产品。

我只希望褚时健从谷底反弹的精神,或者"在绝望中寻找希望"的精神,能够对那些在苦难、困苦中奋斗的人有一种启发和启示作用。现在因为疫情影响,中国很多企业都陷入了很大的困境之中,但在艰难的过程中,褚时健精神就是值得大家学习的精神,褚时健本人也是值得大家学习的榜样。

李国庆: 褚老好人得好报,二次到哀牢山创业又取得了成功,而且也是长寿,91岁高龄去世,真是传奇。我觉这本书把他历经的70年,整个动荡、变革和人生的周期非常传奇地写成了传记。

8. 尾声

俞敏洪: 时间不早了,我们聊点轻松的吧。你还打算谈一场轰轰烈烈的恋爱吗,到这个年龄?

李国庆: 好问题。我当然想过,虽然我受到创伤,但我依然相信爱情,相信家庭,而且是两性,不是同性。爱情和家庭依然是我相信和向往的。

俞敏洪: 你现在在"早晚读书"和平台上除了卖书还在卖别的东西,你未来5年之内准备把这个事业做到什么程度?这个事业的目的和意义是什么?

李国庆: 我在当当也是折腾了十几年百货,屡战屡败,现在等于把我在当当的各种品类一类一类再捡起来,只不过是用抖音的模式做。现在面临的挑战也很多,不能靠我一个主播,就像俞老师一个人讲课讲得再好,也成就不了新东方,这是一个硬 bug,还在找模式。但我仍然想再做一个百亿销售的公司。

俞敏洪: 你觉得靠抖音卖货,能完成百亿销售梦想吗?尤其是你现在人老色衰的状态。

李国庆: 我觉得百亿并不是高不可攀,而且如果只是为了百亿,我也可以不做,我不如认真做好 1 亿的图书。不过我自己也迷茫,我又不缺钱,又不指望这个挣钱。

俞敏洪: 未来假如实现了你的百亿销售梦想,你会是一个什么状态?假如未来你连 10 亿销售都没有实现,你会是一个怎样的状态?

李国庆: 我更大的梦想是公益梦。我现在带着团队坚持 8 年,没有 8 年成不了气候,咱又不是烧钱、砸钱的模式,要 8 年才能看出来是 10 亿还是百亿。然后我要做专职的公益人生,不是去扫地、擦桌子、当老师,最好带着 10 亿人民币。我现在在物色发展好的公益人士,有善心、初心,有章法的好的公益组织,8 年后我要专职做公益,再做 20 年。

俞敏洪: 有钱做公益当然再好不过,但我觉得做公益更多的是把你的善心、精力和时间真的用到公益上,我特别希望未来我们两个年纪大了,玩商业玩不动了,可以一起实实在在地到农村的小学、中学讲讲课,亲力亲为地做一点公益。Mother Teresa 算是我的榜样之一,她去印度做濒死病人的安抚工作,一开始也身无分文,但后来成为全世界做公益做得最好的人。所以,做公益有钱更好,但没有必要有这个执念,非要有 10 亿才去做公益,我觉得从现在开始我们就可以联手起来,比如每年向农村地区的孩子捐几千、几万本书,这也算是公益的一部分。

我觉得有两条线把我们连在一起,一是北大这条线,二是我们现在刚好都喜欢读书,都在卖书,都在介绍书。我希望这两件事情能把我们联合得更紧,让我们一起共同做点好玩的事情,然后再做点有意义的事情。

李国庆: 我们还有更多共同点,都是白手起家,还都曾经一次又一次崩溃。我前一段不敢打搅你,今天看你心情依然那么好,哪天我们一起喝个酒,对酒当歌,人生几何。

俞敏洪：好，由于时间关系，今天我们就聊到这里。

李国庆：谢谢俞老师。

——对谈结束——

大家好，跟国庆聊天，又好玩又累。他是北大社会学系毕业的，比较活跃。他在北大的时候我就知道他，他当时把崔健请到北大唱《一无所有》，从此一炮而红。他身上有一种率真、单纯，这是北大人的特点。今天和他聊得很开心，他从当当网出来，现在重新创业，看到他创业的热情，我还挺有感怀的，我觉得他有这样的精神就好。

今天是周末，我就准备下线了，明天还要继续干活，祝大家周末愉快！

（对谈于 2022 年 4 月 23 日）

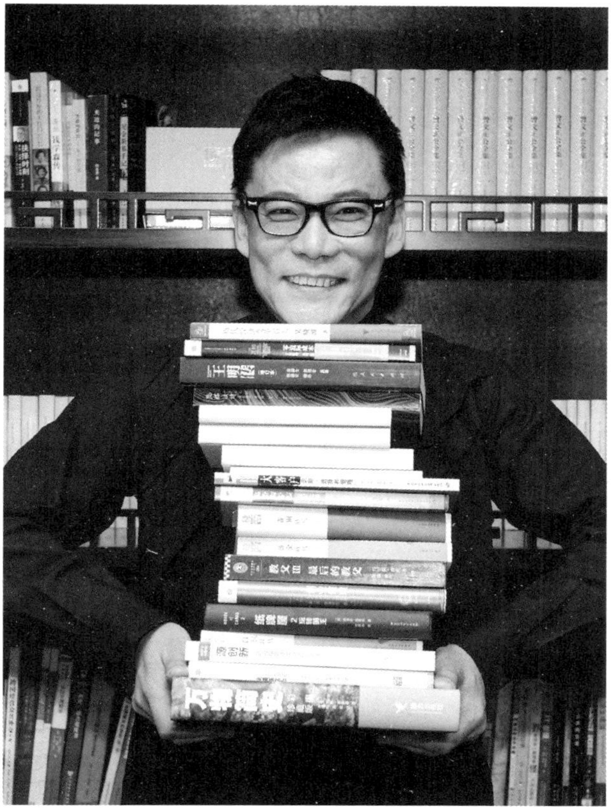

对话 刘润

商业是人类社会繁荣的发动机

"

一个人最重要的资产就是信用。

我背后有一个朴素的农民主义哲学，家有余粮，内心不慌。

"

刘润 /

著名商业顾问，1976年出生于江苏南京，南京大学理学学士（数学）、复旦大学工商管理硕士。润米咨询创始人，著有作品《商业洞察力》《底层逻辑》等。

5月，刘润邀请我和他一起直播对谈，他当时做了一个直播栏目"刘润开封菜"，想在上海疫情期间每天分享点内容，陪伴大家一起迎接解封，没想到他自己做了几十场直播之后还没解封，只好邀请好友一起来做直播分享。以下是我们对谈的文字实录，分享给大家。

——对谈环节——

1. 疫情中的社会百态

俞敏洪：刘润好，听说你的"刘润开封菜"已经做到第三十三道菜了？

刘润：没错。我原本想从4月9号开始做，无论如何4月中下旬这事得结束，但完全没想到，居然一直做到了现在。变化太多了，商业也一样，经常有变化，有变化就应对变化。所以，做了第二道、第三道……现在已经是第三十三道，俞老师，您这道菜是"刘润开封菜"的压轴大菜。

俞敏洪：你的三十三道菜应该给很多朋友带来了鼓舞、知识以及信息。网上最近流传你用一堂课换四个鸡蛋的故事。当时为什么要发那个小段子？

刘润： 上海一开始物资供应不充分，很多小区团购蔬菜都有很大的问题，遇到问题后，就产生了一些经济学现象。小区里开始了交换，有的人有蔬菜，有的人有可乐，有的人有狗粮，他们之间就开始了交换。狗粮的价值、可乐的价值、鸡蛋的价值对每个人来说都是不一样的，但交换以后能产生更大的幸福感。

我觉得这个事很有意思，想着我也试试。我能换什么呢？我们家当时正好缺鸡蛋，我就想，能不能拿一小时的分享去换四个鸡蛋？我就发了一个朋友圈"一小时换四个鸡蛋"。发出去后的第二天，发现我家冰箱里全是鸡蛋，我就问家人怎么回事？家里人说，听说你没有鸡蛋，邻居就送过来 100 个鸡蛋。我当时就想，这是哪位"土豪"，能有这么多鸡蛋送？家里人说，我们小区人都这样，谁家缺点什么就送过去，甚至有时候团购，他们购了两份、三份、五份，一个人团完就给其他人送，这就是邻里之间的情感照护。

这次疫情给了我一个挺大的触动，本来觉得邻里之间互不认识，但现在越来越多人比较熟悉了，这是一个特别大的意外。所以，最后虽然没有成功换到鸡蛋，却换来了非常亲密的邻里感情。之后投资界的几位同学，比如阎焱老师，他也发了个朋友圈，说刘老师要四个鸡蛋，我只要三个鸡蛋，我给你们讲创业；吴士春说他只要两个鸡蛋……大家就开始卷起来了，特别有意思。在疫情中，依然保持幽默感，我觉得这也是特别大的收获。

俞敏洪： 在这样一个特殊时期，你意外感受到邻里之间、朋友之间原来没有过的一些交流和友情。为什么平时我们忙于自己的生活和工作，人与人之间会变得更加淡漠，反而遇到疫情后，大家回归到了一种人与人之间充满真情的状态？从人性的角度能给出解释吗？

刘润： 我觉得百态都有，什么样的状态都在发生。这段时间我观察了很多现象，还挺有感触。一是邻里之间一起团购了，甚至不用团购，我家有就给你家分一点，你缺什么东西我就送过去，这个特别好。可能因为大家以前真的没有机会接触，大家的重心、心思都在外面，现在整天在家里，时间确实多了。但除此之外，什么样的情况都有，疫情期间发生的事情挺值得做一个研究。

2. 新东方的 DNA

刘润： 我很早之前上过新东方的课，很早就知道了俞老师，但今天很多人知道俞老师是从最近开始的。俞老师的创业历程非常有代表性，所以我想先问俞老师几个问题，帮助大家更深刻地认识俞老师。**俞老师是哪一年开始创业的？当时为什么起名字叫"新东方"？**

俞敏洪： 1990 年，我还在北大，还在联系去国外读书，但一直拿不到奖学金。美国有不少大学录取我，但我是文科，国外的文科奖学金本来就少，最后只能想办法自费。单靠北大的工资肯定不够，我就在外面代课，但代课就和北大里的业务发生了冲突，就被北大弄了一个处分。到了 1990 年年底，我觉得在北大待着可能也没有什么前景，就自己出来，在其他机构教出国考试课程。当时我承包了一个民办机构——东方大学，给他们做外语培训班，到了 1993 年，我觉得应该自己办个学校，一是来钱更快，二是更能自主。所以，我用了半年时间领了一个办学执照。当时就想，要叫什么名字呢？原来我在东方大学，那就干脆在前面加一个"新"字，就叫"新东方"。其实没有更多背后的含义，只是觉得加一个"新"字，还挺有意思，当然后来媒体弄了一些新的含义，说新的东方、新的时代等。都是后来被附加上去的，我个人没有这方面的想法，只是加了一个"新"字而已。

刘润： 我认识很多公司，叫"新什么"，通常背后的原因是曾经的名字代表了一个意思，前面加一个"新"字就代表另一个意思，不一定代表新希望，但是代表从东方出来之后做一个新东方。

我是新东方的学生，我在上海的时候读过 GMAT 课程，那些老师给我留下了极深的印象。当时教我 GMAT 逻辑的老师现在是上海新东方的校长，后来我们还见过面。**我感觉新东方每个老师都口才特别好，特别擅长调动学生的情绪，这个能力是俞老师教的，还是他们天生就有？**

俞敏洪： 最主要的原因是，从我自己一个人在新东方上课，就奠定了新东方讲课的风格基础。这个基本有几个要素：一是内容本身要讲得很好，讲得简明扼要；二是必须要有对人的激情和对教学的热爱；三是讲话幽默风趣，并且有故事和逸事穿插，这样可以吸引学生的注意力。

学了心理学就知道，即使是成人学生，他们的注意力也是每过5分钟、10分钟就会飘走，把他们拉回来以后再紧接着讲题，他们才会关注讲题这件事，所以要更多地营造相对轻松的课堂气氛、氛围，才能达到大家继续听课的目的。

新东方首批老师都是直接招的各个大学的老师，但后来发现学生们并不买账，因为不少大学老师讲课慢条斯理、详细到位，但调动课堂气氛、关注学生情绪等就做得不是特别好，尤其在较大的班级里。有学生由于这个原因开始退班，我就意识到我得培养风格和我一致的老师。

后来我就亲自面试、挑选新东方老师。成为新东方的老师一般需要几个要素，**一是对所讲内容熟悉且讲课水平到位；二是口才相对不错；三是具有幽默感或者有轻松表达能力；四是充满激情和热情。**

一个人的讲话能力和表达能力不太容易在短期内培养出来，原则上必须自己具备这样的基础才行，而且，要让老师对这份工作十分看重。我当时出的工资是市面上最高的工资，因此老师也会为此更加努力。

除了经济收入以外，别人的认可是对他们最大的鼓励。在新东方，这个认可主要来自于学生，当老师走进一个有400个、500个甚至更多学生的教室，当他讲课被学生欢迎和关注，并且很多学生要挤进来听他讲课，他的兴奋点自然就被激发起来。

你和我都做过大型演讲，如果下面的人比较少，兴奋点就起不来，或者下面的人很多，但我们讲的东西比较枯燥，下面的人根本就不在乎我们在讲什么，我们的兴奋点也起不来。当我们讲话的时候，发现下面的互动特别好，整个气氛就会互相推动，到了一定程度，哪怕讲的东西不那么好玩，下面也是欢声雷动、掌声震天，这就会更加调动我们讲课的积极性。

当时在新东方，所有大班课都用了这样的方式，这方面有能力的人就慢慢聚集到一起来了，就像现在的《奇葩说》《吐槽大会》，有了风格以后，同样风格的人会从全国各地聚集过来，自然形成了这样的风格和氛围，后面新的老师如果没有这样的风格和氛围，就融不进来，久而久之就形成了新东方比较有意思的传统风格。

3. 面临变化，新东方的底线与探索

刘润：2013年是互联网来临的关键时间点，有不少才华横溢的老师都去互联网上独立讲课，或者加入一些其他机构、独立创业，当时新东方也开始做新东方在线，拥抱互联网。**在2013年，俞老师应该有很多的思考，你能给大家分享一下吗？**

俞敏洪：当时刚好新东方面临两个方面的挑战：第一，如果新东方要保持当时的大班模式，难度非常大。因为新东方的业务已经开始从大学生逐步转向中小学生，给中小学生上大班课难度很大，他们的注意力更不容易集中，他们更加需要点对点的关注。

第二，由于当时在线和光盘盗版，大家能在外面用很便宜的价格买到新东方的课程，互联网的兴起，也让一部分老师到互联网讲课，所吸引的学生数量会更多，这样就导致新东方教室里的大班人数越来越少。

所以，**第一是本身客户群体在改变，第二是商业模型在改变，这就直接导致新东方大班老师的薪酬体系无法按照原有模式持续下去。**

如果当时在新东方班级人数下降的情况下，还给老师不断增加薪酬，新东方的商业模式不可能持续，这就构成中间比较大的转型——那些比较有名气的大班老师突然发现，自己依托于互联网出去做事情，可能会比在新东方当一个大班老师的经济收入更多。互联网教学的兴起，尤其到后来直播模式的兴起，实际是对新东方大班模式的颠覆。

那时候只有一种可能性，让新东方转型成巨大的互联网教学平台。但由于新东方的基因和传统，以及当时新东方的业务重点转向了中小学，新东方不可能投入巨大的资金建一个互联网教学平台。不仅如此，互联网教学平台还涉及流量，而流量需要有一个长久的建设过程。那时候外面很多大平台的客源流量

已经非常丰厚，2013 年不管是微信还是其他平台，都已经有了社群活动，所以新东方只能放弃这个板块。

大班教学有一个特点，人越多，老师们越开心，哪怕是上免费课。新东方人的个性很有意思，都比较开放、比较勇于闯荡，这些个性也来自于平时对新东方文化的推动。其实从 2008 年、2009 年开始，就有新东方的老师出去创业，当时创业不是因为互联网的影响，而是看到教育领域的蓬勃发展，看到了外面的机构，包括好未来等的成功。

就像任何一个公司的商业转型一样，我们是一个有着自己基因的公司，不可能跟着时代迅速转型，如果迅速转型，损失可能会更大。当时新东方已经有了 2 万名在小型班级带课的老师，这些老师不具备大班老师的特质，他们就是认认真真给学生上课，辅导学生学习，如果把这种模式转变成大班老师服务，我们当时可能也可以做到，但有可能带来的结果就是模型的崩溃。

所以，我当时需要做一个决策，**是继续推动新东方大班模型的建设，把互联网用上来，把老师们留住，还是放弃大班模型的建设，把更好地为学生精细化服务的小型班级留住？最后我们决定往精细化走。**

当时新东方还有一句话，叫"去名师化"。新东方是因为名师变成了新东方，后来我们反而提出"去名师化"，因为我们既不可能有这样的平台，也不可能有这样的能力把这些名师都留在新东方，满足他们在商业上的追求和需要。

刘润：新东方一路走来，有很多重要的时间点。去年教培行业遇到挑战后，俞老师却因为一直以来偏保守的现金策略，熬过一关。你当时说新东方账面上一定要留充足的现金，能支付老师的工资，以及如果学生要退费，要能满足所有的学生退费。这个决定是什么时候开始有的？这个钱在账上留了多长时间？没想过做投资吗？

俞敏洪：这是新东方必须遵循的资金逻辑，来自于 2003 年的非典。2003 年非典前，新东方很兴旺，学生交完学费我们就去租场地、做市场等，结果非典一来，学生要退费，账上的钱就不够了。那时候我能给大家退款，能熬过去，是因为向朋友借了 2000 万元。**非典过去后，我就意识到，有些风险是在完全**

预料不到的时候来临的，所以就有了很强的风险意识。

从另外一个角度来说，我本身就是相对保守的人，我常说我就是一个农民，喜欢守着现金才觉得保险，所以那种过分冒险的投资，我通常不会做。

在非典后，我就定了一个规矩，如果突然有一天新东方不能做了，新东方账上的钱必须能把学生家长的钱全部退掉，把员工的工资全部发完，一分钱不欠地倒闭或者关闭，这样良心上才能过得去。所以，从那时候开始，随着新东方的发展，新东方账上的储备金越来越多，一直到这次，新东方账上的储备金已经突破了200多亿。

在这个期间，其实也有很多挣扎。随着很多资本进入互联网教育，互联网教育也在蓬勃发展，甚至过热发展。新东方内部也有过讨论，包括股东也会跟我说，这个钱放在账上干什么？为什么不能把它投到互联网中？哪怕用这个钱买几百万个学员，转型成互联网教育公司，我们股市的估值也能高出一倍，这样你个人的资产不也能高出一倍吗？为什么不这么做，非要把钱按在银行里不让动？我就跟他们说，这是新东方的保命钱，除非把我董事长的位置拿掉，把我的法人代表拿掉，并且向全世界宣告，否则这个钱就是不能动。

新东方内部的管理层也有过各种讨论，觉得不能这么保守，否则被别的机构超越了，也是死路一条，不如把钱投进去搏一下。我还是没让动，我说可以适当地动，在安全线范围内，超出保命的钱，你们可以考虑怎么花。所以，新东方在互联网也投了一些钱，但没有投得像其他机构那么疯狂，一投就上百亿什么的。

现在新东方账上还有一笔继续做事的资金，未来如果有什么新的商业模式和商业发展机会，新东方依然可以有资金进入，大概就是这样的状态。

刘润：太好了，我真的忍不住鼓掌。这笔钱按住不动看上去是保守，但对很多的家长和员工来说，真的是保命钱，甚至是救命钱。我们看到很多机构在那时候真的退不出钱，因为过去比较激进，拿钱开发了很多校区，在互联网上获取了很多流量，虽然发展很快，但却走在了风险之中。所以，你的决策特别值得敬佩。

俞敏洪： 没有，就是保守个性带来的结果，而且也是有利有弊。因为我如果能全力以赴地投入，也许新东方也能在这个过程中抓住一些商业机会。但如果一直不投入，我也可能是个失败者，因为在这种商业大潮中，商业模型在不断改变，如果我再不去投入，也有可能真的被别人甩到十万八千里之外。所谓"打败你与你无关"，这种情况一定会逐步发生，新东方也会慢慢退化成一个教育领域里的小型公司。

我个人做事，一是相对比较保守；二是我不敢下手做自己不懂的事情，哪怕别人给我说得天花乱坠，我也不敢去做；三是我有一些自己的坚持，比如我一直比较坚持孩子最好的成长方法就是家长和老师面对面陪伴成长，因为孩子的成长不仅仅是知识的学习，而且是心情、个性、性格、行为、习惯的成长，只有好的家长、好的老师能实时、有温度地伴随，孩子才能更好地成长。

在教育方面，尽管互联网风起云涌，而且一旦戴上互联网教育的桂冠，公司估值就会翻倍，甚至翻两倍，但并没有让我产生太大的羡慕，因为我一直觉得我挺对得起自己的地方，是**我在坚持做我认为教育应该做的事情。**

刘润： 所以，不管叫保守还是叫激进，都有利弊，中间如果非要画一条线，那这条线就是我们在拿谁的钱冒险，在拿谁的钱激进。如果拿投资人的钱、银行的钱，他们都是风险承担者，他们也享受带来的收益，那时候想怎么激进都可以，因为投资人愿意承担风险，他们也因此获得了相应的收益。但如果是拿学生交学费的钱去冒险，可能就过了那条线。

俞敏洪： 我比较坚持的就是，如果我把学生的学费和员工的工资拿去冒险投资，万一钱收不回来，真的就是一个企业进入不断花预收款的状态，这等于是把自己放在火炉上随时烤熟的感觉，这种感觉会让我日夜睡不着，我也觉得这是一个不负责任甚至不道德的行为。

如果是投资人给我的钱，比如投资人给了我200亿，说你尽管大胆拿去花，花完了，即使失败了，我们也不让你赔，那我就敢去花。但因为新东方本身已经是上市公司，我再向投资人要200亿是不可能的，所以我只能花储备金。这些投资人会说，你花钱我们都支持，但如果真的花光了，投资人还会掏钱把窟窿补上吗？不可能。所以，我必须保守地去花这个钱。**我背后有一个朴素的农民主义哲学，家有余粮，内心不慌。**

刘润：我觉得保守和激进是一回事，但我觉得俞老师不是保守，而是知道什么钱不能花。预收款不能花，因为学生家长没有准备好冒这个风险，也没有因此享受收益。这是一个很了不起的决定，有这个定力不容易，但再往下看，新东方今天依然在继续经营，不过股价跌了不少。俞老师心里有压力吗？你对未来怎么看？

俞敏洪：压力倒不大，毕竟股价跌下来只是市值减少了，并不代表公司现金减少。当然股东是有压力的，股东也会给我比较大的压力。我平时跟股东的沟通还算比较顺畅，他们也知道这是一个不可抗力因素，并不是我经营不好。

他们更多关注的是我还有没有斗志，有没有信心继续把新东方做下去。只要我精神不垮，还有斗志把新东方继续做下去，他们就觉得未来有希望。我个人跟他们表态，尽管也受到一点打击，但我还是有信心继续把新东方做下去，我的情绪本身并没有受到太大影响，甚至会让我未来做事情变得更成熟、稳重。股东也比较认可我的态度。

现在在转型期，转型期要找到新的业务方向和发展目标，需要比较长的一段时间，还有很多外在的困难，比如疫情导致的不确定性。

我本人对个人资产有多少损失，不太在意。我本人相对比较节约，也没什么奢侈品，吃一碗兰州拉面就足以让我开心，我更多的钱都花在买书上。从我个人角度来说，即使新东方没了，我个人的生活状态依然会很好，我写的书，包括英语的专业书籍，出的散文、随笔，每年稿费、版税我也能拿到不少钱，足够养活家庭，过一个安逸的生活。

刘润：你现在对未来新东方的发展有什么计划？

俞敏洪：整体是两个，**第一，依然在教育领域中深耕**，当然是符合国家政策的情况之下深耕。更关注两个方向，一是孩子的全面成长，除了可以围绕语数英学科做一些产品外，更多还是做一些能培养孩子个性、性格、全面成长所需要的课程，比如专注力、坚忍不拔的能力、对世界的了解等；二是针对大学生和大学毕业后的职场人士，探索一些伴随他们在大学和大学毕业后职业发展方面成长的课程体系和培训体系。**第二，会做一些产品体系**，比如我们会基于现代科技做出图书和图书相关的一系列软硬件学习产品。

新东方有两个上市平台，分别在美国和中国香港，新东方在香港的上市平台会变成生活产品为核心的运营平台。我们前一段时间做了"东方甄选"卖农产品，刚开始大家都觉得做起来很艰难。刚做平台的时候，加起来只有 2 万粉丝，现在慢慢地，卖得还挺好，一天销售额基本能突破 100 万。尽管还是一个小平台，但根据这个发展速度，未来这个平台日销售量突破千万应该指日可待[1]。

我们现在也有自己的农产品了，我们自己去选择全球最好的农产品生产厂商，未来大家能在市场上越来越多地看到"东方甄选"牌农产品，还有中高端的家居用品和生活用品。

刘润： 从去年到今年，我们对俞老师的了解更加立体，而且非常地尊敬，如果能尽到一点点力量，起到一点点帮助，不管作为消费者还是商业顾问，都非常愿意。从以前上新东方的课到现在，我都一直心系新东方，祝愿新东方这么好的公司越做越好。

4. 刘润的逻辑、口才从何而来？

俞敏洪： 你对商业的研究比较深刻，面向未来，中国商业和企业的发展对于中国的可持续繁荣依然起到非常大的作用，在这方面我很想和你探讨一下。但在探讨之前，我想先了解下你，你大学是什么专业？大学的专业和你现在的业务有什么关系？你的口才、文笔也相当了得，思路非常敏捷，简洁有逻辑，是怎么练出来的？

刘润： 我是 1976 年出生，到了小学三年级，大概 1985 年，邓小平说学电脑要从娃娃抓起，正好那一年，我就被抓去学电脑了，这可能是改变我人生

---

[1] "东方甄选"现在已经日 GMV 达到 4000 万左右。

非常重要的时刻。当时小学不学英文，我们学电脑，第一堂课就学26个字母，第二堂课就开始学编程。从那时起，也就是9岁、10岁左右，我脑海中就形成了一套逻辑，抹不掉了。计算机给人的训练是什么呢？只要这个不对，就出不了结果，怎么讲道理，怎么哄它，都不行，必须要非常严谨才能出结果。所以，我从9岁、10岁开始，就一直在受这个训练。

后来我考上了南京大学数学系。我一直说我是混进南京大学的，因为我只比南大的分数线高了4分。我的第一志愿是计算机系，没到计算机系的分数线；第二志愿是数学系，就学了数学。数学进一步加强了我对逻辑的训练。因为相较于计算机，数学更可怕，数学不会就是不会。考试的时候，老师就发一大桌子白纸，黑板上写两道证明题，就走了，4个小时，坐在那里，你就证明这两道数学题，证明出一道题得50分，证明出两道题就是100分，一道题都证明不出来就是0分，没有过程这个概念。

毕业之后进入软件行业，待了十几年。软件也一样，出了问题就是出了问题。举个例子，我刚加入微软的时候，有个前辈给我讲过一个故事，这个故事给我这一生都留下了极深的印象。

我们有一个在马来西亚的客户，一天晚上，他的机房电脑蓝屏了，找不到原因，就打电话给我们。同事们觉得很奇怪，就让大家晚上去机房守夜，看看到底出了什么问题，于是有人在那里守了一夜。守了一夜，什么问题都没有，第二天就算了，但第二天晚上，没有人守在那儿，计算机又出问题了，结果又派人去守着。最后变成了守着就没问题，不守着就有问题，变成了玄学。

但是学数学、计算机的人是不会相信玄学的，必须搞明白原因是什么，最后终于搞明白了。机房工程师进去守夜的时候，因为人在里面，他觉得热，就把空调打开了，人只要晚上不守在那里，他们就会把空调关掉，空调关掉以后计算机过热就会出问题。但他们觉得开关空调是理所当然的事，也不会和我们沟通交代这些情况，怎么想都想不到是由于这个原因。所以，我们必须有非常严谨的逻辑，去判断各个可能性。**经过这一系列的训练，我的逻辑思维就刻在了我血液里**。逻辑和商业的关系是什么呢？最大的关系是我们有了这样的思维习惯后，总试图去寻找，**在商业世界里，有没有像计算机、数学一样底层的东西，即所谓的逻辑存在？**我们看到的现象背后有没有一些原因？原因背后有没有更深层的原因？有没有一套规律性的东西能被总结出来？这是经过计算机、数学训练形成的一套思维习惯。

也许我们找不到这个逻辑，因为社会科学不一定都能找到规律，或者每个人找到的规律不一样，但有些模型是有用的，只要能找出一些有用的模型，能指导一些企业创业，它就有价值和意义。过段时间环境变了，模型不对了，再找一个新的。

我总是试图去寻找一些模型、底层的东西，这是做咨询的习惯。后来发现咨询公司基本都是这样的方法论——在现象背后找规律，在方法背后找模型。我们看到有很多经济学家、金融界人士都是计算机背景的，也有很多人是数学背景，他们背后的抽象能力在里面起了非常重要的作用。这是关于我的成长，以及逻辑思维的培养。

关于口才和写作，如果数学叫武无第二，写作和演讲就叫文无第一。数学是不可能两个人吵架的，我是数学家，你是数学家，如果我们两个观点不一样，我们不需要辩论，只需要证明就好，证明不出来就是错的。但是写作、口才、商业、社会学、心理学等这些学科是文无第一，我们很难说谁更好，这时候**只能找到自己的风格、习惯、表达方式。**

我最重要的训练可能来自于刺激。1993年，复旦大学代表中国去新加坡参加"狮城舌战辩论赛"，蒋昌建等四个人代表复旦大学去参加辩论赛，辩论这件事在全国就变得轰轰烈烈。我当时还在读高中，学校也组织了一场辩论赛，我学习成绩还可以，被拉去参加辩论赛，我都忘了我是几辩，但在辩论赛的四个人中，唇枪舌剑来来回回，最后四个人赢了。在这个过程中，我一个字都没说过，我只是最后站起来说了一句"谢谢"。整场赢了的辩论赛，我只说了这两个字。

那次给我的感觉是奇耻大辱，就总在心里琢磨我该怎么说，但总是站不起来，后来知道这个东西一定要练，咬着牙练。1994年、1995年我在南京大学读书，正好1994年，南大的四个女孩代表中国去新加坡参加比赛，中国还是第一名，四朵金花得了冠军。南京大学就更疯狂了，学校里就形成了辩论赛的风气。我在其中不断接受训练，到了1995年，我在学校辩论赛拿了最佳辩手。

到了外企工作，就会有非常明显的感受，从一个员工到经理，到高级经理，再到总监，越往上走，演讲能力必须越好。如果演讲能力不够好，就缺乏了管理的重要手段。在一些比较大型的企业中，演讲是重要的管理手段，因为不可能每天和个人单独沟通。管的人越多，越需要一对多的沟通，如果做了某个公司总经理，或者更大的全球公司的CEO，这种能力就变得极其关键。

如果今天让我给创业者提一些建议，那就是随着公司不断做大，演讲能力也要训练出来，因为这是大规模杀伤性武器，能一对多地准确表达你的观点，以免在公司里形成很多误解。这种能力对管理会有很大的提升。

写作也一样，我现在有一个坚持，每年年底，我都给同事写一封《致全体员工信》。我们公司还很小，才20多个人，每年到年底都会写，而且会发在公众号上。为什么？我就是想清清楚楚地表达对未来一年的想法是什么，如果发现自己写不出来，通常就是因为没想清楚。能想清楚就能写出来，而且只有想得10倍清楚，才能写出1倍的东西，写出1倍的东西，才能讲出0.1倍的东西。就是这样一个递减的信息量，我们总结在脑海中10倍的东西，只能写出1倍，讲出来的就更少，所以需要不断地训练。这是我在写作和演讲方面的一些经历。

5. 创业是决定，做咨询是选择

俞敏洪：你本科学的数学，毕业后去了外企，后来又自己出来做商业咨询公司，风生水起，还做了这么多课，写了这么多书，可以说你影响了大半个中国的创业者或者企业思考模式。你为什么会出来做咨询公司？是怎么做成的？中间遇到过什么样的困难？

刘润：创业和做咨询公司，其实是两个不同的契机，创业是先决定的，做咨询公司是一个选择。

创业是因为我始终对世界充满好奇，始终想做一点自己想做的事情。我在加入外企之前两年，就想我最多在这家公司干两年，赶快学一段时间，就可以自己创业了，但没想到值得学的东西太多了，身边牛人太多了，根本学不完，学着学着就到了 5 年。这时候我心里开始有点焦虑和紧张，我居然在一家公司干了 5 年，今天这家公司还需要我，如果有一天这家公司不需要我了，我怎么办？接着又干了 14 年，就觉得不行，我一定得出去，就算不知道干什么也得出去。微软已经是最顶尖的公司之一，我也不一定能跳到更好的公司了，在那种情况下只有先走出来。我出来的时候，并不是别的公司给了更高的报酬，就是单纯地需要先出来，不出来就没办法从零开始。所以，**创业是一个决定，这个决定是因为对探索这个未知的世界充满了热情，而不怕失败。**

做咨询行业，是一个选择。我 2013 年出来创业，是因为有一次江苏人保的一个朋友说，2013 年移动互联网到来了，很多公司很焦虑，就请一个很大的咨询公司给他们提建议，问应该如何拥抱互联网时代。于是，这个咨询公司给他们做了一系列调研、上下访谈后，最后给他们一个结论——你应该建一个更大的呼叫中心。当时这个朋友就给我打电话吐槽，说听上去就不对，呼叫中心本来就是保险公司很擅长的，我们现在要拥抱互联网，他们却让我们建一个更大的呼叫中心，为什么会这样呢？

我当时就想，这个问题核心的原因是什么？在咨询公司过去的商业模式中，他们能找一群特别聪明的小朋友去给著名的企业家做顾问，核心支撑点有两个，一是案例库，咨询公司里有各种各样的案例，这个公司这么做成功了，那个公司那么做成功了；二是方法论，七步法、波士顿矩阵、波特五力模型等。一套方法论加上案例库，就能让 20 多岁的小朋友给 50 多岁的企业家做顾问。

但现在时代变化了，案例库几乎全部失效了，过去的做法在今天的环境之下失效了，这就是我写《底层逻辑》的原因。方法论都不可能持续，因为方法论只有建立在当时的情况之下才有有效性，如果环境变了，方法论就会失效。这时候做咨询公司的机会来了，**一个创业的咨询公司，如果对底层逻辑或者商业有比较深入的研究，就可以和大型咨询公司站在同一起跑线上，重新起跑。**

在这个时候，对这个世界理解的深刻程度、抽象能力、建模能力，就变成了核心竞争力，而不是公司的名气、规模、历史。 在那个时间点上，我有跟所有人站在同一起跑线的机会，这是我做咨询公司非常重要的原因。

很多人从比较大的公司出来，都会选择做管理顾问，公司怎么管、怎么搭人力资源架构等，因为做过十几年的管理，应该有自己的感悟和经验，所以很多人选择做这个。在当时的情况下，我就思考我能做什么。如果我做管理咨询，至少对个人能力来说是最简单的，但我还是决定选择做战略顾问，因为战略正在高速变化，只有变化才有机会。我开始大量写文章，把我的理解进行输出，没想到就遇到了我的第一个客户海尔，后来签了恒基。在签了几个大型公司后，战略顾问这条路相对就能越走越宽。所以，我出来创业是决定，做咨询是选择。

俞敏洪： 你的逻辑思维、数理思维能力变成了你血液的一部分，你能很好地创业，做润米咨询，我觉得都是因为**你的逻辑、数理思维能力使你能够清晰地整理出一些商业逻辑和商业模块，让大家非常容易学习。但商业和企业常常是在一种不确定的形势和状态中来做的，很多商业机会并不一定存在于现有的规律和模型中，而可能在其他地方。** 比如，到今天为止，我从来没有寻找过规律和模型，或许也暗合了一些规律和模型，我是典型的直觉思维而不是数理逻辑思维的人，我是典型的冲动型思维而不是熟虑型思维的人。我也和中国不少企业家打过交道，有很多理工科出身的企业家，也有不少人是文科生，比如马云是学外语的，郭广昌是学哲学的等，还有一些企业家连大学都没上过，都做着巨大的企业，你觉得是什么原因造成的？

刘润： 这个问题非常好。我们从一定意义上来说似乎也在创业，但我们严格意义上不能叫创业，我们并没有做一家零售企业，也没有做一家互联网公司，它是一个咨询公司，是一个智力输出型公司。

如果问我能不能做一个零售企业，我觉得不一定能做好。所以，做好一个企业背后需要的是企业家的能力、实干家的能力，遇到问题解决问题，看到机会抓住机会，不断激励自己，和员工一起在前线作战。

咨询需要的是另一种能力。争取看清楚规律，但也不一定能看清楚，我们永远不能自大地说我们找到了终极规律。为什么大家还是要学习一些商业知识？是因为我们做的事情多多少少暗合了规律。我们今天看到一些成功的创业者，也许他们曾经并没有按照某个理论或是方法论去创业，但他们成功了，但还有很多同样聪明、同样优秀、同样努力的创业者，他们失败了，而部分失败的原因也可能是没有符合那个规律。孔子讲过一句话，"从心所欲，不逾矩"，或者像庖丁解牛，如果事先知道牛的身体结构，就能学得快一点，不需要太多试错的过程。

咨询公司做的事情是把规律性的东西总结出来，给一些有实干经验的企业家做参考。我做一些比较大型的公司的顾问，遇到一个非常典型的例子，某公司的创始人或者董事长，他下面有好几个业务板块，每个业务板块都有 CEO，他的执行体系已经非常强大，一个战略决策做下来后，考核、激励、预算马上就能全部做完，非常完善。但是他缺的是对变化时代背后规律性的理解，这时候顾问的价值就是帮他稍微补充一点点对这个事情的理解，这样会更全面，或者更底层一点。他可能不听我们的建议，可能有自己完全不一样的想法，但他只要补全了这个理解，有了自己的决策，最后这个公司做得好不好还是他自己担全部责任。

所以，一个模型和一个创业者之间的关系，其实是一个普通规律和具体做法之间的关系，永远是一个抽象出来再还原回去的能力。

俞敏洪：新东方也请过几次咨询公司，我觉得咨询公司和企业有点像诸葛亮和刘备的关系，刘备是一个领袖，有雄心壮志，也有一定的队伍，有模糊的目标，但他并不知道怎么做，诸葛亮就把怎么做跟他说得很清楚，三分天下，并且把具体的路径也说得很清楚。所以，就有了蜀国刘备的地盘。

回到你刚创业的时候。你做咨询肯定要收费，当初在你没有什么名气的情况下，你怎样去说服海尔给你付费？当初海尔是不是也抱着试一试的心态在和你合作？假如今天再继续给海尔做咨询，同样的工作量，你的收费会不会高出很多？

刘润：每个公司的思路是不一样的，我作为创始人的思路是这样的。我们还是要理解所谓的底层逻辑，咨询公司的底层逻辑是以时间作为商业模式的交付，其实和新东方老师的逻辑是一样的，但新东方老师已经通过人员规模化了，已经从俞敏洪一个老师变成了很多老师。作为创业咨询公司，我的时间就是所有的资源，我是拿这些时间做售前，还是去做交付呢？这是一个很关键的分水岭。

在名气不大的时候，如果拿时间去做售前，要接触几十家公司，要去介绍我的背景，寻求合作，可能见二三十家公司才能签一家客户，这对时间刚性的占用是非常不合算的。所以，在创业的时候，我就做了一个离经叛道的决定，绝对不去见任何一个客户，虽然我们没有名气，但任何客户想要跟我们合作，就必须到我的办公室来见我。结果就真没人来，我们就把它作为一条线，直到有一天，有人愿意到我办公室来见我，这个逻辑就跑通了。在此之前就努力让自己值得被人见，我就不断地写文章，建立自己的声望，**不把时间花在售前，而把时间花在声誉上。**

从管理和商业角度来说，就是时间不花在渠道、获客、销售上，而花在营销、市场、品牌上。**我们只有品牌打法，没有渠道、销售打法，我们公司是没有销售概念的。**别人不来找我们，我们会认为是品牌没有打好，所以我们会持续不断地只做这件事。

在没有名气的时候，我们定价就很高了，在这个价格之上就没有人来找我们，直到有一天，我们的声誉到了那里，价格就过了一条线，对方觉得值的时候，就会找过来。他只会问一个问题：你们多少钱啊？因为他已经对我们有足够的信任，只要预算够就签，预算不够就不签。**所以，在我们创业的小公司中，我们去掉了渠道打法，只用品牌这一个打法，这也是一家战略咨询公司给自己做的一个战略。**

现在来看，价格肯定是越来越高，因为以时间为交付，就有它非常刚性的天花板。我一年的总交付时间是120天，去年做得太辛苦了，做了160天。我和我同事今年定了一个非常严格的KPI，我的时间只允许用120天，超过120天，就没奖金。

那怎么定价呢？完全是由供需关系来定的。每三个月调整一次价格，一年控制在 120 天里。其实价格不由我来定，一直由供需关系来定。我们怎么改变价格呢？依然是通过交付。我们判断一个公司服务得好不好，就看对方会不会继续签第二年，如果对方因为我们的名声签了第一年，第二年不续签，那就说明我们没有价值。但如果客户愿意签第二年，就说明我们有价值。我们跟海尔签了好几年，跟很多客户都一直在签，就是这个原因。

6. 信誉是最重要的资产

俞敏洪：我也有给新东方打名声的经历。当初我从北大出来后，因为不能再打北大的旗号，所以招生的时候就遇到了很多困难。我记得非常清楚，贴了很多广告，等了四五天，终于来了两个学生交费，每个学生交 160 块钱，结果过了 15 分钟，两个学生又回来了，把钱又拿走了，说还是不放心，你们在这个破房子里面，万一拿钱跑了就倒霉了，我们还是退费吧。

后来我就想了一个方法，既然我是北大出来的，而且我在北大讲课也还讲得不错，我为什么不开免费课？我就开免费讲座，这样学生来了也没有任何损失。我就以北大这一圈为中心，在中关村二小租了一个 50 人的教室，在周边几个大学贴了广告，说晚上有学英语的免费讲座。我以为最多来十几二十几个人，我就很满足了，结果一下来了 100 多人。教室是 50 人的教室，根本进不去，最后不得不在小学的操场上、篮球场上给学生们讲了一堂课，没想到讲完这堂课，第二天就有 10 个人报名了。

我们当时都没有招生点，就在一个铁皮房子里面。后来我发现了讲座的妙处，就开始不断免费讲座，我的口才也练得越来越好。你刚才说你是品牌营销，品牌营销就是让人上门，我想你当初是不是也有这样类似的路径，比如先写文章、先讲课、先出书，让大家觉得你水平够，你的信任度也够，是不是也是这样一个过程？

刘润：非常对，就是这个逻辑。我在《商业简史》和《商业洞察力》中都简单写过**商业两个最大的障碍：一是信息不对称，二是信用不传递。**

信息不对称是指别人不知道你到底会什么。信任不传递是指别人凭什么相信你？你出了问题谁担责？在过去，很多机构都是通过售前解决信息和信任的问题，这个成本太高，那我们就得向社会不断输出我们的价值，不断释放善意。

我当初释放善意和输出价值的方式就是写专栏。当时是在福布斯中国榜上写专栏，本身也有点背书价值。另外还在自己的博客、微博、公众号上写专栏。专栏是比较直接的途径，因为有想法的人会看出来这个东西是有道理的，他们自己经营企业，会觉得这个人很有意思、很有想法。如果未来的潜在客户没有看到，说明影响力还不够大而已，那就接着写，不断地输出你的想法和思想，直到有一天跟人产生了共鸣。

我把这个商业模式叫"自管花开"，这和俞老师做公开演讲、免费讲座的道理是一样的，先把潜在的学员用某种方式请过来，然后在线下做100人或者1000人的分享。其实在互联网上写文章也一样，相当于向更广的不确定群体做了分享，分享的不是口才，也不是知识，而是思想。把这些分享完后，就会跟一些人产生共鸣，他们会找过来，因为对这样一些规模的企业来说，他们每一个小决定背后的影响都是巨大的，而你的收费相对他们的影响面来说其实不值一提。

对方如果愿意跟我们聊一聊，产生了一点改变，其实就已经值得了。在这个情况下，大量的输出是非常重要的。我在《商业洞察力》里面写过我自己的"三大飞轮"：声誉、作品、学识。

什么是让公司声誉增长的"因"？是作品，我们必须有好的作品，让客户发自内心认同的作品，比如，让人醍醐灌顶的文章、透彻明晰的书籍、有超级影响力的课程。什么让作品牛起来？是学识。因为内容为王，我们必须参与大量真实案例，解决真实的难题，通过咨询实践积累起渊博的学识，而非纸上谈兵。什么能推动学识增长？是声誉。声誉让更多客户愿意和我们合作。这就形成了一个正向循环，也是我们公司的飞轮。

当确定了这家小公司的飞轮之后，心里就会产生一种东西，我们称之为"战略定力"。我们会知道什么是对的，只不过对的东西比较慢而已，只要你觉得对，就不怕慢，那就勤奋一点，把这个轮子推快一点。所以，当我们理解这个飞轮效应的时候，就不怕慢。

中间有一个小故事。我有一个在微软的前老板，他非常支持我创业，看到我刚创业的时候一分钱收入都没有，他有一天就给我打电话，说给我介绍一个客户，这个客户公司怎么怎么样，他们马上要做一次组织变革，让我去给他们做顾问，设计一下这个组织该怎么变革，架构怎么调整。这其实是一家大型公司出来的高管都比较擅长的事情，但我拒绝了他。我很感激他，但我拒绝了他。拒绝的原因是这不是我飞轮上的事。飞轮上我要做的是战略顾问，而不是管理顾问。当我们有了战略定位，就知道什么是对的，每天就埋头推动飞轮，不断地推，直到有一天推到能量足够大的时候，它就转得越来越快，都停不下来。

俞敏洪： 特别好，我之前在你的书中读过"信息不对称，信用不传递"，后来我就把"让信息对称，传递信用"这两句话变成了新东方的标准。

其实后来新东方做事情有两个核心点，**一是让老百姓非常明白新东方到底在卖什么东西，以及能够提供什么服务；二是通过新东方的宣传，无论是行为还是个人品牌和企业品牌的结合，让老百姓相信新东方是一家好的教育公司。**

所以，去年遇到挑战后，包括新东方捐课桌椅等，社会上对新东方的评价还比较不错。其实这不是来自于捐课桌椅这件事本身，而是来自于过去这么多年在新东方上过学的学生和家长，对新东方产生了比较好的信任。

尽管新东方的服务和课程内容并不能让每个人都满意，但他们知道新东方是一个很认真负责的机构，不会随便把学生扔下不管，也不会出了任何问题不解决、不负责任。这些积累到最后，才因为捐课桌椅的事件引发了老百姓对新东方的同情或是理解，这是不断积累的过程。

所以，信用不传递，很多企业和商业做事情的时候，故意隐瞒信息，故意带有坑蒙拐骗、赚快钱、赚短钱的行为，某种意义上是了断自己的行为，这是做商业、企业时最不应该做的事情。

刘润：我记得有一次我看你的视频，你说**一个人最重要的资产就是信用**，这句话给我印象特别深刻。为什么是信用？刚才说信用不传递，我们到底选择跟这个世界单次博弈还是重复博弈？现在新东方有非常好的声誉，下一次新东方做什么事，大家都会相信你，因为**过去遇到风险的时候，在每一次是让消费者承担损失还是你们承担损失之间，你们选择了不让消费者损失**。在一次次的选择中，只要假以时日，信用就会在重复博弈中建立起来，但这个过程是需要花时间的。中国有一句老话，"日久见人心"，**信誉是来自时间的积累**。

俞敏洪：中国有一句古话，"留得青山在，不怕没柴烧"。新东方的青山是什么呢？不是新东方有几栋楼，也不是新东方账上还有现金，**新东方的青山就是新东方的信誉度、美誉度**。只要我们的信誉度、美誉度在，未来我们东山再起的机会就会永远在。

比如老老实实把学生家长该退的款退掉，老老实实把员工 N+1 的薪酬付出去，只要大家对我们有好感，到未来，我们有了新的业务、新的发展机会，员工们还愿意回来，客户愿意继续找我们服务。这就是你刚才提到的飞轮正向加速的循环。

在非典的时候，我已经意识到了这个问题。2003 年，新东方账上的钱就全部退光了，有人告诉我说，我们不退了，让学生家长等疫情结束后重新开课再来。但我觉得这样不行，学生家长当时冒着生命危险，戴着口罩跑到我们这里退钱，我们却拿不出来钱，信誉一瞬间就破产了。所以，我向朋友借了 2000 万人民币，朋友也挺好，说这个钱给你，不用写借条，我相信你未来能东山再起。当时就是这样把学生的钱没有拖延地全部退掉了。

从 2003 年到 2006 年，新东方有了比较高速的发展。2003 年那件事情以后，新东方的学员就认为把钱放在新东方是没有风险的，所以这一点也激励了我后来设置了一个规矩，新东方账上必须有足够的钱能随时给学生退钱、给员工发工资。

我觉得你的这两句话真的总结得非常到位，"信息不对称，信用不传递"是商业最大的障碍。现在商业的发展最重要的就是传递信息，让信息对称，并且让商业信用传递给客户，让客户继续传递给其他人。

7. 中国底色下的商业悖论

俞敏洪： 我喜欢读历史，我们都知道，商业对一个国家的繁荣会起到比较大的作用，比如春秋战国时期齐国姜太公到了山东，大海煮盐做生意，使齐国变成了春秋时期最强大的国家之一；唐朝的东市、西市、丝绸之路，对唐朝的繁荣起到很大的作用；宋朝的汴京则有《清明上河图》般繁华；现在中国的改革开放，使中国进入了繁荣发展的时期……都很明显地表明，商业的繁荣跟国家的繁荣有比较密切的关系。

但我觉得中国一直有一个倾向，**中国的历史实际上是排斥商业的**，商业和商人一直被扔在底层，被称作"无商不奸"。但又有另一个矛盾，一旦机会来临，中国每个人都会做生意，每个人都想做生意，而且每个人都是做生意的好手。原则上，长达2000多年对商业不那么支持的历史，会使我们这个民族失去做生意的能力和动力，但一旦机会来临，中国人做生意的能力又比哪个国家的人都强。我想问，**这种矛盾从何而来？** 在中国文化中对商业或多或少的不理解甚至鄙视中，我们应当如何看待中国未来的繁荣与商业的关系？应当如何建立对商业正确的看法？

刘润： 这个问题我不一定有资格来回答，我说说我朴素的看法。首先，大家对商业的理解可能并不完全一致。商业是什么？**商业的本质是交易**。有人把大米种出来，有人把机器生产出来，有人把袜子织出来，这都不叫商业。什么叫商业？把种出来的大米、做出来的机器、织出来的袜子卖给需要的那个人，才叫商业。

所以，商业通常是指交易的价值。比如，这个人养羊，那个人种大米，大米种多了，对他来说边际效益就下降了，养羊的人天天吃羊肉，他也想吃大米，两个人一交易，就产生了价值。

中国人其实不是真正地轻视商业，而是轻视商业中传递价值的这个部分。 把大米种出来是创造价值，把大米卖掉是传递价值，大家总觉得我把大米种出来了就是全部，居然有人把我的大米用20块钱买过去，跑到另外一个地方40

块钱卖给别人，真是奸商。所以，大家痛恨的是这一点。大家都很尊敬种大米的人，也很尊敬织布的人，但不尊敬那些把大米和布卖到远方的人。**这是中国的一个历史文化，就是在创造价值和传递价值中，中国人特别不尊敬传递价值，只尊敬创造价值。**

其实在今天也能看出来，大家一直在说，这些互联网公司整天干了什么事？你们应该发展实体经济。但实体经济是把东西给做出来，做出来了也还得把东西卖出去。大家都在质疑，电商做了什么事？不过是把线下门店给干没了，电商就干这些毫无价值的事。所以，大家不重视把东西卖出去的人，只重视把东西做出来的人。

一个完整的商业要包括两部分，创造价值和传递价值。中国在过去相当长一段时间里，我们的传递价值和创造价值的比率大概是3∶1，假如消费者花了4块钱买一样东西，其中有1块钱是分给了创造价值的，3块钱分给了传递价值的，意味着中国经商的环节一直不受重视，所以效率极其低下。明明造一件衣服成本只要100块，结果消费者得花400块才能买到，那300块在哪儿？都花在中间商品流转的环节里，效率不高。

而今天，在互联网和移动互联网发展过程中，商业文明最大的触动是对传递效率的极大提升，终于可以把一件100块的衣服，让消费者两三百块就能买到，消费者会非常高兴，但一大批传递价值者会非常不满，他们会抵触这个变化。

政治经济学家熊彼特说过，商业的文明并不是让女王可以穿上更多更好的袜子，而是让女工也能穿上自己织出来的袜子。**中国的传统文化对创造价值一直饱含尊敬，但对传递价值没有充分的理解，这是对商业不充分的理解。**在未来一段时间里，我没有办法或者资格去做太多预测，但是我觉得至少在目前的舆论环境中，这个传统观念依然存在，甚至可能会一直存在，至少存在相当长的时间，这对我们商业文明的进步有一定的挑战。但今天是市场经济，市场经济的好处就是能够让效率高的企业冒出来，只要坚持市场经济，这个问题就可以解决。

8. 中国商业文明的"快"与"慢"

俞敏洪：中国在过去 2500 多年，都是农业文明社会，我们所有赞赏人的美德都和农业文明相关，比如纯朴、老实、善良等。**实际上改革开放 40 多年，是一个从农业文明开放以后，走向商业文明的过程。**

过去我们更重视创造价值，重视实体经济，但商业文明的标志，一是有大量的人在生产商品，比如我们鼓励实体经济发展，工厂造袜子、造机器；二是有大量的人在流通和销售商品，比如得有人卖袜子、卖机器，而且商业不仅在国内流通，也在国际上流通。

当然，在这几十年的变化中，商业的流通即传递价值的链条变短了，商品到老百姓手里的价格也变便宜了，女工也有能力买袜子穿了。但我觉得农业文明依然是中国的底色，在几千年的农业文明底色中，中国只用了 40 多年快速转型，这是一个大船掉一个大头的过程，但实际上这个头并没有掉过来。面向未来，**中国要继续保持更为长远的繁荣，中国的农业文明、商业文明应该怎么结合？中国的商业文明应该按照哪几个逻辑往前发展？**

刘润：这个问题非常宏大。第一是要慢，第二是要在另一个地方快。首先，什么是慢？商业文明发生巨大变化最好的时间就是 40 年之间，为什么？当一个高中生考大学选了一个专业，当时他 18 岁，读大学一年级，忽然有人告诉他，新科技来了，他这个专业以后不复存在了，但他已经在读这个专业了，他就会很痛苦。**如果是在 40 年之间缓慢变化，这个人就没有太大体感，不会觉得痛苦；如果变化太快，就会带来剧烈的振荡。**比如社区团购，可能老奶奶本来卖了几十年的菜，现在她突然卖不了了，如果让她接受再教育，去学互联网，她什么都学不来了，但如果给她足够的时间退出这个市场，这个转变就不会太剧烈。

所以**今天很多政策，就是在稍微放缓这些变革**，这不意味着这个变革是错的。只要是让商业效率提高的变革，大方向就是对的，只不过这个变革太剧烈了，它所带来的负外部性，给社会带来的问题，要么是让社会来承担，要么就让这部分问题内部化，让互联网公司或者高效率的公司去承担，如果不能承担，就把速度放慢一点，让大家能接受时代的变化。这就是慢。

如果理解了慢的逻辑，就能看明白**现在很多政策并不是在阻碍进步，只是要考虑如何消化所谓的负外部性**。消化负外部性在第一次工业革命、第二次工业革命里都有发生。比如，第一次工业革命时，大量机器进入工厂后，工人失业了，所以英国出现大量工人冲进工厂砸机器的事情，和今天中国很多线下零售遇到问题后骂互联网公司是一样的。

第一次工业革命时，从蒸汽机发明出来，到用在第一台火车机头上，花了40年时间。这个时间间隔比较合适，但现在科技变化太快了，5年、10年就是一个变化，我们现在的年龄还能接受变化，比我们再大一些的，就接受不了了。所以，**第一是慢，变革要控制在合适的速度上，才能均衡所带来的外部性矛盾**。

第二叫快。今天回过头看中国发展的历史，在16、17世纪之前，我们在整个人类历史上几乎都是全世界最强大的国家，但到了后来被一个国家超过了，这个国家就是荷兰。荷兰超过我们成为了全世界最强大的国家，他们超过我们的原因是什么？就是因为发明了银行，发展了贸易，发明了证券交易所，把整个商业文明发展到了极致。他们通过全球交易创造了极大的效率，把这个国家的东西运到那个国家，把那个国家的东西运到另一个国家，通过银行的方式把老百姓的储蓄变成创业者的资金等一系列的操作，这都是商业文明。所以，荷兰那么一个弹丸之地，变成了全世界最强大的国家，这是被商业文明所驱动的。在那之前，中国一直都是全世界最强大的，一直是农业文明，只管生产，不管交易，交易环节一直被鄙视。

再到后来，荷兰又被英国超越了，英国变成了全世界最强大的国家。英国变成全世界最强大的国家，是因为工业文明，是因为机器，是因为创造价值的效率得到了极大的提升。本来我一个人一天生产10双袜子，因为有了蒸汽机，我一天能生产200双、2000双袜子，所以工业效率提升了。

荷兰的进步是因为传递价值，而英国是因为工业创造价值而进步。再往后，第二次世界大战之后，美国变成世界最强大的国家，它的背后是科技文明。科技的问题只有通过更高的科技来解决，我们不可能退回到曾经的时代。我们现在用电灯，永远不会回到煤油灯时代，所以电灯带来的问题要通过 LED 来解决，LED 带来的问题要通过更先进的科技来解决，只能在科技道路上一路狂奔。

所以，商业文明、工业文明和科技文明三个时代，三个最强大的国家——荷兰、英国和美国——整整走了几百年时间，我们现在只能压缩这个时间，必须在几十年内，把别人几百年走的路走完。现在，**我们的技术可以进步，人的意识也应该要转变得足够快，对商业、工业、科技充满敬畏和向往，相信科技就是第一生产力，相信数据就是未来，这个转变要足够快，然后对外部变革的控制要稍微慢一点。**

我相信这个转身对中国来说会是非常华丽的转身，但这背后有一个快和慢的问题需要同时解决，这就考验我们的能力，如何去寻找均衡。

俞敏洪：这个快和慢的辩证法，把中国改革开放中遇到的困难以及机会解释得非常清楚了。但观念的改变确实是一个循序渐进的过程，要把思想灌输到别人的头脑里，是很困难的。

中国走向现代化、走向未来的过程中，我们是把商业文明、工业文明以及科技文明三者混在了一起，最终需要观念上文明的进步。在这个过程中需要有很多交流、沟通、宣传、陈述，包括像你写书，其实就是商业文明的普及。

9. 商业是最大的慈善

俞敏洪：我记得马云有一次做演讲的时候说"商业是最大的慈善"，结果演讲视频放出来后，被网友骂，因为网友认为他做商业赚了很多钱，很多人还说，你赚了我们的黑心钱，你怎么还是慈善呢？其实这句话是现代经济学鼻祖亚当·斯密说的。你怎么理解这句话？

刘润：这句话是完全没有问题的，不管是马云说，还是亚当·斯密说。也许将"商业"和"慈善"这个词放到一起，会让大家感觉有些问题，那如果换一个词，**到底什么在创造全人类最大的福祉，或者说社会的总体价值到底是什么创造出来的？又是怎么分配给每个人的？**

第一，是什么在创造全人类的总体价值？一定是商业。 商业背后就是分工和协作的逻辑，比如我做咨询，我就把模型、规律研究清楚，创业者就做创业者的事情，农民就种地，工人就生产袜子，老师就做老师，这是分工。分工的好处是会带来专业性，专业性会带来效率，效率就会带来总价值的提升，然后再通过一套交易逻辑，把我的东西和你的东西进行交换。让全球 70 亿人每个人做自己的事，再彼此交易产生价值，一定比让 70 亿人做同样的事情所产生的价值更大。

这就是为什么说商业创造了全人类最大的福祉。**通过全球化，通过全国性的大市场，通过每个人具体的分工，创造了全社会所有的财富。** 所以，商业越文明，整个世界的财富总量就越大。"商业是最大的慈善"是毫无问题的，只不过这句话大家听着不舒服，那就换一句话，"商业创造了全球最大的福祉"。

第二，这些价值如何分配给每个人？首先我们会有第一次分配，因为大家在商业中扮演了一个角色，但每个角色拿到的是不一样的，资本拿一部分，创业者拿一部分，员工拿一部分，大家的分配不一样，这是第一次分配。分配之后，可能因为一些结构化的设计，有些人没有得到公平的分配，这时候社会或者政府就会通过税收等方式把一部分钱从一部分人手上拿过来，给到另一部分人，这是第二次分配。第二次分配是政府来承担的。**所以，在第一次分配中，一定要尊重效率；在第二次分配中，政府要注重公平。这两个都做好了，整个社会就会是一个比较好的社会。**

但有时候出问题就在于，第一次分配时出现的不公平，没有在第二次分配中完全解决，所以依然有悬殊的财富分配。这时候很多人会特别不满，会对第一次分配中的既得利益者产生极大的愤慨。这时候就出现了第三次分配，是出于自愿的一种分配。有一部分人在第一次分配中积累了一些财富，他们也想为这个社会做点事，那能不能去捐助一些曾经像我一样从农村里出来的大学生？有些人在山村里没有接受良好教育的机会，能不能帮他们做这些事？所以会有一批人站出来，在社会上自发地组织再分配，就是第三次分配。

通常来说，通过三次分配后，社会的效率和公平就能得到兼顾，但所有的分配都来自于增长。**如果没有商业的增长，就没有可分配的东西。**所以，亚当·斯密说的这句话完全没有任何问题，最大的慈善就是商业，我们首先要把蛋糕做大了，再通过二次分配、三次分配把它分好。做大蛋糕和分好蛋糕有时候不容易同时兼顾，需要分配者有非常大的能力，以及全社会不断协调才能解决这个问题。

俞敏洪： 不能因为第一次分配中可能存在的不公平，就否认整个商业对于社会推动和繁荣的作用，这种不公平其实在任何一个国家都不太容易被消除。但无论是在第二次分配还是第三次分配，都只能尽量做到公平，不过无法让每个人都感到满意。人的思想都是不一样的，比如有的人比较欣赏平均主义，有的人欣赏绩效优先，有的人觉得要按需分配，有的人觉得应该按劳分配等。整个社会最重要的是取一个公平之道进行第一次分配、第二次分配，实在不行，再让拥有更多资源的人愿意贡献出来做第三次分配。

我对"商业是最大的慈善"还有另外一个理解。商业本身创造价值，创造了更多人的财富，更多人能分配到财富，而现代工业和商业也在某种意义上推动了科技的发展，让人们的平均生活水平得到了提高，比如商业中医学分支、化学分支的发展，使人的寿命、生活环境、生活条件得到了很大的改善。虽然我们现在需要部分付费获得这些改善，但在200年前，我们有多少钱也买不了这样的改善。拿破仑时期，就只允许他一个人用铝盒子吃饭，因为觉得铝比黄金和银器还贵。今天，即使是一个普通农民也可以用铝盆子吃饭。所以，从这个意义来说，**我觉得商业是整体社会进步的推动力。商业的推动使社会的灵活性变得更高，给每个人带来的流动性和发展机会也更大。**

同时，商业的发展也有一定负面影响，比如给每个人带来了更大的压力，因为人和人放在同一个平台或者同一个环境中进行竞争的时候，就有了内卷，有了互相之间的比拼。以前的农业社会中，一家一块地，不需要去卷，也不需要去拼，把自己家里那块地种好了就行了，这和现在的状态是完全不一样的。

现在很多大学生、年轻从业者都面临着类似的问题，在这种白热化的工作竞争和创业发展中，你对他们有什么样的建议？

刘润： 我的建议可能有点残酷。我 1994 年读的大学，当时 1976 年出生的人有 2000 万，只有 100 万人读了大学，意味着当时读大学的比例只有 5%。今天，2022 年毕业的大学生有 1000 万以上，但 20 多年前，全中国出生人口只有 1600 万左右，这意味着，今天的大学生比例已经超过一半了，但当年这个比例只有 5%。

大学生首先要意识到，"大学生"这个词的概念一直在变化，大家不能对一个外延不断发生变化的词始终抱有同样的看法。 如果真的从世界发展的角度来看，从我开始工作的 1998 年到现在 2022 年，中国的 GDP 一直在上升，中国的财富总和一直在上升，所以从总体来说，找工作只会越来越好。只不过，因为大学招生比例一直在上升，认为自己能找到好工作的人在不断变多，而这个增量远远大于现在扩张经济带来的用工人数，这是一个本质的矛盾。**所以，我给大学生最重要的建议就是，要始终让自己按照市场的要求重新排序，而且要始终排在一个相对 OK 的位置**，而不是总想着我是哪个学校毕业的，我读了一个还不错的大学，我就该如何如何。

如果没有找到自己合适的位置，那我比较建议大家一定要找到一个工作，不管什么工作，只要找到工作就可以。**在社会里历练自己对这个世界的理解，回到真实的世界里掌握一些手艺、本事**，甚至有可能是送外卖、进入工厂，只要能进入真实社会都是好的。

我个人并不建议所有人都去考研究生。 今年有 400 多万人，也就是接近一半大学生都在考研究生，大部分人考研，只是希望把对选择的恐惧推迟 3 年而已，但 3 年之后，大家也还是要选择。同样的职位，我觉得早一点选择，然后在工作中提高自己，机会或许会更大一点。

10. 荐书时刻

刘润： 你现在也在平台上荐书、卖书，之前我的《底层逻辑》就在你的平台上卖出了十几万册，我和出版社沟通的时候，简直叹为观止。直播间卖书会是你未来的转型方向吗？还是你有更多的布局？

俞敏洪： 首先我也不知道为什么我录了一个短视频，《底层逻辑》就能卖得那么好，所以我只能归因于你本身的实力，这本书写得确实非常不错。我读完《底层逻辑》也深有体会，你的特点就是能把一件事说得特别清楚，而且用简单明了的语言、逻辑，分层次地说清楚，加入一些生动的故事，把成熟的好东西、精华全部放在里面。

另外，我真心觉得《底层逻辑》确实写得很好，让人明白了很多道理。人生的复杂是自己拎不清的，如果拎清了一些关键要素，人生可以比较简单地不断取得进步。所以，我读完《底层逻辑》后，在跟你完全没有联系的情况下，就进行了推荐。我也真的比较认真地在读，我读的时候都有圈重点。

我为什么要做图书的直播？其实我专门为图书做直播带货的情况非常少，我所有的直播并不是在带图书，而是在做两个方面：**第一，由于现在有这么好的分享平台，我读到了一本好书后，我会去分享。** 在一开始，我就录一个视频分享，并且挂上那本书的链接，卖那本书的小店都不知道我挂了他们的链接，我也没有问他们要任何佣金。结果那些小店来找我说，俞老师你怎么帮我们推荐了这本书？我的助理就说，俞老师你推荐了这么多书，却没拿到佣金，在上面卖书是有佣金的。我想，还有这样的好事，那就我读完一本书，如果我觉得这本书好，就让他们跟出版社谈，能拿到佣金最好，拿不到也没关系，更重要的是能推荐我觉得比较好的书。没想到就形成了一个小型商业模式，以你这本《底层逻辑》为例，卖得还挺多，结果出版社蜂拥而至，我现在每天能收到各个出版社寄来100本左右的书。

我也跟出版社说，你们寄书给我，我很欢迎，我可以挑选，但你们不能因为哪本书佣金高或者想让我卖哪本书就推荐哪本。现在我在我的平台上推荐的书都是我读过的，我绝不推荐我没读过的书。

第二，我喜欢跟你这样的人对谈、聊天。 当只有我们两个人尬聊的时候，聊着聊着就没的聊了，但当我们面对更多的网友，他们可能愿意提一些问题，能够让我们的聊天变得更加兴奋、活跃。

当过老师的人都有这样的特点，当我们知道背后有观众、有听众，自然就会兴奋起来，往往可以聊出灵感。我通常在礼拜天晚上，打开平台，和朋友一起聊一聊，聊的内容可以变成文字记录，文字记录精华部分又可以再次传播。这是我做这件事情的乐趣所在，并不是想在背后构建一个卖书的商业模式。

刘润： 了解。你每天收到100多本书，这么多书怎么去筛选呢？

俞敏洪： 我都会先看一眼书名和作者，就知道到底是不是在我推荐的范围内。我推荐的书更多是两个方向：**人文方向和商业方向**。首先人文类书籍，我本身就是北大文学系出身，对文史哲有天然的敏感，而且我认为文史哲方面好的书确实能对人的思维模式和思想产生比较大的作用。人文中还包括了一些科普类的书，也是改变人思维模式最好的书。比如，你上次提到的《进化论讲义》，还有《世界观》《人类简史》，这些书我也特别喜欢。

第二种就是商业类书籍，像你的《商业简史》《新零售》我就比较喜欢，这能为中国几千万从事商业发展的人提供建议，而商业本身又是推动社会繁荣的重要力量。通过这样间接的推广方式，也是为中国的发展起到了一定推进作用。

其他的就是一些家长和儿童读物，如果有特别好的，值得家长读的或是值得儿童读的书，我也会推荐。如果出版社想推荐的书和我的主题没有太多联系，我就会告诉他们这个书不在我的推荐范围之内。

书籍到我手中，我通常会先翻阅，一本书翻阅一二十分钟，就知道这本书的文笔、思想、架构、内容到底值不值得进一步阅读，如果觉得值得，我就会把它归入进一步阅读的行列中；不值得再进一步读的，我就放到一边。这种翻阅方式，我两三个小时就能翻阅10～20本书。

值得进一步读的书还分成两类：第一类需要细读，我本人无比喜欢，我必须从头到尾读完并且做笔记的；第二类依然是靠翻阅，大概用两三个小时把一本书翻阅完。值得认真读的书，一般要读6～8个小时，甚至10个小时。通常我给大家推荐的书，就是这两类书。像你的书我都看得比较认真，你也来给大家介绍一下你的书吧。

刘润：《商业洞察力》是讲一种看待这个世界的抽象能力。看世界不仅仅是看结果，也要看背后的原因以及系统，就像牛顿看到一个苹果落下来，他其实看到的是万有引力定律，这就是洞察力。

一个事物和另一个事物之间的关系，分为因果链、增强回路、调节回路和滞后效应等，这一整套东西是理解世界的基本框架，这个基础理论不是我发明的，而是来自于一门扎扎实实的学科——系统动力学。大家都是使用这个方法论去看待世界万物，我则把它拿来看商业世界，所以《商业洞察力》中，我其实就是在写一个咨询公司怎么看待商业、看待万物的基本框架。

俞敏洪：这本书我不仅读过，我还听过你《商业洞察力》的课，所以我是连课带书一起学的，我觉得创业人士读一下这样的书将会有很大的启发。

刘润：《商业简史》是在讲商业的进步是有确定方向的。确定的方向就是信息总体会越来越对称，信任会越来越传递，彼此之间的信任会越来越好。

这个来自于基础连接技术的进步，比如公路、铁路、航班、船运，包括现在的互联网、移动互联网、万物互联，连接的效率提高，表示我们跟遥远地方的人终于可以交易了，信息会越来越对称，信用会越来越传递，最终的结果就是交易成本的下降。交易成本的下降能够让消费者花更少的钱买到更好的东西，这是商业一个最终的进化方向。我通过这本书把商业从历史至今做了一个梳理，也预测了一下未来，这个预测不一定对，但如果大家能理解这个逻辑线条，会对未来有一个框架性的思考。

俞敏洪：这本书我也是连课带书一起学的，还做了非常详细的笔记。你再介绍一下《底层逻辑》，这本书在我的平台上已经卖出去了十几万本。

刘润：《底层逻辑》里有42篇文章，我们用前面提到的商业洞察力也好，思维模型也好，或者数学里的抽象能力也好，去试图找到一些东西背后的原因、框架、模型。

比如，到底什么叫人性、道德和法律？我们用思维框架做了一个解释，也许这个事情本身并不复杂，但以前可能没有讲得那么清楚，我们争取把它讲清楚。到底什么叫事实、观点、立场和信仰？尤其在今天舆论环境比较撕裂的情况下，理解这些东西太重要了，我们永远没有办法说服一个既得利益者去改变他的立场，所以当我们理解了事实、观点、立场和信仰，再去和这个世界打交道的时候，就会有不一样的认识。

里面还讲了各种各样我们看到的底层逻辑。什么叫底层逻辑？就是大家看到的一些现象背后一定有一个方法论，方法论背后一定也有一个模型，我们把这 42 个模型抽象出来，在这本书里进行了一个交付。

俞敏洪：《底层逻辑》说的是一些底层的思维框架和做事的思维立足点，这本书是我比较推崇的一本。《新零售》也相当不错，你也给大家介绍一下《新零售》主要的着落点和要点在什么地方。

刘润：这本书是我非常重要的一本书，这本书目前除了在中国大陆及香港、台湾地区出版以外，也在日本、韩国出版了。为什么说它特别重要？以前我们的商业更多是在向美国人、日本人学习，尤其日本是零售业大国，但现在日本人也在回过头看中国人怎么做零售，这是我觉得非常自豪的事情。不仅仅是因为这本书写得怎么样，而是因为中国的企业家做对了，我只是做了总结而已。

这本书的核心就是，到底什么是新零售？有没有新零售？其实零售是在研究传递价值的事情，大量优秀的企业在试图提高传递价值环节的效率，而这个效率的提升就是"新"。所谓的新零售就是更高效率的零售，用各种各样的连接工具来提高效率。在这本书里，我做了很多模型化梳理，客观上也让很多零售的企业因为这本书认识了我，我们做了很多交流，可能也帮到了一些企业。真的希望今天正在做零售的企业，能对这个世界的变化有所理解，而不仅仅是抱怨、愤怒，所以真的建议大家读一读这本书。

俞敏洪：我建议每一个直播带货的人都读一读这本书，我读了以后也深受教育。还有一本《进化的力量》，是你去年年度演讲文字细化以后的一本书，你给大家讲一讲书里面主要的内容是什么。

刘润：这本书之所以叫《进化的力量》，是因为我非常喜欢"进化"这个词，我觉得"进化"这个词能够解释商业世界的很多变化。每一个个体或者公司都在用自己的方式去理解这个世界，为了自己的成长、生存、盈利，但是这个机会没有确定、正确的方向，却有一个所谓的"天"在那儿。"天"就是市场规则，基于这个"天"，公司会用各种生生死死的方式来获得自己的发展，这和生物的生存环境是一样的。

用三个词来总结，就是**变异、竞争和选择**。每家公司的创新就是变异；竞争是种类竞争，这个公司做得比他好，他有什么优势；最后被市场经济、消费者选择。所以，变异、竞争和选择在商业世界里展现得淋漓尽致。

我非常喜欢用进化的逻辑解释商业，这本书就是围绕这个来解释的。我们在 2021 年怎么看待 2022 年或者未来的一些变化，每一年我们都会出一本相关的书，这本书叫《进化的力量 1》，所以到明年这个时候会有《进化的力量 2》，我希望有一天我们的读者书架上有一排《进化的力量》。

俞敏洪：之前你做《5 分钟商学院》引爆了你在全中国企业、商业人士和创业人士中的热度，你当初为什么会做《5 分钟商学院》？做这件事情给你及朋友们带来了什么影响？

刘润：创业和装修是一样的，每一个装修的人以前从来都没有装修过，装修太复杂了，装修完之后终于成为了高手，但又不需要再装修了。或者就像我生了一个孩子，我生完孩子不知道怎么养，终于养大了，我也知道该怎么养了，但我已经不需要再养这个孩子了。

如果一个创业者能够在创业之前，虽然没有办法像大公司那样去找一个咨询公司，但有一个最小的子集，能让他快速看完后对商业世界有一个非常框架性的理解，有一本工具书放在手边，能让他了解一些重要的方法论，这样他就知道原来商业世界是这么一回事。他还是按照他的想法去做，感性的，但他对商业世界已经有了一个框架性的理解，他遇到问题就可以翻，比如什么是 4P 原理，什么是 MECE 法则，什么是波特五力模型，什么是波士顿矩阵等，然后再去读对应模型的原著。

《5 分钟商学院》的目的就是让大家能用最快的速度把世界放进我们的脑海中，这是我写的时间最长的一套书，因为要把如此复杂的商业世界浓缩在四本书里，一次性覆盖，挑战非常大。但我希望能把它做成工具书，大家先看，看完之后放在床边，晚上回想自己当天创业遇到的问题，翻一翻，说不定哪个地方就有解。这个解不是来自刘润，而是来自前人的思考，来自过去著名的理论大师们。这就是为什么我说它是一套工具书。这套书最好一直放在床头，每天晚上根据当天的问题翻一翻，我觉得会挺有价值。

俞敏洪：这套书把世界的商业理论、商业模型、商业规律以及商业术语基本都包含进去了。最后一本书是你给孩子写的《给孩子的商业启蒙》，为什么在孩子那么小的时候，你会注重这方面的沟通？

刘润：我觉得给孩子的教育不是把我们的价值观灌输给他，因为我们也不知道自己的价值观对不对，孩子有自己的方法去理解这个世界，我们要带他去看这个世界，所以我非常喜欢带他去旅游，非常喜欢陪他聊天。

在他小学一年级到五年级，我每天早上会陪他去上学，路程大概有 5～8 分钟，我会和他聊天，每天聊的话题是他感兴趣的话题或是我想跟他聊的话题，聊完之后觉得很有意思，我就录下来整理成了文章。

所以在他小学阶段，我们聊了很多问题，有些问题跟商业相关，有些问题也不完全跟商业相关，更多是在启发孩子思考。我觉得这个世界上有太多教育类、亲子类的书是从母亲的角度来讨论的，如果有一本书能够从父亲、父爱的逻辑去谈教育，去谈对孩子的陪伴，也许会给读者一个不一样的思考，于是就出了这本书，用父爱的角度给孩子更大的世界、更广的视角，去理解这个世界。不一定对，但是孩子会有一个更开阔的看法，我觉得这是我能给到他的非常大的一个价值。我也希望这里面所记录的东西，能给很多的孩子和父母带来一个非常开阔的视野和价值。

俞敏洪：好的，今天时间差不多了，因为还在疫情期间，所以最后要向上海的朋友们表示问候。

我对上海其实很有感情，因为我小时候第一次去的大城市就是上海。大概在 7 岁的时候，我从江阴坐轮船到了上海，进入吴淞口的时候，两岸的灯光以及上海的繁华给了我很深刻的印象，从此我下定决心，长大以后要到大城市去生活，可以说这是一个农村孩子最初的改变。

上海也引领了中国的改革开放，为中国的经济发展做出了很大的贡献，所以，我向上海人民致敬。同时，也祝愿你们能够早日恢复正常的生活，让我们一起为中国的持续繁荣共同努力！

刘润： 谢谢俞老师，也祝愿新东方未来的发展越来越好，也一定会越来越好，我会一直支持俞老师，支持新东方。

俞敏洪： 谢谢刘润，再见！

（对谈于 2022 年 5 月 11 日）

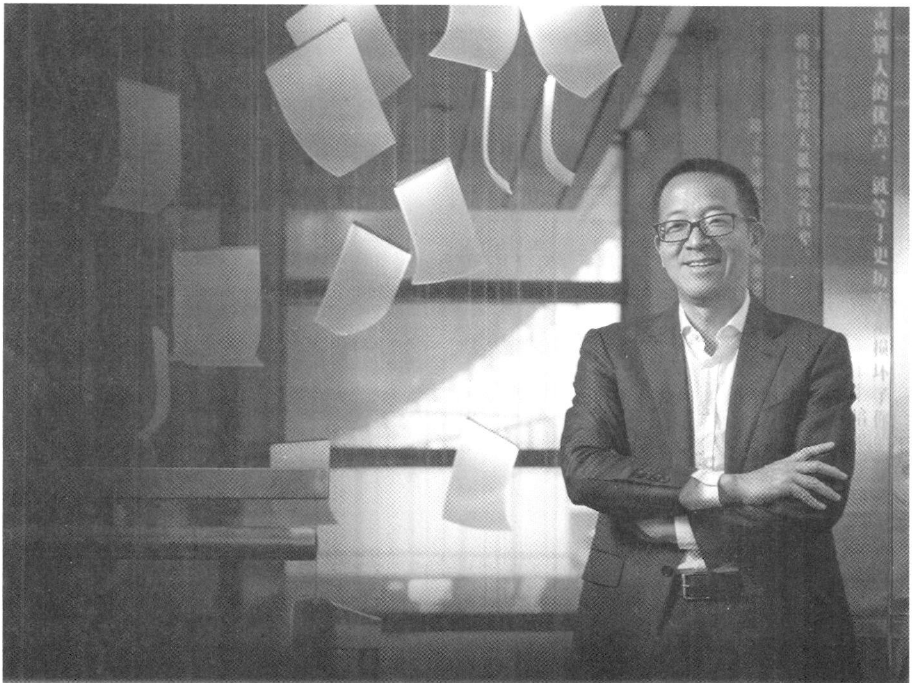

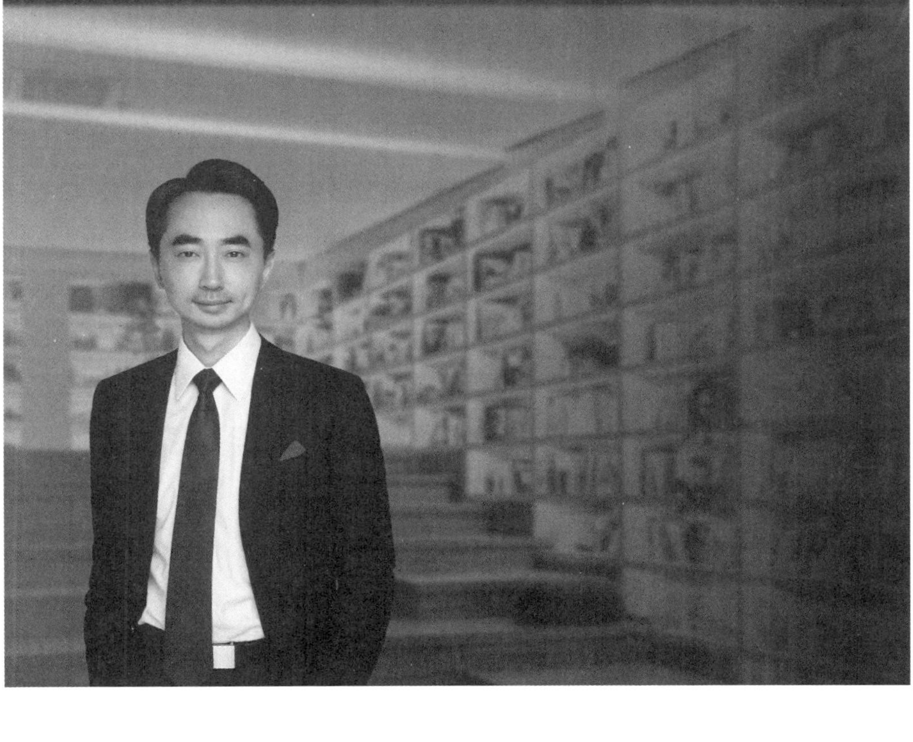

对话 **韩焱**
成长是一场拥有希望感的旅行

> 我们不能在阅读的舒适区里，也不能在阅读的恐慌区里，而是要在阅读的学习区里。

韩焱 /
知名出版品牌湛庐文化创始人，曾被多家杂志、机构评选为"年度出版人"。著有《把思考作为习惯》。

俞敏洪： 韩焱你好，特别高兴能够和你一起对话，先来给大家介绍一下湛庐文化吧。

韩焱： 俞老师好，湛庐文化成立于 2005 年，到今年已经有 17 年了，当时成立的时候有 6 个合伙人，今天这 6 个合伙人依然在湛庐。我们当时有一个心愿，想把世界上最先进、最值得中国读者了解的思想迅速带到中国，能够让中国读者跟世界同步。现在全世界各行各业、各个研究领域里的专家都在已知、未知的知识边界探索，把人类认知的边界不断往外推，那谁能把前线的战报以最快的速度带回中国？我觉得湛庐的使命就是这个，所以我们的 Slogan（口号）是**"对话最伟大的头脑，与最聪明的人共同进化"**。这 17 年来，湛庐在不断地做这件事。

有人说，我们这代企业家、投资人是看着湛庐的书成长的，我就觉得特别欣慰。也有很多朋友问，到现在湛庐做出的最大成绩是什么？我说没有什么太大的成绩，大家都做得非常好，但我的小伙伴给了我一个答案，觉得我们做得挺不错的，因为他们日常接触的很多人，不管是媒体人、专家还是读者，他们一开始可能并不知道湛庐，但是当和他们谈起我们做过的书时，回到家里一看自己的书架才会发现，无一例外地，每个人的书架似乎早已与湛庐有因缘际会的关系，比如《影响力》《牛奶可乐经济学》《价值》等。所以，我觉得我们的价值在于潜移默化地影响了很多人。什么最厉害？空气最厉害，我们平常根本意识不到空气的存在，但是我们都离不开它。

俞敏洪：湛庐刚开始做出版不久，我就关注到了，因为湛庐出了一些有关家庭教育和家庭幸福方面的书，包括我朋友彭小华翻译的《如何让孩子成年又成人》也是湛庐出版的，当时还让我写了一个推荐语，张磊的《价值》在你们那儿出版以后，他就寄了一本给我。

后来我发现，湛庐除了出版有关教育的书籍外，也会出版很多和企业发展、企业家思考有关的书籍，同时，我发现湛庐出书有一个倾向，会尽可能往未来的方向去思考选定一些出版主题，这刚好也是我喜欢看的。那么，从 2005 到现在已经 17 年时间了，湛庐文化从零做起至今一共出了多少书籍？

韩焱：目前一共有 1600 多种书，我们合作的 1000 多位作者也是世界上非常优秀的作者。比如，积极心理学之父塞利格曼，他的"幸福五部曲"都是我们出版的，我们还出版了他的《塞利格曼自传》，加起来就有 6 本。

俞敏洪：那很厉害，塞利格曼在全世界的心理学领域影响力是巨大的。

——对谈环节——

1. 如何养成阅读习惯

俞敏洪：你从小就喜欢阅读吗？还是长大以后才喜欢阅读的？是因为进入了出版行业才喜欢阅读的吗？你的家庭背景、成长背景和文化有关系吗？

韩焱：其实我真的非常感谢我的长辈。如果家庭能够给我们非常好的影响，这一点能让我们受益终身，就像《园丁与木匠》里面提到的，**养孩子就像在照顾花园，家庭给了什么氛围，孩子就会开出什么样的花。**

我的太爷爷是一个法官，他一直是一个终身学习者，一辈子都在学习，给我们的影响很大。而我的奶奶是人民教师，她每天不是在读书就是在批改作业，所以每天晚上，大家都是坐在书桌旁。我姥爷是翻译家，精通四种语言，走过驼峰航线，在印度做过我们国家电台的台长。到了我的爸爸妈妈这一代，他们俩都是研究所里的科研工作者、高级工程师，所以他们也需要不断学习新的科技，才能让自己的工作顺利开展。我觉得我妈对我的影响特别大，我们家在研究所里，大家都会订书报，我们家永远是研究所里订书报花费最多的。因为有一个排行，谁家订了什么杂志或者报纸，我们家永远是第一名。

我妈妈在假期的时候，最常做的事就是带我一起去新华书店。我到现在都记得，我们一起坐公共汽车去新华书店，到了以后她会让我喜欢什么书就自己挑。我每次都挑一大堆书，到什么程度？能把我妈妈口袋里每一分钱都花光。等我们回家的时候，就没钱坐公共汽车了，我们就一起提着装书的袋子，特别开心地回家了。回到家，我妈妈和我一起读这些书，我们睡觉之前就会聊这本书，我为什么兴奋，读了这本书有什么样的感触。所以，我很感谢家里的这些长辈，我觉得他们带给我的这些潜移默化的影响，让我受益终身，不仅影响了我事业的选择，也对我的人生、家庭生活都产生了巨大的影响。

俞敏洪：从你太爷爷开始，再到爷爷、姥爷，其实是两家书香门第，家风对个人的影响还是比较大的。你的阅读兴趣是从小自己自然养成的，还是刚开始被父母要求，慢慢再养成了自己喜欢阅读的习惯？

韩焱：我记忆里，父母没有强迫过我读书。在日常生活里，他们晚上都在读书，我就会自然而然拿出一本书看。再小一些的时候，我记得妈妈会给我和我妹妹读书，我就记得她躺在中间，我和妹妹一人躺一边，妈妈就读书，读着读着可能困了，我们就把她摇醒让她继续读。我们研究所里有很大的图书馆，我们家周五一定要赶在图书馆关门之前借出一批书来，这样周末可以读。放寒暑假的第一天，我妈妈也一定会带我去研究所的图书馆借书，如果我看到什么书被别人抢先借走了，我会难过好几天。

俞敏洪：父母言传身教作为榜样的行为，对孩子的影响真的非常大，我们也能看到，一个孩子从小的阅读习惯对他的成长和发展有着不可逆转的重大影响。但现在不少父母自己没有太好的阅读习惯，他们的业余时间就是刷手机、看电视或者打麻将等，孩子就很难培养这样的阅读习惯。你作为一个出版人，你觉得在现在这个干扰因素过多的环境下，父母应该怎么做才能对孩子有更好的影响？

韩焱：我觉得父母首先要排除一些焦虑心态，不要总觉得必须要让孩子赶快养成阅读的习惯。从心理学和行为科学的角度来讲，我们每个人想去做一件事情，尤其是能够把它变成持之以恒的习惯，一定是因为这个行为会给我们带来一些正反馈，而且这个行为不需要我们动用太多意志力就可以达成。所以，一开始我建议父母先让孩子体会到阅读的乐趣，不要让他们觉得阅读很难，**不要一上来就要求孩子一直坐在那里读半小时，或者一上来就读一本很厚的书，而是要把它拆解成小习惯。用行为设计之父福格教授的话说，叫"tiny Habits"，不是"small"，是"tiny"，越小越好。如果你的孩子之前有一个其他的习惯，那把读书这件事续在那个习惯后面是最容易达成的。**

比如孩子每次玩完游戏，把手机放下来，就告诉他，我们来读一页书吧，或者就读一个小故事，我们一起来读。如果他没有阅读习惯，甚至可以学评书的"且听下回分解"，读到一个关键点就不读了，下次再读。总之，一定不能让孩子将大量的心智带宽用在阅读这件事情上，也不要动用他大量的意志力，这样他就不会觉得读书很难。就像我跑马拉松，如果一开始就想着 42.195 千米，这么大的重担在我身上，什么时候才能跑完。我和我先生都跑马拉松，我们最开始的马拉松体会跑是 300 米，跑 300 米我们就喘，慢慢 300 米可以了，进阶到 500 米、1000 米，就这样训练。我先生大半年后就可以跑半马了，我是一年后完成了我的第一个全马。

俞敏洪：把一件看上去不可能的事分解成无数个并不那么吃力的事，这个建议对成年人也非常管用。因为成年人习惯于把很多重要的事一下压到自己身上，其实如果把大事分解成小事，大目标分解成小目标，一点一点，不知不觉就能把事情做好。所谓"千里之行，始于足下"，大概就是这样一个概念。

韩焱：对，而且还要注意难度。**大家可能没有注意过，自己的阅读水平和书的阅读难度需要有一个匹配。**目前国外对书的分级做得好一些。我以前在世界上最大的出版公司 Simon & Schuster（西蒙与舒斯特公司）工作，所以会知道，在学生时代，他们会有蓝思阅读，会做个分级测试，把阅读水平和书进行匹配；成人以后，大量的书，尤其是学习知识类，它们的封底都有一个颜色条，会告诉我们它是简单的、中等的、难的还是超级难的，我们可以自己试着读几遍进行一个匹配。

国内没有这样的分级，我们湛庐阅读研究院之前一直致力于建立这个体系。我觉得在目前没有分级的前提下，大家依然可以先拿一本自己感兴趣的书来读，读的过程中，去感知一下匹配度如何，自己是不是能顺畅地读下去，如果发现难度太大，以后就要在这个基础上找更简单的书来读。比如，一本书里 85% 的内容都是好理解的，有 15% 的内容需要自己付出努力理解一下，这样就很合适。总之，**我们不能在阅读的舒适区里，也不能在阅读的恐慌区里，而是要在阅读的学习区里。**

俞敏洪： 尤其英语国家，他们的分级阅读已经做得非常完美，因为对英语词汇量、句子结构的统计相对比较科学，比较容易一些，所以他们的定量和标准就会好做一些。中国语言因为涉及了古文、现代汉语、成语、词语，包括语法结构上中文有只可意会不可言传的某种特点，所以中文的分级阅读，尤其针对孩子们的分级阅读，在我所知道的范围内，依然做得不是很好。

现在中国的孩子有一个问题，因为学校的学业太累了，即使现在"双减"取消了课外班，但孩子的学习压力依然很大，学习难度也不小，因为中考、高考的难度都在那儿放着，他们在学校的学科成绩直接决定了他们未来能上什么样的大学。从这个意义来说，**孩子读课外书好像变成了一件无关紧要的事情，因为现在中考、高考的内容和课外书都没什么关系，但我们又认为课外书的阅读对于孩子终身的成长和眼界、能力的提高是非常重要的，对于这样的矛盾，你作为一个出版人，有什么想法？**

韩焱： 我确实可以聊一下。我有两个孩子，我女儿今年马上上大学了，我儿子现在六年级，和他们相处的过程中，我也有一些体会。我一直不太同意课外书这个概念，我们不论是学习某一门课程，还是成人后想去熟悉某一个领域，其实都需要大量的信息输入，如果只依赖课堂上、课本里那点东西，完全培养不出来对这个领域或者这个学科的底层思维，因为获取的信息量不够。

我两个孩子都在国际学校，我感觉他们和现在的公立学校教育有一个很不一样的地方，他们做的每一个作业，都不能从课本里找到现有的答案，一定是需要他们自己去搜索的，这就需要提高他们的搜索能力。比如，我遇到一个问题，我脑海里有很清晰的思路和方向，我就知道我该搜索什么信息，可如果我脑子里完全没有任何东西，我就不知道该搜索什么。那这个思路从哪里来？其实就是从大量的积累里来。

我女儿这方面的能力发展得比较好，就没有遇到什么障碍，但我儿子不管是学人文学科还是科学学科，都会遇到一个问题，他的视角不够开阔，所以每次他的作业分都提不上来。我让姐姐帮忙诊断，你觉得弟弟的问题出在哪儿？姐姐说，她觉得弟弟不太会观察。最近他在做美索不达米亚人文课的课题，就需要搜索大量美索不达米亚的信息，他需要有一个框架来明确自己要去了解美索不达米亚的哪些方面，比如当时的建筑、饮食习惯、种植习惯、社会阶层等，如果他脑子里没有这个框架，就无法构建起思路。

所以我想表达的是，其实没有课外书这个概念，如果想让孩子对某个学科感兴趣，是需要阅读大量内容的。比如数学，光学数学课本是不够的，还应该让孩子看看那些数学家的传记，甚至是绘本，这些会影响孩子的底层数学思维。之前澳大利亚觉得我们的奥数特别厉害，想跟中国取经，就问教育部能不能派个奥数专家支援一下澳大利亚。当时我们国家就派驻了一批人去澳大利亚，其中有一位是孙路弘老师，我跟他讨论这个问题，他说，提高孩子数学思维的第一步是让孩子能够做好阅读理解。他会把一年级、二年级、三年级等各种需要做的应用题以及会涉及的常识都编成故事，然后让小朋友读完故事以后再来做题。

所以，一是打破课外书的概念，二是要知道，想让孩子学好任何一个学科，都需要他用大量的信息去建立起学科的相关思维，而且我们会发现，真正学得很好的孩子，不仅会有某个学科的思维，他还有各个学科之间的跨界思维，比如如果想学好物理、化学，他的数学也得好。

俞敏洪：这个没有课外书的概念特别好。坦率地说，我研究其他国家，尤其是欧洲、美国这些国家和地区的教育方式，他们从来没有课外书的概念，所有与学校讲解的某种知识和进行的项目相关的图书，都会被列入学校的学习计划之中。我觉得**中国的孩子，一是面临考试问题；二是面临教学方式和风格改变的问题，甚至可能还涉及教育方式改变的问题。**

像你刚才提到的，让孩子们通过一个主题研究，阅读大量的课外信息和资料，在中国这种事情几乎不会发生。除了一些特别好的学校和特别好的老师外，很少有老师会要求孩子除了学好课本考个高分以外，额外读其他书籍。但在比较灵活的国际化教育体制中，这件事情就是常态。我女儿小学是在国外上的，她二年级的时候，老师要求她和同班另一个小同学共同完成一个主题，我女儿领回来的主题是落基山脉的大角岩羊，两个孩子就开始找资料，按照对一个动物的研究来进行布局，动物的习性、栖息地、生长环境，最后用了大概三个礼拜的时间，两个二年级的小学生，自己画羊的图片、加照片和文字，居然写了20页研究报告。他们用的文字本身比较简单，但他们确实阅读了大量的资料。我觉得中国的教育原则上可以去学习这种主题式教学，让孩子沉浸进去，通过自己的研究，提升学习兴趣，而不仅仅是死记硬背、考试。而且我们的老师还常常比较严格，在教室里要求学生这也不能动、那也不能讲，如果不举手发言，还会被老师训一顿。**面对未来，这种所谓师道尊严的教学，有关部门是需要改变的，这是第一。**

第二，老师的思维要改变。我已经不止一次看到新闻报道，说因为孩子在上课的时候读所谓的课外读物，老师就把孩子训一顿，甚至孩子之后选择了极端的抵抗方式。我们的老师认为学生在自己的课堂上读所谓的课外读物是不被允许的行为，老师从来不去思考，孩子读课外读物，有可能是孩子早就熟悉这门课了，也有可能是老师自己上课非常枯燥、无聊，导致学生根本就不想听。我们部分老师，在这方面的反思能力是严重不够的，他们把孩子看课外书看成一种和课内学习对抗的行为。

我觉得我们某些略显陈旧的教学方式，以及老师把学生读课外书当成对抗行为的方式，直接导致中国孩子对阅读失去兴趣，或者慢慢思路僵化、思路狭窄、抵触知识、厌倦学习，这是我们的教育有关部门要好好反思的一个问题。当然，我们也是从旧的教育方式走出来的，我们也都是特别喜欢阅读的人，所以能看到，即使是在现有的教育方式中，也依然会找到喜欢阅读的孩子。我真心希望家长们能够鼓励孩子阅读，自己也一定要去阅读。

2. 从个性出发，寻找发展方向

俞敏洪： 你考大学的时候学的什么专业？这个专业对你之后的职业、人生产生了什么影响？

韩焱： 我其实是理工科的，而且我理科特别好，上高中的时候我也参加了数学奥林匹克竞赛、物理奥林匹克竞赛。在高考之前，班主任就说可以保送我到清华的土木工程系或者精密仪器系，但我当时年幼无知，觉得土木工程和精密仪器是什么啊。那时候我真的很向往去做一些沟通的事情，很喜欢商业、贸易，我就说我还是想自己考，后来我数学考了满分，数学有附加题，附加题也是满分，我的作文也是满分，但我最终去了北京理工大学的工业外贸专业，而且我父母也是北理工的。

之所以选择工业外贸，是因为当时对我来说，International trade（国际贸易）这样的专业会更像文科，我觉得我理科的专长发挥不出来，现在回想起来，我特别感谢这一选择。如果我真去了清华，为了在学校里保持好的成绩，我就要使出浑身解数，用所有的时间去搞我的专业学习。我去的这个学校、这个专业，课业不难，我一下子获得了一种释放，因为从小学到高中，尤其高考之前，我所有的心智带宽和时间全都用来应付高考了。

首先，这个专业更像一种通识教育，培养多元思维，既有语言，也有文化、交流、谈判，还会让我们去了解科技进步对社会的影响，这些学习让我获得了多元思维。其次，课业不难，所以我拥有了更大的自由和心智带宽，我不用把所有的时间都花在学习上，我可以有点"不务正业"。我记得我当时做了很多事，尝试给别人上课、做直销、去外企兼职，尤其非常重要的是，我从大三下半学期开始，正好有机会去世界上最大的出版公司 Simon & Schuster 做兼职，那真的像阿里巴巴打开了大宝库，我一下就洞见了人类知识的宝库可以这样取之不尽、用之不竭，一下就被吸引住了，再也没出来。

俞敏洪： 现在大学生有两种状态，**一种进了大学以后，一头扎进自己的专业，紧接着考研究生。** 现在考研究生的越来越多，其中有一批学生是因为确实喜欢自己的专业，所以考研，但还有一部分学生是因为找不到工作或者害怕找工作，就用考研推延自己面对社会压力的时间。这样的学生从进了大学后就开始拼命学习，考到研究生，甚至还会考到博士，总之就一直这样学下去，心无旁骛。**另一种学生，到了大学不喜欢自己的专业，或者信奉 60 分万岁，像你这样尝试各种事情，碰各种各样的机会。你对这两种学生有什么样的理解和建议？**

韩焱： 这个问题特别好。我觉得有一些专业需要的专业能力阶梯非常高，甚至要高入云霄，比如火箭、量子密码，一定要深度钻研这个领域，不停地学习，才能抵达这个领域里最高的部分。但还有一些，比如艺术家、作曲家或者画家，还有像我是企业家、创业者，这些人其实不需要很高的专业之梯，而是要有一棵专业之树，里面有很多分叉，只有自己有很多的分叉之后，再有一定的能力组合，才能把事业做好。

所以，**一定要去看自己是哪种类型的人，我们是不是有这种激情，可以持续不断地拥有向这个专业之梯攀爬的耐力和毅力，如果不是，那就需要转换一下轨道。** 同时要看我们所从事的职业或行业，如果我们的职业或行业需要我们是一个狐狸型人才，需要有多种能力组合，那就要像我一样，不停地尝试。可能在每个领域都需要掌握一定的知识，但不需要在某一个领域里有那么高耸入云的专业之梯。所以，这一定是跟个人特质和现在从事的行业、职业密切相关的。

俞敏洪： 我和你有点像，最后并没有真正深入到自己的专业领域，我觉得实际是由兴趣点太多导致的。

人一生如果能找到一个自己特别喜欢的专业，以至于能进入心流状态，乐此不疲，这也是一生的幸福。我也一直特别佩服这样的人，比如我有大学同学从大学开始就研究莎士比亚，现在是北大很有名的专门教莎士比亚戏剧的教授。还有我的老师许渊冲，也很有名，一生翻译了200多本书，将中国文化翻译到西方去，又将西方文化翻译到中国来。这就是搞专业，这样的人有很多，包括世界上一些著名人物都是如此。

但也有另外一种人，他不擅长搞专业，他钻研任何东西到一定程度后，就被别的兴趣拉走了。我基本就属于这类人，我能把我的专业学到及格，比如我学英语、英国文学、世界文学，我能学到及格，我学翻译也能学到拿到一本书，可以花点时间把它翻译出来。但我发现，光做这样的事情，我的人生意义并没有得到实现，我希望能做更多的事情，所以就有了我从北大出来稀里糊涂做新东方的故事，结果歪打正着。做新东方好像发挥了我身上的一些其他特长，比如我比较喜欢跟一帮人在一起做事，喜欢热闹，喜欢跟大家共同分享利益和成就。我也比较喜欢讲话和讲课。尽管我后来没有成为一个北大教授，但达到今天这个状态，我也不后悔，也挺满意。

你在大学的时候，是不是已经意识到你的个性不适合钻研某一个专业？是不是对自己的个性和未来发展方向的结合已经有了一定了解？

韩焱：我觉得是。都说3岁看老，我觉得每个人对自己都应该有这种意识和直觉，只是有时候我们可能不舍得一些机会，所以不愿意去做一些减法。我记得我刚工作没多久，20多岁的年纪，有一次和高教社原来的老社长聊天，他就问我，小韩，你怎么看你的职业？当时我已经进入出版界，我很喜欢出版，我就说，我可能这一辈子都要做出版了。我以为他会觉得很开心，哎呀，你这个年轻人很好，愿意为出版事业奉献一生。但他的答复出乎我的意料，他说，小韩，你这个想法不对啊，人家福特说了，在30岁之前其实需要不停地去尝试，因为大千世界，你一定要给自己机会去看自己喜欢什么，什么东西适合你。这段对话很触动我，我就在想是不是自己尝试得太少。

后来我真的就从国外的出版公司出来了，去了国内一家合资出版公司，再后来我就开始自己创业。我觉得我的尝试是没有换行业，但换了做法。当时那位老社长给我的建议非常好，所以**年轻人其实在 30 岁之前可以多给自己一些尝试的机会，跟这个世界对标。**

俞敏洪：你刚才提到，你是以大学生实习的身份进入了 Simon & Schuster 出版公司，去了以后就发现阿里巴巴芝麻开门，进入了一个新的世界。**你是一接触出版业就发现特别符合自己的兴趣爱好和个性，以至于你就希望自己在这样的领域中继续做下去吗？**

韩焱：很多人会说爱一行才去干一行，但我对这个的理解是反过来的，我自己是干一行就能爱一行。尤其我开始跑马拉松以后，我发现我确实是这样的人。如果我当时没有进入出版界而是其他领域，恐怕我也会在那个领域里不断找到更能激发我兴趣的事情。其实很多商界人士，可能都是因缘际会，人生给了他们一个机会，正好把他们推到了一个事业里去，他们没有反复问自己，我到底爱不爱这行，这东西适不适合我，而是在这一行里不停地思考，我应该怎么样做，才能把这个事情做好。随着他们不停地探索，就像挖宝矿一样，就会感受到越来越多的兴趣点。所以，**我更提倡大家干一行爱一行，如果我们爱一行再去干一行，我们不一定有那个机会，反而局限了自己。**

3. 湛庐文化创业故事

俞敏洪：你大学毕业到 Simon & Schuster 的时候，他们在中国的业务其实非常小，但你在比较短的时间内和一群人把这个业务做得很大，紧接着你又去了国内的出版公司，为他们创建了一个出版事业部，又出了很多好书，而且这个出版事业部到现在为止在中国还有点影响力。这个过程明显体现了你刚开始工作就有的一系列能力。所以，**你是如何意识到要做这些能力建设的？现在的年轻人进入某个领域后，他们怎样去察觉分析自己的能力，并且把自己的能力用在事业的刀口上，使自己未来的发展能更顺利？**

韩焱：自从我自己创业之后，我感觉创业者真的非常了不起，尤其是成功的创业者，他们一定要自己亲身去经受市场的历练和磨炼，不管市场抛出什么，都必须要接住。

对一个刚刚毕业的年轻人来说，在大的外企工作给这个年轻人设下了一个做事的高起点。比如，我进了一个世界上最大的出版公司，我一下子就体会到了出版史的波澜壮阔和它带给我的自豪感，非常开眼界。大家都知道的《飘》《了不起的盖茨比》《第二十二条军规》，还有现在每个人都知道的营销学之父——菲利普·科特勒的书等，全都是这个公司出版的。那些老编辑会告诉我们这些东西是怎么来的，当时怎么挖掘的选题，怎么捕捉到这个作者，一路走过来，这些书怎么从籍籍无名变成了世界畅销，影响了一代又一代人，影响了一个又一个产业。

同时，我们能看到欧美出版的发展，怎么到亚洲四小龙市场上做出版，行业发展如何，我会感觉四小龙在走欧美国家原来走过的一些路，很可能我们的发展也要参照这些过程。就会感觉到，未来的画卷好像在我们眼前铺开了，我觉得这一点对一个刚毕业、需要对一个行业建立宏观视角的年轻人来说，是非常重要的。

我去的是外企，是世界上最大的出版公司，虽然我是一个年轻人，但我代表它在中国去接触、对话的是中国500多家出版社的社长、总编、知名大编辑、编辑部主任，还有一些顶级作者，所以我一定要构建起跟别人谈话的思路和体系，同时，我的同侪都非常优秀，有助于培养我的自信。另外，我的 business sense（商业意识）不再是从下往上看，而是从整个国际局势、行业发展、政策管控和变化、科技发展以及商业模式去看应该如何匹配，这就给自己建立了一个很好的综合性框架和视野。

俞敏洪： 你在国际出版公司和国内出版公司的工作都非常顺利，我相信当时待遇也不会太差，那**为什么在 2005 年突然就决定要自己出来做湛庐文化？当时是一种什么样的心情和打算？**

韩焱： 我在国外出版公司的时候，只做了出版中的一部分，我只有真正在中国把出版的全流程做过之后，才知道中国的出版是什么样子。因为出版行业在每个国家有每个国家的特点，只有在自己的国家真正沉浸进去做，才知道是怎么回事。我特别感谢我原来的东家，是很好的国内出版品牌，我在这家公司做的最后一个产品是德鲁克系列，我把德鲁克全部作品都买来，重新进行勾画和筹划。那时候我找了非常多专家给我的出版团队上课，整个出版公司关键部门的人都来听德鲁克的思想，在这个过程中也给了我一种洗礼。

湛庐出过一本神话学之父坎贝尔的《千面英雄》，里面讲到了英雄之旅都要经历启程、启蒙和归来，启程里很重要的一点是，英雄突然受到了一种召唤。我认为做德鲁克系列的图书，对我来说就是一种召唤。去理解德鲁克就会发现，实际上当我们想成为一个真正的领导者时，不是有一个名分，或者有一个多大的团队要去管理，而是在我们内心出现了一种使命感。**我当时非常想做的事就是，把世界上最先进的思想、所谓人类认知边界上发生的情报带回来，那些天才取得的成功，人类知识上的一些突破，我能第一时间让所有人都有机会知道，这是让我内心有无限激情、我认为可以做一辈子的事。**但如果让我去做大中专教材，我确实没有那么多的激情。所以，**我感觉到了这样一种召唤，我想说人生就这么短，如果只能做一件事，那我想把我的精力投注在这个上面。**

俞敏洪： 到现在为止，你们出了1600多种书籍，书籍的种类和方向都没有违反当时的初衷，当初你的那种召唤，这是挺了不起的事情。**但你出来做湛庐的时候，还是个新品牌，没有任何资源，你如何去得到别人的信任，让作者愿意把自己的书给你出版？**

韩焱： 当我创业的时候，面临了很大的困局。我以前的 credit（信用）特别好，但实际上这些 credit 都源于老东家。当我创业的时候，大家对我都是一种观望状态，即便他们觉得我很能干。我当时和那些以前跟我关系非常好的国外出版公司和版权代理说我创业了，我特别想去买他们书的版权，我有信心在中国做好。他们跟说,我觉得你很有能力,但实际上我也是在替你的小公司着想，你不需要承担这么大的风险，不一定要跟大公司 PK。同时，你可以沙里淘金，不要去抢那块大家都在抢的大金块，就用你以前沙里淘金的能力，去找一些他们没有注意到但其实很好的东西。

我刚开始有点伤心，我觉得我这些年的努力，就不值得你们给我一点信任吗？但伤心过后，我又觉得他们给了我一个很好的建议，我对自己的信心应该体现在我能够真正用我的眼光辨识出那些宝藏。所以，当我认真这样做的时候，还真成了。

到今天湛庐17年了，我们真正的一些镇店之宝，比如《影响力》《牛奶可乐经济学》《大数据时代》，都不是我花大价钱买来的，真的是沙里淘金，当时甚至都没有竞争对手，我们用非常非常便宜的价格拿到了，但如今都是百万级的畅销书。现在可能看到一些好的书，就会有无数人来报价，比如《乔布斯传》《巴菲特传》等，可能动辄预付金就是百万美金级别，这样的书当时我们是玩不起的。

俞敏洪：这很了不起，这是一个对书的分辨能力。湛庐出的不少书都是从国外翻译过来的。那在翻译过来之前，你就应该已经阅读了，否则你没法确定这本书到底能不能在中国产生影响力。此外，翻译出版之后，你还要对这本书进行阅读和讲解，这对你来说是比较辛苦的事，你现在是怎么做的？

韩焱：我觉得特别开心的一件事情是，做出版我是最大的受益者。我自己做出版20多年，还是觉得出版是一个匠人的工作。"湛庐"这个名字就体现了这一点，大家知道十年磨一剑，但很少有人知道磨出来的是哪把剑。

俞敏洪：应该是越王勾践时期的剑吧？

韩焱：对，越王勾践后来拥有了湛庐剑，岳飞也拥有过湛庐剑，湛庐剑只跟随那些有德行的人。这个人一旦丧失德行，它就隐遁了。所以，十年磨一剑，我觉得湛庐就是想秉承这个精神。

我一直觉得出版是一个手艺活。我钦佩很多编辑的眼光，在Simon & Schuster的时候，他们所有好的作品都离不开一个人，就是总编辑迈克尔·科达，后来我出版了他的传记《因缘际会》。我从他们身上学到的就是，一定要能真正扎进去，去理解出版的内容和作者。现在湛庐有160个人，我和他们说，要想把出版做好，要具备三个视角，**首先是作者视角**，要在跟作者沟通、交流的时候，在阅读的时候，去了解作者为什么要写这本书，他想传递给这个世界什么样的精神，他为什么会认为自己是最有资格写这本书的人。

其次是用户视角。我们要站在用户视角，告诉每一个人，这本书可以帮助什么样的人完成一件什么样的事，而且要把这种视角传递给所有跟我们合作的人，比如合作的媒体、渠道、推广书的专家等。

最后，还要有编辑视角。要用这么多年形成的专业能力，用合理的结构、装帧形式和编排方式把作者所有要表达的东西表现出来。同时有很好的营销角度，用一些卖点把这些信息以最快、最短的途径抵达到用户。

一旦具备了这三个视角，我就不在乎最后销售的情况如何，我认为我完成了作者对我的嘱托，我也完成了我必须传递给某一类用户信息的任务。

俞敏洪：世界上有很多优秀的著作，刚开始只能卖几本，比如尼采的《查拉图斯特拉如是说》，在他去世之前好像就卖出了几十本，但后来变成了名著。**你有没有选过这样的书？或者说你们目前有没有做得比较失败的书？**

韩焱：没有。有两件事情对我影响非常大。第一，中国出版社都是事业单位，但在国际上，出版是一个产业，同时也是一种商业行为。所以，如果我们想让一个出版品牌熠熠发光，不断存续下去成为百年老店，就一定得让它能够赢得自己生存的一席之地。在这个过程中，一定要有商业眼光，如果总在做一些先烈做的事情，连自己的生存都保持不了，就没有办法继续为用户服务。我服务的是终身学习者，是大量对先进知识有需求的用户，所以这算是我们出版图书的一个原则。就像爱因斯坦说，现在世界上只有三个人能看懂他的论文，我觉得不是我应该去做的事情，可能应该是一些论文期刊、论文网站去做的事情。

第二，我有一个好朋友，清华大学的杨斌副校长。因为我们当时做大量MBA的内容，中国最早的MBA教材和MBA入学考试的书籍都是我们做的，所以我们那时候聊得特别多。他跟我说，你们得重新理解"publish（出版）"这个词，他就把publish里的每一个字母都拆解出来，当成出版人必须有的素质，比如里面的"b"阐释成business sense（商业意识），他觉得在中国出版人里必须有一群人具备business sense，如果没有可复制的商业模式，就没办法自己不断精进，就做不成。所以，这两个方面对我的影响非常大。

4.《把思考作为习惯》

俞敏洪：出版人一般都做幕后的工作，但你最近出了一本《把思考作为习惯》，以比较清晰的逻辑和思路，系统梳理了一个人成长过程中的思考能力、职场能力、行为能力，甚至包括幸福能力，也融合了一些世界上这方面比较好的思想。由于有这样的梳理和融合，这本书整体上比较自成一体，而且有点一气呵成的感觉。而且这本书的编辑工作做得比较好，重要的标题和内容都用红色进行了标注，里面的重要观点用黑体字进行了标注，这样阅读的时候就有两种读法，第一种，可以先轻松地翻阅，红字和黑字马上就能让大家知道这本书的重点在什么地方。通过翻阅，有一些关键术语、关键定义，就能比较清晰地了解到。第二种，可以在读完以后再仔细阅读感兴趣的地方，书里引用了不少商业、日常生活中的案例和历史故事，能够使里面的定义或者某个理论框架得到具体实证，读起来会更好理解。我想问一下，**你怎么会从幕后帮人出版转变成把自己推到台前来，写了这本书？这本书是为什么人而写？你希望什么人阅读，阅读后带来什么样的结果？**

韩焱：有两个事情对我影响比较大。在出版人受的训练里，我们一定是为作者搭建舞台，去想如何能把作者的思想传播出去，但这几年，有些媒体人跨界到阅读的事业中，比如樊登、罗振宇，这给我带来了一些思考。我们以前都会请作者来讲自己的书，不会走到台前替作者去讲，作者是最有资格讲他书的人。我也在"得到"上讲了 16 本书，当时罗振宇是这么说的，其他行业，比如做手机，当我们拿到手机之后，发现不会用，这时候我们肯定说这什么产品啊，界面一点都不友好，肯定就退货了。但如果读者拿了一本看不懂的书，一般就会讪讪地说，是我水平不够看不懂这本书。是不是可以换个思路去想，也许是我们工作没做到位，我们是不是应该往前走一步，让这个"界面"变得更友好，让读者愿意亲近这么好的思想、这么好的书。我觉得他说得很对，所以我就开始想，怎么能够让更多人看到这么好的思想。

另一个对我影响比较大的是，我这些年开始跑马拉松，也成为马拉松大满贯奖牌的获得者。在这个过程中，我收获最大的不是马拉松大满贯奖牌，而是马拉松思维——要想跑好一个马拉松，要有策略，比如第一个 10 公里就不能跑得快，因为第一个 10 公里意气风发，精神状态很好，就容易跑快，但配速乱了，后面的计划就都打乱了。第二个 10 公里，就得补水，不渴也得补水，否则等到真正缺水的时候，状态就已经不行了。如果把我们的人生或者职场看作一个长达 40 年的马拉松，在职场生涯的第一个阶段，我们要怎么样？要找到自己的甜蜜区。第二个阶段呢？可能需要更好地锚定自己的尖峰点。这些策略都需要有很清晰的规划，每个阶段需要有不同的思维工具做支持。

在之前很少有人和职场人聊这些事情，但我觉得大量的读者，尤其是湛庐的读者，都是很有上进心的职场人，希望在人生中不断进步，所以我觉得我的出版事业就是在帮助终身学习者。如果我能够写一本书，帮大家去总结有哪些好的思维工具需要掌握，以此更好地帮助大家，这是我的幸运。

俞敏洪：你在书中提到了"心理能量"的问题，现在大量的人非常焦虑、忙碌、疲于奔命，还有各种外在的不确定因素，比如疫情、国际关系等，导致大家心理能量减少，心智带宽变窄，以至于人到最后无所适从，就开始躺平、放弃，变得消极，甚至不少人产生了抑郁倾向。**你觉得这些焦虑的人应该如何增加自己的心理能量、心智带宽，让他们的日子过得更好一点？**

韩焱：在当下，我特别推荐大家看一看积极心理学之父马丁·塞利格曼的《真实的幸福》。现在我们面临着不确定、不稳定的状态，《真实的幸福》给了我们 PERMA 框架去梳理自己的心理能量，他认为只要做好五件事情，我们就可以把握自己的幸福。

幸福不是命运给予的，外界一旦没有疫情了，或者国际关系更加顺畅了，你就一定会幸福吗？其实不一定。大家也可以回想自己在疫情之前，或者不受现在外界条件影响的时候，困惑吗？当时觉得自己幸福吗？如果答案是否定的，那就证明，即使没有这些外界条件的影响，你也依然不能很好地梳理自己的内在。**幸福是可以自己去获取的，甚至是可以自己去习得的。**

"习得"是塞利格曼特别愿意用的一个词。他是想说，我们一定要知道自己做对了哪些事情就能离幸福更近，所以他提出了幸福 PERMA 的框架。"P"是指积极乐观的情趣（positive emotion），自己要主动地捕捉每一天，哪怕很微小的快乐，比如现在我们被隔离在家，觉得没有什么开心的事情，但每天晚上睡觉前，努力想想，在这一天里，有没有哪一秒让我们当时心里有一些放松，或者有一些小确幸？要把这些都捕捉出来，它们就是那些闪闪发光的东西，把它们放到积极情绪的收藏箱里，就会给我们巨大的鼓舞。"E"是 engagement，就类似于心流，我们要参与到很多事情中去，不要因为疫情或者其他客观条件的影响，就选择躺平。又如，即便是线上办公，我们也可以把自己打扮得漂亮一点，团队成员也可以在线上分享最近有什么开心的事情，大家保持一种对当下的参与度，甚至我们原来没时间做的事情，现在是不是正好可以利用疫情的时间来做？（剩下的"RMA"，"R"是 relationships，指良好的人际关系；"M"是 meaning，指找到人生意义；"A"是 accomplishment，指获得的人生成就。）

俞敏洪：这本书我也翻阅过。翻阅之后我发现，其实自己用的一些方法和书中提到的方法不谋而合，比如刚才提到的小确幸，我十几年前有段时间遇到了很多事，焦虑得已经到了精神疾病的地步，后来我用了一个方法把自己救了过来。我就每天记录让自己开心的事情，很小的事情，比如今天听到了白头翁的叫声，今天吃到了一碗自己特别喜欢吃的面，今天见到了一个人，他说的某句话让我特别开心。我也会记录自己的负面情绪，包括遇到了什么人不开心，或者做了什么事情不开心，为什么不开心，是自己决断能力不够还是自己判断力失误，还是交友不慎等。这样记录以后，我就做了一个简单的调整，在第二天扩大那件让我开心的事情，有的时候甚至故意去做。我发现，当我坐在房间一动不动时，我的负面情绪就会慢慢成长起来，尤其工作压力很大的时候，因为我整个身体都不动弹，血液流通不畅，最后一定会有情绪上的反应，后来我就学会了在办公室每坐一个小时就起来原地跑 1000 步，立刻就能感觉到情绪开始往正面的方向调整了。

后来我就会寻找能让我开心的事情，并且扩大，然后减少或者避免会让我产生负面情绪的事情，慢慢地，我每天的正面情绪都会比负面情绪多一点，而且我也学会了有些事是我们人生中不一定能解决的，解决不了就干脆放那儿，让时间去解决，随着时间推移，这些事慢慢就不那么重要了。

塞利格曼这本书最大的好处是，让我们感觉到，通过自己的训练，幸福是唾手可得的，并不是一个遥不可及的事。大量讨论幸福的书籍会把幸福放在哲学层面来讨论，这就常常会有一种虚无缥缈的感觉，因为大多数人达不到追求哲学的高度。塞利格曼用很多小练习和方法，从战术层面让一个人慢慢调整到开心幸福的状态，所以这本书确实是一本不错的书，我也同意你的推荐。我还有一个问题，**你在书中还提到了一个概念"元无知"，你想通过这个概念表达什么呢？**

韩焱："元无知"就是你不知道自己不知道什么，这种状态叫"元无知"。在现在知识大爆炸的时代，真正不知道自己不知道什么的元无知状态的人，更多的是那些在某个领域里已经有一定经验，或是有一定知识储备的人。他们觉得这些我都很了解了，但世界在往前发展，知识也在不断增加、暴涨，在这种情况下就很容易不知道自己不知道什么。这种状态在心理学上叫"达克效应"，**这种状态非常可怕，当我们知道自己不知道的时候，还可以去学习；当我们不知道自己不知道的时候，简直就无从下手，甚至还会有一些自鸣得意**，所以需要警惕这样一种状态。

有一些心理学家，比如弗林，他就提出了一个"弗林效应"，他觉得现在我们常常会遇到一种状态，觉得我们都已经付出了巨大的努力，每一年付出的努力可能都比上一年多，可为什么我们在工作上得到的回报反而没有之前多？为什么我们做起工作来那么不顺手？其实是因为现在面临的复杂时代，能够留给我们友好的工作越来越少。什么叫"友好的工作"？有规律可循、之前的经验可以复制、有师傅手把手教，或者参照一些规章制度去做。但现在没有这种工作了，现在更多的都是棘手的工作，以前没有遇到过的事情，或者事情没变，但背后的机理发生了变化。在这种情况下，就没有规律可循，迫不得已必须去学习新东西，要打破这种元无知状态，要时刻警惕，我是不是有什么东西不知道？它是不是妨碍了我？

5. 读"树根""树干"一样的书籍

俞敏洪： 2500多年前，庄子说过："吾生也有涯，而知也无涯。以有涯随无涯，殆已！"意思就是，人的一生那么短，想要知道的东西无边无际，以我有限的生命去追随无限的知识，最后弄得自己筋疲力尽、不知所措。现在面对知识大爆炸，任何一个人都明白自己知道的其实不够多，但在知道自己不知道的前提下，我不知道我应该去知道什么东西。这么多复杂的信息，各种杂乱无章、汹涌而至的正反面观点，让人迷惑。所以，**书永远是读不完的，在这个前提下，一个人能怎样以比较简约的方式来获取对自己有用的知识和信息，并且用来指导未来自己的人生和工作？**

韩焱： 我明白，可能知识确实是学不完的，但有很多方法帮助我们搞清楚自己应该学什么，甚至不一定都要通过阅读来学习。现在能学习的方式多种多样，但要把握一个原则，我们一定要去考察自己学习的东西是不是底层高级观点。以前有人问，湛庐是怎么给大家挑书的？我说这就像一棵树一样，我绝不挑树上的叶子，那些一片一片的叶子，我这辈子都出不完，但越靠近树根的东西我越愿意出。**我希望大家能够去学一些更根本性的、本质性的东西。**比如，可以看它是不是可迁移，如果现在学的知识本身只能用在这一类事情上，甚至只能用在这一件事情上，我建议不要花时间去学。一定是我学到的东西既可以用在这类事情上，同时又可以用到那类事情上，如果它能给到一些可迁移的观点和视角，这类东西就是需要学习的。

湛庐总在做跨界、跨域的内容，就是想提醒大家，一定要让知识具有迁移性，如果没有迁移性，永远都学不完，而且它不会对我们的底层思维产生根本性的影响。

俞敏洪： 这个"树叶"的比喻特别到位，同样一棵树，要想把每一片树叶学清楚，一辈子都搞不完。我个人把读书比作你是在读树叶、树枝，还是在读树干、树根。一个人在阅读之前应该更多去了解，哪些书是真正的树根，哪些书是真正的树干，树根和树干的书才能培养我们的思维能力、判断力、价值体系、容纳力,以及雨果所说的"比大海更广阔的是人的胸怀"的能力。**在你的阅读生涯中,哪些书对你来说是树根、树干?你有出版过这样的书吗?**

韩焱:我觉得有很多。像《千面英雄》和《影响力》对我的影响都挺大的。当年我读《影响力》的时候,其他出版社已经出版过了,是把它当作社会科学的书给大家介绍的。我当时就觉得这本书更接近树干或是树根的状态。人本身是有出厂设置的,人类存在在世界上,有我们这个物种根深蒂固的一些心理机制或者说人性,我们躲不开,那就要去了解它,了解我们可以怎样避免它的不利影响,怎样往好的方向去引导。

大约在 40 年前,那时候还没有脑科学的大量研究,也没有神经科学、行为科学,社会心理学家西奥迪尼就通过自己到各个地方卧底,比如销售机构、推销机构,总结那些特别成功的、能够影响别人的说服力专家到底都做对了什么,结果他发现了六大共同点,如果能运用好这六大武器[1],在绝大多数的情况之下,我们都能够让别人对我们的要求说"是"。

以前出版社出这本书的角度是,怎么能让大家了解六大武器,让大家不受骗,但我自己看这本书时,得到的启发是,如果我想传播好的东西,想传播先进的思想,想把一些好的产品卖给别人,这本书给到的六大武器就是非常根本性的东西。这本书改变了很多人的人生,同样也让我的人生和事业得到了很大的受益。

俞敏洪:坦率地说,我刚开始没有读过这本书,但后来发现我做的很多事情印证了里面的一些观点。比如,他说的互惠原则,我在 20 年前演讲的时候就讲到了互惠原则,当然跟他的说法有点不太一样。我一直认为,一个人只有抱着帮助别人的心态才能让自己取得成功。又如,他说的社会认同,我一直认为一个反社会的人格是不可能取得成功的,一个没有良好社会关系的人格也是不可能取得成功的。再如,承诺与一致等,**所有书中说的东西都涉及人品问题,也就是说,任何一个人想要取得成功,最后都要看他最根本的人品、人格建设。**

---

[1] 在《影响力》(全新升级版)中,西奥迪尼新增了"联盟"武器,将六大武器升级为七大武器。

我也看过你讲西奥迪尼的一个短视频，好像他去买一台电视机，推销员告诉他这个电视机是最后一台，让他赶快买，他也不知道推销员说的是不是真话，反正犹犹豫豫地就买回去了。买回去以后，他就觉得自己被骗了，第二天又到那个商店去。商店里的另一个人告诉他，昨天某个顾客买走了最后一台，他就发现这个推销员说的是实话，就写了一篇评论，赞扬这个商店，也赞扬了这个推销员。听了这个故事后，我深受感悟。我做生意的原则是宁可告诉别人我不行了、我做错了，我也不能欺骗对方，否则到最后被戳穿了，信誉度就没了。所以，我个人感觉西奥迪尼的《影响力》是基于人格、人品的影响力构建，这本书确实可以作为树根、树干来对待。

6. 文字阅读让人越来越聪明

俞敏洪： 你在各种文字和表达中都强调了"亲自阅读"，一个人读书要自己读，而不是看电视或者听人讲书，为什么呢？

韩焱： 这是世界上最著名的脑科学家斯坦尼斯拉斯·迪昂提出来的，他应该是世界排名第一的脑科学家，也是法国科学院院士。他有一项研究，专门研究大脑和阅读的关系。他发现，各种文化或者各种语种的人，在看图片、人脸的时候都不能激活大脑的左侧枕颞区，只有看文字的时候才会激活这个区域，这就是人类的阅读器官。那为什么一定要激活左侧枕颞区呢？因为只有先激活了它，才能激活有创造力的脑区。大家都很希望自己是聪明人，我们想要有无限创造力，想有创意，想把事情做好。**当我们有创意的时候，都是这个创造力脑区在发挥作用，怎么能够更多地点亮创造力脑区？其中一个重要途径就是通过点亮阅读脑区，而只有通过读文字，我们才能激活阅读脑区。**

我们听别人讲书，或者去看没有文字的绘本和图画，也都有好处，但它们都达不到阅读文字的效果。另外，当我们大量阅读文字，会让大脑后面的胼胝体（胼胝体是连接左右脑的通道）变厚，这相当于我们打通了左右脑的高速公路，扩充了几条车道，当左右脑之间的信息交换变快，整个人也就会变得更聪明。

为什么强调亲自阅读？因为别人读了书讲给我们听，是不经过我们阅读脑区的，而是通过耳朵，激活的是听声音的脑区，但这完全不能刺激到创造力脑区。所以，脑科学家告诉我们这么一个直白的证据，我们不应该丧失这么好的激发创造力的通道。

俞敏洪： 阅读对人脑的好处，在脑科学上已经有了充分的证据。**通过阅读可以使大脑的阅读区更活跃，思维能力、思维速度、思考能力会得到极大的提升，所以阅读是无法被视频、声音所替代的。** 那么，对孩子来说，想要训练他们大脑的成长速度，天天让孩子看视频或者通过听故事来学习，都远远不如让孩子认字以后自行阅读、训练来得更加有效，对不对？

韩焱： 对。阅读脑区旁边的脑区是辨识图画、人脸的一些脑区。科学家发现，阅读脑区是用进废退的，如果总看一些图画，比如孩子小时候看了太多绘本，旁边辨识图画的脑区就会把阅读脑区的脑细胞抢过去，看图画的脑区就越来越大，阅读脑区就变得越来越小。到了一定年龄，读的字数越来越多，就又会把看图画脑区的脑细胞抢过来，阅读脑区就会变得越来越大，这样对激发孩子的创作力就会越有帮助。科学家特别强调，到了一定年龄后，一定要让孩子多读有字书，而不能再让孩子看更多绘本了。

俞敏洪： 我小时候要是看书，我母亲就会念叨，不要老这么看书，看多了会变成书呆子，人就傻了。**那现代人让孩子多读书，会不会也变成书呆子？还是说，不同的时代有不同的指向？**

韩焱： 有一个理论可以解释这个问题。未来学家、教育学家戴维·索恩伯格在《学习场景的革命》一书中提出：他发现人类学习分成了四大场景，一个人总自己在那儿读书，实际上只是用了一种学习场景，叫**洞穴场景**，就是一个人钻到洞里，和外界没什么接触，只跟书籍对话，自己看到知识之后就储存下来。此外，还有三种场景，一种叫**营火**，就是一对多，老师一个人讲，很多人在听，这是一种集体传授智慧的方法，我们大量的知识都是通过营火这个场景获得的。另一种场景叫**水源**，所有动物要喝水都会聚集到水塘旁边，各种动物就会有交谈，这就像我们会在公司的茶水间讨论各种各样的事情，这是多对多的场景，大家聚到一起迅速把局部的经验扩大到整体。最后一种场景叫**山顶**，我们必须要去实践，必须要亲自爬山，在这个过程当中应用我们曾经学到的东西。也就是说，我们要承接一些任务，亲自去完成它，就是在工作中学，比如我们承接了领导交代的一个任务，最终完成了，这也是一种学习场景。只有不偏好任何一种学习场景，从洞穴到营火到水源再到山顶，都能够有所经历，才是一个真正的学习者，才不会变成所谓的书呆子。

俞敏洪： 这个比喻很到位。我理解当我妈妈那一代人说书呆子的时候，他们引用的是古代的概念。古代为了考科举就读"四书五经"，而且所有的考试也不能离开"四书五经"，真把自己读傻了，以为"四书五经"的每句话都能用到现实中，这就有点食古不化，最后变成了脱离现实。

现代读书，一是各种书本身的思想观点都有互相交锋、互相冲突的部分，也就是说要靠自己的思辨能力和分辨能力，去看哪本书中的观点正确，哪本书中的观点应该弃用。从这个意义上来说，现在读书时，书中观点的交锋就已经给我们带来了思考力的提升，不太容易变成书呆子。二是现在大家读了任何一本书，都可以到"水源地"进行交流，就会产生更多对于这个观点的思考。三是要去实践，通过实践很快就能知道书中的观点是不是适合我们，如果不适合，甚至可以对这个观点进行适当的改造等。所以，现在读再多的书，也不太会变成书呆子，书本身就已经够丰富多彩了。这是我个人的感觉。

7. 面对不确定性，如何保持希望感

俞敏洪： 不管是读书也好，追求职业发展也好，创业也好，总而言之有一个核心点，就是希望自己未来过得更好，也希望自己未来的事业更有价值，或者自己的生命变得更有意义。你在一次演讲中专门提到了"希望感"，新东方有一句用了30年的校训，"从绝望中寻找希望，人生终将辉煌"。之所以说这句话，是因为我觉得这个世界在大部分情况下并没有真正的绝望。

你是一个充满活力的人，也是一个有着召唤意识的人。这样的人，不管遇

到什么样的事情，似乎内心都充满着某种希望感。但**现在的年轻人遇到了各种各样的失望，比如找不到工作，买不起房子，要谈恋爱也遇不到合适的等**，面对这样的情况，你觉得年轻人应该用一种什么样的心态来对待？他们如何保持自己心中的希望感？

韩焱：这几年，疫情加重了大家的不安或者绝望感，其实在疫情刚刚发生的那几个月，我也有这种感觉，我还是从阅读里面找到了寄托。本来我是为了缓解疫情带给我的焦虑，读着读着，结果反而把自己读开了。后来我在"2022湛庐年度大会"上和大家分享，**希望感才是我们能拥有的最大的幸福，我们丧失什么都不能丧失希望感。**

所有人，不光是年轻人，也包括老年人，都有一个问题，日常总会不自觉地拿一个什么东西来定义自己。我以前看过这么一个故事，戏剧大师阿瑟·米勒写过一个作品叫《维希事件》。当时犹太人受到纳粹迫害，有一个社会精英，非常成功，有很好的学历，有各种证书，有很好的社会地位。这时候一个纳粹军官出现在他面前，说要把他带离这个地方。他很自傲，拿出了各种荣誉证书，放了一桌子，想证明自己的成功。这个纳粹军官就问他，这是你所有的成就吗？他点点头。纳粹军官说好，然后就全部撕了，扔到垃圾桶里了，这个精英就疯了。

他为什么会疯？因为他认为刚才桌上的那些东西定义了自己的一生。当有人认为这些东西一文不值并全部摧毁的时候，他完全丧失了可以去理解自己或者定义自己的东西。**如果外界给我们很多打击，或者我们面临一些局限、一些约束，我们丧失了我们原本定义自己、看待自己的那些标准，这个时候应该怎么办？这时候我们能不能用跳脱的能力，不再受原来定义自己的那些东西的束缚，但依然能找到自己存在的意义和价值？**

这个事随时都可能发生，比如企业家是拿企业来定义自己，如果有一天战功没有了，会不会崩溃？有人拿孩子来定义自己，如果孩子不孝顺，或者孩子不尊重自己了，是不是就无法认可自己了？但这些都不是真正的自己，唯有抛掉了所有这一切，我们依然可以接纳自己，人生才有意义。

俞敏洪：这个故事有一个核心点，**人的成长和人的发展不要太依赖于外部**

的东西，不管拿到多少博士、硕士学位，不管拿了多少荣誉和奖章，也不管买了多少房子和汽车，其实它与我们生命的本质和发展并不一定有着必然的联系。

我其实很早就有这个意识。我到今天为止还是北京大学学士，我原本有机会成为硕士，甚至成为博士，但我没有去学。我认为如果我自己有学习的心态，内心有明确的追求，那读硕士、博士这件事对我来说就不那么重要了。当一个人太多依赖于外在，甚至包括依赖于他人，完全没有自己的独立人格，无法独立发展，或者过分依赖公司、领导等，一旦这些外在的东西崩塌以后，人的内心就很容易崩塌，随即就容易陷入某种绝望感，失去希望感。**实际上，希望是内心土壤中自己成长起来的一棵苗儿，这棵苗儿需要靠自己内心的坚强和对未来的期待来养育。**

韩焱：是的。今年有很多人问我，如果继续下去，没有了工作怎么办？原本要去求学，但现在没办法顺利求学了怎么办？我原本的计划，现在条件已经不允许了怎么办？其实越是对自己有追求的、越有中长期计划的人，可能现在的焦虑感就越大。这里可以分享一个故事。

山顶上有一个庙，早上老和尚带着小和尚下山，一路阳光灿烂，风景特别好，小和尚很开心。晚上化缘回来，他们走到山脚下，还得爬回庙里，这时候天已经黑了，他们只有一个小灯笼，小和尚很担心，就问老和尚，师父，天这么黑，路这么远，悬崖峭壁上还有野兽出没，咱们俩就只有这么一盏小灯笼，怎样才能回到山顶？老和尚很淡然，说了三个字："看脚下"。这个故事非常鼓舞我，**在人生的很多阶段，我们有可能都会遇到这样的黑天，只有一盏小灯笼，但我们还有生命力的微光在，我们就应该用这点微光走好我们的路。人生就是这样的，这就是我的希望感。**

俞敏洪：所谓"脚踏实地，仰望星空"也是同样的感觉。一个人如果天天好高骛远想着十年八年后能做多大的大事，尽管可以想，但并不足以解决当前的现实问题或者心理问题。最重要的是刚才所说的"看脚下"，眼前我们所碰到的事情能处理好吗？能用更好的方法来处理吗？遇到问题能够有更好的心态吗？这其实就是看脚下的一种本领，没有脚踏实地，仰望星空也无所依凭。

韩焱： 看脚下，就是现在我们要活下来。前段时间很多人都在看《人世间》，大家也在说一辈子都没抓到一手好牌，不断地在抓烂牌。那个剧的意义在哪儿？我看完以后觉得就是活下来，活下来就能有一切。

俞敏洪： 你的未来、湛庐的未来，有什么打算？

韩焱： 湛庐一直以来都在引领大家看未来，一进我们公司，就有一个 showroom（展示室），放了我们做的所有产品，会看到面向未来的管理、视野、教育、生活的书籍等，我们想带着大家看 10 年以后或是几十年以后的事情，甚至我们有《生命 3.0》这样的书，告诉大家在几百年甚至 1000 年以后，应该如何和 AI 相处。

我们已经不缺乏面对未来的一些视角。但在每一个当下，都要依据现在的局势做一些调整。在目前的状态下，我们要有这样一种心态，做好每一件事儿。就像现在，我能够不裁员、不减薪，能够继续带着兄弟姐妹一起走下去，我们就能够面对呼啸而来的未来。

我们也有一些具体的计划，比如疫情发生后，我们更感觉到了新零售方面的趋势，湛庐这两年特别关心的是 DTC（电商模式），直接面向消费者我们到底应该怎么做？之前我们已经调整了渠道，大力发展自己的私域，有效缩短了我们的产品抵达消费者手里的时间长短。接下来我们认为所谓的"DTC"不光是指要缩短产品抵达用户手里的时间，更重要的是产品信息，或者想传达的某类有价值的东西抵达用户手里的时间，也就是说要让信息传递更快，要让产品的有效性能更快地抵达用户，这是接下来湛庐要去更好落实的。

俞敏洪： 活下来真的非常重要，尤其是现在的状态，无数创业者、无数企业都想要活下来，无数的年轻人也想活得更好。但我有一句话，**"活着其实不是一场苟且偷生的旅行"**。也就是说，活下来很重要，但活下来后，如何让自己活得更好、活得更有价值、更有意义，也更加重要。你的创业历程和湛庐的运营理念、发展理念以及对未来的布局，恰恰体现了不仅仅要活下来，而且还要活得更好，活得更有价值。

8. 荐书时刻

俞敏洪：湛庐出了不少书，我们最后再用几分钟，给大家推荐几本值得买的书吧。我首推《**把思考作为习惯**》，这是韩焱老师自己写的书，这本书可以算是思想的整合，里面涉及很多如何通过思考让自己形成好习惯，让自己的人生能够走得更好，让自己的职业发展得更好，让自己的幸福得到更好的提升的概念。

韩焱：谢谢俞老师。我想先推荐几本教育的书，比如彭小华老师翻译的《**如何让孩子成年又成人**》，这本书的作者是斯坦福大学的新生教务长，她看了太多的孩子，这些孩子能上斯坦福，看起来都很优秀，而且也成年了，但她觉得他们并没有真正成人。所以，这位教务长就把这几十年来看到的真正成人的故事写了出来，而且她说不要等孩子真的上了大学才来解决这个问题，要从孩子很小的时候，在小学、中学就构建这样一种教育体系。

俞敏洪：这本书是我的朋友彭小华老师翻译的，文笔也不错，比较适合初中、高中的家长，也适合高中孩子自己阅读。怎样在我们成年的时候能够变成真正成熟的、独立的以及有自己发展前途的人？这本书中举了很多案例来解答这个问题，确实值得大家阅读。

韩焱：第二本是西格尔的《**由内而外的教养**》。在中国，很多成人都觉得自己原生家庭的问题特别大，自己从小没有在一个很好的家庭里成长，父母没有很好的教养观念，导致他们缺失了很多。但我们在教养自己孩子的过程中，就是将原来缺失的东西补上的过程，所以在教养的过程中，我们要和孩子共同成长，不要再抱怨自己的父母没有给我们什么，而是现在的我们应该学会什么。一方面补足自己原来在教养过程中没有得到的东西，另外一方面把它传递给孩子。要记住，最好的教养是父母和孩子一起成长。

第三本书是《**幸福的家庭**》，作者戈特曼被称作"婚姻教皇"，他是一个研究亲密关系非常有名的科学家。一对夫妇到他的实验室，连上各种测量他们生命体征的仪器之后，对话不需要超过 5 分钟，戈特曼就可以根据那些生命体征判断这对夫妇未来离婚的概率有多大，这个判断的准确率是相当高的。他告诉我们，如果大家要有非常好的亲密关系，就需要注意几个日常沟通的问题，他在这本书里给了几条建议。戈特曼这些理论不仅可以用到亲密关系中，还可以应用到团队沟通中。

《福格行为模型》这本书也很不错。福格是斯坦福大学的一个教授，专门研究习惯养成，他认为习惯养成包含了三个要素的行为模型，只有那三个要素都同时发挥作用，我们才可以不依靠自己的意志力，不费劲儿地、很轻松地抛弃掉坏习惯，养成好习惯。不管大家是想让孩子养成一些好习惯，还是想自己养成一些好习惯，甚至想帮助用户制造一些习惯养成型的产品，这都是底层逻辑。

《轻松主义》我也很推荐，作者是斯坦福大学的老师格雷戈·麦吉沃恩，他曾经开设过一门特别受欢迎的课"设计你的精要人生"，后来这位老师就写了《精要主义》，以及这本《轻松主义》。《轻松主义》告诉我们，在生活中把简单的事儿变复杂特别容易，把复杂的事儿做简单其实不容易，但面对很多事情，我们能不能想出更简单的方法来把事情做成？这就是轻松主义的思想，轻松主义不是说不思考，而是说我们遇到事情就要想，有没有更轻松、更简单的方法把它做成。如果大家一直这样去想，实际上就可以驾驭更多更重要的事情。

俞敏洪： 这本书其实是帮助大家改变自己行为心态的书。也就是说，本来在我们看来很多很难的事情，如果换个方式去看，其实并不难。本来看起来很复杂的事情，如果换个做法，就会变得特别简单，包括做事情和为人处世。它的中心点就是，很多时候，很多我们自以为很严重、很复杂的事情，都可以用一种不怎么花力气的方法做出来，所以这里面的 effortless 并不是让大家躺平，而是说大家可以通过一些轻松的方式去做成很多事，这也是一本大家读完以后有所收益的书。

韩焱： 针对职场人，给大家推荐一下《远见》。我们在职场上必须要有马拉松的思维，不管是职场新人还是现在要转型成一个团队管理者，甚至是可能面临退休的人，都可以把自己的职场生涯阶段对应进去。这本书的作者是奥美国际首席执行官。奥美是一个很有名的广告公司，在这本书里，他把人的职场生涯分成了三大段，告诉我们不同阶段应该采取什么样的策略去积累什么样的职场燃料，如何积累自己可迁移的技能，让我们顺利地把自己的职场生涯延伸到退休之后。这个策略很重要，对每个职场人来说，都应该具备这样一种远见。

俞敏洪： 谢谢你的推荐，希望我们的粉丝能够多读书、读好书。由于时间关系，今天推荐书就到这儿为止，感谢韩焱，非常高兴和你对谈了两个多小时。

韩焱： 好的，谢谢俞老师，再见。

（对谈于 2022 年 5 月 18 日）

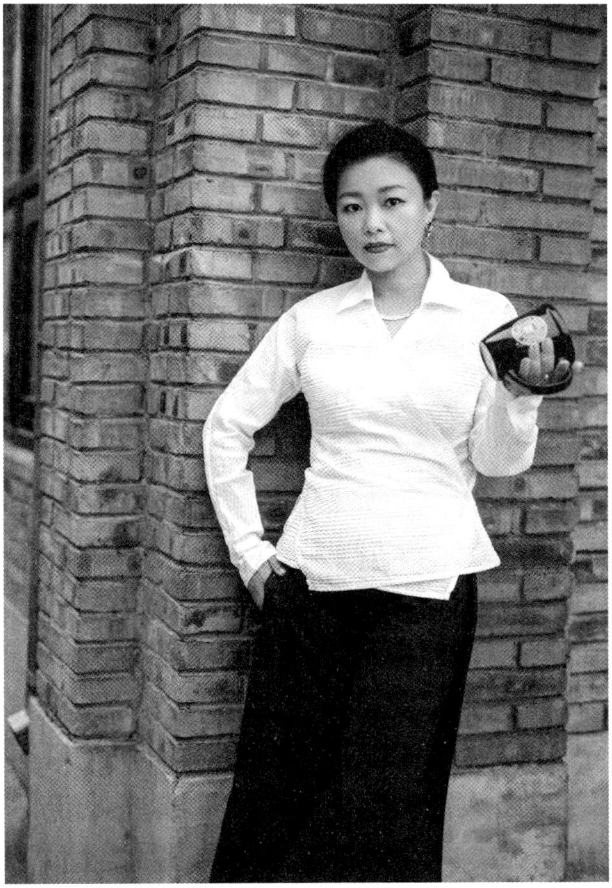

对话 **凯叔**

为了孩子：凯叔创业的不易和坚守

烦恼不是打击孩子的砖头，而是帮助孩子成长的一颗糖。

创业这件事往往跟智商没关系，关键是你是否有坚持的勇气和放弃的智慧。

凯叔 /

1979年出生于北京，毕业于中国传媒大学。原中央电视台主持人，从小爱读历史的历史迷，高人气儿童故事大王，全民阅读推广大使。创办了万千用户喜爱的"凯叔讲故事"App，已出版传统故事、国学经典、科普故事等题材少儿读物百余本。

俞敏洪：今天和我对谈的是光头凯叔，他的口才非常好，声音也非常好听，今天就一起来听听他的创业故事，谈谈他半生用自己声音来讲故事的体会，也许对大家有所启示。

——对谈环节——

1. 孩子们的"恋爱"

俞敏洪：凯叔好！你是不是开美颜了，怎么显得比平时好看了？

凯叔：俞老师好。还真是有点美颜，我怕对不起俞老师。

俞敏洪：哈哈，你一开美颜就显得我太老了。你写的东西，包括你给孩子讲的东西，口气有点像小孩。你出版的书，我特别喜欢读。我特别喜欢看儿童作品，儿童影视剧、动画片，无论是中国的还是国外的，我几乎一个不落地都看过，儿童书籍，比如你写的《凯叔·水浒传》《凯叔·西游记》《凯叔·三国演义》，我几乎都翻过。

凯叔：我给您预告一下，《凯叔·红楼梦》最后一集刚刚上线，我终于把四大名著都给孩子们做齐了。

俞敏洪：《红楼梦》也收官了？你给孩子们讲《红楼梦》，是要教孩子们谈恋爱吗？

凯叔：不是。关于解《红楼梦》这个题，我们就研究了6个多月，到底该不该给孩子讲《红楼梦》，后来还原到《红楼梦》本身，就会发现特别有意义。林黛玉进贾府的时候多大？9岁。当时贾宝玉10岁，薛宝钗11岁，最大的王熙凤17岁，特别像我们把孩子送到了小学，他们要进入到青春前期了。所以，到底该怎么给孩子讲《红楼梦》呢？其实是讲青春成长史，大观园里这些少男少女的青春成长史，特别有意思。

俞敏洪：对啊，按照这个说法，在贾宝玉、林黛玉、薛宝钗的那个年纪，就已经情窦初开了。现在的孩子到了小学五六年级，到了初中，其实也有这样朦胧的感情，在这方面你对家长们有什么建议吗？

凯叔：其实很多父母也会问我这个问题，就是恐慌，偷偷看孩子微信，突然发现孩子好像会有一些你喜欢我、我喜欢你的情感流露。父母的很多焦虑是建立在自己的人生阅历上的，其实孩子没想那么多，喜欢也好，不喜欢也好，变化特别大。这时候如果我们告诉孩子，不行，你不能早恋，就会强加给孩子"粉红大象"的概念。越禁止，孩子越想探究，越想体验。

这时候不如做孩子的朋友，不禁止，而是跟孩子聊，你喜欢他什么呀？什么时候开始有这样感觉的？你觉得你在他身上可以学到一些什么东西？当父母让孩子愿意这样敞开心扉的时候，就会发现自己和孩子之间没有秘密，有了这样沟通的前提，才能保护孩子。所以，早恋不早恋，这是标签，我们先说要不要把"恋"这个字贴在孩子的脑门上，再说要不要贴"早恋"这两个字。

俞敏洪："早恋"两个字其实没必要贴上去，坦率地说，孩子们并不是恋，而是双方都有朦胧的好感。新东方有一个同事就做得特别好，他女儿11岁，喜欢上自己同班的小男生。小男生学习成绩很好，而且小男生跟小女孩的关系很好，其实就是纯洁的友谊关系。孩子讲了以后，父母就对他们这种关系进行引导，父亲还来找我，说他的孩子喜欢读我的书，希望我能签两本书，一本签给他女儿，另一本签给那个小男生。他们之间就有这么一个互相学习的友谊，这就特别好。

其实这是人的本性，我记得我第一次给小女生送手绢，大概是在我小学三年级的时候，那个小女生就把手绢给扔了，让我伤心了很长时间。你小时候什么时候对女生产生好感的？

凯叔：您不问我，我都快忘了。我第一次有好感，大概是在小学四年级的时候。那时候转学进入到一个新环境，看到一个小学大队长，是一个女孩，我可太喜欢大队长了，觉得学习又好，长得又漂亮，人缘又好，老师也很喜欢，但也就是这么一阵儿。再后来可能就是上了高中之后，那时候特别喜欢表演，就去青年戏剧班，很多有共同爱好的少男少女在一起，这时候就会心弦拨动，会有这样的感觉。

2. 讲故事是凯叔自信的基石

俞敏洪：听说你喜欢讲故事的能力在幼儿园就被激发出来了，你在幼儿园就给别的孩子讲故事？你这么早熟吗？

凯叔：我特别早。我小时候父母都很忙，他们是双职工，经常把我扔在床上，就去忙自己的事情了。那时候他们发现一个秘密，如果他们给我讲故事没讲完，我就会站在那儿不走，扶着床颤巍巍地站起来，开始自己给自己讲，这边是小白兔，转过来就是大灰狼。他们就觉得这孩子有意思，但是没把这个当回事。

上了幼儿园以后，我遇到了一个特别不好的幼儿园老师，她天天打我，因为我太淘了，特别淘。淘到什么程度？小朋友们去上洗手间，我就会拿一个手绢进去，然后在门上系一个死扣，谁都出不去，特别淘。老师就天天打我，她有一个水舀子，这水舀子有两个功能，一个是舀水，另一个是打王凯。而且我还有两次阴影，到现在都记得，她曾经把我装到一个双缸洗衣机里盖上盖，下午把我举到窗户边上，说你再不听话我就撒手了。但突然有一天，她不打我了，她开始对我很温柔，因为她突然发现我在给别的小朋友讲故事，别的小朋友都极其安静。从此以后，只要进了幼儿园，她就告诉我，王凯，你去讲故事，她就在旁边打毛衣，不上课了。

这件事给我的影响极大，原来我是一个在班里特别没有地位的孩子，老师天天指责我、打我，现在突然间我就有了当老师的权利，老师也开始维护我。我那时候要天天讲故事，讲故事的时候就会给我带来一种荣耀感，一种被看见、被尊重的感觉。所以，那时候我不但讲故事，回家还背故事，买各种各样的故事磁带听着背，背不下来我还流眼泪。再后来，背故事的速度赶不上给孩子们讲故事的速度，我回家就开始备课，自己做识字卡片，我妈给我剪了一个一个的圆卡片，正面是汉字，反面是拼音，我就拿着这摞卡片到幼儿园给孩子们上课。那时候我就四五岁，在这个过程中，我不断得到正向激励，我就爱上了讲故事。从此以后，做任何事情没有信心的时候，我就会想，我讲故事比别人强。

俞敏洪：给自己找到了一个自信的基石。**一个孩子从小对自己某一个方面的能力和才能有超于其他孩子的自信，从心理学上来讲这对孩子的成长特别有好处。**比如，你数学特别好，语文不好，你依然会觉得自己挺厉害；你语文特别好，数学不好，也依然觉得自己并不差；或者你学科都不好，但你篮球打得比谁都好，也行。但如果什么都不好，就会有问题。你从小到大的这个过程中，寻找到的自信的支柱就是你讲故事讲得比谁都好。

凯叔：是的。我从小其实是学渣，学习成绩并不好，但我会讲故事；我长得不帅，但我会讲故事；我体育成绩不好，但我会讲故事，这一点一直支撑着我。这一点能在什么场景下表现呢？不过就是在每年元旦联欢会上，或者代表学校去区里参加比赛，演讲比赛也好，讲故事比赛也好，小时候就特别盼望这样的机会。

俞敏洪：你幼儿园的老师一直惩罚你，有没有带给你心理阴影？但也是这个老师偶然发现了你讲故事的才能，把你推到了给孩子们讲故事的岗位上。这个老师一方面惩罚了你，另一方面又给你带来了发展讲故事特长的机会，面对这样的老师，你现在有什么看法？

凯叔：我觉得把我逼成这样是一个极偶然的事情，我们不能把偶然当成必然，毕竟用现在的视角来看，这个老师的行为就叫虐童。客观来看，她也许在那个时候非主观地帮助了我，但在她的从业生涯中，我相信依然会给无数孩子带来阴影，这是不可宽容的。当我每次讲起这个故事，都会有人问我会不会感谢她，我说我一点都不感谢她，对儿童不管是冷暴力还是硬暴力，这样的人都不值得感谢。

俞敏洪： 幼儿园老师应该去发现孩子的特长，并且鼓励孩子发展特长，但同时也要注意不要对孩子的心理造成太多伤害。作为幼儿园老师，面对3～6岁的孩子，如果用惩罚的方式来管理孩子，对孩子的伤害远大于对孩子的好处。

3. 正向激励对天赋的加持

俞敏洪： 从你的描述能看出来，你小时候非常活泼，而且喜欢表演，这边扮演孙悟空，那边扮演唐僧，自己和自己对话。这种能力是父母在你长大的过程中给你鼓励引导出来的，还是你自己就喜欢这么做？

凯叔： 我父母都不是干这行的，他们在工厂做工人、做设计师，他们也不知道我为什么会这样。但有一点，从小我们家买的书比较多，我们小时候没有现在孩子们看的绘本，都是小人书。我在很小、还不太识字的时候，就看《西游记》《三国演义》《西汉演义》的小人书（连环画）。没有钱买的时候，就去租，1分钱一本，所以小时候看了大量这样的连环画，也会在脑子里幻想，把自己想象成某一个英雄人物。甚至小时候我自己编故事，总有一个角色叫"好人"，好人在不断和坏人对抗，这是我小时候自己在心里的创作。**我觉得可能是由于从小父母给我营造了很好的阅读环境，让我开始喜欢故事，并且喜欢讲故事、写故事。**

俞敏洪： 我觉得还是要有一定天赋。我小时候也读连环画，那时候我母亲唯一允许我拿钱买的东西就是书店里的书，肯定都是买各种连环画。但我买回来读了以后，从没产生过要给小朋友讲故事的兴趣或者愿望，所以到今天为止，我读完一本书，再把书中的故事复述出来的能力依然比较差。但你自己读完你会去扮演角色，这和你的天赋有关系吗？你觉得孩子本身会有天赋吗？家长应该如何观察并培养孩子的天赋或特长呢？

凯叔："天赋"这两个字在我心目当中还可以用另外两个字来解读，就是"热爱"，天赋等于热爱。孩子为什么热爱？其实在绝大多数领域里谈不到天赋，甚至在很多需要天赋的领域里，只有走到山峰最高处的时候，天赋才会带来不一样的影响或者结果，大多数从业者是和天赋无关的。

有一本书叫《异类》，这本书里写了一个极其经典的案例，我们认为运动员都很有天赋，尤其是顶级运动员。拿冰球运动来说，在冰球的世界中，第一强队一定是加拿大队。后来就有人发现，在加拿大国家精英队中，有50%的人出生在1月、2月和3月，非常集中。为什么？其实就是因为这些人比别人早出生，而加拿大选拔孩子的分界线是1月1日。这些小朋友从五六岁开始接受训练，1月出生的孩子和当年12月出生的孩子在一起训练、一起学习。我们知道，在很低幼的时候，孩子差半年，他们的骨骼发育、协调能力、肌肉强度都会有很大的差别，于是早出生的这些孩子就收到了更多的掌声，有了更多好的比赛，有了教练的鼓励，他们更早地晋级。一开始差距只有一点点，随着时间的推移，这个差距就越来越大，最终导致加拿大的精英队里绝大多数都是1月、2月、3月出生的孩子。

从某种程度上来看，这并不是因为天赋，而是因为这些孩子热爱。就像我，我是热爱讲故事吗？不是，我是热爱当我讲故事的时候所得到的尊重和被看见的感受。这些运动员也是这样，因为在训练的时候，能不断地被正向激励，于是他们真的表现得越来越有天赋，成绩也会越来越好。

俞敏洪：我部分接受这个解释。我个人认为，在某种意义上，孩子们在长大的过程中，会或多或少根据他们自己的个性特征显示出一定的倾向性爱好，比如有的人外向一些，有的人运动能力好一些，有的人语言能力好一些，有的人数理逻辑思维好一些，有的人形象思维好一些等。比如，你口才语言能力好一些，这还是和天赋有一定关系。

我的数理逻辑思维能力就很差。我笨吗？我觉得我不笨，我学文科的东西一学就能学进去，而且我记忆能力也不差。但我一学数学就糊涂，看到物理就像进入了地狱。也不是说我从小不好学，我小学一年级也学数学、语文，到了初中也学数学、语文。只要是文科考试，我就能考 90 分、100 分，但是数学考试，就考 50 分、60 分，确实有天赋这一说。

但你刚才说的有一点道理，在同一个年龄段的人中间，如果某个孩子年龄稍微大一点，或者他提前学的东西多一点，他确实能够显出优势，如果老师和家长根据这个优势加以培养，确实他的成功率会比较高。比如很多学生，他们在中国的时候，数学就是一个中下水平，如果把他们送去国外上高中，他们的数学就变成了第一名，而且从此以后能一直保持第一名。这个很有意思，原因也很简单，他们发现国外的数学不难，现在拿了第一名，当国外数学变难的时候，他们已经产生了对自我的期许，这个期许就是，我既然已经保持了很长时间第一名，就绝不能掉到最后去，于是他们会在数学上花更多的时间。这就和你所说的热爱有关系，热爱就是你愿意在这件事情上花时间。

凯叔：而且在花时间的过程中能不断获得正向激励。

俞敏洪：是的，所以我个人认为所谓的天赋，是父母发现孩子确实很喜欢某个方面之后，父母继续培养这方面能力，对孩子进行正向激励，这样的互相叠加，会对孩子产生优化效应。

凯叔：对。为什么热爱这件事很重要？因为我们做任何一件事做到一定程度，都会进入到枯燥的环节，会遇到各种各样的磨难。但如果我们心里怀着热爱，遇到的所有磨难就会变得像游戏关卡一样，而且能体验到解决这些困难之后带来的内啡肽分泌。我们渴望接受这样的检阅，也会花更多时间在这件事上，于是会比别人更早达到 1 万小时的训练强度，变成这个领域的专家，最终我们的天赋在顶点的时候会起到作用，把我们和其他同样努力的人拉开距离。

俞敏洪：父母的正向鼓励特别重要。你父母给过你鼓励吗，在你讲故事这件事上？

凯叔：他们很愿意做一个倾听者，我到现在都还能找到我很小的时候在家里讲故事的录音，那时候很少有家长有意识地去给孩子保留这些资料。我现在听起来就觉得特别有意思，小时候觉得自己讲得可好了，现在听起来那个童真劲儿依然还在。我现在都记得我那时候讲的故事叫"贪孩子打猎""司徒老汉互保""81个爸爸"，这些故事都讲过。

4.《凯叔·西游记》

俞敏洪： 我们小时候会听《孙敬修爷爷讲故事》的节目，你小时候听过吗？

凯叔： 听过啊。孙敬修爷爷应该陪了四代中国人。我那时候听小喇叭，也听《孙敬修爷爷讲故事》，所以我后来创作《凯叔·西游记》的时候，脑子里永远摆脱不了孙先生的声音，甚至我现在仔细听《凯叔·西游记》第一部前几集的时候，都听出了孙先生的语感。现在很多爸爸妈妈也会告诉我说，天啊，凯叔，孩子听完《凯叔·西游记》之后，说话都是你的味道！我说，你们会担心这个吗？他们说不担心，因为孩子出口成章，说话都是对仗的，我就特别开心。孙先生之于我，就像现在我之于这些孩子。

俞敏洪： 你现在是中国的故事大王，讲故事影响了成千上万的孩子。你觉得今天你讲故事的风格，和孙敬修当初讲故事的风格有哪些不同？

凯叔： 会有很多不同。孙先生是评书出身，所以他有大量评书方面的语言，当他给孩子们讲故事的时候，目的就是很生动地把《西游记》讲给孩子们听。但我们进入到移动互联网时代后，会发现有了很多工具，很多时候也会想夹带私货呈现在孩子面前，帮助孩子成长，这就会发生很多变化。举个例子，《凯叔·西游记》的诞生并不是因为我想做一个《西游记》的内容，而是那时候在平台上跟孩子们聊天，问他们到底想听什么样的故事，孩子们选择了《西游记》。

之前我都是免费讲故事，但我那时候确确实实得养活这么一个小团队、小公司，我就说，凯叔讲这个故事能不能收费？家长说可以收费，我们愿意为此付费。我就开始去创作了，在创作的过程中，我也会不断地和用户沟通，这一集我觉得原著太血腥，那能用什么办法既能跟孩子讲清楚这个故事，又能规避掉血腥的部分等，这些都是在创作过程中和用户不断沟通、交流，最后产生的一个结果。

俞敏洪：原来是单向的方式，比如孙敬修讲故事是自己讲完了，单方面放给全国人民听，至于大家喜不喜欢，孩子们反馈如何，他是不清楚的。可能他也会收到孩子们写的信，但肯定不如现在这种快速直接的交互。

凯叔：对，我再举个例子，比如讲《西游记》的时候，我开始写了 3000 字《石猴出世》讲给我女儿听，发现我完全讲不动，她会不断打断我，问我这个是什么意思，那个是什么意思，这个是为什么，那个是为什么，我就会把这些问题的答案都写下来，融在情节里讲给孩子听，再到其他幼儿园放录音收集反馈，最终保证至少 4 岁以上的孩子不会有情节障碍。

而且，还得在故事中带着孩子成长，比如，什么时候加入成语？成语的密度如何增加？怎么解释成语孩子能踮着脚猜到？什么时候加入古诗？古诗的难度如何逐渐叠加？从凯叔嘴里说出的诗，就可以解释意思，甚至讲到诗人，从角色嘴里说出来的诗，就是为了体验意境。难度越来越高，到第五部的时候，已经在给孩子讲《洛神赋》了，但这么大的孩子已经没问题了，因为他能跟着你走上来。

和孙先生讲故事相比，《凯叔·西游记》就比较重，不但是为了讲《西游记》的故事，而且还有一个私心，想通过这个故事达到普及和积淀中国传统文化常识的目的。所以，好多孩子和爸爸妈妈会发现，听完《凯叔·西游记》以后，孩子的表达、语言的积累、词汇量的积累会有很大的不一样。

俞敏洪：很多年前，你录完《凯叔·西游记》的时候，新东方对你进行了一轮投资。

凯叔：没错，俞老师在我的创业路上不只是股东，还是导师，我在创业的路上遇到各个方面的难题，经常找俞老师求教。《凯叔·西游记》我写了整整 3 年，其实这个小公司一开始能活着，前 3 年就靠着《凯叔·西游记》和俞老师的帮忙。

《凯叔·西游记》不只是在讲《西游记》的故事，它还为孩子们对中国传统文化常识的积淀打了一个基础。从石猴出世一直讲到灵山，到师徒四人修得正果，有一个非常大的特点，就是每一集都会比上一集的难度增加那么一点点，这一点点可能体现在成语上、表达上、诗词上，或者是和孩子探讨的话题上等。

在创作的过程中，我也会把我一些人生阅历或者感悟写在里面，比如《小雷音寺》那一集，我把《论语》四子侍坐的场景放在了故事里，师徒四人有一番对话，人生追求的到底是什么？是追求大欢喜那个大目标吗？是不是一定要放弃身边的小快活？等等。所以，既讲的是原汁原味的《西游记》故事，又以《西游记》作为平台跟孩子聊了很多有关成长的话题。

在《西游记》里，孙悟空从石头缝里蹦出来的一刹那，特别像孩子从娘胎里出来，那时候孩子分不出你我以及自己和这个世界的关系，孙悟空也是这样，生下来就是一个妖怪，也做过吃人的事情等，可是他慢慢知道，原来上面还有天庭，天庭里有天条，这叫规则，我要不要遵守这些规则？什么样的规则我可以遵守？什么样的规则我要尝试打破，施展自己的天性？这才有了大闹天宫。

大闹天宫之后，他知道了什么样的规则绝对不能冲破，否则就要为此承担责任，于是规则就建立在他的信仰当中了。再往后就是开始思考他为什么活着，于是有了唐僧，有了西行的方向。在西行的过程中，他也经常徘徊、倒反，但是仍然在一步一步地成长，最后修得正果。为什么四大名著系列里，我建议孩子先听《凯叔·西游记》？因为要先建立孩子和世界的关系，这是最为重要的。《凯叔·西游记》有一句话，叫"**听《凯叔·西游记》，做自己的取经人**"，看别人取经是另一回事。

俞敏洪：《凯叔·西游记》所有的故事都是你亲自动笔改写的，原版《西游记》中一些打打杀杀的场景没有了，你又加入了很多做人的道理。这套书差不多有40多万字。当时你为什么要亲自动笔写？写这个东西按理说会很耗费时间和精力，你是把它当作一个超级精品在打造吗？

凯叔：嗯，《凯叔·西游记》开了一个头，是我作为这家公司创始人花了整整3年多时间打磨出来的一个东西，后来我们几乎所有的作品都是用这样的方式创作的，把自己逼向极致。当时为什么这么做呢？既有一些使命感，也有一些现实因素。

首先，现实因素。之前讲的所有故事都是绘本故事，都是免费的，我跟出版社谈的是可以有播出权，但没有收费权，我怎么才能靠内容获得收入养活这家公司？我又不愿意做广告，唯有做自己版权的东西，这是客观现实，我必须走出这一步——原创。另外，孩子喜欢《西游记》，《西游记》毕竟是中国第一大IP，我当时听了市场上各个版本的《西游记》，我觉得最好的仍然是很多年前孙先生讲的那一版，那我们是否能结合这个时代去创造一部有这个时代特点的《西游记》？

如果我们看原著，《西游记》就说了三句话：第一，我灭了你；第二，你灭了我；第三，我找人灭了你。我们小时候给孩子呈现出来的故事永远是二元论，非善即恶，非此即彼，非对即错。但我们都知道，解决问题一定不是两个极端，一定总在找第三种解决方案。那现在这样为人处世的价值观，我们是不是可以通过老故事呈现给孩子？我觉得可以，我做了很多这样的尝试，在《凯叔·西游记》里我认为是成功的。比如真假美猴王，在原来的故事里是，六耳猕猴被一棒子打死了，非善即恶，非真即假。我们给孩子讲的同样还是这个故事，但最终教孩子如何接纳自我。**故事的讲法不一样，传递的精神也不一样。**

俞敏洪：几岁开始听合适？

凯叔：4岁以上完全没有问题，3岁稍微有点踮脚尖儿。而且听完以后会发现孩子语言能力等各方面都会有很大的变化，然后再进入《凯叔·三国演义》就会非常顺。

5.《凯叔·三国演义》

俞敏洪：除了《凯叔·西游记》以外，你现在已经出版的两部名著，一个是《凯叔·三国演义》，一个是《凯叔·水浒传》，你建议家长先听哪一部？

凯叔：听完《凯叔·西游记》以后，听《凯叔·三国演义》，我是按照这个顺序打造的，因为我脑子里一直有一个成长的阶梯。《凯叔·西游记》的成长阶梯非常细，到了《凯叔·三国演义》，除了和孩子沟通智慧、给孩子讲里面的人物关系和历史典故之外，最重要的是什么？我认为最重要的是告诉孩子，这个世界其实是不完美的。**这个世界里所有角色都是帝王将相、英雄豪杰，但没有一个人的人生是完美的。**所以，给孩子讲《三国》和《水浒》不一样，《三国》累心，《水浒》累身体，尤其《三国》后半部，我经常哭倒在录音棚里。每一个大英雄都有自己内心的缺失，当孩子听完这些英雄人物的不完美的时候，他对自己人生的期许也会越来越冷静。所以，《凯叔·西游记》给孩子讲的是孩子和自己的关系，《凯叔·三国演义》逐渐帮孩子描摹自己和这个世界的关系，以及孩子对这个世界的期许。

俞敏洪：《凯叔·三国演义》加起来有 16 本，比原版《三国演义》厚了 2 倍，把英雄人物们的故事娓娓道来给孩子们，而且以故事的方式展示了人物的性格，还把故事中少儿不宜的地方进行了简化处理。

凯叔：《凯叔·三国演义》很厚，但孩子也不会有太大压力，为了保护孩子的眼睛，我们设置的字间距和成人看的不一样，所以大家会感觉厚。里面的插图也做得非常好，是田宇花了两年多时间一幅一幅画出来的。

俞敏洪：这套书是不是孩子三四年级以后再读才比较好？

凯叔：这就是听的魅力，如果是要有能力独立阅读这套书，绝大多数得是三四年级的孩子，但用听的方式会大大地降低难度，5 岁左右的孩子就可以听。

俞敏洪：我觉得成年人也可以读，我读起来津津有味，因为简单、风趣、明了。原著读起来感觉权谋的东西太多了，又是半古文、半文言的，对于孩子来说肯定很难，而且中间很多错综复杂的事情孩子也不一定能懂。但你把《三国演义》的故事简化了，不是简化故事，而是让孩子读起来更有味道、更趣味化。成年人读起来也是一种消遣，现在成年人的人生压力比较大，读这样儿童化的中国文学名著，对我们的心灵是一种放松。

凯叔：听《凯叔·三国演义》的时候，很多爸爸妈妈会发现，自己会完全投入地跟孩子一起听，他们不觉得是在陪孩子听。四大名著有一个特别奇妙的特点，就是不但孩子听，大人也会在这里面体验到不一样的乐趣，有时候爷爷奶奶拿着我们的故事玩偶躲进卫生间不出来。而且大人感受到的东西可能和孩子感受到的东西完全不一样，有很多家长也说自己喜欢听。我这段时间在重听

《凯叔·三国演义》，和我的女儿一起重听的，有些段落我觉得那时候可能没有表达出现在想表达的东西，就又会重新录音，在这个过程当中自己也挺过瘾的。

俞敏洪：《凯叔·三国演义》是团队一起做的吧？

凯叔： 对，从《凯叔·三国演义》开始就是我们团队一起做的，我参与创作。

俞敏洪： 但他们写出来的故事你每天都会看一看，因为你也要朗读。

凯叔： 对，我们在研发的时候首先要定调子。《三国演义》的主编叫车红艳，当时《凯叔·三国演义》一上线就爆了，孩子们都特别喜欢，我们在复盘的时候，她就打开自己的笔记本电脑，第一集《桃园三结义》，就这一集一共有二十几个文件夹，每一个文件夹里又有七八篇稿子，每一篇都做了微调，再建一个新文件夹，就是彻底推翻重写。光开头她就写了20多种，还是蛮不容易的。

6. 从自卑到自信的建立

俞敏洪： 你大学学的是什么专业？你毕业以后第一份工作是配音，然后到广播电台做节目、读故事，后来又到中央电视台。这和你大学学的专业有关吗？后来为什么会从配音进入到别的领域？

凯叔： 我是广播学院播音系，就是现在的中国传媒大学播音系本科生。但我考播音系不是为了当主持人，我很早就给自己定了一个目标，我上初中的时候就说，我要成为一个配音演员。那时候上译厂的译制片还出磁带、录音带，我攒了大量上译厂的录音带。那时候我最喜欢毕克、邱岳峰，我会去播放，去模仿。但中国当时没有一个大学专业教配音，我听说播音系会上配音课，所以就去考广播学院的播音系。

当时考了两年，第一年落榜了，第二年才考上。所以，我上学的时候，目标也特别清晰，就是要当配音演员。如果说我有一个优势，那就是我很早就给自己建立了一个极其清晰的目标。绝大多数同学进入学校后，对于未来做什么，跟着分配走，还是做主持人，做哪方面的主持人，都是不确定的，而我很早就确定了。我在大一、大二所做的所有努力，就是为了进北京的配音圈，我大二的时候就成了一个配音演员。

俞敏洪：你什么时候开始意识到自己的声音比较有特点，而且你的表达能力和表演能力非常强？你在广播大学播音系的时候有和别的同学进行对照，然后对自己产生一种自信吗？

凯叔：我第一次知道自己声音好听是我上初中的时候，那时候我是校广播站播音员，有一天我正在播通知，突然就听到门外"咚咚咚"的脚步声，门"哗"的一下就被推开了，校长进来了。校长说，刚才是谁？我说是我。他说不对，刚才是个专业的播音员。那一瞬间，我觉得我的声音可能是专业的。考上广播学院后，我一开始比较自卑，因为我考了两年才考上。我确实学习成绩不好，上的是职业高中，没上过高中，那时候我就白天在职业高中上学，晚上去北京的名校上考后补习班，四中、八中、二中这些复读班我都上过。第一年没考上，第二年才考上，所以进学校以后我很自卑。那时候我看所有的同学都比我强，长得也比我帅，大家朗诵的时候，因为自己也没有分辨能力，觉得大家都好，只有自己很逊。

转折来源于播音系一个非常重要的朗诵节——"齐越朗诵艺术节"，用以纪念新中国第一个男播音员齐越先生。这件事对播音系的学生来说是头等大事，比专业考试还重要。我第一年作为大一新生参加这个比赛，比我分数高的只有大三的学生，大四的不参加，等于大一、大二没有任何一个人比我分数高。当时就把我吓坏了，对我的心里确确实实是特别大的冲击，就开始意识到，自己的专业可能还可以，又开始不断有了正向激励。

后来我应该是播音系里参加"齐越朗诵艺术节"次数最多的学生，我以此为荣，这也是我的一个情结，我大学几年都参加，大学毕业之后又作为演出嘉宾参加，后来作为评委参加，它对我来说就是大学的台阶。我还记得，我第一次参加完"齐越朗诵艺术节"拿到奖杯之后，当天就开始准备第二年的作品。别人可能都是最后一个月拼一下，准备一个参赛作品，而我已经准备了一年，这东西已经长在我脑子里了。每年都这样，每年到最后都是冠军，就给了自己一个非常好的正向激励。

俞敏洪： 你大学毕业以后当配音演员，是自己的选择。据说你配了上千部影视作品，两个问题：第一，这么多影视配音作品，你最喜欢哪个角色？第二，现在大量从国外引进来的影视作品，下面都打字幕，很多电影院也会选择原声播出，配音专业现在是不是已经没落了？

凯叔： 我先回答您最后一个问题，这个行业不但没有没落，反而现在在蓬勃发展。因为原来对于配音的出口只有译制片，但现在有大量的游戏和动漫需要配音。日本声优行业为什么那么红火？日本声优就是配音演员，他们就像明星一样，因为日本的动漫产业太大了。现在中国也是这样，动漫产业蓬勃向上，原来看动画片的都是小朋友，现在在看动画片的大多是成年人，游戏也是如此。所以我们会看到好的配音演员，像张杰这样的配音演员等，都会有自己庞大的粉丝群，极其忠诚，这和我做配音的时候不一样了。

回到您问的第一个问题，我喜欢哪些角色？其实有挺多，比如《变形金刚》里的擎天柱、《美女与野兽》里面的野兽、《纳尼亚传奇》里的大狮子阿斯兰等，但我最喜欢的，或者对我触动比较大的，是我人生中配的第一个角色。那时候有一部电影叫《原色》，男主角叫约翰·特拉沃尔塔，他演的是一个总统。我在那个戏里配的角色特别重要，叫总统随员，重要到什么程度？整部戏我就一句台词，总统旁边的人很混乱的时候，总统突然回头问"飞机停哪儿"，我说"在特特尔伯格"，就这一句话。我那时候是第一次配音，非常紧张，老早就拿到台词，不断在底下拿录像带对口型。

那时候还不是分轨录音，所有的老师都在一起，你说一句我说一句，总统问"飞机停哪儿"，我一卡壳过去了，然后再来一遍，总统问"飞机停哪儿"，"在特特尔伯格"。导演说停，你是总统他是总统？你怎么比总统还牛？那时候我突然想到，闹了半天这么小的角色也是需要塑造的，你不是来这里炫自己美好的声音的。我到现在都特别感谢那个导演，叫张伟，因为旁边任何一个老师其实捏着嗓子就可以把我替掉，但他说这个角色就是你，这场戏我们先不录，你再准备准备。

俞敏洪： 配音的时候需要有非常强烈的角色代入感，一旦代入不进去，语音、语调、情感就不会丰富，就没法给人和人物性格完全贴合的感觉。你配了这么多影视剧，代入角色的速度应该会非常快。

7. 坚持的勇气与放弃的智慧

俞敏洪：是什么原因促使你到中央电视台做节目主持人的？

凯叔：觉得欲求不满。我很早就确立了人生目标——配音演员，然后达到了，做好了，那时候还拿了一些奖，再后来去电台配小说，也特别快地就进入了轨道。我两年大概配了十几部还是二十几部小说，就已经拿到了小说演播协会的最高奖，我是那时候最年轻的获得证书的全国小说演播艺术家。当时好像瞬间就走到头了，自己还能不能进步？我知道自己能进步，但如果再进步就不是凭努力了，而是要凭时间和阅历，这时候我觉得我还得找一个另外的方式成长。

正好那时候我不断地给中央电视台录了很多纪录片、专题节目，就有了让别人看到自己的机会。刚好有一个节目叫《财富故事会》，想招新主持人，之前领导又看过我录音的状态，说这个光头有特点，不错，是不是值得试试？我那时候正好遇到了瓶颈，那是不是可以体验一下面对镜头讲故事？于是就一只脚伸到了电视里面，马上打开了一片新天地。以前都是通过声音接触用户，后来和受众有了更丰富的沟通方式，作为主持人来讲，能被人看到是非常能满足虚荣心的。

俞敏洪：直接声音、形象都连在一起了。你去中央台的时候，白岩松、小崔应该也都在中央台，包括现在也出来创业的罗胖、樊登，当时都和你一起在中央台吗？

凯叔：那时候我和樊登不太熟，因为我们不在一个频道。我和老罗在一个频道，那时候他是《对话》的制片人，我是《财富故事会》的主持人，有时候开会会碰见。

那时候《财富故事会》也是一个现象级节目。那时候我们没有创业者的称谓，对于创业者，大家普遍就是一句话——"小老板"，所以《财富故事会》做的就是中国这些小老板的创业故事，可能是中国最早的创业节目。这个节目给我的影响特别大，原来我觉得自己的人生目标是奔着艺术家的方向去努力，对商业不了解，脑子里还有部分无商不奸这样陈腐的观念，会觉得不屑。但当我主持了《财富故事会》，不断接触到这些年轻、肯拼搏的创业者，发现自己发生了极大的改变。

我特别感谢央视这 8 年的岁月，真的给我打开了一扇窗，让我知道这个世界上最强大的催化剂原来是商业，这个世界上有种组织架构叫"公司"。**和平年代最刺激的人生就是创业**，所以我做《财富故事会》刚一年的时候，就有了创业的火苗。可是我不断否定自己，因为和他们聊多了以后，了解到他们所经历的一切，看到他们在艰难中做出的正确抉择，我一直在质疑自己究竟是否可以承担这一切。

俞敏洪：《财富故事会》其实不光是你做的一个节目，通过做节目，在某种意义上也改变了你的人生道路。做《财富故事会》之前你对创业和商业基本没什么了解，但在做的过程中，你对中国的创业和商业以及这些创业者的不容易有了很多了解，并且慢慢琢磨出了一些内在的创业逻辑。《财富故事会》对你后来创业的影响体现在哪几个方面？

凯叔：挺多的。首先，一开始觉得自己能干、能创业，自己好像智商也不低。尤其是年轻的时候做主持人，到各地做节目的时候，创业者都非常尊重我，但这个给予我的尊重和我的能力根本不匹配，所以有时候会飘飘然，觉得自己智商也不算太低，自己好像也很有勇气，是不是我也可以创业。

后来我对创业有了新的认知，**创业这件事往往跟智商没关系，基础智商也可以创业，关键是你是否有坚持的勇气和放弃的智慧**。绝大多数人在黎明到来之前那一瞬间放弃了，没有挺住。可是不是坚持就是对的？如果这条路不对，你越坚持，对自己的打击或对家人、同事的打击也就越大。我讲过 2000 多个商业案例，有两句话特别重要，一个是"坚持的勇气"，另一个是"放弃的智慧"，这对我影响特别大。

再有就是心理上的影响，当我讲了这么多商业案例后，似乎一个创业者会遇到的问题我都看过了，就朴素地感觉人家跌的坑我可以不跌。但一旦自己实操，我会发现我知道所有的坑，但该跌还得跌。唯一不一样的是什么呢？是心态，掉进去之后我会呵呵一笑，你看我说这里有坑吧，而不是像其他可能在这方面没有那么多积累的创业者，在坑里面他会感觉非常痛苦，他会纠结为什么是我，等等，所以我的心态会相对好一点。

俞敏洪：你有这样的心态是因为你做《财富故事会》的时候看到了很多创业者在坑里挣扎，你能从第三者的角度看出来，如果他们改变某种心态，那个坑对他们来说就比较容易跑出来或者避免。但我是亲自体会到你自己做"凯叔讲故事"时在坑里挣扎，而且挣扎了很长一段时间，所以这有点像读兵书，读兵书的人并不一定知道怎么样能够真的打胜仗。

对你来说，做"凯叔讲故事"以后，面对你原来做《财富故事会》看到的那些坑，你后来碰到的那些坑，你内心有没有一种我碰到了这个坑也许不一定过得去的感觉？或者在做"凯叔讲故事"的过程中，你是不是发现原来作为旁观者观察别的创业者的感悟其实很浅，只有自己深入其中才会发现当时的感悟并不能解决你眼前的问题？

凯叔：作为第三者说漂亮话是特别容易的，只有真正身临其境，才会知道原来做出这样的决定是多么艰难，这个我是设身处地地去体会了。所以，做主持人、做节目的时候，你去采访他，你心里总会有一个疑问，你为什么会这样呢？但你真正进去后会发现，绝大多数人都会跌进这个坑里。至于你刚才说有没有过想放弃的时候，还真没有过，但也遇到过极其艰难的时候，比如融资不顺利，自己就有那么一两个月工资可发，那种焦虑还是有的。

俞敏洪：人会有这么一种现象，当你旁观别人的事情，常常能看得清楚。我做过一个节目《赢在中国》，几十个创业者坐在一起，我们来对创业者的陈述、表达、商业模式进行点评，我感觉我们能比较清楚地看出来创业者所具有的个性上、决策上、团队精神上、个人认知上的问题，但当我们自己回过头来做自己的企业和公司时，就会开始犯糊涂。我相信你跟我有一样的感觉。

作为一个过来人，你对那些深陷局中、看不到自己毛病和缺点的人有什么样的建议？如何看清楚自己的毛病和缺点？一个人如果看不出自己的毛病和缺点，眼界有限甚至是糊涂，对这个人未来的发展是一个最大的影响。

凯叔： 如果有建议，我觉得说出那两个字是挺蹊跷的，就是"求助"。阳光底下没有新鲜事，我们遇到的所有的问题别人都遇到过。俞老师您还记得吗，我在很痛苦的时候，咱俩在一起喝酒、聊天，您就在那儿笑，您说"你现在说的所有事情，我都经历过，而且再加一个'更'字"。但创业者往往是内心强悍的人，他不愿意求助，因为创业者就想开拓一片天地，他希望在自己一拳一拳、一掌一掌这样真实的撞击中获得成就感。很多创业者会觉得被别人帮助，自己没有完全搞定这件事有点丢人，但我们刚一开始真的什么都不知道，**我们需要俞老师这样的导师。我有什么问题，我就敢跟大家说，我现在遇到什么问题了，你们有没有遇到过？能不能解答？求助这件事说起来很简单，但对年轻创业者来说却很难。**

俞敏洪： 求助就意味着要承认自己身上的弱点和柔软的地方，但对于年轻创业者来说，甚至到了我这个年龄的人来说，想要坦然面对自己的部下或者周围的朋友，坦然承认自己身上的缺点、缺陷，承认自己的不足，甚至承认自己更深层的毛病，是比较大的考验。一个人如果真的能做到这点，其实反而能够坦然面对世界，比如项羽一直认为自己是英雄，刘邦就觉得自己是个流氓，所以他向别人认错是没有障碍的。你的个性中其实有一种对自己的期许，甚至是骄傲的，在这种情况下，当你做了公司，跟原来作为一个节目主持人时，别人捧着你、追着你的状态完全不一样，因为倒过来你要追着别人、捧着别人，甚至面对自己的部下、员工，有时候还要委曲求全。你现在能真诚地面对自己个性上、管理上的问题以及个人所遇到的困难吗？现在有这种真诚面对的勇气吗？

凯叔： 我觉得从主持人出来直接创业这件事，是挺不靠谱的。

俞敏洪： 但你没发现吗，主持人出来创业都很成功，你、罗振宇、樊登，都是主持人出来创业的。

凯叔：是的，但我们路径不一样。我创业之后才发现，其实我从来没有在职场正经干过。配音演员是自由职业者，搞好创作就行；主持人是职场的一员，但他又不是一个非常典型的职场人，他获得的所有荣誉其实是团队努力的结果，所有风险也要由他一个人扛。在任何一个职场里很难有这样一个角色，所以说主持人的角色比较特殊。

我进入创业领域后，要组织大家一起朝一个目标迈进，而在早期，我连如何和大家沟通业务这件事情都不太会。更早的问题就是，我到底怎么去组建这个团队？这个团队到底缺什么人？到哪里去找这些人？都要靠朋友介绍，那时候还不懂有一个职业叫猎头。做主持人你说话说得很多，你就是一个职业的表达者，可是开公司大家一起开会的时候，难道你还要把表达当成职业吗？我曾经有一次开会，一个老员工突然小声说了一句，凯叔，是不是每件事你都会有答案啊？我当时心里咯噔一下，就想，是啊，为什么什么事情都要我来做决定？为什么连怎么做都是我来给方向？员工的成就感在哪儿？其实这对管理者来说是一个特别初阶的门槛，但我有很长一段时间困在里面了。后来我才发现我的身份到底是什么，**我应该做一个园丁，培育这个土壤，耕耘这块土地，但是播种、浇水、施肥这些事以及这棵树不是我一个人的，而是我要营造这样一个生态系统，让大家在这里面成长**，这都是在创业相当长一段时间后自己才有的感悟。

8. 创业后的成长与变化

俞敏洪："凯叔讲故事"从零做起，到现在也算是教育类公司中一个比较大的品牌，影响了成千上万的孩子和家庭。你自己也参与产品的设计、制作，甚至大部分情况你都亲自参与录制工作。同时企业又在发展，公司从十几二十个人发展到现在已经有200多人。在这个过程中，肯定会有太多意想不到的挑战，对你来说遇到的最大的挑战是什么？人事关系问题、组织结构问题、产品设计问题、产品销售问题、客户认知问题、品牌建设问题，哪个问题对你挑战最大？

凯叔：有组织架构的问题、管理的问题，这都是我一开始不容易适应的。

我是一个产品经理型的创业者，在我面前我认为最大的挑战其实是怎么不断地推出好产品。其实，对于一个内容公司，尤其是互联网内容公司，有一个特别大的难题，就是你既是互联网，又是内容产品公司，如果是单纯做内容，这家公司的企业文化是这样的，但做互联网产品，企业文化又是另一个样子。怎么把这两种文化不断融合，能让两边的小伙伴都觉得我很重要，觉得我在做一件伟大的事情，这是很难的。

我们做的就是不断调试土壤的酸碱中和度，比如做内容要非常投入，需要在内容里获得快乐，才能做出好内容，所以不会像互联网人才一样，做之前马上就目标非常清晰。我围绕目标的导向到底是什么？用什么样的数据来衡量目标是不是达到了？不管是播出的数据还是收入的数据，各个方面。很多做内容的人，离市场不能太近，也不能太远，这个分寸感怎么拿捏？做互联网的人，他离内容不能太近，他不能太像创作者一样沉浸在里面，但又不能不懂，不懂这两边就没法对话，最终就不能形成合力。

俞敏洪：你的专长是产品经理，既然你已经意识到自己不太擅长组织结构管理和日常运营，到现在为止，你是妥协让步，自己学会了组织结构调整和管理运营，还是把它交给了你觉得在这方面更厉害的人做？

凯叔：一方面是相信专业人才，请专业人才做我们不擅长的事。每一个创业者最终要做的都是找对团队、找对人，所以这个工作一直在做，一直在迭代。另一方面，我觉得做管理对我来说是有乐趣的，而且越来越有乐趣。这是我的两面性，我会很沉浸在比较煎熬的会议中，大家去想解决办法。搞创作也是一样，我觉得做一家公司和创作一个作品，本质上需要的人的素质，多多少少都有重叠的地方，所以我总在这两者之间切换。

有的老内容员工说，我觉得凯叔变了，不是太纯粹的内容人了。但我还是为自己的变化感到欣喜，这个变化是在成长，是左右脑在同时互搏，在立体地看待更多问题。所以，我开会最煎熬的时候，在管理上花心力最多的时候，转头让我进一下录音棚去录音，我会特别享受，马上就被治愈了。在录音棚里消耗时间比较多的时候，反过来开个会是一种休息，就这样不断切换。

好多客户说凯叔公司做大了,已经不亲自录音了。还真不是,只不过是因为我们系统性的产能提起来之后,每年大概有4000集到6000集的原创,我参与录制的不到2%,现在就保证每年有一部大部头的作品在录,剩下的都是团队在做。

俞敏洪: 我知道你对你做的少儿产品有极致的追求,也知道你曾经想过,为了公司的发展,为了对得起股东,除了做少儿产品,要不要做点别的产品,比如家庭教育甚至其他教育产品,但后来都收回来了,你说要做就做少儿的极致产品,陪着孩子们成长的产品。所以,我觉得你作为一个产品经理,是一个思路清晰、目标明确、使命感非常强烈的状态。在这个前提下,在全世界的企业家中,哪些企业家是你会研究并学习的?

凯叔: 我比较喜欢具有艺术气质的企业家或者商业家,我做《商道》的时候讲过很多这样的企业案例。我非常喜欢迪士尼这家公司,包括迪士尼本人我也研究了很久。我要是喜欢一个企业,编导就特别省劲儿,因为所有稿子和文案我都自己写。我很喜欢迪士尼,而且我眼看着迪士尼从我刚创业之前的那个状态到现在的状态,发生了非常大的变化。掌权者、管理者不一样,给它带来了新的能量。

迪士尼是我很崇敬的人,他从一开始自己画,到后来画不了,变成从导演视角带着这家公司往前走,很有想象力。有了电影之后,怎么去做游乐园,完全是蹚出来了一条路。现在我们想,做好了内容去卖衍生品,似乎是人之常情,但在那个时候是一个极大的突破。**从游乐园再到媒介的融合,最终形成一种合力,这是迪士尼的伟大之处。**

新的迪士尼 CEO 前一阵出了一本书叫《一生的旅程》,这本书对我影响非常大,我才突然明白,原来我们作为创始人的时候,总会觉得职业经理人和我们的很多理念、精神是不一样的,但实际上,一个很棒的职业经理人摆脱了很多创始人的窠臼和羁绊,为一个组织服务,才让这个组织越来越健康和庞大。如果迪士尼本人在世,他做不出让乔布斯成为第一大股东这样的决定;如果是乔布斯,也不会不断地通过并购让卢卡斯成为股东,或者让谁成为股东。他最终是让一个品牌、一个体系越来越健康、越来越大，而并不在乎这个创始人本身对它的掌控的感受。**好的企业家永远和自己的企业有一定距离，不能把这个企业当成自己的。**就像育儿一样，和孩子之间要保持一定的距离，才能让这个孩子可以不被限制地、按他自己的心情去成长。

俞敏洪：迪士尼到今天为止取得成功有两个要素，第一是迪士尼本人为迪士尼奠定了基础，实际上迪士尼后来找的总经理有几次差点把迪士尼带到沟里去；第二，其实也是迪士尼真正开始兴旺起来，多亏这次写回忆录的罗伯特·艾格，他把美国乃至全世界最优秀的动画产品，包括漫威的产品，以及乔布斯Pixar的产品并购了，最后形成了一个良好的商业运作，形成了巨大的IP动画品牌方阵，再加上非常好的商业运营逻辑，使迪士尼变得无比兴旺。

其实每个创始人到最后都希望有传承，比如原来我希望新东方的教育有传承。我觉得你有一条路走得特别对，以产品为先，因为产品能长久、持续地带来影响力。比如你今天写的《凯叔·西游记》和《凯叔·三国演义》，50年以后可能依然有孩子们在听，依然有成年人和孩子们阅读，这就是产品。

对于你这样的内容公司来说，公司的传承有两方面需要考虑，第一，如果你退休了，或者你不做产品了，有没有产品团队继续沿着你的产品思路往前走？第二，公司的运营最终怎么传承？尽管你现在还很年轻，不需要考虑这些问题。"凯叔讲故事"要上一个台阶，未来是不是要制作动画片、影视剧，制作更多IP和产品？整个思路是不是必须要往前延伸？

凯叔：是的。我们一开始给孩子讲绘本故事，到后来做原创改编的"四大名著"、《声律启蒙》《笠翁对韵》《千字文》《论语》等，与此同时我们开始做原声IP的探索，每年这方面的产品内容还是挺多的。比如，现在孩子们特别喜欢的《口袋神探》，它是通过科学知识、逻辑推理来探案的故事，光我们站内就有13亿次播放量，2000多万孩子一直在追听，图书也已经卖了100多万册，肯定是奔着国民IP的发展方向去走，所以它的动画片此时此刻也在做。《神奇图书馆》是以讲故事的方式给孩子进行科普的一个作品，现在也有十几亿次的播放量。

俞敏洪： 近两年你投入的独创 IP 书是不是越来越多，分量越来越重？

凯叔： 挺多的，每年出版的新书都有几十册，《神奇图书馆》就已经出了几季了，《口袋神探》第四季也马上要出版了，整套书已经卖了 100 多万册。

俞敏洪： 这些新品的策划，IP 形象的确立，你作为对产品最感兴趣的人，肯定是不断参与的吧？

凯叔： 现在参与得越来越少。我们把自己叫作"故事工厂"，故事工厂不是创作工作坊，一定会有自己的生产流程。比如，有非常清晰的立项会，在立项会流程中怎么开品控会，用什么样的方式去品控，上线之前做什么准备，以及每一个 IP 到什么样的数据开始进行孵化，做视觉形象等，这已经是一个成熟的流程了，像一个工厂在打造产品一样的流程。

9. 选择"凯叔讲故事"的背后

俞敏洪： 我觉得你人生中有两件事情做得最好，也做得最对。第一就是讲故事。从中国古代说评书开始，到我们小时候听孙敬修爷爷讲故事，到后来听田连元讲评书，它是一种文化传承，是一种让人喜闻乐见的文化传承形态。小时候听的故事能记一辈子，所以你选择给孩子们讲故事是特别到位的，而且你的文化价值观本身也做得非常到位。

你做的第二件最好的事情，就是创业。道理很简单，你一个人讲故事再怎么讲都只是一个人的力量，但你通过讲故事的特长，把它变成了公司化运作的手段，实际上是把你的能力放大了几十倍，甚至几百倍。所以，这两件事情都特别厉害，是一个巨大的跨越。我想问，你什么时候开始意识到讲故事的重要性的？什么时候开始把讲故事当作一个商业逻辑来看的？

凯叔： 我刚从电视台辞职的时候没做这件事情，那时候老罗跟我说，我做《罗辑思维》，做得特别好，王凯你也应该用这样的方式做一个账号，一起去经营。一开始我是奔着成人的路子走，做了一个叫《凯子约》的脱口秀节目。后来我和我女儿交流的时候，大多都是用讲故事的方式，有时候出差了还要留下录音才能走，给她讲多了之后，手里积累了大量的故事录音。再后来，你身怀利器总想用，于是就开始在幼儿园家长群里分享，一下子就炸锅了，大家都非常喜欢听。我就开始在微博上跟大家分享，后来就注册了一个公众号。

是什么让我下决心跟之前的一切割裂开的？是有一次我想见一见听我故事的孩子，我就租了一个小书店，这个书店最多能站 60 个人，也就是 30 个家庭。我就在账号上发票，大家抢了票愿意来就来，我跟家长、孩子们聊一聊天。结果那次瞬间票就抢没了，到现场的时候让我特别吃惊，没有一个孩子是空着手来的，都带了礼物，而且全是自己制作的，以画为主。其中有一个孩子给了我一个他做的礼物，我一直放在我的案头，是用彩泥做的一个凯叔的雕塑。这个孩子那么小，能做成这样子不知道耗费了多少精神。这个东西递到我手里的那一刹那，我就想这辈子我就干这个了，那个时候就定了，那是 2014 年年底，12 月份。

做了决定之后，就开始跟之前的一切说再见，和原来《凯子约》的制作团队聊，之前的事儿我不干了，我就要给孩子讲故事，大家愿意跟着我干就跟着我干，如果不愿意跟着我干，我可以花钱把股份买回来，该怎么样就怎么样，对大家做了一个交代。

俞敏洪：发生这件事情的时候你还在中央电视台吗？

凯叔：那时候已经出台创业了，但做的不是"凯叔讲故事"。做了这个决定之后，我用了几个月的时间把所有事情处理干净，不能对不起别人。4 月 21 日我们搬进了望京的一个两居室，那时候就带了两个小助理，开始正式做这件事情。我们开工第一件事儿就是去望京一个幼儿园，给孩子们现场讲故事。

俞敏洪：从你带着两个小伙伴到望京幼儿园讲故事，到最后真正开始组建公司，有一个比较清晰的商业模式，这个过程花了多长时间？

凯叔：起码有将近一年，用来验证凭着内容能不能让这家公司活下来。我们刚创业的时候互联网支付还没有普及，我们是做音频内容的，当时在所有的平台上都没有可以售卖音频内容的模式，但我们又想验证这条路，就用了很多方式，比如凯叔故事玩偶，可以自己发声。

那时候我为了卖声音，就去做了一个糖胶玩偶，里面塞一个 U 盘，就为了卖这个 U 盘。那时候卖得还很贵，《凯叔·西游记》第一部 26 集卖 250 块钱，被用户强烈抗议，降了 1 块钱，就这一次一共卖出去 5000 套。特别感谢我们的第一批衣食父母，让我蹚出一条路来，让我知道我卖音频是可以活着的，后面就越来越坚定地走这条路。

俞老师特别了解我，中间为了能让公司的业绩更好，也考虑过要不要做电商，做其他的项目，有过这样的彷徨，好在主线从来没有断过，这条主线就是对品质的追求，从来没有断过。弯路走了很多，但因为主线很巩固，我们在退回来的时候都有根据地。后来就想，为什么不坚决地只把根据地做大呢？所以现在全力以赴只做跟儿童内容有关的东西，比如儿童图书的出版、音频内容、动画片等，但和这些没关系的我们就不做。**我们是一家制造优质内容，让孩子在快乐中成长的公司，跟这句话没关系的我们一概不做。**

10. 平衡商业与公益的价值所在

俞敏洪：在做《财富故事会》之前，你觉得无奸不商，后来做了节目，以及"凯叔讲故事"以后，你终于意识到了商业之美，这是意识上很大的转变。你给孩子讲故事这件事情，天生就带有一些公益色彩，现在"凯叔讲故事"又是一个商业模式，如果没有商业模式，想把好事做下去也不可能。

对你来说，你还会有做公益和做生意这两件事之间的内心纠结吗？亚当·斯密曾经说过"商业是最大的慈善"，他之所以说这句话，是因为商业促进了社会的发展，促进了思想交流，促进了文化交流，促进了商品交流，让这个社会变得更繁荣，让每个人变得相对来说更有机会，或者更富有。从这个意义上来说，**你个人做"凯叔讲故事"，用商业化的逻辑来给孩子们讲故事这件事情，你的内心是一种怎样的思考和想法？**

凯叔：这个问题特别好。我们做内容的人都会有纠结，前两天我们公司内部做《长安喵探》，一上线就爆掉了，一个内容主编就问，我们为什么不能免费？

如果我们免费，面对的孩子不是更多吗？对内容的成长不是更好吗？其实这个话题也在我们内部不断讨论过。

商业是不是慈善我不知道，但我觉得**商业一定是很好的催化剂**。如果"凯叔讲故事"没有商业模式，它根本不可能走到今天，不可能做到年产几千集的故事工厂。这一切都要靠我们的"衣食父母"——我们的用户来帮助我们达成，反过来我们也会反馈给他们更好的内容。"催化剂"这个定义相对慈善会更准确，因为商业里有很多自己的私利，私利和慈善之间到底是什么关系呢？不如把慈善和公益归为干干净净的、比较纯粹的，就像我跟着俞老师一起做"情系远山基金"。

做商业为用户提供很好的产品是我们应该做的，反过来我们有余力的时候，可以不计成本地去做另一件事，这两件事之间有关系，但它们又有距离。比如我们做着自己的内容，它有标价、有市场价，这是一种投票方式，如果平时完全免费，你怎么知道自己的内容是好是坏？用户用脚在给你投票。这是一种审视自己的视角，同时又可以给员工带来收入，这是非常健康的。我们跟着俞老师做"情系远山"，有好多买不起故事的孩子，我们去捐账号、捐书、捐故事玩偶，我们用这样的方式去帮助那些孩子达到在内容教育上的相对公平，这是我们愿意去做的，而且是免费的。

我们跟"情系远山"有一个合作特别有意思，因为很多孩子都愿意到凯叔公司参观，每天门口都会有家长拉着孩子看我们的产品包装，我们接待不过来，我就跟同事商量，我们搞一个公益活动，常年的，每个月定期开放，大家可以把凯叔的公司当成景点，可以到凯叔的录音棚里录自己的小作品，可以参观整个故事工厂的运转等。但有一个条件，你要购买一个公益包，这个小朋友愿意来参观，你要帮助远山那些听不到故事的孩子圆一个梦想。你只要买了这个公益包，凯叔就给你做导游。这是我们已经运转了一年多的公益项目，孩子也特别开心，他不但见到了凯叔，参观了故事工厂，而且做了好事，再给他颁发一个公益证书，孩子们非常开心，家长也开心。我不只是带着孩子去参观，而是带着孩子，让孩子知道了什么是公益，你有余力帮助别的小朋友了，这就是商业和公益的平衡。

俞敏洪：这是一个更深刻的对孩子成长的教育，让孩子能从小参与到对其他人的帮助中去，让孩子知道帮助其他孩子的价值所在。这对孩子的成长，对孩子的自尊心和内心仁慈的培养都起了非常大的作用。今天我听到你对商业和慈善的解释，也是我听到的最好的解释之一。我感觉到，你对于把"凯叔讲故事"作为一个商业逻辑来做，让家长付费购买优质内容这件事，其实已经没有障碍了。

凯叔：完全没有了。我们最近还做了一个特别好的事，我们做了一本书，给盲童做的。我们有一个内容叫"诗词来了"，里面有很多很好的诗词歌曲、诗词故事、诗词知识的讲解。盲童拿不到，或者有障碍，我们就做了一本书，把所有的音频埋在书里，盲童可以通过手指的触摸启动一段一段的声音。我尝试让盲童去体验的时候，那个录像里的孩子看不见，他在那儿摸，声音一出来，表情的变化，跟着那个音乐开始哼的状态，我看得泪流满面。我们现在在和盲校一起合作，所有的内容授权全都免费。

俞敏洪：这些事情特别好。新东方也是股东之一。我之所以当初花这么大一笔钱投到"凯叔讲故事"，其实不仅仅是对你商业模式和你个人的认可，最重要的是对背后情怀的认可。看到你自己对于完美产品的追求和了解，你爱惜羽毛的情怀，当时我就感觉到，未来你也许会在中国少儿领域做出大量真的帮助孩子们成长、值得孩子们珍藏、会给孩子带来终生回忆的内容体系，这是我当初投资的一个比较大的基础。面向未来，你个人以及"凯叔讲故事"这个企业大概的使命和愿景是什么？你和你的团队是不是在这种使命和愿景方面达到了一致？

凯叔：非常一致，我们的使命就是创造优质内容，让更多孩子在快乐中成长。只给孩子快乐是不够的，一定要让孩子通过内容，不管是心灵还是大脑都要获得成长，这才是我们打造所有内容的目标，这是我们的使命。我们有一个愿景，就是成为陪伴一代一代中国人的童年品牌。孙敬修先生用他的声音陪伴了中国四代人，我不知道凯叔这个品牌到底能陪伴中国人多久，或者陪伴华人多久，我是希望越久越好，直到我们没有了好的内容创造力。

11. 让孩子成为自己的主人

俞敏洪： 你有两个女儿，她们会听所有"凯叔讲故事"创作出来的产品吗？你作为父亲对孩子的培养有怎样的思考？

凯叔： 我两个女儿是我的软肋，我之所以能走上这条路，就是因为我的大女儿。那时候像吃故事一样，每天三四个故事不许重复，我是因为要陪女儿才走上了"凯叔讲故事"这条路，所以我本身就特别感激我的女儿。她们所有的内容都会听，而且在小样阶段，在内容还没过品控的时候，有时候我也会放给她们听，让她们提一些直观的意见，好还是不好等，会成为我最终判断的组成因素之一。她们很早就会接触这些声音。

作为一个父亲怎么抚养她们？我做得更多的是陪伴。我越来越有意识地去控制自己，越来越清晰地知道她们应该是主角。中国家庭里的亲子关系里，往往会有一种博弈，我们不知不觉地想越俎代庖，成为那个成长的主角或者决策者。实际上我们最好的身份是一个书童，陪着他，起码让他觉得自己在控制自己的成长，这件事情非常重要。

在很小的时候，我们作为家长的控制就会影响到孩子，比如，为什么很多孩子在家还好，一出去就觉得胆儿小？是因为我们在家里对他的限制很多，这个不能碰，那个烫，这个可以做，那个不可以做，孩子在探索的过程中，实际上是在被非常强大的一股力量所指引。他从小就不是自己在判断，而是在听别人的。上了幼儿园之后，他不敢做决定，不敢做判断，就这么一直被控制着。等他越长越大，他原来的失控状态开始反哺他的人生，于是他也想去控制。当他发现这个世界上没有那么多人或者事可以让他控制，他就会痛苦，这就会变成一个循环。

中国家长应该学会的最重要的一件事情是，怎么能让孩子成为自己的主人。 在孩子很小的时候就可以这么做，比如穿哪只鞋，穿哪件衣服，可以问他，他只要拍板就行，让他尽量做各种各样的决定，只要不伤害到他的人身安全。这个时候就需要爸爸妈妈极有耐心，因为孩子的决定产生的后果你要和孩子一起来担。我们之所以不愿意让孩子去做决定，是因为我们总是不想承担后果，其实让孩子承担后果是很好的。今天在和俞老师聊之前还有家长问我，我们家孩子磨叽，磨叽就是所谓的拖延，"拖延"这两个字是所有家长脑门上的那把火。怎么根治拖延？很简单，让他自己承担结果吧。出门晚了，迟到了，我们敢不敢做到真的让他迟到？如果你不让他迟到，这个结果他没有承担，那他永远被你推着不迟到，自己却做不到自己不迟到。

其实生活中这种场景特别多，包括写作业，我从来没有催过我们家女儿写作业，因为我觉得这是她的事情。我只是和她有一个约定，当天的作业要做完，做不完没有关系，爸爸可以陪你，你来承担结果。你回到家玩可以，没问题，只要你能做到今天的作业做完就行。如果10点多了，突然发现没有做完，没关系，做完就好，于是她就会在很困的情况下完成作业。那是她要承担的后果，慢慢地她自己就会调整时间了。

俞敏洪：非常对，让孩子学会对自己负责任。对家长来说，首先不能去控制孩子，不能帮孩子把什么事情都做完，也不能命令孩子把什么事情都做完，要让孩子从内心自发地去做这样的事。家长可以定规矩，比如你刚才定了一个规矩，学校布置的家庭作业今天必须做完，这是一个规矩，怎么完成是孩子自己的事情。

中国孩子在成长过程中，最缺乏的就是独立意识，独立承担责任的能力，家长也要学习孩子出了问题以后，跟孩子商量解决问题，并且共同面对问题的能力。要不就是家长帮孩子消除错误，要不就是家长把所有的指责都放到孩子身上。到最后，孩子长大以后不会独立思考，因为他觉得独立思考也没有用，也不需要独立做决定，因为独立做决定也没有用。慢慢地，孩子就会长成"巨婴"，长大了也没有自己的生存能力。我记得某个心理学家说，老母鸡护小鸡的模式下，没有一只小鸡可以长大自己飞到天空去。

12. 荐书时刻

俞敏洪："凯叔讲故事"有这么多产品，家长应该如何使用？比如，"凯叔讲故事"适应什么年龄段？是听好还是读好？给大家介绍一下你的产品吧。

凯叔：对于小一点的孩子，2岁多的时候可以听凯叔讲的《小诗仙》，但不要去想他们一定要听懂故事，一定要会背诗，重要的是孩子是不是喜欢在这种内容的包裹下生活。那么小的孩子，不要给他输出指标，只要他愿意沉浸在里面，听着《小诗仙》睡觉，或是听着王维唱145首诗，去玩别的，玩玩具也好，去吃饭也好，只要他不反感，不让你关就行，或是听着"声律启蒙"，"云对雨，雪对风，晚照对晴空"，他愿意听就OK，这就是很好的启迪。人的大脑在某种程度上不断地输入才会有好的输出，孩子在不拒绝的情况之下能大量输入就是那么几年，你就让他听就好。

对于再大一点的孩子，4岁以上要分主题地去听，《凯叔·西游记》教孩子认知自我，《凯叔·三国演义》让孩子开始看到这个世界的不完美等，他一步一个台阶就会走上来。总之，就像蒙台梭利说的那样，一切以孩子为中心。

《麦小米的100个烦恼》，描写了孩子们在成长过程中，在学校、家庭、社会中遇到的烦恼。这本书其实是给女孩儿写的，结果我发现收听故事的孩子里，40%是男孩儿，60%是女孩儿，因为这里面的小烦恼每一个孩子都会有。做这个故事，是因为我们知道现在孩子们患抑郁症的概率比较高，去年年底中国社科院公布了一个数据，20%的孩子患有抑郁或者正在走向抑郁。

这套书适合小学一年级的孩子看。孩子独立走出去之后会有各种各样的烦恼，比如，我的闺密又有了闺密该怎么办？我说了谎话，我很愧疚该怎么办……每一个小问题、小烦恼都可以在这里得到解决。最重要的是，它是孩子的同伴，有很多没有跟成人沟通的事情，孩子听完会发现他不孤独，原来麦小米、方头头、小可爱也遇到了这样的问题，我看他们是怎么解决的，并且怎么把日记写到心里去的，怎么去消化的。这套书有个口号是"一个烦恼一颗糖"，**我们希望烦恼不是打击孩子的砖头，而是帮助孩子成长的一颗糖。**

俞敏洪： 父母可以和孩子一起读，读的过程中，父母慢慢就可以跟孩子交流，你遇到了什么烦恼，孩子自己就会说，说的时候可以一起从书中找答案，如果找不到答案，家长也可以根据自己对孩子的了解，对孩子的烦恼进行分析。

凯叔：《神奇图书馆：海洋 X 计划》获得了中国科幻作品星云奖的科普金奖，专门给孩子讲科学故事，用讲故事的方式进行成体系的科普，海洋系列就是海洋知识、海洋生物的科普体系，除了讲故事，背后还有非常强的科学内核来支撑。这套书的专家顾问是中国社科院博士生导师李新正老师，李老师做了很多国家级项目，每一本书后面还会有问倒科学家的环节，孩子们可以向科学家提问。

俞敏洪： 我对海洋生物比较感兴趣，感觉孩子读了这套书会对海洋产生极大的兴趣，一个人对海洋生物感兴趣会给他带来一种特别开放的心态。中国的古书《山海经》中描述的一些不靠谱的海洋动物，后来在现代海洋研究中都得到了证明。

凯叔： 而且这套书和孩子做了一个小游戏，每当凯糊涂老师启动神书飞船的时候，都会念一句咒语，很多孩子都不知道，每一句咒语其实都是《千字文》里的一句。这套书 4 岁以上的孩子就可以听，如果是阅读，基本上要在 7 岁以上。

《榜样的力量：凯叔写给孩子的 100 个名人故事》是我们刚出来就爆的产品，我们做这套书的时候是想给孩子们讲世界史，后来发现给这个年纪的孩子讲世界史的体系难度特别大，于是我们做了 100 个名人故事。这套书把对人类有贡献的名人的品质——勇气、梦想、好奇、智慧、爱心、坚毅、乐观、责任等进行分类，每一类别讲的名人故事是不一样的。书的最后会给孩子们或者爸爸妈妈一个惊喜，为什么 100 个名人故事只讲了 99 个？因为还有一个小册子，最后一个名人就是读书的孩子自己。

每一册书的结尾会让孩子去筛选，给这些名人打分，选一个他自己特别喜欢的名人，并写下为什么。最终经历了 99 个跌宕起伏的人生之后，孩子开始给自己建立人生目标，这里面就会填：我的自画像，我现在多大了，我最终想实现什么目标，我怎么一步一步实现它。孩子写得幼稚不重要，重要的是孩子在这个年纪开始思考这样的问题。看名人传记的故事，就是把自己放在这样的思考高度去借鉴、去体验、去模拟、去实践。这套书我特别喜欢，强烈建议给上了小学的孩子们读。

俞敏洪：这 100 个榜样选得都不错，标准也非常好，从国内到国际，从古代到现代，都包括进去了。这样的故事能给孩子奠定榜样力量的基础，培养孩子各方面的个性品格。

凯叔：《科学真好玩》是凯叔团队原创给低幼孩子学习科学知识的一套科普绘本，3 岁以上就可以跟着家长读。它是一个游戏，当孩子向你提出问题的时候，可以和孩子一起做探索游戏，反复验证知识。孩子上小学之前，给孩子讲一讲科普知识是非常有意思的，能开拓孩子的视野，他记住多少不重要，重点在于他在读这种书时的思考过程。

《凯叔讲历史》也很不错。有可考证文字记载的中国历史是从夏开始，我们就从那时候一直讲到了虎门销烟，几千年的历史过程。5 岁以上就可以听，如果这个孩子已经听过《凯叔·西游记》，他 4 岁就可以听《凯叔讲历史》了。

中国在讲历史的时候往往在描述事件本身，很少讲到人本的东西，我们希望带着孩子站到每一个历史关键节点上，了解那些关键人物在做重大决策时的内心世界。给这么点儿大的孩子讲历史，历史年表时间都不重要，重要的是那个关键人物到底是怎么想的，怎么做出抉择的。跟着《凯叔讲历史》，会听到上百个历史关键节点的人物的心路历程，这是非常重要的，因为人生最重要的是做选择，每一个人的人生轨迹都是由不同的选择点连成线再变成面的。我们跟着中国历史名人去体验关键节点的思考过程、心路历程时，孩子是可以把自己代入进去的。

而且这里面有些故事是别人在给孩子讲历史的时候舍弃掉的，比如大唐王玄策一人灭一国，因为唐朝牛人太多了，王玄策被埋没了，我们就把他是怎么做到一人灭一国的故事讲给孩子听，让孩子学会求助。一个人出使天竺，被人家劫了使团，就剩自己一个人，怎么做到一个人灭掉了天竺，把那个国王带到大唐的？事实上，你会发现这哪里是一个人干的事情，他怎么向尼泊罗国求助，怎么向松赞干布求助，才做成了这么一个非常强大的事情？给孩子讲玄武门之变，讲的不是无毒不丈夫，而是什么叫德位相配，德不配位必有殃灾。为什么这件事情的发生是必然的？因为李元吉、李建成在当时的德才和唐太宗差别太大了。

俞敏洪：这么多产品，你最喜欢的是不是还是《凯叔·西游记》？

凯叔：您说到我的心里去了，这是我一个人耗费了整整 3 年心血写的内容，它对我来说是一个里程碑。《凯叔·西游记》确实值得给孩子买，不管是里面的文字内容，还是插画的精致程度，都值得让孩子徜徉在这个内容的世界里。而且《凯叔·西游记》不只讲西游记的故事，里面还讲了 400 多个中国传统文化的故事、典故、成语等，所以强烈推荐《凯叔·西游记》。

以孩子们的年纪去看《西游记》原著会太困难，而且原著里有过多宗教色彩的渲染，也有很多现在看起来不太好的东西，比如一些暗黑、情色的内容等，我们略去了这些内容，保留原始故事逻辑，再完整地讲给孩子听，这是《凯叔·西游记》与众不同的地方。

俞敏洪：今天特别开心，感谢凯叔，后续我们继续为儿童最喜欢的作品共同努力。

凯叔：谢谢俞老师在我创业路上一路的帮助，非常感谢。也特别感谢俞老师直播间一直不离不弃的朋友们，跟大家问声好，提前祝大家"六一"儿童节快乐。

俞敏洪：谢谢，今天就到此结束，凯叔再见。

——对谈结束——

凯叔的作品做得非常不错，如果家里有 3 岁以上的孩子，就可以听"凯叔讲故事"的一些书；如果孩子稍微大一点，能认字以后，可以读"凯叔讲故事"的一些书。现在看看大家有没有什么问题，最后再简单聊几句。

推荐哲学书籍？ 赵林老师的《西方哲学史讲演录》就不错，因为是给大学生讲课的文字实录，语言相对简明扼要易懂。还有一本《不哲学不疯魔》也不错。

初中生不喜欢学英语怎么办？ 可以让孩子从简单的文章背起，背点单词，多鼓励。如果能找到一个讲英语特别好的老师，给他一点点指导，让他对英语产生兴趣也挺好，兴趣是最好的老师。孩子学习不能着急，慢慢来，家长越给压力，孩子常常越学不好，要尽可能让孩子主动地产生兴趣。主动产生兴趣有两个要素，一是对孩子点点滴滴的进步，家长和老师都要表扬；二是要给孩子设定学习目标，让孩子相对比较轻松地完成，否则比较容易打击孩子的积极性。

怎么背书？ 不一定每个人都要背，但适当背诵对增加记忆力会有一定好处，可以张口引用。我背完一首诗以后，就会每隔两天再背一次，我会记录下我背的东西，过半个月甚至一个月再背一次。不管大家记忆力多好，背了以后都会很容易忘记，就只能不断地重新背，背到一定程度就不会忘了，大脑形成了一种自然反应。比如，我前两天直播的时候背《春江花月夜》，就是靠这种直觉背下去了。

有两个方面提示大家，第一就是可以背一些东西，背熟了以后，在写东西、讲话的时候，就能够引用。如果你不熟练就引用不起来，因为脑袋里没有的东西是不可能反映到你的语言和笔头上的，所以有时候该背的还要背，至少多读几遍，让大脑留下印象。第二是要读有思想的东西，有思想的东西读多了以后，你的思想就真正能够走到多维思考、广阔思考的轨道上，这对我们来说才是更好的作用。

今天的直播就到此为止，再次感谢大家，晚安！

（对谈于 2022 年 5 月 22 日）

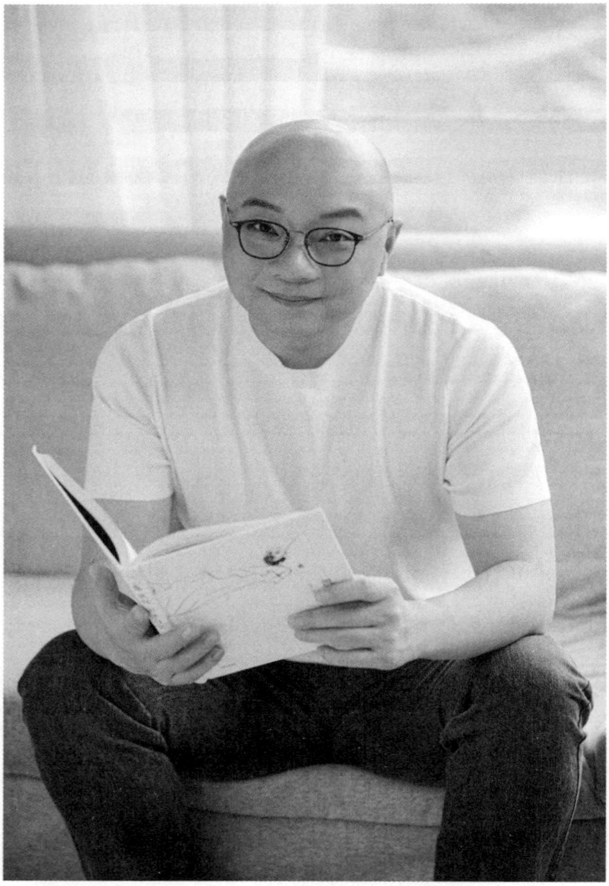

后 记

一个人的转变，影响了一群人，甚至带火了一个产业，这是多么值得记录的一件事情。

得知"老俞闲话"系列直播中的部分内容马上要汇集成书，我鼓足勇气跟俞老师说，我想给这本书写个后记。俞老师回复："哈哈哈，你先写过来吧。"

作为一个全程无死角的旁观者和受益者，我有一万个理由，把这本书推荐给身边的朋友。

"老俞闲话"系列直播即将满2年，不知不觉间，老俞已经在手机屏幕上陪伴大家超过了1.7万多分钟，超过1亿人走进过直播间，几百万人在直播间参与了讨论。其间一不小心，带火了一个文化电商——东方甄选，还带红了一个文化主播代表董宇辉。

这一年身边发生的真事儿：

一本书，两个小时卖出去了10万册，一口气完成了"一辈子"才能完成的使命；

张朝阳、周鸿祎、冯唐、杨澜、余世存、史国良……各个领域的名人纷纷加入知识传播阵营；

用户们突然变得主动，喊着要为知识付费；

在直播间买书阅读正在成为一种文化时尚……

这些，多少都与老俞有关。

2021年3月28日，"老俞闲话"系列直播首场开播，自家书房，一个支架，一台手机，几页自己写的提纲。

当时在抖音，知识内容开播极少，数据也普遍不好。清晰地记得那天在书房外，眼看着同时在线人数从几千到1万，又涨到了3万，后来索性超过了7万，直播1个半小时，进到直播间的人数（多次进出算1人）就超过了160万，反响出乎意料地好。

从那天开始，老俞每周日晚9点多打开手机，跟网友面对面。于是，他经常在车上看书做提纲，出差飞机刚落地，就飞奔回家"履约"上线。

老俞很喜欢和用户互动，学会了上福袋；在网友们要求上书链接后，学会了自己上小黄车；当有作者想交流，又学会了自己操作连线PK……少年一般求知若渴。

老俞曾表示过他最喜欢的称呼是"洪哥"，我猜因为"哥"听着年轻。当直播间评论区刷屏喊着"老头，你好"时，老俞却欣然接受了。碰到有正义的网友打抱不平，老俞索性主动介绍"老头"的来由，是董宇辉觉得老俞跟《老人与海》里的主人公精神一致，喊着喊着就变成了一个昵称。

陪伴他直播的团队小伙伴，则给他起了另一个昵称："勤奋鱼鱼"。

一场2小时的直播，至少准备2小时。确认对谈后，了解嘉宾至少需要几十个小时，看嘉宾写过的书、录制过的视频，然后写提纲，直播完还要自己梳理改文字发公众号。

如果你是"老俞闲话"的忠粉，就会明白，东方甄选为何能火，为什么一个知识主播能飞速"偶像般"地崛起，因为有种劲儿，臭味相投。

数据时代，无须标榜。老俞已经成为抖音乃至全网的知识传播"顶流"，流量和好口碑经常不可双得，老俞却都占上了。真诚加善意真是必杀技。

2021年世界残疾人日，我们邀请老俞给励志青年刘大铭发条短视频推荐一本书。看完刘大铭的书，老俞备受触动，主动联系他做对谈嘉宾，帮他卖书，后来还安排他上东方甄选。很多人因此认识了这个出生就饱受磨难却无比乐观的年轻人，刘大铭也因此开启了自己的直播之旅，在治愈自己和别人的道路上越走越宽。

成功人士自然充满精神力量，老俞的对谈嘉宾也不乏生活中的"微光"，他们中有矿工诗人陈年喜，有备受争议的诗人余秀华，还有不少默默发光却鲜为人知的有才华的作家。

不管对谈嘉宾是谁，"老俞闲话"直播都无比真实，没有预演，没有脚本，很多嘉宾都是首次见面，直播前拉个家常，就开始了。

老俞很会提问，洞悉人性，张弛有度，看似简单，却大有学问。

因为老俞的引领，越来越多的名人加入知识直播中，这些文化名人都是"985""211"学校里难得请上的嘉宾，喊了这么多年打破高校的"围墙"，突然有一天就这么破了。后来，我们给名人知识开播整个项目起了"大有学问"这个名字。

"从无字句处读书"是直播中嘉宾说的一句话，我一直记着呢。

可能是我们这代"独生子女"比较寂寥，小时候不愿跟孩子玩耍，却总喜欢跟着大人听他们聊天，"求知"是一种本能。工作后，很珍惜每一次听前辈们闲聊的机会，老俞给了我学习成长的机会。

"道可道，非常道"，当我们成长到某一天，可以输出的时候，就会变得少言，因为开始明白很多道理从嘴里说出来的瞬间，就可能已经失去了本真。而在闲谈中，作为旁观者，就能找到一些答案。这样的直播对谈，真的很珍贵。

一个在人间修行60年的智者，叩开了一扇扇常人不曾有的，或睿智或坚定或从容的大门，杯来盏去间，开启了一个叫作"境界"的神域，有缘经过的人，收获多少，自有机缘。

真的很开心，一场场流动的盛宴，最后能落地成书。

我找出了10年前写的一篇稿子，当时是这么形容老俞的：

"个子不算高，帅得也不太明显，可只要一站那儿，一张嘴，总能吸引所有人的眼球，因为他会金刚拳，也会绵柔掌。"

"一路炮轰，拿捏到位，只有笑声，没有火药味。"

10年后，如果再让我概括一下我对老俞在直播间的印象，如上。

2023年开春

张妍婷

特 别 鸣 谢 吴 月 整 理

图书在版编目（CIP）数据

心灵激荡 / 俞敏洪著 .—北京：北京联合出版公司，2023.4

ISBN 978-7-5596-6800-4

Ⅰ.①心… Ⅱ.①俞… Ⅲ.①人物－访问记－中国－现代 Ⅳ.① K820.7

中国国家版本馆 CIP 数据核字（2023）第 058253 号

心灵激荡

作　　者：俞敏洪
出 品 人：赵红仕
责任编辑：龚　将

北京联合出版公司出版
(北京市西城区德外大街 83 号楼 9 层　100088)
三河市中晟雅豪印务有限公司印刷　新华书店经销
字数 380 千字　700 毫米 ×980 毫米　1/16　29 印张
2023 年 4 月第 1 版　2023 年 4 月第 1 次印刷
ISBN 978-7-5596-6800-4
定价：68.00 元

版权所有，侵权必究
未经许可，不得以任何方式复制或抄袭本书部分或全部内容
本书若有质量问题，请与本公司图书销售中心联系调换。电话:(010) 82069336